·中国物流与采购联合会系列报告·

物流行业企业管理现代化创新成果报告

2013
—
2014

中国物流与采购联合会
China Federation of Logistics & Purchasing

中国物流学会
China Society of Logistics

China Logistics Management Innovation
Achievement Report（2013–2014）

中国财富出版社

图书在版编目（CIP）数据

物流行业企业管理现代化创新成果报告.2013—2014 / 中国物流与采购联合会，中国物流学会编 . —北京：中国财富出版社，2014.7

ISBN 978 - 7 - 5047 - 5234 - 5

Ⅰ. ①物…　Ⅱ. ①中…②中…　Ⅲ. ①物资企业—企业管理—现代化管理—研究报告—中国—2013～2014　Ⅳ. ①F259.23

中国版本图书馆 CIP 数据核字（2014）第 115054 号

策划编辑　葛晓雯		**责任印制**　何崇杭	
责任编辑　葛晓雯		**责任校对**　杨小静	

出版发行	中国财富出版社（原中国物资出版社）		
社　　址	北京市丰台区南四环西路 188 号 5 区 20 楼	**邮政编码**	100070
电　　话	010 - 52227568（发行部）	010 - 52227588 转 307（总编室）	
	010 - 68589540（读者服务部）	010 - 52227588 转 305（质检部）	
网　　址	http://www.cfpress.com.cn		
经　　销	新华书店		
印　　刷	北京京都六环印刷厂		
书　　号	ISBN 978 - 7 - 5047 - 5234 - 5/F · 2163		
开　　本	787mm×1092mm　1/16	**版　　次**	2014 年 7 月第 1 版
印　　张	26	**印　　次**	2014 年 7 月第 1 次印刷
字　　数	554 千字	**定　　价**	120.00 元

《物流行业企业管理现代化创新成果报告（2013—2014）》编委会

《物流行业企业管理现代化创新成果报告（2013—2014）》编辑人员

主　　编：贺登才　中国物流与采购联合会副会长、中国物流学会副会长

副 主 编：刘伟华　博士，天津大学管理与经济学部副教授，中国物流学会常务理事

　　　　　周志成　中国物流与采购联合会研究室副主任

编辑人员：王一家　天津大学管理与经济学部硕士生

　　　　　梁志成　天津大学管理与经济学部硕士生

　　　　　王　倩　天津大学管理与经济学部硕士生

　　　　　刘　洋　天津大学管理与经济学部硕士生

　　　　　王树青　天津大学管理与经济学部硕士生

承办部门：中国物流与采购联合会研究室

联 系 人：周志成

电　　话：010 – 58566588 转 135

传　　真：010 – 58566580

电子邮箱：yanjiushibj@ vip. 163. com

携手同圆"中国物流梦"

（代序）

又是一年春草绿。凝结了众多业内人士心血的《物流行业企业管理现代化创新成果报告（2013—2014）》破土而出。我们按年度征集成果精选出版，意在与业界同仁一起总结经验，摸索规律，探求路径与方法，携手同圆"中国物流梦"。

"中国物流梦"靠升级来实现。中国经济正处于从高速增长阶段向中高速增长转换的关键时期，物流业运行还存在较大的下行压力。社会物流成本依然较高，物流运作方式粗放，物流服务能力不强，区域和城乡物流发展不平衡等问题依然突出，物流成本过高仍然是制约国民经济转型发展的重要因素。面对新的形势，我们应以市场为导向，以企业为主体，努力降低物流成本、提高物流效率、创新物流模式、推动物流业升级发展。以高品质、高效益、高效率的物流服务，减少对高增长的依赖，减轻资源和环境压力。

"中国物流梦"靠融合来实现。物流业是服务业，为其他产业服务，与相关产业融合联动，是实现"中国物流梦"的必由之路。通过流程优化、效率提升和模式创新，实现物流业与制造业、商贸业、农业乃至金融业、信息业等相关产业融合发展，城乡之间、地区之间乃至国际间物流融合发展。要推动信息平台和实体平台融会贯通，线上与线下相互整合，渠道之间互联互通，推动电子商务与物流业融合发展，提高物流服务的渗透力和辐射力。物流业与其他产业融合度越高，对全社会的贡献就越大，物流业自身也将如虎添翼、如鱼得水，获得更快更好的发展。

"中国物流梦"靠创新来实现。中国的物流产业是在学习借鉴国外经验基础上发展起来的，我们还需要继续引进、消化、吸收先进经验。但中国物流有自己的特色，不能完全照搬发达国家的模式。只有脚踏实地、结合实际、创新创造，才能解决问题，找到出路。物流企业要创新运作模式，提升细分市场的服务能力；政府部门要创新政策设计，细化政策执行，营造符合物流业发展的政策环境；行业协会要创新服务意识，提升政府与企业的对接效率，构建物流产业创新发展的战略合作关系。

实现"中国物流梦"，需要升级、融合与创新。本书精选了2013年行业内具有较大影响的专家观点文章，具有一定的前沿性。文章主题涉及物流业转型升级、产业物流与专业物流发展趋势、物流企业转型模式、物流服务创新、供应链服务模式创新、高竞争环境下的物流转型、物流市场新变化及物流企业应对策略。这些文章从行业和企业实际出发，理论和实践相结合，为企业转型升级"开药方"，对于物流企业了解趋势、把握方向具有一定的借鉴和参考意义。

实现"中国物流梦"，也需要学习借鉴先行者的成功经验。本书重点推介的 29 个成果案例，是从 100 多个"2013 年度物流行业企业管理现代化创新成果奖"参评成果中精选而来，具有较强的代表性。他们当中既有来自中央、地方的国有企业，也有来自民营企业、外资企业；既有独立的专业物流企业，也有制造企业所属的物流公司；既有综合型物流管理模式，也有汽车、化工、钢铁、日用消费品等行业的物流解决方案；既有公路、铁路、仓储领域转型升级的案例，也有供应链一体化物流服务的创新成果。本书所选创新成果经过了实践检验并取得明显成效，也是产学研结合的结晶。与往年相比，这些案例在创新性、实用性和操作性等方面又有新的亮点和突破。

他们的经验虽各具特色，但都具有行业的先进性、内容的创新性、效益的显著性和经验的可推广性。在编写过程中，我们设计了相对统一的框架结构，从企业基本情况、成果名称、产生背景、主要内容、主要创新点、应用效果和推广价值等方面进行了梳理、归纳、总结和提炼。本书既可供类似企业参考借鉴，也可作为物流类院校的教学参考用书和物流职业培训的备选资料。

"中国物流梦"是一项极其浩大的系统工程，也是一个长期艰苦奋斗的过程，要由业内人士共同打造。本书的出版发行，试图为此提供一些样板指引，力求起到典型引路的作用。既给物流企业以参考借鉴，在实际运作中加以推广；更希望提供一种思路和视角，引导更多的企业在实践中创造，不断积累新的经验。我们真诚地期待，在全体物流人努力下，携手同圆中国物流梦！

本书得以完成，得益于所有参评单位积极提供创新成果；得益于业内专家提供前沿文章；得益于各地行业协会等单位协助成果推荐工作；得益于中国物流学会各位评委慧眼识珠，使得优秀成果脱颖而出；得益于天津大学刘伟华教授和他的团队的辛勤劳动，使本书能够连续四年按期出版，质量不断提升。

借此机会，我向所有参与这项工作的业界同仁表示衷心的感谢。同时，也真诚地希望对本书的编辑出版以至于创新成果的征集、选编提出宝贵意见。

贺登才

二〇一四年三月六日（马年惊蛰）于北京

（本文作者贺登才为中国物流与采购联合会副会长、中国物流学会副会长）

目 录 CONTENTS

物流运作篇

物流技术篇

附　录

前沿观点篇

着力打造中国物流"升级版"

中国物流与采购联合会会长
中国物流学会会长　　何黎明

进入 21 世纪以来，党中央、国务院重视物流业发展，物流业产业地位得以确立，取得了来之不易的成绩。随着国内外经济形势变化，我国经济加快转型升级，对物流业发展提出打造"升级版"的新要求。

一、中国经济转型升级对物流业提出了新要求

今后一个时期，我国经济将进入一个相对平稳的增长阶段。要通过稳增长、调结构、促改革，打造中国经济"升级版"，这对物流业发展提出了新要求。

第一，提高经济增长质量和效益的新要求。随着经济增速稳中趋缓，我国经济发展重心从追求速度和规模向质量和效益转变。当前，物流成本过高仍然是制约经济发展的重要因素。我国社会物流总费用与 GDP 的比率长期维持在 18% 左右，比发达国家高出一倍左右。企业物流成本平均占企业总成本的 30%。通过降低物流成本，可以促进国民经济提高效益，减少对 GDP 增长的依赖。我们也要看到，降低物流成本是一项系统工程，要跳出物流行业看物流。不仅要降低物流企业成本，更要降低制造和流通企业物流环节的成本。要从整个产业链的角度，统筹协调、整合优化，推动物流业与其他产业的联动融合，降低产业链物流成本，全面提高发展的质量和效益。

第二，发展现代服务业的新要求。加快服务业发展是推动经济结构调整、产业结构优化升级的战略重点。国际经验表明，人均 GDP 超过 4000 美元，将迎来服务业快速

发展时期。今后一个时期，是我国全面建设小康社会的关键时期，也是服务业大发展的重要时期。2012 年，我国物流业增加值占服务业增加值的比重为 15.3%，物流业已经成为现代服务业的支柱产业。我们要看到，我国物流业与现代服务业的发展要求还有较大差距，突出表现在专业化和社会化水平不高，难以满足日益上升的社会物流需求，发展现代物流业还有很大潜力。

第三，扩大内需的新要求。随着我国经济规模的扩大和人民生活水平的提高，国内消费市场蓬勃发展。国际经验表明，消费需求升级是推动物流业转型的助推器。20世纪七八十年代，美日欧等发达国家受消费需求驱动进入物流配送快速发展阶段，迎来了物流业发展方式的转型升级。当前，我国物流服务体系对消费市场和商贸流通业的快速发展准备还不充分。近年来，电子商务的爆发式增长，带动了快递快运、城市配送等新兴业态的快速发展，也暴露出了物流服务与电商需求不匹配的矛盾。随着区域结构优化和城镇化的快速推进，中西部地区和二、三级市场消费需求明显加速，对物流服务的深度和广度提出了挑战。我国物流业亟须向消费型发展模式转变，以适应扩大内需的战略要求。

第四，创新驱动的新要求。创新驱动是中国经济稳增长的重要依靠力量。我国经济要实现成功转型，就要加快从资源投入驱动转向创新驱动，全面推进科技创新，更多地依靠科技进步、劳动者素质提高、管理创新驱动，逐步向价值链高端延伸，优化产业结构，提升产业竞争力。当前，国际物流产业正在加快向技术密集型、知识密集型转变。我国物流业的信息化和自动化水平还落后于国际先进水平。全面推进创新驱动带来了缩小差距、实现赶超发展的战略机遇。可以看到，物流信息化和自动化正在成为越来越多物流企业的核心竞争力。

第五，推进生态文明建设的新要求。经过 30 多年的高速增长，我国面临的资源环境瓶颈问题更加明显，对经济可持续发展提出了严峻挑战。预计国家还会有更严格的节能、环保等政策出台，资源环境成本不容忽视。未来我国经济的发展要更多依靠节约资源和保护环境推动，绝不允许以资源环境为代价换取经济片面增长。物流业是继工业和生活消费后的第三大能耗产业，也是温室气体排放的主要行业，那种以破坏资源环境为代价的物流发展模式必须改变。当前，我国物流业绿色化发展才刚刚起步，这为我国物流业可持续发展开辟了一条新的道路。

第六，发展开放型经济的新要求。"十二五"时期，适应经济全球化新形势，要加快发展开放型经济，充分利用国内国际两种资源、两个市场，创造国际竞争新格局。当前，我国已经成为全球第一大贸易体，但是国际物流服务还处于较低水平，缺乏国际竞争力，特别是以海运、空运为主的服务贸易长期存在大量逆差。2012 年，我国服务贸易逆差额 896 亿美元，其中国际运输服务占了 52.3%。随着我国企业加快"走出去"发展，国际物流短板的制约因素日益突出，严重影响了我国对国际产业链的战略重构。我国开放型经济的健康发展，必须要有坚实的物流保障。

二、打造物流"升级版"的战略选择

当前，我国物流业正处在转型升级的关键时期。我们要认清形势，遵循规律，立足打造产业核心竞争力，以质量和效益为中心，以市场为导向，以服务为宗旨，以区域结构优化和城镇化为抓手，以科技创新为支撑，以开放型经济为契机，以资源节约和环境保护为重点，以改革开放为动力，加快提升物流业发展水平，着力打造中国物流"升级版"。

第一，以质量和效益为中心，打造一体化新优势。一是推进系统整合。要通过兼并重组、联盟合作等多种方式，推进横向扩张和纵向延伸，扩大企业规模、完善产业链条。要引导大型企业做大做强，上规模、上水平，提升市场集中度。鼓励中小企业做专做优，讲质量、讲效益，培育专业化竞争优势。二是加快产业链延伸。要从单一的物流环节向整个供应链上下游延伸，从简单的交易关系向战略联盟发展。利用物流业连接产销两端的优势，打破组织边界、重塑产业链条，推动与制造业、流通业、金融业等多种产业的联动融合，提升物流业对供应链的掌控能力。三是开展组织调整。要加强集团总部的控制力，减少不合理的层级结构，推进组织的扁平化、协同化和一体化，提高市场响应速度。特别是要推动采购、财务、商务等运营服务的集中化管理，实现资源利用效率的最大化。

第二，以市场为导向，打造专业化新优势。一是坚持需求引导。要从原来的价格导向转变为需求导向，从关注低成本竞争转变为创造价值竞争，实现内涵式发展。二是聚焦核心业务。要加强业务梳理，实行战略性收缩，集中资源打造核心业务。要深入挖掘客户需求，明确自身市场定位，提升在细分市场的占有率。三是加强集约化管理。要推行多种形式的降本增效活动，实施管理的精细化、运作的规范化和经营的专业化，压缩内部成本，提升运作效率，依靠管理创新提升经营效益。四是加大资源投入。要加大对专业性基础设施、设施设备、人才团队等资源的投入力度，把握核心物流资源。特别是要充分利用好金融资本市场，实现产业的跨越式发展。

第三，以服务为宗旨，打造社会化新优势。一是调整服务理念。要适应快速变化的市场需求，逐步从传统的产品竞争、价格竞争、规模竞争向服务的质量竞争、品牌竞争、合作竞争转变。二是创新服务模式。要加快资源的优化配置，开发高附加值的服务模式，培养高端服务能力。特别要关注电子商务、城市配送、冷链物流等新兴消费业态对物流服务的新要求，提升市场响应能力和服务水平。三是提高服务质量。要全面梳理业务流程，推动流程的标准化和规范化发展，加强服务绩效管理，提升服务质量水平。四是树立服务品牌。要关注客户服务体验，提高服务的个性化水平，培育高端服务品牌。特别是要加强企业诚信建设，坚持服务标准、遵守服务承诺、打造企业信誉，逐步形成企业品牌文化，充分发挥企业社会责任。

第四，以区域结构优化和城镇化为抓手，打造网络化新优势。一是搭建主干网络。要夯实重点城市战略布局，打造核心物流节点和业务平台，形成物流服务主干网，增强网络的控制力和覆盖面。特别是要抓住中西部地区经济快速发展的机遇，加快中西部地区物流网络布局，实现全国网络的平衡发展。二是下沉网络渠道。要抓住城镇化发展的机遇，积极向二、三级市场、重点城镇和社区下沉网络和渠道，提高网络的渗透力和辐射力。要抓住城镇消费市场启动的机会，加快城镇网点布局，实现网络的精耕细作，提高终端市场响应速度。三是加强网络联盟。要加强网络资源的优化配置，鼓励网络共享和业务合作，实现共赢发展。特别是要鼓励整合分散资源的公共服务平台建设，打造和谐共荣的产业生态圈，促进形成相对集中的产业格局。

第五，以科技创新为支撑，打造信息化、自动化新优势。一是应用科技创新。要提高物流产业的科技水平，推动物流管理的标准化和业务流程的透明化，提升物流信息化、智能化水平。推进现代化设施装备升级改造，提高单位产出效率，提升物流机械化、自动化水平。二是推进集成创新。要有效集成现有知识、技术、管理、制度，发挥协同效应，创新经营模式和组织方式，形成企业独特的竞争能力。三是开展协同创新。要坚持理论联系实际，提升创新的实践性和针对性，构建以企业为主体、市场为导向、产学研相结合的创新体系。要协调多方利益，形成产学研互利共赢的利益分配机制，加大科技转化力度。最后，要培育一批掌握新技术、拥有新模式、具备创新能力的创新型企业，抢占产业竞争制高点。

第六，以开放型经济为契机，打造国际化新优势。一是建立国际标准。要树立国际化发展理念，引进国际先进的物流管理方式、运作模式和技术装备，加强与国际一流企业的对标管理，提升物流国际化水平。二是承接国际业务。要立足国内市场，完善国内网络，承接国际产业转移，为国际客户提供全程物流服务，培养国际化运作能力。三是推进国际布局。要通过参股、控股、收购、合资等多种方式，加大对国际港口、机场、物流园区、物流中心等战略性基础设施的控制和布局，提高全球资源的配置效率，搭建覆盖全球的国际物流服务网络，积极参与国际市场竞争，为国内企业"走出去"提供物流保障。

第七，以资源节约和环境保护为重点，打造绿色新优势。一是优化运输结构。要抓住铁路货运组织改革的机会，提高铁路运输在运输结构中的比重，逐步形成铁路、公路、水运、航空配置合理、协调发展的运输格局。要大力发展多式联运，实现多种运输方式的高效组织和顺畅衔接。二是推行绿色运作方式。要在采购、运输、仓储、包装、流通加工等各个环节推行绿色物流运作方式，完善逆向物流系统，实现物流全程绿色化管理。三是推广绿色技术。要积极应用高效能、低排放的新型车辆，推进以天然气等清洁能源为燃料的车辆应用。开展太阳能发电工程，加快托盘共用系统建设，参与国内碳排放交易，推动循环物流系统发展。

第八，以改革开放为动力，打造政策环境新优势。一是加强顶层设计。要从国家层面统筹制定产业发展政策，进一步明确行业发展目标和战略任务，引导建立符合国民经济发展要求的现代物流服务体系。二是解决突出问题。要尽快解决当前制约行业发展的税收、土地、融资、交通等问题，切实减轻企业负担。逐步打破地区封锁和市场分割，减少行政干预，放松行业管制，建立统一、开放、规范、有序的物流市场体系。三是完善法律法规体系。要对现行物流法律法规进行清理和修订，完善现有物流法律法规体系。对物流领域出现的新问题、新情况，及时制定物流法律法规加以规范，使物流业真正实现"有法可依"。四是做好行业基础性工作。要加强物流标准、统计、诚信、教育等行业基础性工作的统筹规划和贯彻落实，强化行业自律和规范发展。

我国产业物流与专业物流发展趋势

——"2013 年度物流行业企业管理现代化创新论坛"总结发言

中国物流学会常务副会长　戴定一

我国的物流市场分为两部分，分别是以网络为基础的通用服务和以流程为基础的专业物流（或产业物流）。后者可能是更值得关注的未来发展的大趋势，对国民经济有直接影响作用，但在发展过程中也面临诸多障碍。受市场规模小、专业要求高、技术基础薄弱等条件限制，尽管在理论上专业物流利润率应相对较高，但实际上并非如此。目前普遍存在的现象是，客户对企业的专业化服务特别是解决方案的价值尚未充分认可，导致企业利润空间缩小，商业模式与传统的作业服务没有显著差别，可以说专业物流如何发展的问题仍悬而未决。

本次物流管理创新上专家介绍的众多案例都是围绕产业物流、专业物流积累的宝贵经验，值得业界专家的进一步总结、提炼。论坛围绕解决行业问题、明确供应链发展方向、体现产业物流的价值等议题所交流的内容对业界都具有重要的借鉴意义。

一、产业物流的市场空间在客户手中

与网络类通用物流不同的是，产业物流是被产业决定的，普遍依赖于某专业市场，没有产业背景发展就会受限。例如，伴随冷链产业成长起来的冷链物流就是如此。与基础性的通用物流相比，专业物流服务的最大特点是非标准和不断变化。正是来源于产业的发展和变化才能决定供应链的价值点。因此，从事专业物流必须要选好定位，熟悉产业，能够根据客户的变化发现行业价值，寻找市场空间。当今中国众多产业均处在转型中，产业的转型升级将带来物流业的转型升级，要利用产业转型实现物流服务业的转型升级。

二、优秀企业的措施可供行业借鉴

信息化技术、一体化解决方案、增值服务均是目前的热点话题。供应链的服务价值不仅仅体现在作业服务层面。可靠的运输、仓储能力只是获取订单的基础。然而企业只有在获取订单后，为客户设计个性化增值服务，才能进一步提升价值。另一个重要发展趋势即专业物流必须体现个性化、差异化的服务能力、应变能力，而非仅仅提供标准化服务。不断创新是未来供应链服务的发展方向。应对上述要求，较为有效的措施是提炼模块化服务，以不变应万变。物流企业永远无法完全按照客户需求改变网络布局和资源分布，因此有能力的供应链服务商是在充分掌握需求后，提炼不变的业务模块，用相对固定的模块组合出千变万化的服务流程。所以在供应链里，一般来说没有标准流程，只有相对标准的模块。模块化是产业化的本质，一个产品是否能够变成产业，就看其是否能够实现模块化，形成分工合作的体系。

三、如何看待政府的作用

很多物流企业盼望政府给予一定支持。而政府也确实在很长时间内把扶持、优惠、倾斜作为产业政策的主要形式，并未把主要的精力放在建立竞争机制与保护市场规则上。在"十八届三中全会"改革方案中，提出了市场将在资源配置中发挥决定性的作用，也重新明确了政府要做什么事。政府要为进一步发挥市场机制、保护公共利益做出努力。所以在未来的发展过程中，企业不应过多期待政府的特殊支持。要从长远发展的角度彻底实现改变，建立公平有效的市场机制，以节能环保、安全诚信等公共利益作为产业政策的主要导向，实现企业长期发展就必须遵循市场的规范竞争以及公共利益的价值。

四、产业物流发展中要提炼方法论

目前整个物流界的理论基础较为薄弱，业内对物流方法论的理解有较大差异。当前，物流企业对物流网络的应用已经有了较多实践经验，为物流资产、资源的布局和调控等相关理论的形成提供了基础。但在流程理论方面还较滞后，对于专业物流的发展是有影响的。另外，关于整合的理解也有片面性。整合被认为是物流最核心的理念，然而在产业整合的过程中，专业化分工同样不可忽视。例如，目前公路运输市场已经产生多种形式的资源整合。但同时专业化分工也在深入，通常最终客户将物流需求交给第三方物流企业，第三方物流企业制订方案后把其中的运输需求外包给运输公司，运输公司寻找司机，司机租用车辆。整个链条的分工越来越细，合作越来越好，充分体现目前专业化分工和整合合作并存的时代特征。物流发展中，往往由于忽视了专业化分工，导致整合不成功、不方便、不灵活。产业发展的最终趋势是扁平化、分布式，即小企业大市场模式。专业化分工能够有效调动员工积极性，可以产生竞争，所产生的效率并不亚于整合。合理协调整合与专业化分工的互相依存是社会发展的大趋势。

专业化分工过程中，解决接口问题是有利于整合的有效途径。例如通过托盘、包装尺寸的标准化规定，即可实现商品集零为整，便于集装箱运输组织。因此标准化分工是整合的基础。分工有利于发挥个体积极性和竞争力，做好接口及界面的标准化设计能够更好地促进整合与分工的有机结合。在未来的社会发展过程中，政府需要更注重专业化分工的基础标准、法律建立，而无须过多关注如何整合。

因此在未来的发展过程中，整合要靠市场完成，物流的方法论中要更加关注"分"，"分"是"合"的基础。如何解决好"分"与"合"的关系，需要行业共同在实践中探讨，共同推进物流学科的建设。

物流企业转型发展之路

中国北方工业公司高级政策研究员　王　佐

目前，从政治到经济、从文化到社会、从政府到媒体、从产业到企业，"转型升级"成为除"改革开放"以外曝光率最高的词汇之一。我们处于双重转型的时代：从农业社会向工业社会转型；从计划经济体制向市场经济体制转型。不过，前者属于人类社会共同的工业化进程，自有其内在规律；而后者则属于中国特色的现代化进程，需要全面深化改革。"转型升级"已经成为国家治理、政府调控和企业发展的旗帜和路标，但任务的艰巨性是不言而喻的。

在如此宏大叙事背景下，如何正确理解和实现物流企业的转型升级呢？

一、企业转型升级的含义

从企业行动的层面看，要给"转型升级"下个明确而统一的定义非常困难。

我们首先必须回答这样一些问题：现在都有一些什么"型"？是行业分类的"型"，还是商业模式的"型"？一共都有几"级"？是经营规模大小的"级"，还是绩效评价高低的"级"？是物流服务能力的"级"，还是客户价值创造的"级"？最要害的是：转向什么"型"？升到哪一"级"？依据的是什么？最高的那一级是什么？如果有的话，是个什么状态？

显然，如果我们能够回答这些问题，就意味着我们已经拥有企业转型升级所需的全部信息和知识，而这已经被历史证明是不可能的。如果我们无法回答这些问题，则市场过程会继续发挥优胜劣汰的作用，而这正是我们所期待并正在积极推动的。

转型升级当然是为了企业"基业长青"。但是，除了市场和客户，没有任何企业能够达致永恒。市场和客户是支撑企业发展的基础。基业长青作为企业的愿景，只能存在于"追求卓越"的市场过程中，存在于企业家持续创新之中。所以，基业长青是企业追求卓越的发展"体验"，而不是企业的生存状态或者竞争成果。企业"转型升级"既没有标准，也是无止境的。

产业"转型升级"是我国新型工业化进程的导向性理念，具有明显的时代特征和发展相对性，既不是企业竞争发展的预设目标，也不是企业投资布局的行动计划。如果企业真的要把市场或产业按照过往经营效益的大小分成"高、中、低"几级，并按照产业链"微笑曲线"刻意向所谓的"高端"环节投资布局以实现企业"转型升级"的话，则可能产生不是"刻舟求剑"就是"削足适履"的结果。

实际上，用"转型发展"这个术语来替换"转型升级"更为贴切。我们不能确定所谓"新型"和"高级"形态究竟应该是什么，但唯一能确定的是：企业必须响应市场需求变化、发现市场利润机会、重新整合要素资源、为客户提供新价值，进而创造新的市场。

转型发展也只能是企业家持续的管理创新过程。

二、物流企业转型发展之路

（一）物流企业需要不断重新定义自己

企业转型发展总体上是要解决"到哪里去"的问题，但首先要回答"我是谁"和"从哪里来"的问题。在动态的市场过程中，物流企业需要不断学习和重新定义自己。比如，一家仓储企业市场定位的坐标就至少包括仓库出租公司，存货管理公司，配送服务公司，物料供应管理公司，客户供应链管理服务提供商，隶属于更大物流网络的枢纽型节点，以及电子商务的实物交割服务平台等。

物流企业转型发展，首先要看它对自身市场定位的认知，其次才看其整合资源和协同服务能力。由于物流企业运营的最大的特点就是"服务即管理"或"管理即服务"，以致物流服务的绩效不会由物流企业单方面来评价，而是物流活动有关各方共同行动的结果。换句话说，物流企业的客户并非传统意义上的物流服务需求方，而是物流活动的合作方和合伙人。相应地，物流服务合同也并非传统意义上的"服务"买卖合同，而是物流"管理"的合作协议书。

物流企业必须在客户对其服务价值的认知过程中不断更新自己的市场定位。

（二）转型发展重在知识管理升级

进入 21 世纪，知识管理已经成为企业核心竞争力和创造价值的新型资本。

传统上，物流企业的知识管理重在稳固客户关系和提供解决方案。但在互联网和大数据条件下，其知识管理的重点将转向对客户物流价值需求的管理，旨在发现为客户提供新价值的机会。为此，物流企业需要重新定义客户价值、客户关系数据库，并学习提升物流管理"大数据能力"。

比如，电子商务在缩短了商务活动空间距离的同时，扩大了消费者的时间偏好，以致物品递送速度成为继支付安全后的电商企业核心竞争力。物流企业如何为电商企业提供作为其核心竞争力的实物交割服务，在递送速度、能力布局、信息共享、O2O协同、产业链整合、跨境运营规则以及系统融合等方面都需要知识更新，需要培育互联网思维。

众所周知，管理创新的魅力在于现有要素资源的重新组合，其后台支撑就是知识管理能力。物流企业转型发展一定要注重知识管理升级，而不是一味把有限资源配置到硬件系统建设方面。

（三）转型发展要优选延伸服务

对大多数物流企业而言，延伸服务是一条比较稳健的转型发展之路。因为客户需求明确，所以重新整合资源的风险比较小；因为是沿着客户产业链延伸服务，所以学习成本比较低；因为有原先的信用和能力做基础，所以创新服务的价值容易得到客户认可。

但跨界经营或跨行业经营并不必然构成转型发展，反而可能隐含潜在经营风险。大体上来说，沿产业链纵向延伸服务属于"升级"范畴，增加了服务范围、提高了服务价值。而横向跨界经营则更多包含了"转型"的基因，意味着增加服务品种、进入新领域参与竞争。如果跨界业务远离核心竞争力，且企业管控能力又不够，就可能放大经营风险。期望通过并购重组来实现转型发展的企业则更需关注这类风险。坚持稳健和专业化经营是恰当的，切忌盲目多元化或贸然进入所谓产业链"高端"。

（四）转型发展需要持续的战略管理

不言而喻，转型发展是企业战略抉择过程，需要良好的战略管理。但对大多数企业来说，其战略管理的"短板"不在战略制定，而在战略执行。战略执行的要害在于一线员工对企业发展战略目标和路径的高度认同，因为他们才是实现客户价值的第一界面，是对市场变化最为敏感的群体，实际对企业战略管理成效起决定性作用。将一线员工排除在企业战略规划制定进程之外是非常危险的。

战略管理的目的在于及时发现和抓住企业战略转型机遇期。就目前来看，物流企业转型发展至少面临六大战略机遇：一是全球化调整。包括全球经济结构调整和贸易规则重建（BIT、TTP、TTIP 以及 TISA 等）。二是城镇化建设。包括城市基础设施改造和城市功能布局完善。三是老年化社会。包括市场需求结构的变化和老年产业的升级。四是个性化消费。包括产品和服务的持续创新和新市场的重新发现。五是互联网经济。包括实体经济时空结构的变换和知识经济的互联互通。六是社会化责任。包括绿色低碳市场创新和供应链节能减排增值服务。

（五）转型发展要注意预防"大公司病"

从历史的角度来看，触发企业转型升级的发展危机表现各不相同，但有一个共同原因，就是患上了以官僚主义为典型症状的"大公司病"。患病企业往往表现出对市场和客户的傲慢、对以往成功路径的过度依赖、对当前转型发展机遇的麻木不仁，以及面对危机的处置失当。

物流企业要时刻保持对客户需求变化的高度敏感性、对客户服务的敬畏之心，并建立"大公司病"预防机制，因为等到危机爆发时再实施战略转型往往代价太大。

三、结束语

物流企业转型发展，除了适应变化之外，最好的办法就是创造变化，在服务创新中赢得转型发展先机，成为市场变革的领导者，但必须大胆否定那些已被证明是成功的经验、道路和模式。面对全面深化改革的全新战略机遇期，物流企业要以开放的心态，不断丰富产业链和互联网思维，提升转型战略管理能力，实现领先发展。

切记，物流企业转型发展就在客户服务升级之中。

中国物流服务创新的发展现状、模式与趋势

天津大学管理与经济学部副教授　刘伟华

当前，中国经济已经进入重大转型期，投资驱动、规模扩张的发展模式开始发生重大转变，创新成为提高社会生产力和综合国力的战略支撑，创新驱动上升为国家发展战略。物流服务创新不仅有助于企业获得差异化的服务竞争优势，而且有助于我国国民经济的转型升级。在我国经济"调结构""转方式"的背景下，物流企业的物流服务创新意识不断增强，物流服务创新涉及范围日益扩大，物流服务创新模式也得到了较快的发展。

一、物流服务创新的典型特征

物流服务创新是指发生在物流服务活动中的创新行为与活动，其目的就是通过创新实现物流服务的差异化并获得竞争优势，形成竞争者难以模仿的服务能力，从而获得更高的客户满意度和市场份额①。一般来说，物流服务创新通常具有以下三个方面的特征：

首先，物流服务创新过程较为复杂。一方面，物流服务的网络化特征非常明显，既涉及各类实体的运输网络和仓储网络，还有企业网络和供应链网络，物流服务的空间和时间跨度非常大，因此，物流服务创新的网络化要求程度高。另一方面，物流服务本身涉及了运输、仓储、包装、流通加工、信息处理等多个环节。因此，物流服务

---

① 本定义参考了蔺雷和吴贵生（2007）关于服务创新的定义。具体见：蔺雷，吴贵生. 服务创新［M］. 北京：清华大学出版社，2007：85－86。

具有多环节、多企业和网络化的特征，其创新的过程较一般服务创新更为复杂。

其次，物流服务创新的系统性强。物流系统是指在一定的时间和空间里，由所需位移的物资、包装设备、装卸搬运机械、运输工具、仓储设施、人员和通信联系等若干相互制约的动态要素所构成的具有特定功能的有机整体。物流服务的一体化以及网络化特征使物流服务具有很强的系统性，因此物流服务创新也具有较强的系统性特征。

最后，物流服务创新具有较为明显的交互性特征。与一般的服务企业不同，在物流服务运作中，物流服务创新的主体（如物流企业）通常需要考虑到客户的个性化需求，并且需要与客户进行充分的互动与交流，设计量身定制的物流服务方案，这使得物流服务创新具有较为明显的交互性特征。

二、物流服务创新的发展现状

（一）物流企业的物流服务创新意识不断增强

在物流成本不断上升的环境下，许多物流企业通过物流服务创新来应对成本上升。据 2013 年 4 月的一项调查[①]，86.9%的物流企业认为开展物流服务创新很有必要，显示了物流企业对服务创新有较强的意愿。另外，69.2%的物流企业已经开始进行物流服务创新，另有 29.9%的企业正在准备进行物流服务创新，表明我国绝大多数物流企业已经进行或者准备进行服务创新。

（二）物流服务创新涉及范围日益扩大

物流服务创新不仅涉及的细分行业较广，而且，创新涉及的领域也不断增多。根据 2012 年度和 2013 年度物流行业企业管理现代化创新成果的 82 项获奖资料[②]，评选出的创新成果覆盖了资源型生产企业物流、加工制造业物流、商贸流通业物流、农业和农村物流、第三方物流及物流园区（中心）等多个领域，其范围涉及工业物流改造升级、制造业与物流业联动发展、供应链物流管理模式创新、物流配送体系构建和优化、电子商务物流服务创新、物流功能集聚区建设与发展、农村物流网络建设、国际物流与保税物流、物联网应用、绿色物流与应急物流等多个创新主题，显示出我国物流服务创新涉及的范围较为宽广，涉及的主题也在不断扩展。具体如图 1 和图 2 所示。

---

① 资料来源：国家发改委经济运行局，南开大学现代物流研究中心，中国现代物流发展报告 2013 ［M］. 北京：北京大学出版社，2013 年 9 月。

② 公示：2012 年度物流行业企业管理现代化创新成果奖，http://www.chinawuliu.com.cn/office/18/104/9577.shtml，中国物流与采购联合会，2012 - 10 - 8；公示：2013 年度物流行业企业管理现代化创新成果奖 http://www.chinawuliu.com.cn/lhhkx/201310/09/258896.shtml，2013 - 10 - 9。

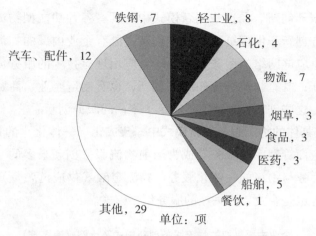

图1　物流创新成果企业所属行业分布情况

注：图中"其他"指的是该物流服务创新示范企业并不针对特定行业提供物流服务，而是提供多个行业的物流服务。

资料来源：（1）公示：2012 年度物流行业企业管理现代化创新成果奖，http：//www.chinawuliu.com.cn/office/18/104/9577.shtml，中国物流与采购联合会，2012 - 10 - 8。

（2）公示：2013 年度物流行业企业管理现代化创新成果奖，http：//www.chinawuliu.com.cn/lhhkx/201310/09/258896.shtml，2013 - 10 - 9。

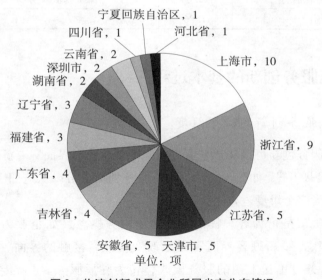

图2　物流创新成果企业所属省市分布情况

资料来源：（1）公示：2012 年度物流行业企业管理现代化创新成果奖，http：//www.chinawuliu.com.cn/office/18/104/9577.shtml，中国物流与采购联合会，2012 - 10 - 8。

（2）公示：2013 年度物流行业企业管理现代化创新成果奖，http：//www.chinawuliu.com.cn/lhhkx/201310/09/258896.shtml，2013 - 10 - 9。

（三）物流服务创新模式日趋多样化

许多工商企业和物流企业根据客户需求，结合自身的物流服务能力，积极开展了多种模式的物流服务创新。在这些创新模式中，既有各种功能型物流服务的创新，也有一体化物流服务创新和供应链集成服务创新；既有企业内部的物流服务创新，也有面向企业外部和供应链网络的服务创新；既有应用现有技术的服务创新，也有完全自主开发的服务创新；既有物流企业的服务创新，也有制造企业、商贸企业和农业企业的物流服务创新。这些创新各具特色，满足了不同的服务创新需求。

据调查[①]，在具体的物流服务创新模式中，集成化（一体化）的物流服务、供应链一体化服务、供应商管理库存服务等成为当前物流服务创新最多的三种模式，具体如表 1 所示。电子商务与物流的一体化服务、物流金融（供应链融资）服务、代收货款服务、保税物流等也是企业较为关注的服务创新模式。

表 1　　　　企业主要采取的物流服务创新模式及比例（有多选）　　　（单位：%）

模式	比例	模式	比例
集成化（一体化）的物流服务	55.14	物流金融（供应链融资）服务	23.36
代理采购服务	10.28	供应商管理库存服务	32.71
代收货款服务	11.21	代销货品服务	3.73
循环取货服务（或共同配送服务）	9.34	电子商务与物流的一体化服务	30.84
供应链一体化服务	42.05	保税物流服务	11.21
不知道	1.86		

三、物流服务创新的基本过程

（一）物流服务创新的四个维度

一般来说，服务创新可以从"新服务概念""新顾客界面""新传递系统"，以及"技术"四个维度展开[②]，如图 3 所示。物流服务创新也可以从这四个维度展开，利用其中一个维度或者多个维度进行创新。

"新服务概念"是指为客户提出新的物流服务概念，如企业为客户提出"亲人服务"的服务理念。"新顾客界面"是指改变与顾客接触的界面，如企业改变以往由客户自行将服务订单送上门的服务模式，转为驻厂服务。"新传递系统"是指对物流服务过程的组织形式进行创新，如企业发挥自有运输网络和零库存销售模式的优势，通过运输调度创新，减少运输距离和装卸次数，降低了运费成本。"技术"维度是指利用新型物流技术设施与设备，为客户提供更为方便、快捷、高效

---

① 资料来源：国家发改委经济运行局，南开大学现代物流研究中心，中国现代物流发展报告 2013 ［M］. 北京：北京大学出版社，2013 年 9 月。

② 蔺雷，吴贵生. 服务创新 ［M］. 北京：清华大学出版社，2007：85 - 86。

的物流服务，如企业借助铁路运输优势，为客户提供量身定制的铁路卸车设备，提高了装卸效率。

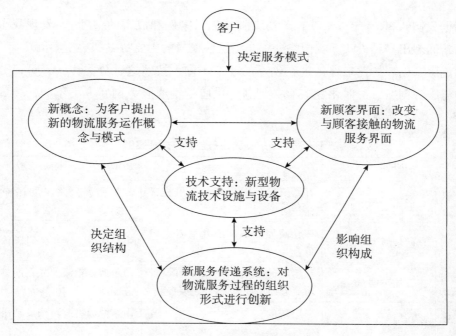

图3　物流服务创新的四个维度

资料来源：蔺雷，吴贵生. 服务创新［M］. 北京：清华大学出版社，2007。本报告已根据物流服务创新的特点做了修改。

（二）物流服务创新的主要过程

物流服务创新主要包括客户需求识别与分析、物流服务产品和服务模式设计、物流服务资源整合与能力配置、物流服务实际提供与不断完善等过程。下面以物流企业为例，阐明物流服务创新的主要过程。

（1）客户需求识别与分析。物流企业要对各种显性和隐性的物流服务需求进行沟通、识别、归类和诊断，提出服务创新的方向。

（2）物流服务产品和服务模式设计。物流企业从服务创新的四个维度出发，设计相应的服务产品与服务模式。

（3）物流服务资源整合与能力配置。物流企业整合、开发、利用、引进各种物流资源和物流技术，合理配置服务创新所需的物流能力。

（4）物流服务实际提供与不断完善。物流企业利用物流服务能力和资源，将创新的物流服务产品提供给客户，客户提出相应的改进建议，不断完善物流服务创新产品和创新模式。

四、物流服务创新的主要模式

根据我们队 2010 年以来的有关物流服务创新案例和成果的整理①，发现我国物流服务创新涌现出多种模式。我们将分别介绍这些模式的主要特点和典型案例。

物流服务创新的复杂性体现在创新的环节不同，按照这种分类方式，可以分为功能型物流服务创新、一体化物流服务创新、供应链集成服务创新三类不同的模式，如表 2 所示。

表 2   **基于不同环节的物流服务创新模式及案例**

	创新模式	主要特点	典型案例
功能型物流服务创新	运输创新	开发新的运输模式，如甩挂运输、对流运输等模式	海尔物流公路甩厢运输解决方案
	仓储创新	在仓储环节基础上开展各类增值业务	中储股份金融业务创新
	流通加工创新	利用新的流通加工技术与设备对流通加工环节进行服务创新	山东博远物流商品钢筋物流服务创新
	包装创新	采用新的包装方式对包装环节进行改进	山东博远物流潍柴发动机包装改革创新
	装卸搬运创新	设计新型的装卸搬运器械或者采用新的装卸搬运方式	八达物流杭钢集团车辆装卸设备改进
	信息创新	利用各类信息技术或者信息平台对物流信息环节进行创新	青岛远洋大亚集装箱堆场实时管理系统
	配送创新	设计新型的配送模式，如定日达配送、城乡联合配送、循环取货配送等	天地华宇物流"定日达"公路快运产品
一体化物流服务创新	两个功能型物流组合创新	两个功能型物流服务同时进行创新	安得物流青岛啤酒透明化物流管理方案
	多个功能型物流组合创新	多个功能型物流服务同时进行创新	山东物流协会智能化"物流一卡通"供应链整合方案

---

① 资料来源：（1）第十六届国家级企业管理现代化创新成果正式发布，http：//www. sasac. gov. cn/n1180/n1566/n258252/n258614/6909601. html，2010 – 1 – 18。

（2）公示：2012 年度物流行业企业管理现代化创新成果奖，http：//www. chinawuliu. com. cn/office/18/104/9577. shtml，2012 – 10 – 8。

（3）全国现代物流工作部际联席会议办公室. 全国制造业与物流业联动发展案例精编［M］. 北京：中国物资出版社，2011；上海市经济委员会. 上海市六大支柱行业物流发展调查报告，2007 年 10 月。

（4）公示：2013 年度物流行业企业管理现代化创新成果奖，http：//www. chinawuliu. com. cn/lhhkx/201310/09/258896. shtml，2013 – 10 – 9。

续 表

创新模式		主要特点	典型案例
供应链集成性服务创新	生产与销售环节组合创新	在生产物流与销售物流两个环节进行集成创新	正本物流"保姆式"石化企业供应链服务解决方案
	采购与生产组合创新	在采购物流与生产物流两个环节进行集成创新	天津丰田物流汽车零配件采购供应链集成化管理模式
	采购、生产、销售一体化创新	在企业的采购、生产与销售物流等多个环节进行集成创新	中铁快运 5100 冰川矿泉水项目的物流服务创新

按照物流服务创新涉及的范围分类，可以分为企业内部创新、企业之间的联合创新、供应链网络创新和产业集群创新四个方面，如表 3 所示。

表 3   基于创新涉及范围的物流服务创新模式及案例

创新模式	主要特点	典型案例
企业内部创新	对企业内部的物流服务活动创新	宝供物流多库区协同运作解决方案
企业之间的联合创新	企业与合作伙伴之间的创新	浙江陆通行业组合创新模式
供应链网络创新	在供应链上下游企业之间的网络进行创新	天津物产供应链综合服务模式
产业集群创新	面向制造业产业集群的创新	浙江中捷环洲制造业产业集群供应链服务解决方案

物流服务创新过程中，一般会选用一些新的物流技术。按照创新的技术分类，可以分为应用既有先进技术、自己开发、外包开发三种类型，如表 4 所示。

表 4   基于创新技术应用的物流服务创新模式及案例

创新模式	主要特点	典型案例
应用既有先进技术	将已有的先进技术应用到创新成果中	浙江宇石国际制造业物流公共服务平台
自己开发	针对自身具体情况开发新的技术	安吉物流信息可视化管理平台
外包开发	与其他企业合作开发或全权委托开发新的技术	浙江物产物流集中式管控信息化方案

物流服务创新过程中，经常会与其他行业，如金融、环保、生产、消费、电商等产业进行融合，形成交叉性的创新模式，如表 5 所示。

表5   基于产业融合的物流服务创新模式及案例

创新模式	主要特点	典型案例
与金融融合	围绕金融领域进行物流金融、供应链金融创新	天津滨海泰达物流集团供应链金融物流服务
与环保融合	在绿色物流、逆向物流等环节进行创新	鞍钢股份鲅鱼圈钢铁分公司打造沿海钢厂生态物流模式创新
与生产融合	在生产制造领域进行物流服务创新	中国物流公司汽车零部件供应链管理运作模式
与消费融合	在消费品批发零售领域进行服务创新	物美超市物流信息化服务创新
与电商融合	在电子商务领域进行创新	上海新杰货运公司"第三方物流＋电子商务管理"的服务模式

按照创新的企业主体类型来分，物流服务创新可以分为物流企业创新、制造企业创新、商贸企业创新和农业企业创新，其中，物流企业创新又可分为平台型物流企业、功能型物流企业、综合型物流企业和供应链型物流企业四类，如表6所示。

表6   基于不同创新主体的物流服务创新模式及案例

创新模式		主要特点	典型案例
物流企业物流服务创新	平台型物流企业	以大型物流园区、物流中心为企业主体进行创新	传化物流公路港物流服务平台的建设与运营
	功能型物流企业	以功能型物流企业为主体进行创新	远成物流星级服务运作模式
	综合型物流企业	以大型第三方综合物流企业为主体进行创新	上海惠尔物流公司物流与销售双网联动模式
	供应链物流企业	以供应链公司为主体进行创新	怡亚通供应链股份有限公司 VMI 联合 JIT 创新模式
制造企业物流服务创新		以制造企业为主体进行服务创新	安徽江汽物流企业 MCU 管理模式
商贸企业物流服务创新		以商贸企业为主体进行服务创新	绍兴轻纺城国际物流中心建设方案
农业企业物流服务创新		以农业企业为主体进行服务创新	北京天安农业发展有限公司的蔬菜供应链全程质量追溯体系

五、中国物流服务创新的发展趋势

近年来，物流服务创新越来越受到各方面的重视，随着经济全球化特别是科学技术的发展，许多企业开展了各种模式的物流服务创新，并收到良好的经济效益和社会效益。总的来说，物流服务创新呈现出以下趋势：

（一）物流服务创新呈现出集成化、专业化趋势

物流企业提供的服务已不仅仅局限于运输、仓储等单一的功能性物流服务，随着制造业内部物流的剥离和供应链物流服务企业的快速发展，越来越多的企业开始提供面向某一行业的综合性物流服务解决方案，呈现出物流服务集成化和专业化的趋势。物流服务创新将更加重视以客户需求为中心，个性化、一体化、专业化的物流服务日益受到欢迎，在冷链物流、汽车物流、城市配送、物流地产等细分专业物流领域将陆续涌现出一批综合服务能力强的专业物流企业。

（二）物流服务创新呈现出科技化、信息化趋势

物流服务创新包含物流管理模式的创新和技术的创新，其中，技术创新正随着新技术革命的不断发展变得日趋重要。一系列新兴科学技术如新能源、新材料、节能减排、互联网、下一代移动技术等都给物流服务创新带来了巨大的机遇。此外，伴随着信息化建设力度的加大，在物流服务运作中，信息化技术如物联网可视化与智能监控、数字化监控体系、自动识别和标识、电子数据交换、数据自动采集与统计分析等信息化技术也将容易得到广泛使用，物流服务创新的科技含量也将与日俱增。

（三）物流服务创新呈现出绿色化、全球化趋势

在建设节约型社会的形势下，越来越多的企业响应号召，在开展物流服务、进行服务创新时树立绿色低碳的理念。这既是物流企业生存和发展的基础，更是企业应尽的社会责任。许多物流企业通过整合社会资源，提高现有资源利用效率，降低运输环节能源消耗；使用节能环保材料，在包装等环节，减少木材等生态资源浪费，推进物流包装的标准化，实现包装材料的循环共用；加强精细化管理，改变粗放的经营模式。

在中国制造业全球化步伐不断加快的背景下，物流服务实施全球化创新也将成为重要发展趋势。通过全球化的物流服务创新，帮助制造企业打造全球一体化的产业链和价值链体系，优化国际物流路径和网络，加强国内物流与国外物流网络的无缝对接，逐步形成本土企业物流网络的全球覆盖，"强强联合"进军国际市场。

（四）物流服务创新呈现出与其他产业融合化的趋势

近年来，国内许多物流服务创新依靠信息技术，嫁接金融、营销、电商等现代服务业，呈现出多产业融合创新的发展趋势。例如，通过制造业与物流业联动发展，以中铁快运、风神物流、众品食业等企业在采购、生产、销售等环节加强协作，开展物流服务创新；通过商贸业与物流业的共生发展，以百联、物美、浙江物产、天津物产为代表的一批商贸企业正改造传统流通渠道，创新流通模式；通过金融与物流的融合，提升物流服务对整个供应链的掌控能力，汽车、家电、电子、医药、零售等行业上下游多种业态深度融合，供应链协同创新加快发展。

供应链服务模式创新

中国邮政速递物流股份有限公司高级经理　田学军

一、创新是供应链服务的内在要求

当今竞争激烈的商业环境和不断演变的客户需求正在重构传统供应链，最为突出的是供应链全球化和电子化趋势。

全球供应链是指在全球范围内组织供应链，它要求以全球化的视野，将供应链系统延伸至整个世界范围，根据企业的需要在世界各地选取最有竞争力的合作伙伴，实现全球性的产品设计、采购、生产、销售、配送和服务客户，使整个供应链的成本和效率最优化。供应链的全球化，对企业在全球的资源配置能力提出了很高的要求，使得企业把重心越来越多地放在价值链上自身有显著优势的运作活动，即企业的核心竞争力上，而把物流、采购，乃至产品设计、制造等全都外包出去。因此，企业与全球供应链网络的所有参与者的高度协同，成为供应链有效性的首要因素。

互联网的飞速发展已经完全改变了企业的性质及其竞争方式。不仅涌现出许多新的电子商务模式，而且传统企业也通过流程自动化而将其供应链转变成为电子供应链。互联网技术使企业的整个供应链转型为扩展的企业系统——互联网生态系统（Internet Ecosystem），实现多企业、多地点电子网络中的客户、供应商、合作伙伴、员工等无缝连接。这样的电子供应链不仅将供应链的内部运作凝聚在一起，而且使供应链的所有参与方像一个公司一样统一面对外部世界。

供应链的全球化与电子化，使供应链变得越来越复杂，且更加易于中断；与此同时，供应链还面临企业增加收入和利润的压力。这些关键的挑战使得企业供应链的管理者致力于从以下四个方面不断改进供应链的有效性：

敏捷性（Agility）：即根据需要以最小的延迟和影响，变更供应链流程、目标、合作伙伴、设施及其他方面的能力。

弹性（Resilience）：即确保供应链以最小的影响程度和时间，来承受不可预知和不可控事件的能力。

可靠性（Reliability）：即满足供应链对质量、时限、成本、可得性、服务水平等方面承诺的能力，这是供应链有效性的基本要求。

响应性（Responsiveness）：即在需求、能力、规则、竞争环境或任何其他对企业价值有潜在影响的方面发生变化时，获取相关信息并使供应链与之相适应的能力。

为此，越来越多的企业正在努力寻求供应链的创新，通过创造更好或更有效的供应链流程、技术和运作模式，在降低成本的同时增加价值，从而取得市场的竞争优势。因而在外包物流服务时，企业已不满足于物流服务商在技术、流程和服务产品上的简单改进，而是希望双方协同努力，实现供应链服务的模式创新。

另外，物流服务商也越来越认识到，供应链服务创新不仅能够满足客户不断变化的需求，而且也是自身获取利润的需要。因为缺乏创新，将会使自身的服务商品化，要么陷入与同行的低价竞争，要么因停滞不前而逐步被市场淘汰。因而，近年来物流服务模式正从提供功能性物流服务的2PL和提供一体化物流服务的3PL，向提供领导型物流服务的4PL和提供供应链集成服务的5PL演变。

因此，创新是供应链服务的内在要求，已成为客户企业与物流服务商的广泛共识。

二、供应链服务创新的驱动因素

供应链服务创新是对传统物流服务模式的颠覆，是通过流程的优化和自动化、附加价值的产生或成本的进一步降低，来替代传统的产品或服务，创造全新的市场和价值链。因此，供应链服务创新需要客户企业与物流服务商建立战略合作伙伴关系，以形成长期、稳定、双赢的创新机制；同时，需要不断运用供应链物流领域技术发展成果，以获取最新、最有效的创新手段。所以，供应链服务创新的驱动因素来自两个方面，一是组织驱动因素；二是技术驱动因素。

（一）组织驱动因素

1. 通过组织架构推动协同

物流服务商的创新能力，来自与客户企业频繁、重复的协同，因为频繁的接触可以建立起信任，使沟通变得容易，且减弱了知识保护的本能。因而关系维度越多，创新的机会就越多。

对物流服务商而言，这意味着将组织架构转变为分散式，在客户企业现场派驻代表，以便与客户共同设计定制的解决方案。而客户企业的理想模式是设立专注创新的思想库——卓越创新中心（Innovation Center for Excellence），通过与企业内部和外部相关方的互动来推动和实施创新。

2. 关系管理

传统的物流服务商与客户关系过分强调"单点接触"，并没有使双方合适的人员对应建立起合适的关系。因此，需要采用正式的关系管理方法，为双方设置推动供应链服务创新和促进协同的方式。包括：

通过垂直分层结构，建立物流服务商与客户企业在管理高层、中层和基层的对应协同关系，每个层面都检查双方关系的战术、战略和转型绩效。

通过水平对等（P2P）结构，为物流服务商和客户企业具有相似层级和职责的人员建立匹配关系，使各个层面只讨论与其层级相应的事项。当企业全球化程度提高时，水平一体化可以支撑更加复杂的结构和接口。

3. 将创新植入组织

也许推动供应链服务创新的最大挑战，是形成促进和鼓励创新的文化。对物流服务商而言，这意味着从专注日常运作的实务型企业向注重战略协同和创新的知识型企业转变。通过将创新植入物流服务商和客户企业的内部及其相互关系之中，创造良好的创新环境。

（二）技术驱动因素

1. 先进的 IT 与移动解决方案

多年来，物流服务商的 IT 能力与客户企业的期望值之间一直存在着差距，尽管这种差距在不断缩小。其中客户最不满意的，是缺乏对其供应链端到端的可视化。随着 RFID、车载系统、软件即服务（SaaS）、云平台、移动互联、商业智能等先进 IT 的兴起，这一障碍正在被突破，并为供应链服务创新带来新的机会。

比如美国的 D. W. Morgan 物流公司，主要从事为高技术客户提供原材料到入厂供应商管理库存（VMI）中心的准时制（JIT）配送服务。为做到按需供应，公司基于苹果手机的应用平台自主开发了基于"最后一公里"的实时可视化方案，包括状态更新、带超界报警的 GPS 以及签名获取等功能。驾驶员通过 iPhone 可以获取签名，发回公司总部并自动上传至互联网供客户查询，并通过 GPS 显示签名获取的地点。驾驶员还可以通过 iPhone 将破损货物的照片上传到互联网上，并进行上下班的签到。由于苹果安装了支持 iPhone 的全球移动网络，因而公司的可视化方案具有良好的全球覆盖性。

2. 大数据与分析系统

当今多层面的供应链会产生大量的数据，需要借助大数据解决方案和强大的分析引擎来从数据中寻找有意义的模式和趋势。增长的数据需求既是对企业供应链管理者的巨大挑战，也是物流服务商推行供应链服务创新的驱动因素。客户企业已不再把物流服务商的核心功能看作"移动货物"，取而代之的是对其数据管理服务的需求增长。物流服务商只有配备相应的系统、人员和流程，才能抓住其作为数据管理者的大量机会。

比如，大数据技术在供应链中的一个主要运用是重构供应链的可视化。地理位置信息、数据图示化和可视化呈现与感应传输（如在货物、托盘、车厢上的传感器）相结合，促使供应链可视化从来自实际位置信息提供的接近实时数据向实时数据转型。通过实时感应需求与供应变化，可以缩短供应链对市场的响应时间，提高配送产品安全性。因此，物流服务商可以运用大数据技术，为客户企业提供实时服务。通过对变化的供应链状况做出灵活和高效的调整，并将实时信息整合进智能和交互分析框架，以实现供应链的优化。这一服务可以将贯穿整个供应链的可视化提高到一个新的水平，也能够带来额外的业务能力，提高运作效率，并通过对客户企业的个性化需求提供成本有效的支持来增加对客户企业的亲和力。

3. 社交媒体

越来越多的企业正利用社交媒体来促进整个供应链的沟通。社交媒体是企业收集潜在和预期客户需求的平台，企业能够通过跟踪每一个访问企业网站、交换 E-mail 以及在社交网站上发表评论的客户数据，分析客户意愿，得到对供应链预测、计划与调度的洞察力。同时，社交媒体也可以促进物流服务商和客户企业之间水平一体化的实现，推动供应链服务创新。

社交网络为物流提供商带来的新的商业机会，对物流服务的成本、灵活性和二氧化碳排放都有显著的影响。比如通过众包（Crowd Sourcing）的方式，可以让客户介入取货和送货流程，不仅可以显著降低运输成本，而且通过运输量的在途整合，可以大大减少碳排放。借助众导航（Crowd Navigation）的方式，可以让员工使用微博、微信等提供实时信息的社交网络，对道路事故、交通阻塞和其他显著事件，做出比传统的导航和车载系统更快的反应。

三、供应链服务创新的典型模式

（一）供应链控制塔服务

供应链的全球化和电子化发展，使供应链协同运作的难度不断增加，越来越需要通过供应链的各个成员与环节之间及时、准确的信息共享来制定科学、合理的决策以提高供应链的效率，因而实现供应链物流的可视化，已成为改进供应链管理的必然要求。

成功的供应链可视化解决方案通常包括五个方面的内容：

（1）构建一个"信息枢纽"：将来自企业内部和外部的关键信息进行集中和一体化管理，包括从 ERP、TMS、WMS 等信息系统中获取的关键订单、发运和库存信息。

（2）追踪整个供应链的落地成本：通过追踪产品、货运和保险成本，以及诸如关税、增值税等政府收费，降低总体落地成本（TLC）。

（3）采用计分卡管理供应链伙伴：使用供应链数据库和开发的计分卡来管理供应链的供货一致性、物流商的运输绩效等，以改进全球供应链运作。

（4）与财务挂钩：协同企业财务部门，将供应链可视化的管理结果与财务结算和支付等挂钩。

（5）设计风险管理框架：在可视化工具和解决方案中配置风险减轻和灾害恢复功能，以便从风险相关的事件中有效恢复。

近年来，根据这一原理形成的供应链控制塔（Control Tower）管理模式，在越来越多的企业得到运用。控制塔是企业跨部门设立的配备所需的技术、组织和流程的中央枢纽，通过获取和使用供应链数据，为供应链管理的短期和长期决策提供先进的可视化，以与企业的战略目标保持一致。

构建控制塔，通常用于监测、衡量和管理贯穿整个供应链的运输和库存移动，包括以下三个管理层面：

（1）战略层：对整个供应链网络的设计提供控制。

（2）战术层：根据市场需求，对采购、生产和销售的相关活动进行主动计划。

（3）运作层：对运输管理、库存追踪、例外管理等形成各种实时管理能力。

控制塔一般具有以下五个基本功能：

（1）计划和路径安排：通过动态计划和路径安排，提供前所未有的供应链灵活性；提供 GPS 跟踪、货运代理和库存控制。

（2）审核和报告：帮助审核供应链移动的所有阶段的细节；产生每个产品总体落地成本的报告。

（3）预测：对供应链日常运作层面如预期到达时间（ETA）做出预测；预测供应链的成本和需求。

（4）事件管理：提供供应链所有阶段的事件管理；提供仓库管理、运输管理、月台管理、集装箱管理以及结算和开具发票。

（5）决策：通过构建决策平台，为供应链成本、质量和绩效的集中负责管理提供一站式解决方案。

由于控制塔是供应链专业人员、信息技术和管理流程的有机结合，需要必要的投入进行建设和运作。因此，许多企业选择将控制塔功能部分或整体外包。全球大型和专业型物流服务商如 DHL、SCHENKER、CEVA、K&N、RYDER、DAMCO 等，也纷纷构建自己的控制塔服务能力，通过供应链服务创新形成与竞争对手的差分优势。

控制塔服务的效率和效益来源于用统一的流程管理货物流动，依托服务网络进行合理的资源配置，对货物流动提供全程可视化以及通过分析与衡量来改进供应链绩效。控制塔服务从以下四方面来帮助客户供应链实现同步化：

（1）专注供应链数据的质量和一致性，以提供及时、准确、完整的信息。

（2）专注各类服务供应商的服务质量等运作执行情况。

（3）对物料和运输进行实时动态管理，以确保有效使用各种运输方式。

（4）运用分析工具与绩效指标来确保持续的绩效管理与改善。

通过控制塔服务，物流服务商可以对客户企业物流过程的每一项活动和每一个地点实现 7 天 ×24 小时全覆盖，对任何供应链中断迅速采取措施，并提供预先的和实时的报告，最终使客户企业感到对自身的供应链有很好的控制力。

比如，CEVA 物流提供的全球物料管理（GMM）服务中，将从供应商到最终客户的整个供应链划分为 19 个关节点进行状态追踪，在美国、荷兰、巴西和新加坡设立 4 个控制塔，实时监测、追踪和控制每一票货物，实现全球供应链的可视化，以确保对提前期的波动和库存水平的有效控制。为防止供应链中断，减少客户的缺货销售损失和停工待料损失，CEVA 物流还在品项（SKU）层面上监测实际与计划的偏离程度，以便提前制订解决方案。

RYDER 物流通过在美国、中国、德国、墨西哥的 6 个主要汽车零部件生产集聚区设立控制塔，通过为每一个零部件制订计划（PFEP），形成贯穿整个供应链的数据记录。在合理组织零部件的装载、发运和配送上线的实物流过程中，零部件属性的相应数据记录也在不断地变化以形成相应的信息流，实现了全球实物与虚拟零部件流的同步，使主机厂、零部件供应商和承运商可以实时看到零部件数量、包装和时间窗口的状态，形成了完善的供应链可视化服务。

随着大数据技术在供应链领域的应用，荷兰等国出现了跨供应链控制中心（Cross Chain Control Center）的模式，通过构建运力池（Pooling），帮助不同供应链之间的客户企业共享物流资源，以提高资源利用率；同时通过集中活动和数据提供增值服务。跨供应链控制中心通过云平台来连通众多的企业，形成一体化的信息网络，从而实现了社会化的物流资源调配与整合，是供应链服务创新的更高阶段。

（二）价值链物流服务

为了改变传统供应链中制造商、经销商、零售商互相侵蚀的敌对状态，使三方成为伙伴，紧密共存，香港利丰公司（Li & Fung）采用了一个具有挑战性的新概念：以价值链物流（Value - Chain Logistics）为平台提供综合分销服务，既能提供由制造到物流再到营销一站式的服务，又能让客户灵活组合所需的单项服务。

利丰认为价值链物流是一种独特的分销业务模式。这种模式以物流作为桥梁，联系各项核心业务，使之成为一个完整的价值链。物流连接和驱动经销过程的每一个部分，并通过信息和高效率的运作为其增加价值。利丰相信高质量、高效率的物流和分销管理是很多国际品牌在亚洲最希望得到的服务，与传统分销企业只把物流作为后勤支撑不同，利丰把物流放在业务的最前端，让物流连接着传统的营销和生产业务，形成从原材料到生产直至产成品被运送到消费者的完整的价值链。这种独特的价值链物流业务模式令利丰不只是一个第三方物流供应商或分销商，而且是一个综合分销服务提供者。

利丰的价值链物流业务属于第四方物流的范畴，亦即为客户指挥和协调其供应链，通过物流操作为其供应链增值，即创建它的价值链物流。利丰可提供一系列虚拟物流（Virtual Logistics）服务及信息技术支持，成为客户供应链的管理核心。虚拟物流是指利丰不直接拥有任何硬件，如货仓、货品、船队及车队等资产，而是利用信息技术和其国际业务联系，把全球的物流合作伙伴联系起来，形成一个覆盖全球物流领导者的网络，为客户提供效益最大的供应链方案。

利丰的价值链物流服务在为雅培奶粉开拓中国市场项目上得到成功运用。利丰在对雅培全国物流进行调配的基础上，协助雅培拓展营销网络，管理分销商并维护重点客户。利丰会对各地分销商的送货频率、最低库存和拜访商场的次数进行统筹管理，以求通过促进和改善分销商的业务来提高雅培奶粉的销售成效。作为一个全国性分销系统的管理者，利丰能够为雅培提供质量更高的物流管理，并通过当地分销商所掌握的零售网络和自己在中国丰富的业务经验，为雅培选择零售商，并协助这些零售商实施有效的品类管理，进行市场维护，设计货品在店铺内的陈列方式，力求使货品达到最佳的销售效果。为管理产品流向，利丰运用自有的信息技术，使一线销售人员可以追踪和传输市场与存货数据，增加市场对产品的反映的信息。这种供应链上的透明度允许雅培掌握销售情况，从而集中精力和投资于它最受欢迎的产品上。利丰还与国际性的商业银行设计了一套特别的融资安排，帮助改进了供销双方的现金流动和利润空间。

（三）超级网络物流服务

超级网络物流（Supergrid Logistics）将带动新一代物流公司的形成，主要专注于协同连接生产企业和物流提供商的全球供应链网络。基于模块化的、灵活的、可配置的物流服务，超级网络物流将面向服务的物流（Service – oriented Logistics）概念引入新的商业模式，对整个物流市场产生影响：

（1）驱动新的市场细分：物流市场将细分出新的行当，如服务专家、用户、配置商、复杂物流解决方案的协同商以及服务商城（Mall）业主等。全球性物流商将主要专注于跨境整合、额外付费服务以及协同区域与本地服务提供商（竞合者），以形成全球超级网络。物流商城将提高市场透明度，使小型本地公司可以进入全球市场。

（2）带来成本高效的额外付费服务：一些复杂性日益提高、开发成本不断加大的服务，如风险管理与安全、报关与一致性等，只能由少量的专业性能力强的企业开发。额外付费的电子服务，如电子账单支付、电子一致性、电子报关等，将变成新的市场差分要素。

（3）增加企业价值：物流服务不仅出售给客户，而且出售给服务伙伴甚至竞争对手。物流企业间的合作也将影响物流基础设施开发、支撑能力和资源利用（如共享车队），以确保运行通畅、成本降低、能源节省和更具可持续性。

超级网络物流对物流服务商带来的益处主要有：

（1）商品化服务将会被可重复使用的云服务所替代，这将降低开发成本，提高可扩展性和灵活性。

（2）从商城采购非营利性的物流服务（如实物流）作为其复杂供应链的一部分，将降低成本，并使得专注于供应链协同和复杂性管理的轻资产甚至零资产物流企业出现。

（3）与本地相关的物流服务可以在全球物流商城上发布，使小型物流企业介入全球市场与超级网络的机会增加。

（4）发布和推销用于内部的、最佳实践的、复杂的、高价值服务将给物流企业带来额外的利润，并使其有机会成为主导市场的服务专家。

超级网络物流对接受物流服务的客户带来的益处主要有：

（1）进入物流商城，使客户可以构建自己的"按需供应链"，独立于任何合同物流商。

（2）受益于全球超级网络物流商的能力提升，这样的服务商可以设计和管理客户的整个价值链，动态地整合和协同物流与非物流服务。

超级网络物流联盟的实现，需要得到以下技术方法的强力支持：

（1）智能业务网络整合方法，如物流即服务、物流商城以及按需供应链，将使得全球与本地业务伙伴通过智能与无缝整合，形成全球超级网络。

（2）大数据技术，通过对不同内部与外部来源的全球发布的地理位置、日常事务与主数据进行快速分析，支持实时业务流程与事件管理。

（3）联盟式企业结构，形成了全球运作超级网络的基础，定义了流程、数据与应用系统的标准化水平，确立了掌控与整合原理，界定了竞合伙伴之间的服务关系。

由马云牵头组建的菜鸟网络，是超级网络物流的商业模式在电子商务物流领域的有益尝试。其近期目标是在 5～8 年内打造一个全国性的超级物流网，能使网购订单的商品在 24 小时内送达全国任何地区；远期目标是基于物流网络继续完善物流信息系统，向所有制造商、网商、快递物流公司完全开放。

菜鸟网络实际上由三张网构成：一是地网，即中国智能物流骨干网络（CSN）；二是天网，即基于大数据的电子商务物流信息平台；三是人网，针对消费者的线下实体服务体系，包括进到小区的服务站、自提点等。

中国智能物流骨干网络是构建一个能够支撑日均 300 亿元（年均约 10 万亿元）网络零售额，让全国任何一个地区做到 24 小时内送货必达的物流网络。其中最关键的是区域分仓，将以核心物流节点为基础，逐步渗透到二、三级物流节点。同时，通过网络平台将各地分仓联通起来，实现网络化集中管控。菜鸟网络主要掌控仓储这一核心资源，具体的仓储运作、管理以及相关的运输、配送工作将外包给第三方快递、物流企业。

菜鸟网络不是单纯地建立物流系统，而是要构建为电子商务管理复杂供应链的物流服务体系。因此，需要有基于对前端大数据深度挖掘的信息管理与供应链协同平台的强力支撑，主要包括以下功能：

（1）需求预测：通过大数据分析，对不同时期、不同地域的客户订单的数量、配送要求等需求进行预测，从而指导电商和快递、物流企业提前做好资源。

（2）库存管理：通过大数据分析，对电商在不同分仓的库存配置、订单履行分仓的确定以及总分仓和分仓之间的库存调拨等进行管理，以提高订单履行满足率、降低总体库存水平。

（3）运作协同：实现供应链上的所有合作伙伴的信息系统对接与运作协同，从而确保在客户订单的驱动下，各相关物流环节的不同服务商能够按照同一标准的操作流程和服务质量同步运作。

（4）供应链可视化：比如，全新的物流数据雷达不仅可以监控中转站，还可以监控到行政县区和服务网点的层面，监控范围从"主动脉"覆盖到"毛细血管"，这些数据可以帮助电商平台和快递公司做决策，通过线路预测帮助各大快递公司分拨点不爆仓，并有利于提升快递"最后一公里"的服务质量。商家也可以通过数据雷达对物流订单实施管理，揽收率、在途率、签收率等一目了然。

破解企业阶段最优点困境的中国实践

德利得物流总公司运营总监　恽　绵

　　纵观世界各类企业的发展进程，无一不是跌宕起伏，故事不断，就连世界大型计算机的顶尖企业 IBM 也不例外，在经历了三次脱胎换骨的阵痛后，才从一个计算机巨人变成了咨询巨人，巨人尚且如此，何况我们？

　　企业家们似乎都在苦恼中，为什么我们永远面对处理不完的问题，为什么企业会遇到无论如何努力都停滞不前的局面，为什么我们的计划永远都不能全部落实？道理其实很简单：企业的发展会遇到"阶段最优点困境"。

一、阶段最优点困境理论的表象与内涵

　　我们在十几年的企业经营过程中，也经历过无数的坎坷，从来没有可以高枕无忧的经营过。按照马森·海尔瑞（Mason Haire，1959）、伊查克·爱迪思（Adizes，1989）等学者提出的企业生命周期理论，企业的生命周期可以分为发展、成熟和老化三个时期，共有孕育、婴儿、学步、青春、盛年前、盛年后、贵族、官僚初期、官僚、死亡十个发展阶段；并且在研究了众多的企业之后提出了包含上升期、高峰期、平稳期、低潮期在内的 12 年的周期。

　　纵观世上物流企业的商海沉浮，回顾德利得物流 13 年间遇到的机遇与暗礁，我们看到了一个波浪式的企业发展的轨迹。

　　德利得物流 2000 年引进上海菱通软件作为股东正式成立，初期采用嵌入快运市场向第三方物流发展的经营策略，顺利地实现了市场开拓、定向广告和正式运行的三大

计划，一年内就初步形成了具有比较高的运作效率和固定客户群，年增长率达到70%以上。第三年起我们渡过了初创期而进入到设想的专业第三方物流市场，每年30%~50%的高增长率顺理成章；回首看来，我们发现在从企业的第二年开始的12年中，我们年增长率超过50%的有4年、30%~50%的有5年，还有3年的增长率低于20%，第一次出现在2003年、第二次出现在2007年、第三次出现在2012年，呈现4~5年的周期。

回顾三次对应危机、三次重新起航的日日夜夜，我们发现并不是我们不努力，并不完全是我们面对的经营环境变坏，而是我们遇到了企业经营的"阶段最优点困境"。

物流企业的经营需要资金、资本、团队、经营理念与思路、经营水平，这些我们都认为是企业运行所必需的基本能量，一个企业的经营团队依靠这些能量，一心一意地去攀登自己企业发展的高山，一般情况下初期往往比较顺利，因为能量充足，攀登初期所有道路看得清，摸得到。但几年之后，业务经过了高增长环境后，往往会突然发现我们怎么努力企业发展的速度也上不去，处处不顺，好像遇到了一堵看不见的墙。其实我们是遇到了企业发展中的"阶段最优点困境"。

"阶段最优点困境"的实质是说明企业积累的资本、资金、人才、战略、观念与经营水平所积累的能量，所能够达到的经营成果是有限度的，不可能无限扩大，在达到一定的阶段性目标的时候，环境已经发生了很大的变化，能量与下一步的经营目标已经不能够匹配了，制约了企业的发展，这些制约因素无论是客观的还是主观的，结果的表现都是业务发展的停滞，也就是达到了当前的企业发展过程中的"阶段最优点困境"。

要实现阶段最优点困境的突破，就需要重新积累资本、资金、人才、团队，调整经营思路，变革思想方法，调整发展战略，创新企业经营才能重新积累起新的能量，去攀登计划中的下一座高山。在积累能量的过程中，初期可能是一个下山的过程，不可避免地将会对现有的经营造成影响，也是经营者最痛苦的变革期。这就是阶段最优点困境的基本状况，利用阶段最优点困境理论就可以解释为什么企业经营总是会呈现波浪式发展的原因了。

二、破局企业阶段最优点困境

阶段最优点困境的理论揭示了物流企业经营中必然遇到的困惑与停滞的原因。对每一个经营者而言，最重要的是如何破解难题。从企业的规模角度来看，企业的规模越大，阶段最优点困境带来的困难也越多，需要的变革也越大。

研究中国物流企业的盛衰，十多年来，从佳木斯公路快运的崛起，到桐庐快递烽火燃遍中国大地，物流企业家前赴后继经历了多少创立、发展、整合、购并、成功、失败可歌可泣的故事，中国物流企业的发展可谓是跌宕起伏，我们可以发现无不亲身实践着企业阶段最优点困境的破解涅槃。

（一）战略是方向

凡是物流企业家，没有一个不是希望自己的企业做强做大的，而凡是上一定规模的企业，战略已经成为成功的核心要因了。

IBM 的战略变革：IBM 在 20 世纪 90 年代初出现收入持续下降和连续 3 年亏损的严重危机，新上任的 CEO 郭士纳组织带领公司由以产品为中心向以客户为中心转型，围绕产品研发、销售体系、战略管理三条主线展开。其立足"动态战略洞察与市场捕获机制"的战略管理转型取得巨大成功。而 21 世纪初，IBM 又陷入了经营的困境，新任 CEO 帕米萨诺带领 IBM 进一步转型，目标是为客户、企业、世界创造更多的价值，面向未来，IBM 提出四大发展战略：新兴市场，商业分析，云计算和智慧地球，取得了巨大的成功，提出了智慧供应链理念，以咨询服务为核心竞争力崭新的蓝色新巨人。

德邦的战略计划：起源于 21 世纪的德邦董事长崔维星在 2007 年中国物流与采购联合会的企业家年会上豪迈地说道："德邦的战略目标就是通过简单复制来确保我们能在未来的 5～10 年内保持每年 60% 的增长速度。大家可以算一算，每年增长 60%，那么 5 年之后会是多少？"之后崔维星又走出了"精准物流"和现在的"快递服务"两步棋，无一不体现出德邦的经营发展战略轨迹，德邦经营战略的独特与成功，时间已经给我们证明。

顺丰的战略计划：顺丰绝对是中国快递业的翘楚，从人人都是小老板的全员经营，到建立航空网络的大手笔布局，从对信息化的适时把握，到进军电子商务"顺丰优选"的成功，步步体现出战略规划的扎实。

从 IBM 的成功，到德邦、顺丰的今天，我们可以看到他们经营战略"稳健、坚持、执着、变革"的特点。中国的老牌物流企业中远物流的特种物流战略，中国储运的物流金融战略，中外运的供应链物流战略，宝供的物流＋物流地产战略都是成功的战略转型。没有战略，没有方向，企业到了阶段最优点困境就看不到更远的目标，更谈不上突破阶段最优点困境了。

（二）观念是核心

面对企业发展中的阶段最优点困境，压力最大的是企业的经营团队，最需要改变的其实就是经营团队本身。团队是企业经营的灵魂，带领企业成功攀登的是他们，到了阶段最优点困境的企业变革的阻碍也正是他们，所以灵魂的升华是最关键的核心。

面对企业的阶段最优点困境，经营团队的管理思路和经营理念的变化是最关键的要因。比如人力资源管理，在初创期管理 70 后的员工，我们采用准军事化的管理，得心应手，关系也很融洽，而面对 80 后员工，受开放的思维和社会的影响，他们有想法，有知识，90 后不仅有知识，更有自我，如果我们的经营团队的经营管理的理念不能改变和调整，是无法带领团队攀登新的高峰的。

改变自己其实是最难的，德利得物流从快运转型合同物流、从合同物流转型供应链物流服务，都经过了痛苦的抉择过程，也经历了管理理念的激烈碰撞。在快运业务时期，严格的准军事化管理体系和标准化服务是公司运营的基本管理方法，取得了顺利进入市场的良好成绩；面对我们到达的第一次阶段最优点困境，我们确定了向以个性化服务为特点的合同物流转型的发展方向，必须彻底改变原来的军事化管理思路而建立以客户为核心的项目制管理方法，经营团队改变固有的思维模式，是一个很痛苦的过程；到了供应链服务时期，更需要充分发挥每一个员工和项目的经营积极性，以集权管理为主的物流企业向分权管理体系转型的过程中管理层必须经过脱胎换骨的转变变革才能实现。能承受变革痛苦的，最终将笑到最后。

（三）价值是关键

物流企业到达阶段最优点困境的表现之一就是经营发展迟缓，收入上不去，利润增长停滞甚至下滑，破解之策首先要从新的市场拓展策略入手。一直以来，物流企业的主要竞争手段是波特竞争理论中的成本领先战略，结果变成了价格不断下降，成本不断上升，利润不断被压缩的局面，也是物流企业到了阶段最优点困境的直接要因。面对不可持续的残酷价格战，我们必须不断研究和分析经济发展的变化，研究客户竞争力的变化，研究市场环境的变化，研究客户需求的变化，以企业自身的竞争优势为基础，不断推陈出新，创新物流服务理念与服务内容，创造新的市场机会，创造新的利润源，才能不断发展。利润源要变，要从低价占领市场向为客户获取更高的价值方向发展。

我们的一个客户是跨国企业，在上海建有从制造到全国销售中心和华东区域销售中心的一整套体系，我们改变了以往的从降价入手的业务拓展模式，在操作一部分仓储业务的同时，和客户一起仔细地梳理客户的供应链体系，找出供应链系统中三个串联库房之间重复出入库和两次短驳配送的浪费，采用了跨三个企业的共同库存模式，大幅度地降低了供应链的整体成本，而我公司的业务也得到了新的拓展。因此，在企业经营遇到困境的时候，更需要站在提升客户价值、降低客户供应链成本的角度才能通过不断创新双赢经营模式，实现物流企业建立在智力与供应链解决方案基础上新的业务增长方式，在业务创新上走出了自己的特点，走出了阶段最优点困局。

（四）组织是基础

破解阶段最优点困境，最终必须落实到执行上。我们观察物流企业的商海沉浮，会发现外部的因素仅仅是影响的次要因素，根本的问题是来源于企业的内部，是由企业的组织结构问题所造成的。当我们企业经营的过程中遇到了困难，经营者往往首先是通过调整职责、调整流程来解决，如果解决不了，那就需要调整管理体系了，还解决不了问题，那可能真是遇到了阶段最优点困境了，往往是我们的结构体系出现了问题。德利得物流在对应阶段最优点困境的三个时期，就经历了职能型组织体系、服务型组织体系、柔性化组织体系三个阶段，对应经营初期的标准化管理需求，快速发展阶段的个性化服务体系需求及目前专业供应链物流服务优化与应变能力需求，这样不断的变革，才使企业的组织体系得以顺畅，企业的发展空间得以拓展，顺利的克服困境而实现转型。

解决了组织结构的问题，解决了管理层的观念调整与转变，还需要引导员工实现转变。对于很多物流企业来说，人才问题大多表现在两个方面：一是人难招，二是人难留，其实物流企业和员工就像人开车一样，要做到人车合一，不同的总经理一定形成不同的企业文化，要能建立让员工理解和适应企业文化的环境与条件，在不断地新陈代谢过程中，保持一个企业的正常合理的人才流动和稳定的平衡关系非常重要。物流企业的服务到了末端是每一个员工完成的，所以员工的服务意识和能力才是企业服务和能力的真正代表，只有实现全员经营才能真正"人企合一"。我们一直在强调计划、流程、职责、检查、奖惩的五步工作程序。每位员工要经营自己的岗位，想尽一切办法开动脑筋和拓展关系网络，确保公司业务的顺利开展和自己本部门本岗位服务达标，为客户提出的服务建议，预计可能出现的问题，不断优化服务流程，提出改进措施，提供令客户满意的物流服务。公司员工责、权、利分明，有功必奖，有过必罚。对管理层则更为严格，既有定期的绩效考核，更有专项的责任追究。只要发生亏损、出现问题，就必须弄清原因，必须有人承担责任。唯有如此，才能培育出一支能打硬仗、能打胜仗的团队。

面对阶段最优点困境，我们需要把不同物流企业之间的运营、资源、市场、金融各种优势结合起来，通过整合从而更好地为客户服务，但这种整合并不仅仅是业务的整合，还需要进行管理、系统、操作、标准方面的整合，以形成信誉、规模、资金、话语权的各种优势。

体系与效率是破解阶段最优点困境的基础。

（五）技术是手段

根据中国社科院人口所的统计，到了2014年，中国新增劳动力将不可避免地进入下降通道，伴随着中国人口老龄化带来的高成本时代已经来临，特别是劳动密集型的物流业，更是面临巨大的挑战。物流企业的唯一出路是大幅度提高劳动生产率，减少对基础人力的依赖，才能有生存与发展的空间。

物流装备与时俱进：现代物流装备可以大幅度的提升物流的运作效率，降低物流总成本：城市配送的车辆改装尾板，可以提升城市配送的效率，减少人力资源成本；各种类型和规格的货架，可以提高仓储面积利用率，减少资源性成本大幅度上涨对经营的影响；自动分拣、辅助分拣的设备可以快速提升分拣效率；搬运、装卸辅助设备可以提高装卸效率，减少人工的应用；夹包机等专用设备的应用，可以快速提高物流的装卸、仓储操作的效率，我们拥有专利的减震托盘技术，使客户的减震运输成本降低了50%，我们的毛利率却比常规减震汽车运输提升了一倍。物流装备的应用在物流企业中起到了越来越重要的作用，伴随着中国人力资源成本的大幅度上升，物流装备制造业将迎来高速发展的好时机。

精益管理优化流程：在物流装备应用的同时，流程的优化是必不可少的配套措施。物流企业的浪费不仅仅体现在直接的各项成本，同时体现在流程不畅时造成的流程浪费与出现服务问题时解决问题所造成的各项增加的成本上。流程优化的基本方法就是精益管理的基本方法："消除一切浪费。"同时精益管理也体现在绿色物流的理念上。过去常常认为绿色物流增加了物流企业的经营成本，而中国物流学会王佐副会长的最新研究证明：绿色物流的绝大部分的方法是与企业降低成本提高效率不谋而合的。因此绿色物流已经贯穿到物流企业经营的整个实践中。

IT计划引领创新：IT技术在现在企业的经营中起着越来越重要的作用，从MIS的信息管理系统，到ERP的资源管理系统，到SCM的供应链管理系统，到云服务平台的跨企业管理系统，今后的大数据的智能管理系统……信息系统的进步，不仅仅是社会的潮流，更是物流企业经营中特别重要的一环。物流信息系统的建立，过去是解决企业自身的问题，现在着眼点要放到解决客户的问题上，IBM的转型就深刻的说明了这个道理。德利得物流依托上海菱通软件，不仅解决自身的信息系统需求，而且不断探索为客户提供价值的方法。我们在为跨国企业客户提供服务的时候，不仅提出了供应链物流服务的信息系统应该由供应链链主统一提供的观点，而且把我们公司的系统优化成专门为客户定制的一整套信息系统免费提供给客户，同时为客户的所有物流供应商采用云服务的模式提供信息系统，实现了供应链信息系统的高效统一，同时信息系统成为供应链物流服务核心企业的核心控制工具之一和新的利润源。

在中国，物流企业就是这样，不断的面对阶段最优点的困境、不断的否定、不断的调整、不断的变革，肩负着中国经济的重托，实现着自己的目标。

我国物流市场新变化与物流企业应对策略

中物华商国际物流有限公司董事长　刘景福

一、物流市场及其变革

物流市场是指物流作为服务产品，在服务于生产、流通、消费过程中所形成的交换关系的总和，是一种服务性市场，根据不同的标志可以有不同的分类方法。

（1）按物流所处领域分：生产领域物流、流通领域物流、消费领域物流；

（2）按市场范围分：区域物流市场、城市物流市场、农村物流市场；

（3）按所处专业分：医药、食品、冷链、速递等；

（4）按功能环节分：运输、仓储、搬运、包装等；

（5）按物流支撑系统分：物流投资市场、物流装备市场、物流金融市场、劳动力市场；

（6）按供求关系分：物流供给市场、物流需求市场。

物流服务于有形市场，依托于要素市场。物流发展的阶段性有其内在规律，其发展的阶段性影响要素包括产业结构、商业模式、消费结构（恩格尔系数）、市场营销。

20世纪50年代，以二、三产业为主，物流基本特征体现为大量库存、大量运输、服务单一；20世纪80年代，以第三产业为主，物流特征已经发生了根本性变化，库存减少，综合物流开始出现，物流中心出现，物流配送成为重要特征；20世纪末，第三产业所占比重进一步上升，物流特征开始体现为追求虚拟库存（零库存）、快速响应、供应链管理、全方位综合服务；21世纪初，信息产业快速发展，物流特征表现为第三方、第四方作用突出，物流进入高信息化时代，区域物流和模式不断创新，城市物流和共同配送不断发展，绿色物流所占比重上升。从人均 GDP 指标看，2012 年我国人均 GDP 为 5000 多美元，美国已经达到 48000 美元，日本也达到 45000 美元。按上述指标情况可判断，我国尚处于工业化起飞阶段到加速阶段转变过程中，未来一段时间内仍将以加工组装类、重化工类产业为主导。此外，物流市场的演变还产生了单一功能需求向综合性服务需求转变，产业布局向集中化转变，运输成本与国民经济同向运行，市场主体集中度提升等细化影响。

二、物流市场的变化

（一）需求市场变化趋势

产业结构调整、新的经济带形成会带来物流市场区域流量和流向的变化。中部不断崛起，西部开发持续推进，新经济带的设立以及自由贸易区的设立都将带来区域流量和流向的变化。

制造业物流未来仍将占据重要位置。2013 年 1 ～ 9 月，中国制造业物流比重高达 90%。

生产资料、生活资料物流增长率呈反向变化。2010 年至今，工业品物流总额同比增长率已出现下降的趋势，相反，消费物流总额同比增长率正逐年上升。

电子商务带来物流量的急剧上升，但需冷静分析。以"双 11"为例，其策划在商业领域是非常成功的案例，但从物流业出发，是对物流业持续的摧残和破坏。一方面，消费者在电子商务的消费，98% 都是非理性行为。另一方面，对物流企业来讲，并不是所有的物流企业都能享受到电子商务物流的益处。生产资料的电子商务也并未真正形成。

物流外包趋势在一定程度上增强。一方面，经济下行压力增大，给企业带来的经营压力也将进一步增大。另一方面，新一轮改革会为物流业发展带来一定的动力。因此，企业将更强调核心竞争力。

此外，电子商务、冷链、医药等细分物流市场发展迅速，综合型、高附加值、高信息化等物流服务需求不断增加，城市、产业、港口等集群效益日益凸显，也是目前我国物流需求市场变化的主要趋势。

（二）供给市场的变化

物流企业数量不断增加，竞争加剧。我国物流企业数量每年都以 10% ～25% 的速度增长。A 级企业从 2005 年的 26 家增长至 2013 年的 2140 多家。

第三方物流企业进步明显。企业规模、队伍建设、模式创新、信息化水平等均取得较大进展。

企业间联合力度加大。以中物华商为例，成立两年至今，已和淮矿物流、滨海泰达物流、河北港口集团、京粮物流、中铁物资集团等十余家国有企业展开深入合作。

资源整合和资本运作有较大突破。包括菜鸟网络建立，部分物流企业上市，并进行多渠道资本运作，物流企业联盟产生，物流企业收购电子商务企业等典型做法。

细分市场龙头企业出现并快速扩张。包括快递领域 EMS、顺丰速运，干线物流领域德邦物流，物流地产领域普洛斯等企业的迅速发展。

三、物流企业应对策略

针对上述变化，物流企业应采取共性策略与选择性策略相结合的应对方式。

共性策略方面，应制定科学的企业发展战略，明确企业市场定位及路径、企业目标及发展措施、企业核心竞争力等问题。苦练内功，加强能力建设，提升企业制度能力、诊断及分析能力、综合物流解决方案及实施能力、风险防控能力、商业模式及技术创新能力。快速提升信息化水平，建立企业信息系统，与资源及客户建立系统对接，应用互联网及移动技术。有效进行资本运作，加大与金融机构的合作，充分利用新产品进行资本联姻，运用并购、上市等多种资本运作方式。适度投入与控制资源，包括在物流中心建设、运输工具投资、网络建设、平台建设等方面进行适度控制。加大业界及跨界联合，构建联盟，积极加入优势供应链。

选择性策略方面：优化业务模式，实现长期业务与短期业务、长链条与短链条、流通与加工、商流物流与信息流、物流与金融、随机与定制六个方面的结合。突出三个转变，即从关注客户向关注供应链转变，从关注成本降低向提升客户价值转变，从点客户向产业集群开发转变。思考三个转移，即一定程度上从生产资料向消费者转移，从发达地区向次发达地区转移，从起步阶段的规范化向规模化基础上的专业化转移。重视各种效应，包括电子商务冲击效益、物流向城市集中效应，经济升级与产业转移效应，关注共同物流、物流中心、物流网络、社区物流等方面建设。

物流战略篇

日日顺物流虚实融合最后一公里开放平台①

青岛日日顺物流有限公司总经理　王正刚

【成果摘要】随着客户需求不断升级，末端物流成为物流服务的瓶颈。为了满足用户需求，日日顺依托海尔集团先进的管理理念及强大的资源网络，整合全球的一流资源，以物流网、配送网、服务网、信息网四网核心竞争力为基础，以信息化系统作为支撑，打造虚实融合最后一公里物流服务开放平台，为用户提供"按约送达、送装同步"差异化的服务。该平台横向实现了从物流运营到物流服务平台的颠覆，纵向实现了从订单依托下的企业物流向互联网时代物流服务标准引领者的转型，集成了深网络、高效率、专业化、标准化、信息化的功能，创新"七定配送"服务规范，引领最后一公里物流服务标准。差异化解决方案实施以来，不仅获得了用户的认可，创造了巨大的经济效益，还取得了良好的社会效益和环境效益。

【成果关键词】最后一公里；差异化服务；物流服务平台；四网融合；配送服务

【成果适用领域】城市配送企业服务体系建设；电商物流信息平台建设和配送体系建设

一、企业基本情况

青岛日日顺物流有限公司成立于 1999 年，并于 2010 年纳入香港上市公司海尔电器

---

① 本成果由青岛日日顺物流有限公司提供，成果创造人：王正刚、冯贞远，参与创造人：于贞超、张丽、张元忠、王岩峰、王新杰、张永祥、张振台、解宁、杨瑾、姚丙路，获 2013 年度物流行业企业管理现代化创新成果奖一等奖。

集团（1169. HK）。公司自成立以来，始终以客户及用户需求为中心，历经物流重组阶段、供应链管理和物流产业化、虚实网融合四个战略发展阶段，依托先进的管理理念及强大的资源网络，整合全球一流资源，运用先进的物流技术，搭建开放的、社会化的大件物流服务平台，在行业中树立了从企业物流向物流企业转型的典范。

日日顺物流在全国拥有 14 个发运基地中心、92 个配送中心（TC）、9 个原材料 VMI 中心。全国 3300 多条班车循环专线，目前已经为 10000 余家各级渠道客户、500 余家跨行业的社会化客户提供专业化、标准化物流服务。

多年来，日日顺物流时刻以用户需求为中心，赢得市场和社会的认可：由中国物流与采购联合会授予首家"中国物流示范基地"、首届"国家科技进步一等奖"；国家标准化委员会授予中国物流行业首家"国家物流服务业标准化示范单位"等。

在互联网时代，日日顺物流抓住虚实网融合的市场机会，以用户的全流程最佳体验为核心，搭建四网融合的社会化物流网络及物流服务信息平台，建立起现代化物流运作体系，创新提供差异化、柔性化的物流服务，实现客户、用户、企业、资源方等多方共赢，打造大物流生态圈平台，持续引领物流行业的服务标准。

二、创新成果产生背景

根据中国互联网络信息中心（CNNIC）测算，2012 年中国电子商务市场 B2C 用户规模达到 2.98 亿人，从这一基数可以看出电子商务在中国拥有巨大的发展空间。

高速的市场增长面前，网时代用户的需求是不断变化的、不断升级的，从最初的产品要送到，再到产品质量要高，现在已经升级到速度＋差异化的服务体验，电子商务空前膨胀的同时也面临着种种考验，其末端的物流配送已经成为主要瓶颈。突出表现在：

（1）最后一公里不仅是城市配送，而是配送深度要能够覆盖到村。目前，三、四级市场出现层层转包，产品在多次的分拣、装卸、配送中出现包装破损、丢货、损货现象比比皆是。

（2）随着电商的快速发展，以小件商品支撑的快递企业也得到快速发展，但是大家电、家具等大件商品的物流服务仍存在非常大的瓶颈。

（3）三、四级市场受当地物流服务水平限制，大件商品的专业化、标准化、信息化、网络化服务体系不健全。

（4）从用户体验角度来看，货票不同步、送货安装分离造成的多次上门、三、四级市场送不到等问题严重影响到用户体验，据有关统计，因不上门或二次上门造成的用户抱怨达 30%。

（5）电子商务平台的消费暴涨，但物流能力却无法实现柔性化的服务保障。

这些问题的背后是市场机会，对一个企业来讲，如果能够做到全国零盲区网络覆盖，那么服务的量将会提升3倍；如果在服务的质上带给用户全流程的最佳体验，用户的转化率将达到4%；量和质的提升将直接创造更多的用户资源。

针对最后一公里的物流服务的瓶颈，日日顺物流搭建虚实融合最后一公里物流服务平台，整合全球的一流优质资源，为用户提供"按约送达、送装同步"差异化的服务，打造用户全流程的完美体验，将最后一公里服务的"痛点"变为服务的"亮点"。

三、创新成果主要内容

该成果将企业服务进一步升级，利用"四网融合"战略构建平台式信息交流中心，更便于实现客户的个性化需求，更好地满足了客户的差异化服务体验。同时，在"四网融合"条件下，新的信息平台极大增强了各个服务环节的联系，在实现服务效率提升的基础上，为企业升级智能化服务提供了条件。

（一）差异化服务体验：按约送达、送装同步

基于用户大数据分析，日日顺物流发现服务用户抱怨突出的问题是"多次上门"（占20%），使用户往往为了签收产品而不得不多次请假。日日顺物流通过"超时免单，送装同步"的高差异化用户服务，实现全流程用户最佳体验。一方面，在服务的量上，日日顺物流已经达到全国2800多个区县的零盲区覆盖，并且深度上能够进区、到村、入户；另一方面，在服务的质上，日日顺物流为用户提供"按约送达、送装同步"的承诺，建立全流程服务标准的引领体系。

（二）打造平台式企业："四网融合"凸显优势

面对来自企业内在发展和流通渠道的挑战，日日顺物流依托物流网、配送网、服务网、信息网四网融合的核心竞争力，打造虚实融合最后一公里开放平台。

（1）即需即送的物流网。通过三级网络布局，全国建立92个TC物流网络，在深度、广度、密度方面实现全国无盲区，可满足渠道下沉个性化服务需求。

（2）直配到村的配送网。在全国规划3300多条班车循环专线，创新多元化配送服务模式，使配送效率大幅度提升，同时降低了配送资源成本。

（3）送装同步的服务网，打造高差异化用户服务体验。最后一公里竞争力，不只在物流配送环节，还包含最后一公里的服务，所以日日顺物流将物流网与服务网创新融合，推进物流服务一体化，创新"按约送达、送装同步"的差异化解决方案，满足用户全流程即需即送，打造最后一公里物流服务的差异化用户体验。

（4）社会化物流公共信息网。建立多元化开放智慧物流平台，将客户、用户、物流商、企业的信息实时共享，实现在线供需互动、在线资源可视以及服务的每一台产品、每一笔订单的全流程可视化追踪，提升各类信息资源的共享和利用效率。

以"四网融合"资源平台为基础，日日顺物流在全国的 92 个 TC、3300 多条专线、6000 多个服务网点的资源有效融合，解决了最后 1 公里网络深度不够、配送速度慢、配送质量差、大件商品配送安装多次上门等问题，打造"按约送达、送装同步"的最后 1 公里差异化物流服务平台。

（三）信息化系统支撑：实现高效智能化服务

日日顺物流运用先进的物流技术，建立起贯穿全程服务可视化、社会化的开放物流平台，实现对平台上流动的每个产品、每个订单的透明追踪。通过信息共享与资源优化配置，从用户需求的科学管理，到货物的科学配载、最优线路的规划、用户信息化签收等一系列创新实现企业内外部信息实时共享。一方面，提升物流服务速度，实现了区域内 24~48 小时按约送达；另一方面，有效提升物流社会化资源利用率并达到 30% 以上，从一日一配提升至一日两配、三配。同时高效智能化物流平台对于推动绿色物流以及提高物流资源有效利用率起到积极的作用。

（四）标准化引导："七定配送"引领标准

虚实融合的最后一公里开放平台，是一个精准、快捷、高效的用户差异化体验平台。其中运营模式的核心是"七定配送"。"七定配送"的内涵具体如下：

定单：用户下单后，订单信息会同步在物流系统中显示，物流实时接单。

定人：根据用户订单量、地理分布划分区域内配送路线，专人负责全流程用户订单信息的在途监控。

定车：根据订单需求配车，系统实时显示车辆位置，进行合理化配载。

定点：配送订单生成并通过信息系统同步传送到仓库。仓库事前备货，车辆根据配送订单信息，准时到达并装车。

定线：按线路、产品及用户地址进行装车，司机提前与用户预约送货时间，按约送达。

定时：根据与用户预约时间准时送达，实现送装同步、货票同步，满足用户个性化需求。

定户：送货入户后，用户对服务质量进行监督，并实时签收。

服务结束后，用户进行最后一公里物流服务评价。用户评价将驱动持续的用户服务体验改善。

四、主要创新点

虚实融合的日日顺物流最后一公里物流开放平台的创新成果主要创新点在于实现了信息的高效收集与交流，完成了服务集成一体化，提升企业服务质量的同时提高了企业竞争能力。另外，由创新成果所形成的"七定配送"将成为新的行业标准，引领物流行业发展方向。

（一）平台定位于用户最佳体验

互联网带动市场经济的快速发展，但无边界的互联网并未带给消费者无忧的体验。日日顺物流提出以用户最佳体验为核心，抓住电商最后一公里、渠道下沉、虚实融合三大市场机会，横向实现从物流运营到物流服务平台的颠覆，纵向实现从订单依托下的企业物流向互联网时代物流服务标准引领者的转型。

通过组织创新、流程创新、团队机制创新和 IT 系统竞争力，日日顺物流重点打造四网融合平台，建立集物流网、配送网、服务网、信息网四网融合的平台，打造"精准、快捷、高效"的高差异化物流平台。同时，日日顺物流向前推进销售服务一体化、向后推进物流服务一体化，依托互联网时代三大平台竞争力——交互平台、交易平台、交付平台竞争力，将自身打造成互联网时代虚实融合大件物流开放平台，成为客户资源平台式企业和用户的数据公司。

（二）平台的差异化

互联网时代，是用户决定企业而非企业决定用户的时代。企业唯一能做的是跟上用户点鼠标的速度。日日顺物流结合目前行业内最后 1 公里物流的主要瓶颈，即配送网络深度不够、配送速度慢、质量差、专业化程度不高、大件产品配送、安装多次上门等问题，通过不断的探索与实践，时刻以用户最佳体验为中心，建立起虚实融合最后一公里物流开放平台，依托四网融合的优势打造专业化、标准化物流服务，给用户全流程的最佳服务体验。

1. 深网络——覆盖无盲区，直配到终端

随着农村经济的快速发展，渠道下沉对物流网布局的深度和广度的要求越来越高。日日顺物流在全国建立 92 个辐射带动力强的区域物流中心，覆盖县 98% 以上，可以直配乡镇，实现全国物流服务全网络覆盖，可以支持"上网络、进社区、到乡村、入门户"的多元化物流配送模式，建立起虚实网融合、与用户零距离的物流网。

2. 高效率——从一日一配到一日三配

针对物流行业发展中所遇到的订单多头配送、资源融合度差，成本高，效率低等的难题，日日顺物流创新在全国开辟 3300 多条循环班车专线，建立满足用户多种购买方式的多元化配送模式。为实现高效运转，日日顺物流先后规划了码头管理、仓库按单备货、冷热区定置管理、条码库龄及先进先出等管理，使配送效率由原先的一日一配，提升至区域内实现一日两配、一日三配，不仅提升了车辆资源的周转效率，同时也降低了配送资源成本，满足了市场经济快速增长及客户的需求。

3. 专业化——建高差异化送装同步用户体验平台

配送速度慢、质量差、大件商品送货、安装的多次上门等问题直接影响到用户体验，而日日顺物流创新的"七定"专业化的配送模式。实现了"24 小时按约送达"的配送水平。同时，结合对用户大数据的分析，日日顺物流建立起以用户最佳体验为核心的交互平台、交易平台和交付平台竞争力。物流提出用户下单即预约、送装同步、货票同步等创新模式来满足用户个性化需求，通过高差异化的物流服务打造最后 1 公里用户服务的完美体验。

4. 标准化——中国物流行业首家"国家服务标准化示范单位"

日日顺物流深知"标准化是企业发展的基础"，因而标准化先进理念和管理手段的引入是日日顺物流服务价值最大化的实现。这些年，日日顺物流一直在不断的探索，以满足客户需求为导向，共梳理标准 300 余项。据此，日日顺物流建立起一套贯穿物流链各环节全流程的标准化体系，成为中国物流行业首家通过国家标准化管理委员会验收通过的企业，被授予"国家服务标准化示范企业"，成为行业内迄今唯一一家获此殊荣的企业。

5. 信息化——建立全流程产品可视化智慧物流信息平台

日日顺物流信息化系统是集成的解决方案。在不断适应企业发展的信息化进程中，日日顺物流先后实施了 SAP、HLES、GPS、WMS、TMS 等信息系统，实现了物流的全流程可视化管理。随着第三方物流服务业务的扩张，以及多种运营模式的并行工作，现有系统已经无法有效地满足第三方物流的需求。为承接发展战略，搭建跨区域、行业、部门的虚实融合大件物流开放平台，提高物流服务订单执行效率，实现配送管理的全流程监控，日日顺物流计划实施智慧物流平台项目。

五、创新成果应用效果

日日顺物流打造的最后一公里物流服务平台以其独特创新的模式和差异化的服务引领了物流行业的服务标准，成为大件家居物流服务企业的标杆，创造了可观的经济效益、社会效益和环境效益。

（一）经济效益

2012 年"24 小时按约送达，送装同步"差异化解决方案的实施，获得了用户的认可，创造了良好的用户口碑。在大家电网购领域，应用平台的海尔商城已经成为不少用户网购的首选。用户重复购买和口碑传播使得前端销售量大增：据统计，用户网上物流服务评价高于同行业 50%，创造用户多次购买占总订单量的 25%，用户订单环比增长 46%。

开放的用户服务平台和差异化的最后 1 公里解决方案竞争力吸引了电商平台客户资源，被易观国际授予"2012 年度最佳电子商务物流服务商"。

截至目前，日日顺物流已经搭建了一个虚实网融合的开放平台。它强大的配送服务能力也迅速吸引了一些国内外知名品牌商的目光。在家电行业、家具行业、卫浴行业以及其他互补性行业客户纷纷与日日顺物流建立了合作关系。日日顺物流的目标是为大件产品提供一个开放性的物流服务平台，为消费者打造一个全流程的无忧体验。

（二）社会效益

1. 用户服务口碑引行业关注，发挥行业内示范效应

日日顺物流搭建虚实融合最后一公里开放服务平台，实现直配到村的物流服务，让用户能够在第一时间享受到网购的乐趣。"24 小时按约送达、送装一体"的承诺、"放心、省心、舒心"的服务、专业的一站式成套解决方案、实时在线的全流程用户信息互动，塑造了用户高差异化的服务体验竞争力，实现了用户第一口碑。

2. 专业化服务平台，创造消费者潜在需求

日日顺物流体系已经深入到全国各地，拥有全国最大的物流配送网络，可以实现全国覆盖无盲区，真正实现了"销售到村，发货到门，服务到户"。用户即使在西藏、新疆、东北等国内边远地区的三四级县城和农村地区，也可以无碍购物。差异化服务的延伸直接拉动三四级市场的购买力，创造了农村用户的潜在需求，推动城乡经济发展。

（三）环境效益

"按约送达，送装同步"的用户承诺，减少车辆上门送货的行驶次数，大大降低了碳排放，减少了环境污染。

日日顺物流自主研发的公路甩挂运输技术实现了提升运输效率、集约利用资源和节能减排的效益。据测算，日日顺物流通过实施公路甩挂运输月节约燃油 8 万升，尾气排放月减少约 4 万升，碳排放大幅减少，能源消耗大幅降低，节能减排显著效果。

日日顺物流还积极响应"建设资源节约型、环境友好型社会"的号召，积极投身环境公益事业，倡导物流企业配送车辆行驶减少左转弯，"多载一公斤"提高配载率，提高资源利用率，杜绝浪费。

六、创新成果推广价值

日日顺物流虚实融合最后一公里物流开放平台创新成果，以实现用户最佳体验、建立全流程服务标准引领体系为目标，建立物流网、配送网、服务网、信息网四网融合的核心竞争力，以信息化系统作为支撑，打造虚实融合最后一公里服务平台。总体来看，本创新成果有三个方面的推广价值。首先，该成果建立的高效智能化四网服务平台是服务信息化的典型代表，可以供电商企业和物流企业在建设信息服务平台中借鉴。其次，日日顺公司在推动服务水平升级，提高客户满意度上下了很大的工夫，并且取得了很好的效益。这种提高客户满意度和服务标准化的模式对于服务型企业改进客户管理大有裨益。最后，作为一家专业的物流企业，该公司在服务配送"最后一公里"、深化三四级网络覆盖度上做了大量卓有成效的工作。这些典型经验和做法值得广大物流企业在改进配送管理方式、提高配送经济效益上借鉴。

物流生产运作情况

淮矿物流基于电子商务平台的大宗生产资料交易管理变革①

淮矿现代物流有限责任公司董事长　刘益彪

【成果摘要】淮矿物流紧抓流通领域电子商务发展的机遇，借助自己在大宗生产资料交易行业的从业经验和优势地位，以仓储基地和运输资源作为支撑，以斯迪尔为平台，以信息化为主要手段，在国内率先提出"平台＋基地"全流程管理下的在线估算和在线金融的供应链管理模式，全力投身于大宗生产资料的现货电子交易领域，以品牌专场和电子超市为主营业态，通过品牌专场为生产厂和贸易商提供"一对多"的网络专卖店，同时依托电子超市构建出淮矿物流的跨区域大流通市场，为顾客提供"电子商务＋物流配送＋金融服务＋信息服务"的"一站式"综合服务。此外，公司还大胆地进行融资服务创新，一是银行只对流程授信，没有仓单、没有质押，提高了供应链上的资金流和物质流的效率，实现多方共赢；二是淮矿物流对可控货物进行"百分百融资、基准利率、日计息"的模式，颠覆了传统融资模式，解决了供应链上各方融资难，缺担保，总体的融资成本高的难题；三是充分利用电子商务的优势，提供线上支付、在线融资模式和标准化的服务流程等。利用这些创新，淮矿现代物流公司实现了大宗生产资料交易流通模式的转型，在业内起到了很好的示范作用。

【成果关键词】大宗生产资料；电子商务平台；交易流通模式转型；全流程管理

【成果适用领域】生产资料（钢材、煤炭）商贸流通领域；传统资源型国有企业转型

---

① 本成果由淮矿现代物流有限责任公司提供，成果主要创造人：刘益彪，参与创造人：窦永虎、王杰、何海生、许宗意、沈勇、李保安、唐文博、殷航，获 2013 年度物流行业企业管理现代化创新成果奖一等奖。

一、企业基本情况

淮矿现代物流有限责任公司（以下简称淮矿物流），其前身是淮南矿业集团物资供销分公司（以下简称供销分公司），当时公司的物流业务属于企业物流。2005年开始，供销分公司探索物流的社会化服务。2008年淮矿物流正式成立并逐步由企业物流转型为物流企业。2010年年底，淮南矿业集团重组上市公司芜湖港储运股份有限公司（以下简称芜湖港），淮矿物流的全部资产并入芜湖港，成为芜湖港的全资子公司。2012年，淮矿物流正式完成对斯迪尔电子商务平台的重组，为自身的转型发展迎来了全新的机遇。

作为一家集商贸物流、第三方和传统物流、供应链管理、物流园区运营及电子商务为一体的大型国有现代物流企业，淮矿物流的主营业务板块包括建材、板材等各种钢材，生铁、废钢、铁矿石等钢材的原材料及辅料，铜和废铜等第三方物流整体外包业务以及仓储、配送、加工、周转等传统物流服务。淮矿物流在全国拥有江苏、武汉、重庆、广州等16个子分公司，同时拥有金属材料、化工线缆、机电产品、燃料建材、国际贸易五大贸易部。在册在岗员工470人，注册资金10亿元。2010年主营收入182亿元，税金4933万元，净利润8065万元，2011年主营收入290亿元，税金1.6亿元，净利润8752万元，2012年主营收入314亿元，税金2.5亿元，净利润14573万元，并被评为国家5A级物流企业、国家4A级信用企业、全国诚信示范市场、全国物流产学研基地。

自成立以来，淮矿物流秉承"服务至上、缔造共赢"的宗旨，坚持"立足安徽、面向华东，顺沿长江，着眼国内国际两个市场"的发展战略。为了推动大宗生产资料流通体系的改革，淮矿物流于2012年在全国范围内率先提出"平台＋基地"一体化运作的供应链管理模式，2013年提出了"平台＋基地"全流程管理下的在线结算和在线金融的供应链管理模式，全面确立了公司未来的转型发展方向。

2012年11月16日，淮矿物流正式收购上海斯迪尔电子商务平台，标志着淮矿物流"平台＋基地"全流程管理下的在线结算和在线金融的供应链管理模式全面启动。淮矿物流以仓储基地和运输资源作为支撑，以斯迪尔为平台，以信息化为主要手段，为客户提供安全、透明、便捷的结算、融资、交割、物流管理及配送等增值服务，从而逐步实现在构建大宗生产资料流通体系的进程中占有一席之地的宏伟目标。

二、创新成果产生背景

淮矿现代物流有限责任公司的基于电子商务平台的大宗生产资料交易管理变革创

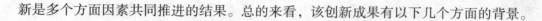

新是多个方面因素共同推进的结果。总的来看，该创新成果有以下几个方面的背景。

（一）适应物流行业信息化发展的需要

21世纪是全面信息化的时代，现代物流作为融入各行各业的综合性服务行业，高度信息化手段能促进现代物流更加合理的配置社会资源。从2005年起，国家出台了一系列加快流通领域电子商务发展的意见，电商行业取得了卓有成效的发展，网上购物已开始走入千家万户。但是，由于大宗生产资料的采购更重视质量的终生可追溯性，再加上社会诚信体系的缺失，生产资料的网上交易发展步履艰难。一直以来，国内乃至全球尚无成功的大宗生产资料电子商务平台，抢先建成以物联网为基础的线下物资流通信息系统和以互联网为基础的线上电子交易结算信息系统相互融合的现代物流信息体系，是物流行业未来的发展方向。

目前，B2B电子商务形式将电子交易与物流配送信息化相结合，实现了大宗商品流通环节的集成高效管理，对现货商品交易市场进行了改造与提升。淮矿物流的"平台＋基地"供应链管理就是通过积极建设全国范围的物流配送新体系，整合社会仓储物流、金融等各种服务资源，为企业提供"电子商务＋物流配送＋金融服务＋信息服务"的"一站式"综合服务，大胆尝试创建崭新的大宗生活资料流通模式。

（二）适应企业提高规模效益的需要

"规模效益"是商贸、物流企业不断发展壮大的根本。在采购环节，没有规模采购，就没有话语权、定价权，更不可能降低采购成本。在运输环节，有了批量就可以选择最便捷、最经济的运输方式，满载直达用户，节约运输成本。在物流其他环节，批量都会降低费用。前几年，淮矿物流就是在积小单为大单，逐步扩大规模不断发展的。以钢材为例，淮矿物流先整合淮南矿业内部需求十几万吨，再做供应商的供应商，集成五十万吨，然后与供应链伙伴联合采购，共计百万吨。在此基础上，企业想追求更大规模和效益，必须转型升级，寻找新的发展平台。当前电子商务对促进传统生产经营模式升级的作用尚未充分发挥，对经济转型和价值创造的贡献潜力尚未充分显现，只要抓住这一契机，充分利用自身强大的商贸基础、较完善的仓储管理基地和信息流先机等比较优势，就可以通过大宗生产资料电子商务提升业务规模，提高效益。

（三）满足客户对大宗生产资料现货电子商务的需要

近年来，以阿里巴巴为代表的消费品电子商务迅速崛起，但与之相对应的，市场规模是消费品2倍多的大宗生产资料市场电子商务普及程度远低于消费品电子商务。

从某种意义上来看，国际金融危机，就是虚拟市场过度发展的结果。如果没有大宗商品现货电子商务交易的补充，期货只能够成为炒家的乐园，只能越来越离开实体经济，形成交易风险。期货市场与实体经济中大量品种类无法匹配，且围绕行业客户进行服务的功能非常欠缺，不能完全满足现货市场的需要，使得服务国民经济和实体产业难以落地，这些功能的缺失只有靠创新大宗生产资料现货电子商务解决。大宗生产资料现货电子商务，立足现货市场、提升现货市场、服务现货市场，对优化配置市场资源有着不可替代的作用。

大宗生产资料现货电子商务交易，既是传统现货交易的一种创新和提升，又为电子商务与现货交易结合开创了新模式。对于供应链一体化运作、集成规模、信息共享、优化资源配置、降低交易成本等诸多方面都具有显著作用。

（四）适应"十大振兴产业"下构建大宗生产资料流通体系的需要

改革开放以来，我国由计划经济转变为市场经济，需要按照完全市场化的原则去配置社会资源，虽然整个社会经济得到了长足的发展，但新的生产资料（特别是大宗生产资料）流通体系并未成形，流通体系整体的局面仍是多而散、小而乱。淮矿物流作为以大宗生产资料交易为主的大型国有现代物流企业，一直以来都以构建适应社会经济发展需求的生产资料流通体系为己任，针对我国从计划经济向市场经济转型过程中，整个社会生产资料交易体系不健全、不系统、不科学的实际情况，利用国家提出十大产业振兴这一重大发展机遇，力图通过不断努力，在构建大宗生产资料流通体系的进程中占有一席之地。

三、创新成果主要内容

淮矿物流以互联网为平台，以物流仓储为基地，以全流程管理为手段，构建"平台＋基地"大宗生产资料交易管理模式。其创新成果主要包括以下六大方面。

（一）建立新型电商平台，抢占发展先机

2012 年 1 月，淮矿物流出资 1 亿元人民币重组斯迪尔公司，成为斯迪尔的控股股东。上海斯迪尔电子交易市场经营管理有限公司是国内唯一一家通过商务部、国家发改委和国务院发展研究中心专家联合认证的并经商务部备案的电子交易市场。重组后的斯迪尔进行全面转型，摒弃中远期交易，全力投身于大宗生产资料的现货电子交易领域。

1. 整合新型电商平台

按照淮矿物流提出的"钢材电子期货逐步向钢材电子现货发展"的经营思路，在重组后的斯迪尔平台上交易的货物必须是真实的现货交易，保证了交易后的实物交割。

同时，平台上交易的货物必须接受淮矿物流仓储管理公司的第三方管理，确保交易货物的安全。

目前，斯迪尔平台以品牌专场和电子超市为主营业态，已有六大专场，经营品种涵盖钢材、轴承、劳保用品等种类，平均日交易量超过 3 万吨。斯迪尔着力构建跨区域大流通体系，通过淮矿物流遍布全国的基地实现交割并确保交割货物和货权的真实性。

2. 品牌现货，效益明显

斯迪尔电商平台以品牌现货专场为主，是专门为生产厂和贸易商提供"一对多"的网络专卖店，是构建电子化跨区域市场批发体系的主要载体。通过品牌专场，一是可以搭建生产者和消费者直接见面的平台，生产厂可以直接通过平台寻找终端客户；二是能够提高品牌的市场知名度；三是能够使生产企业完整的营销思想得以全面实现，确保生产企业真正掌握市场定价权。斯迪尔委派专业的营销队伍，协助客户在全国范围内进行市场营销。销售专场开到哪里，斯迪尔的营销队伍就服务到哪里，仓储基地就建设到哪里。

2011 年 12 月，以建材为主的上海申特专场上线，通过不到一年的时间，申特钢厂交易量从 1 万吨/月达到 1 万吨/天。江阴锦澄专场，是淮矿物流真正打破螺纹钢单一交易，逐步向整个钢材领域发展，并最终面向整个大宗生产资料的重要一步，标志着国内第一个型材现货电子交易板块的正式启动。南京鼎阳轴承、江苏匡克劳保专场标志着斯迪尔由目前单一的钢材品种逐步向轴承、劳保等大宗商品的转变，鄂尔多斯工矿物资、哈尔滨西林专场，使斯迪尔电子商务走向全国。

3. 现货电子超市使"一站式"服务融入整个供应链管理

以现货电子超市为依托的电商平台类似于大宗生产资料领域的"日用百货超市"。在现货电子超市中，销售需求和采购需求均可以在平台的超市货架上进行展示并快速地达成交易。目前，斯迪尔公司一是与上海公司共同在上海区域内试点开展电子超市业务；二是与江苏公司共同筹备就 SKF 轴承开展一站式服务。电子超市与品牌专场相互依托、相互影响，构建出淮矿物流的跨区域大流通市场，为客户提供定制式、一站式服务。客户可以通过电子超市平台，看到所有资源信息，品种全、规格多；同一品牌、同一品种、同一规格的挂牌价格由低到高依次排列，方便买卖双方选择。信息传递及时：电子超市上的挂价是厂方自主挂价，供买卖双方参考、决策。货物性价比高是"现货电子超市"的又一优势，淮矿物流为客户提供了一站式的服务体验，为客户提供几乎涵盖钢铁物流所有环节的服务，并参与到终端的供应链管理中，实现钢铁物流的专业化外包和全方位增值服务，实现了"电子商务 + 供应链"的真正融合。

（二）推广全新的涵盖静态仓储和动态途中的全流程管理

全流程管理是"平台＋基地"电商模式安全规范运作的保障。通过静态的仓储管理和动态的联运管理，结合物联网技术确保交易货权的真实和货物的安全，实现产品从生产厂到交割前的整个待交易环节的物流闭环运作。这种情况，非融资环境下，可保障交易商购买的货物及货权的真实性和可靠性，融资环境下，可有效控制银行融资的风险。实现全流程管理的两大关键方面如下：

1. 形成完善的仓储基地建设

基地是平台公信力的支撑点，平台交易的最终目的是交割，做好交割服务是仓储管理的主要任务。要使平台交易有保障，就必须在全国范围内拓展相应的管理库，这样不仅可以提高物流配送的效率，提高成交的可能性，进而还可以加快资金的周转，掌握主动权。标准化的仓储基地越多，在竞争激烈市场中的可用砝码也就越多。仓储基地是最重要的硬件，如果跟不上步伐，必将影响"平台＋基地"的发展。淮矿物流按照联合经营的方式，按照仓储基地是否是独立的法人主体，是否有明确的物资保管协议及明确货物不能被选为质押物三个要求，在全国整合数十个仓库，旨在配合斯迪尔平台现有专场建设，并以此积累经验，从而逐步推进其他品牌的专场销售。仓储基地数量增加，会降低物流成本，但另一方面，建设成本和管理费用也会相应增加。为此，淮矿物流在选址仓库中坚持以下原则：

（1）选址——生产厂：生产企业的产品从成品车间出来后，就可以就近进入管理仓库，验收后就可以获得货款。管理仓库选址就是原生产厂的成品仓库，这样选址对于生产企业可以减少运输，减少库存占用，充分利用资金；对于管理方，减少建库投入，便于进出货交割，便于批量运输，减少运输费用。例如：在申特钢厂建管理库。

（2）选址——用户集中地：在用户集中地选址和大用户的仓库建管理仓库，这样选址利用了用户的仓库资源，方便用料，减少库存资金占用。对于管理方，便于运输，配送一体化运作，减少运输费用，及时用户信息沟通。例如：在镇江、淮南、武汉等地的管理库属于此类选址。

（3）选址——集散中心：上海是我国的经济、金融、贸易中心，所以斯迪尔总部设立在上海，上海也是大宗商品的集散中心，所以在上海建立了联水管理仓库。上海是长江的龙头，不仅陆地交通发达，水上运输也可通江达海。前港后库的联水管理库的建立为上海的客户现货就近交割提供了方便。

（4）选址——港、站附近：管理仓库选址港口车站附近，为的是便于运输方式的选择和不同运输方式的衔接，从而降低运输成本。例如，上海、江阴、镇江、芜湖、武汉等地的管理仓库，都是前港后库。

目前，淮矿物流管理仓库选址及其分布如表1所示。

表1 淮矿物流管理仓库选址及其分布

区域	序号	名称	地市	区域	序号	名称	地市	区域	序号	名称	地市
上海	1	联水库	宝山	江苏	14	中建材库	无锡	黑龙江	27	西钢库	伊春
	2	建信库	崇明		15	通诚库	南通		28	呼兰库	哈尔滨
	3	上粮五库	宝山		16	中储库	南京		29	阿钢库	哈尔滨
	4	益钢库	宝山		17	惠龙港库	镇江		30	北车库	哈尔滨
	5	浦江库	奉贤		18	金亚库	南京		31	商德库	哈尔滨
	6	交运钢联库	宝山	安徽	19	朱家桥库	芜湖		32	永安库	齐齐哈尔
	7	宝钢5号库	宝山		20	百邦库	合肥	辽宁	33	中心库	沈阳
湖北	8	663库	武汉		21	物流大市场	淮南		34	铁道兵库	沈阳
广东	9	天又天库	武汉		22	05库	合肥		35	鲅鱼圈库	营口
重庆	10	巨龙库	重庆		23	福达厂库	合肥		36	大连港库	大连
江苏	11	中外运库	苏州	吉林	24	金石库	长春	浙江	37	绍兴港库	绍兴
	12	申特库	溧阳		25	金港库	吉林		38	崇贤港库	杭州
	13	长宏库	江阴		26	增益库	吉林	内蒙	39	神华库	鄂尔多斯

淮矿物流在这些仓储基地建设中坚持信息化、可视化、分区管理三个标准。即通过淮矿现代物流仓储系统对全流程管理范围内的所有货物的收发存实时管理，通过淮矿现代物流联运系统对运输的科学调度，两个系统同步对接，从而实现整个动静态流程的闭环。通过视频监控对仓库、出入闸口进行全覆盖，通过GPS对运输货物的状态及路线进行全程跟踪。有明确的可视化进度时间节点，按照银行、客户的需求，利用信息技术，采集、传递、存储、分析、处理仓储基地中的库存、物流等相关指标与实物信息。每一个仓库都按照淮矿现代物流的要求，设置明确的货位，精确区分货物货权。

2. 进一步整合资源，完善在途货物的实时管理

全流程管理的重要一环是动态货物的在途管理，即生产厂到各仓储基地的实物运输由淮矿物流联运系统运作，实现对管理全程各节点的封闭运行。为了配合斯迪尔全国范围内的模式推广和市场拓展工作，淮矿物流成立了统一结算、统一调度、统一标识的联运公司。在关键物流节点地派驻专人设置调度机构。一方面跟进斯迪尔"平台＋基地"的业务模式，完善交易资源下的运力资源整合管控力度，构建运力保障体系；另一方面以交易资源整合的干线运输网、基地间的区域运输网、基地到终端的城际配送网构建综合的运输网络体系，实现运输风险和成本防控、运输生产组织优化、运输组织成本控制等实体作业，并注重后期运作的可操作性和实效性，从区域地理环境、干支线运输路线、社会物流资源整合、公共物流资源交易平台建设、公水铁海联合运输方式、区域调度中心设置等多角度进行详细调研和市场开发，确保越来越多的实物流正常运转。

为构建平台交易资源运力保障体系，淮矿物流与安庆顺安海运等水运物流企业在海船、河船资源整合上进行了多次商谈，并达成了合作意向，通过整合，现可直接调度运输车辆1600余辆、内河运输船只300余艘、海运船只近30艘。与上海钢联物流、溧阳昆仑运输公司等物流企业完成了全方位的载具整合工作，并通过GPS、AIS信息系统整合实现了对运输载具的整体管理，目前联运系统上的可控车辆已近500辆，船只近200艘。

（三）优化融资结构，创新金融服务

在金融时代，金融是资源，并且是重要资源，金融资源的优化配置能引领实物资源的优化配置。"平台＋基地"大宗生产资料管理变革，不仅集成了资源，更重要的是优化了融资结构。传统的交易模式，不论供、需，"差钱"就融资，形成多头融资，若都融资不成，就会形成"三角债"或资金链断裂。在一盘散沙似的交易模式背景下，如何优化融资结构，变得无解；在"平台＋基地"大宗商品现货电子商务模式中，使难题有解，并且能找到最优解。例如，在经济下行，煤炭、煤机制造、钢铁这一产业链产能过剩、资金困难的情况下，都需要融资，对于有资信的大型企业，银行会满足各家融资需求。银行获得实体企业"利息差"，变得十分的容易。在"平台＋基地"大宗商品现货商务模式中，只需对煤炭企业一家融资，就可使资金流进行良性循环。即煤炭企业融资买煤机，煤机制造企业获取货款买钢材，钢厂获取货款买铁矿石，大大降低了供应链融资成本，实现了集成、优化、共赢。

淮矿物流提出的对可控货物的"百分百融资、基准利率、日计息"可以说是对传统融资模式的一种颠覆。解决了供应链上各方融资难，缺担保，总体的融资成本太高等一系列问题。具体来说，百分百融资即是上下游客户以在淮矿物流管理的在线货物作为质押担保，按总货值的80%～100%进行融资；基准利率，即是按照央行的利率项目对平台上下游客户进行授信；日计息，即是按照六个月或者一年的利率折算成日利率。

目前，全国有十余家银行与淮矿物流签订了上线协议，正在进行紧张的开发和测试。在支付结算过程中，资金完全由银行等第三方金融机构直接管理，保障资金安全，从而解决买方因付了款收不到货或卖方因发了货收不到款的后顾之忧。

1. 牢固稳定的线上支付

上下游客户通过平台实现交易，淮矿物流仓储公司和联运公司根据接收到的货物成交信息，实现线上交易与线下交割同步。一般情况下，在线结算模式有直接支付、商户保证金、银行保证金、中心对账模式、网银直接支付五种模式。目前斯迪尔主要采用的模式为第一种，即直接支付的模式。

与淘宝、京东等 B2C 电商平台上交易的商品不同，大宗商品基本属于大额交易，单笔交易货款少则十多万元，多则几百万元，这是由大宗商品的天然属性决定的。同时，买卖双方对交易资金往来要求极高，涉及跨行结算、税票一致、及时到账、当日提现等。目前，斯迪尔提供两种在线结算模式：第三方支付平台和 B2B 在线结算系统。第三方支付平台，就是一些银行签约、并具备一定实力和信誉保障的第三方独立机构提供的交易支持平台。B2B 在线结算系统，则是银行专门为电子商务活动中的卖方和买方提供的安全、快捷、方便的在线支付中介服务，从而连接电子商务活动中的卖方和买方，保障资金流的畅通，加速卖方资金回笼，方便买方购物支付。

2. 安全可靠的在线融资模式

在线融资是淮矿物流与银行、客户系统对接，为客户办理全流程网上操作的融资服务。这种融资模式下，钢厂产品进入淮矿物流全流程管理范围后，即可以在基地的动态库存申请管理融资；银行按物资总量给予卖方一定金额的融资。新流程实现全流程在线操作，方便快捷，加上优惠的银行利息和物流费，总体成本低。金融服务是斯迪尔很重要的板块之一，也是最能体现平台服务价值的方面。

面向客户提供灵活的小额贷款业务，在客户交易资金短缺的情况下，可通过平台的在线融资服务和银行申请订单融资，以较少的保证金获得 100% 的货物预订权。淮矿物流基于全流程管理的金融服务，完全打破传统的货权质押融金的概念，银行对整个流程进行授信，不再针对一个厂商、一个仓库、一批货物、一个仓单、一次质押，强调对融资货物总量和总价值的双指标控制，通过货物身份证式的管理和流程控制，避免重复质押、互保、联保及货权不清等风险的发生。每个专场只配套一家银行，提供基于整个供应链的融资需求，最大限度地降低整个供应链的交易成本，提高银行的资金收益率，降低风险。

3. 标准化的服务方式

金融产品多种多样，但金融服务必须实行标准化管理。创新服务产品，制订标准化的产品，明确产品的服务事项和规则，通过全流程管理，为货权方提供管理融资产品，为买方提供订单融资产品；规范服务流程，制订详细、标准的金融服务流程，从银行授信到与银行的在线金融服务流程，以及为客户提供的授信额度、融资申请、放款、还贷的标准化；居中结算把控风险，制定标准的居中结算规则，所有申请融资的交易都必须通过斯迪尔指定的结算公司结算。明确结算公司，指定淮矿现代物流上海公司及各区域公司作为斯迪尔的结算服务公司；资金代收代付降低成本，规范资金代收代付的服务流程，按照平台风控的需求规范结算周期，降低交易成本，使支付更便捷。

斯迪尔第三方支付平台担保功能的建立，从根本上解决了在线支付的信任问题。中国商业环境的信任机制不发达，不仅仅是用户个人的原因，社会信用体系，银行交易保障都没有跟上，所以买卖双方对在线购买存在顾虑，尤其是和不知名不知姓的经营者交易。斯迪尔第三方支付不仅仅充当支付媒介，更多的起到了保护买卖双方正当权益的功能，它很好地解决了买卖双方因为对风险的顾虑，谁都不愿意把货、款付出的问题。买卖双方谈好价格以后，买方把钱汇给斯迪尔第三方支付平台。斯迪尔第三方支付平台把该款项压住，通知卖方款已到账，卖方发货，买方收到货后确认无误，同意放款。斯迪尔第三方支付平台把货款解冻进入卖家户头。这样一种担保交易的设计，完全解决了买卖双方谁先谁后，谁先付款，谁先发货这个在线交易的最大难题。

（四）优化商务模式，降低交易成本

淮矿物流这种"平台＋基地"大宗生产资料交易管理变革，不但有巨大的社会影响，更是流通领域电子商务发展的升级创新，也给合作各方提供了广润增效的空间。

1. 释放规模效应，降低交易成本

在传统交易模式下，钢厂想几家买完或卖出产能，这只能是"想象"；用户只有几千吨的采购量，想得到议价权和更多的廉价服务，也只是"空想"。在大宗商品现货，电子商务模式优化里，供需双方的"想象"和"空想"均变成了现实。钢厂首先要计算卖出一定批量或产能，才能实现平均成本的降低和销售费用的降减，再承诺给予用户多少议价权。集成钢材用户联盟，同类钢材用户联盟先达成共识再和钢厂谈判；重要的是，钢厂产生的规模效益，赠送用户几成。如果钢材型号、规模匹配，交易很容易达成。这时新的价格发现了。"平台＋基地"实质上成了资源优化、效能提升的平台。

对物流企业来说，在后序的运输、仓储环节更会释放规模效益。一方面，淮矿物流能利用优秀的仓储管理资源、成熟标准化的仓储管理模式、高效的仓储信息，输出淮矿物流的仓储管理服务，为第三方企业提供一个方便、快捷的专业化仓储管理后勤保障，降低第三方企业的仓储管理成本；另一方面，由于淮矿物流的管理仓库多数沿长江黄金水道网络布局，而水上运输费用又只是铁路运输费用的 1/2 和公路运输的 1/6，因此"基地"给联运公司创造了较大的降本空间。

2. 反馈市场信息，为用户创造价值

中国是钢铁生产大国，是国际铁矿石市场最大的买方，由于国内钢厂一盘散沙，导致在国际铁矿石市场议价权的缺失，铁矿石价格居高不下。由于高成本，也使国内

钢价难于下降。钢材是许多产业的原材料，钢材价高，增大了相关产业的成本。机械制造，矿山建筑都是用钢行业。这些行业里就有淮矿物流大用户，为用户创造价值降低成本是淮矿物流服务职责。

如中厚钢板是煤机制造厂的主要材料，上市宽度2.2米；这种宽度的钢板，在煤机制造厂利用率只能达到90%，若利用宽2米的钢板套裁利用率可达95%。某煤机厂年耗10万吨计算，可把5000吨废钢变成可使用钢板，节约成本上千万元。淮矿物流按用户要求，安排钢厂，中厚板按2米宽生产供货。

矿井巷道建设使用大量锚杆，锚杆以优质螺纹钢为材料，锚杆长分别为1.6米、1.8米和2米。钢厂该种优质螺纹钢上市长度为6.5米、7米，钢材利用率难以达到95%。淮矿物流安排钢厂按锚杆长度的整数位定尺生产。这一资源优化配置，使锚杆钢材利用提高到100%。

在传统的营销渠道中，由于渠道结构的问题，有关于客户实际需求和反馈的信息主要集中在零售商和传统分销商之间。企业需要客户的相关信息，需要通过零售商传达至分销商，然后由一个或者多个层级的分销商传至客户这样一个"拉动"的传播方式。在这样的信息沟通模式下，客户的需求信息无法完整到达企业并且会出现一定程度的失真，降低制造企业的运营效率。由于营销渠道成员的地位和角色各不相同，出于自身利益的博弈，传统制造企业很难全面地获知客户的相关信息，对价格的控制力不强。通过平台直接嫁接厂商与客户，制造企业的渠道控制力明显增强。

四、主要创新点

淮矿物流开展的基于电子商务平台的大宗生产资料交易管理变革的主要创新点如下。

（一）基于大宗生产资料现货交易的电子商务平台创新

为了实现淮矿物流"平台＋基地"一体化运作的供应链管理模式，淮矿物流重组斯迪尔电子商务平台，对其业务内容进行全面转型，全力投身于大宗生产资料的现货电子交易领域，并且要求平台上交易的货物必须接受淮矿物流仓储管理公司的第三方管理，确保交易货物的安全。

目前，斯迪尔平台以品牌专场和电子超市为主营业态，通过品牌专场为生产厂和贸易商提供"一对多"的网络专卖店，同时依托电子超市构建出淮矿物流的跨区域大流通市场，为客户提供定制式、一站式服务。两者共同作用，为客户提供了几乎涵盖钢铁物流所有环节的服务，并参与到终端的供应链管理中，实现钢铁物流的专业化外包和全方位增值服务，实现"电子商务＋供应链"的真正融合。

（二）全流程管理模式创新

为保障"平台＋基地"电商模式安全规范的运作，保障货物的真实性和可靠性，对银行融资的风险进行有效的控制，淮矿物流通过静态的仓储监管和动态的在途监管实现对货物流通的全流程管理。

一方面，淮矿物流按照联合经营的方式，在生产厂、用户集中地、集散中心和港、站附近建立管理仓库，完善的仓储基地布局，为平台交易的推广提供支撑；另一方面，淮矿物流在这些仓储基地建设中坚持信息化、可视化、分区管理。实现物流仓储系统对所有货物的收发存实时管理，保证货物按时、按质、按量交割，而且淮矿物流成立统一结算、统一调度、统一标识的联运公司，生产厂到各仓储基地的实物运输由淮矿物流联运公司系统运作，实现对全程各节点的实时管理，真正做到在一个可控的闭环内封闭运行。

（三）融资理念创新

"平台＋基地"大宗生产资料现货电子商务模式不仅集成了资源，而且大胆引入新的融资理念：一是银行只对流程授信（可以通过淮矿物流、淮矿仓储管理公司、斯迪尔平台等方式），授信是唯一的，没有仓单、没有质押，提高了供应链上的资金流和物质流的效率，实现了多方共赢。二是淮矿物流对可控货物进行"百分百融资、基准利率、日计息"的模式，颠覆了传统融资模式，解决了供应链上各方融资难，缺担保，总体的融资成本高的难题。三是充分利用电子商务的优势，提供线上支付、在线融资模式和标准化的服务流程等，不仅保障资金流的畅通，加速卖方资金回笼，而且最大限度降低交易成本，有效地控制资金风险。

五、创新成果应用效果

中国正处于商业模式创新时代，在许多行业领域，商品交易的商业模式的创新正在改变着中国许多行业的发展背景，在大宗商品领域，传统的金属交易市场正在面临着全面的改革和重组，以往的集市化和店铺化的商业模式已无法适应集成化商品交易的发展趋势。淮矿物流顺应市场变化，把基于电子商务平台的大宗生产资料交易管理变革推到了创新的潮头。此模式产生了许多显性和隐性效果。

（一）取得了良好的经济效益

斯迪尔电子商务平台显性收益有两个：一个是交易提成，占交易额的1%；另一个是配送费用，占货物价值的1%。如表2所示。

2013 年第一季度，斯迪尔钢材现货成交量为 33.53 万吨，单日成交量最高达到 22844 吨。

表 2　　　　　　　　　　　斯迪尔第一季度钢材现货成交量　　　　　　（单位：吨）

	1 月	2 月	3 月	季度合计
申特专场	106186	34428	158722	299336
马钢专场	11635	554	10934	23125
西林专场	3248	2408	7204	12860
合计成交	121069	37392	176860	335321

按第一季度专场钢材平均价格 3500 元/吨计算，第一季度成交额为：335321 × 3500 = 1173623500（元）；交易提成是：11736235 元；配送费是：11736235 元；收益合计是：23472470 元。在经济下行，钢材销售的淡季，取得如此效益，极为可观。

（二）提高了物流服务企业的社会影响力

一是有利于提升物流商的品牌和公信力。货物全流程管理是平台交易的基本前提，通过静态的仓储管理和动态的联运管理，确保货物的真实和资金管理，这种大宗生产资料电子方式克服了当今市场不规范的弊端，提升了物流企业的公信力，成功的创新也使企业的形象和品牌日臻完善。

二是增强了企业对社会资源的优化配置和对物流链科学运行的掌控力。"平台 + 基地"电子商务模式，使客户、厂商、银行之间的联系更紧密、更快捷。使电子商务的先进性在生产资料流通领域发挥得更充分，它已经开始对参与者的经济转型产生影响。

三是提升业务量，开辟物流企业做大做强的渠道。随着斯迪尔平台销量的增加，在平台成交的货物均通过相关仓储运输单位运作，使整个供应链的业务都得到有效提升。

（三）形成了供应链上相关方共赢格局

1. 卖方效益

对于卖方而言，取得了以下几方面的效益：产品卖得掉、价格更合理、资金回笼快、低成本融资和真正的定价。由于专场销售削弱了中间商（尤其是大的中间商）对市场价格的干预能力，因此平台上销售的价格将会比市场上高出一部分，这部分正是中间商对市场价格的干预。

例如，申特钢铁是斯迪尔平台第一个上线销售的品牌专场，申特钢铁主营上海指定高层建筑专用螺纹钢。申特钢铁进入斯迪尔平台前，产品价格比区域内的同类产品低 20 元/吨，选择斯迪尔平台销售后，价格比同类产品高 20 元/吨，成为上海区域的主流产品。目前，日均销售 1 万吨，相当于每天资金回收 3000 万 ~ 3500 万元。申特专场销售曾创纪录达到 36357 吨，按照当天交易价格，申特当日回笼资金 1.2 亿元。在目前钢市萧条的情况下，这样的销售成果非常少见。

值得一提的是，在申特每年 240 万吨的销量中，有 10% 的销量是在淮矿物流的资源整合能力和网络布局帮助下实现的。申特钢铁的螺纹钢价格指数已成为上海地区的风向标。

2. 买方效益

大宗生产资料现货平台交易，获益最多的是买方。第一是网上比价，平台还价，降低了采购成本；第二是配送上门，降低了运输费用；第三是买家可按时供货，买方可实现"零库存"，'减少储备资金；第四是平台融资及时方便，可使客户"用钱时候不差钱"。

3. 银行效益

大宗生产资料现货平台交易，银行便成了供应链中的合作伙伴，金融支撑了平台，平台给银行创造了获利空间，尤其是为银行规避了融资风险。

大宗生产资料现货平台交易，减少了交易环节，提高了交易效率，减少了交易成本，使交易变透明。这一模式产生了集成规模效应，使优化资源配置，创新交易价值在供应链上得到实现。基于电子商务平台的大宗生产资料交易开创了商品交易的新时代，极大地拉动内需，推动国民经济快速发展！

六、创新成果推广价值

基于电子商务平台的大宗生产资料交易管理变革创新成果，使淮矿物流公司在电子商务交易中取得了巨大成功。斯迪尔的"品牌现货专场"和"电子超市"不同于生活资料的电子商务平台，它是完全按照厂家的销售政策定制化开发的个性化平台，可满足不同厂家的不同需求。同时，又不同于生产资料的期货平台，它的交易前提是完全基于现货，专场上展示的所有商品都是在淮矿物流管理下的实物产品，商品的规格、质量、数量都是真实可靠的，能够确保网上交易的安全性、可靠性。总体来看，该创新成果有三个方面的推广价值。首先，该成果不仅有效解决了流通体系信用缺失的问题，而且为现代商贸物流企业加快发展大宗生产资料电子商务平台建设提供了很好的启发。其次，该创新成果对第三方物流企业构建平台型电子商务的业务模式创新也是具有积极的借鉴意义。最后，该创新成果属于典型的供应链金融业务创新，可以供网络型第三方物流企业与银行合作开展供应链金融业务提供有益的参考。

中国外运山东有限公司企业重组与一体化整合^①

中国外运山东有限公司企业重组与一体化整合^①

中国外运山东有限公司总经理　宋　嵘

【成果摘要】 青岛联通报关有限公司与青岛保税区联丰报关有限公司是中国外运山东有限公司的两家子公司。目前，随着报关企业的增加，报关公司竞争的加剧，属地通关、无纸通关等政策的实施，使得中国外运山东有限公司的两家报关子公司的业务与利润大幅下滑，单一经营举步维艰，处于亏损的边缘。为了拯救两家子公司，山东外运公司提出了将两家子公司重组的创新方案。该方案采用传统业务合并、主营业务升级和优质资源优化整合的重组模式，实施了物流运营资源再造、业务流程创新、组织架构重组和信息系统改造，逐步推进专业报关企业的转型，大大提升了合并后企业的核心竞争力，拓宽了新公司的发展道路，形成了竞争合力，为新公司可持续发展夯实了基础。

【成果关键词】 报关企业重组；一体化整合；报关企业转型

【成果适用领域】 中小物流企业联盟管理；报关企业转型发展

一、企业基本情况

青岛联通报关有限公司与青岛保税区联丰报关有限公司均为中国外运山东有限公

---

①　本成果由中国外运山东有限公司提供，成果主要创造人：宋嵘、王理俊，参与创造人：王玉忠、赵意、迟文胜、薛俊英、范常顺，获 2013 年度物流行业企业管理现代化创新成果奖一等奖。

司（以下简称为"山东外运"）的子公司。两家公司为专业报关公司，主要经营进出口货物报关、运输工具报关、报验、电脑预录；共有员工104人。

青岛联通报关有限公司和青岛保税区联丰报关有限公司先后于20世纪90年代初期、末期成立，分别作为山东外运设在青岛老港区和黄岛港区的报关、报检平台，经营业绩曾一度辉煌。然而，随着报关业准入门槛的降低，报关企业如雨后春笋般增加，报关公司竞争日益加剧，加上属地通关、无纸通关等政策的实施，导致两家报关公司业务与利润大幅下滑，单一经营举步维艰，处于亏损的边缘。

二、创新成果产生背景

（一）全球金融危机对报关行业发展产生严重影响

2008年下半年刮起的金融风暴，对我国进出口贸易产生了严重影响。从宏观上看，根据中国海关总署统计数据，受国际金融危机恶化以及全球经济增长放缓等因素影响，2008年11月当月我国外贸进出口形势急转直下，月度进出口总值自2001年10月以来首次出现负增长，月度进、出口增速则为1998年10月来首次同时呈现下降走势。随着国际金融危机向实体经济的蔓延，国外需求的萎缩已经对我国出口形成了强约束，出口规模将继续呈现下降态势。而国外订单的减少将影响加工贸易进口需求，加上国际大宗原材料价格的大幅跳水，国内经济增长的回落，进口下跌的幅度在短期内将显著高于出口。2008年全年我国的进出口总值达2.55万亿美元，增幅在18%左右，全年顺差在2900亿美元左右。

从微观上看，全球金融危机风暴对报关企业的负面影响已日益显现。2008年，青岛、上海、天津等地有许多货代和报关企业反映业务量下滑明显。以青岛为例，金融危机导致2009年青岛关区报关单量呈两位数下降，致使中外运山东旗下的这两家报关公司主营业务受到了严重的冲击，业务量大幅度滑坡。近年来国家还调整了外贸结构、平衡了进出口的政策。

（二）中外运山东公司决定将旗下两家企业重组

面对如此形势，转变思路、调整架构、创新经营势在必行。山东外运审时度势做出决定，于2010年年初，正式启动两家子报关公司的合并重组，搭建山东外运在青岛海运口岸报关、报检统一平台，突出专业化、提升服务功能，利用统一平台，提供高、精、专的报关报检服务，壮大传统业务。同时，延伸了报关报检业务，高起点地切入海运货代业务，全盘接管了系统内一家在青岛保税区内的仓储企业，增添了储存、拆箱、保税功能。两家子公司合并后，优化了运营资源、扩大了经营范围、拓宽了物流服务链，形成了竞争合力，为新公司可持续发展夯实了基础。

三、创新成果主要内容

该创新成果属于传统业务合并、主营业务升级和优质资源优化整合。在成果实施中，中外运山东公司对青岛联通报关有限公司与青岛保税区联丰报关有限公司的业务、人员、资产进行了全面整合，设立了一家新公司——青岛中外运联丰国际物流有限公司（以下简称为"联丰物流"），并通过物流运营资源进行再造、开展业务流程创新、组织架构进行重组、信息系统进行改造等方式提升企业竞争力。

（一）物流运营资源再造

1. 传统业务合并、改进

联丰物流全面吸收了两家报关子公司的报关报检资质，以集中报关、报检业务为主线，不断完善平台功能，在山东外运系统综合物流业务中发挥着重要作用。为使平台业务做到细致高效，公司狠抓服务质量意识，通过深入组织培训，让员工从思想上充分认识到搞好服务质量的重要性，保持头脑清醒，牢固树立优质服务意识；公司还狠抓操作过程控制，强调一站式服务，要求主动为客户服务。

公司要求业务员接到客户问题或单据，必须在当天核实落实，然后将情况反馈给客户；强化单据复核环节，确保差错率降到最低，并采取奖惩措施；强调跟踪与沟通服务，加强与客户沟通力度，为客户讲解报关单中产生差错率较高的项目，提醒客户重点关注。由于公司工作到位，联丰物流报关差错率一直控制在1%以内，保持在海关对"AA"报关企业的控制线之内。同时，公司通过开展质量达标活动，不断深挖服务细节、优化服务项目、提升服务水平，努力打造青岛海港口岸最高效、最精端、最专业的报关品牌。

2. 高起点切入海运货代行业

作为一家传统报关行业改组的综合物流企业，为彻底改变过去业务单一经营的局面，迅速赶上物流业发展的步伐，联丰物流利用国家近年来调整外贸结构、平衡进出口的政策，利用山东口岸大宗资源性散货进口量激增的区位优势，高起点的切入了大宗散货进口海运代理业务，大力拓展矿石、硫黄、棉花、橡胶等大宗散货市场，促使公司主营业务升级、服务产品转型。

在运营中，为满足客户个性化、差异化服务的需求。联丰物流积极利用内部协同，获取系统内资源的支持：①发挥自身报关、报检平台服务功能，全力为系统单位排忧解难。②贯彻山东外运关于业务一体化运营的规定，充分利用系统内集中订舱、陆运、空运、场站业务平台，实行资源共享、整体联动，满足客户多元化服务需求。③积极参与外运系统网络化运营，将客户在其他口岸的需求信息交于口岸外运营单位操作。利用一体化运营的服务优势，完善自身物流服务功能：在协同口岸监管部门把关守卡的同时，充分利用自身作为国有物流企业多年来与口岸监管部门建立起来的工作关系，了解口岸监管新规和优惠政策，第一时间服务于客户，并及时向监管部门反映客户的需求，发挥桥梁纽带作用。同时，积极利用社会物流资源，补充自身服务能力：借助多年与港口、船公司、场站精诚合作建立起的协作关系，深化合作，补充公司的物流服务能力。从而造就了联丰物流独具特色的"物流供应链"服务模式，形成了涉足国内外物流市场的综合物流服务功能。

目前，联丰物流的客户群涉及面覆盖山东，延伸到北京、天津、湖北、山西、江苏、河北、新疆、东三省，并跨出国界；仅代理的铁矿石就由最初唯一的伊朗矿，扩展到巴西、土耳其、美国、南非、墨西哥、智利、马来西亚、泰国、印度尼西亚矿，2013 年首次代理了厄瓜多尔和塞尔维亚矿。

（二）业务流程创新

对于大宗散货进口海运代理业务，联丰物流本着提供统一、规范、高效的"一站式"物流服务的要求，创造并推行蝉联相接，贯穿业务全程的"进口货代业务流程"，如图 1 所示。

图 1　进口货代业务流程

注：标注 ☺ 为通过信息化建设体现服务进程和高度关注服务细节的环节。

（三）组织架构重组

2010 年，中国外运山东有限公司正式启动"青岛联通报关有限公司与青岛保税区联丰报关有限公司重组方案"，对两家报关行实行架构调整，合并后的公司组织架构如图 2 所示。

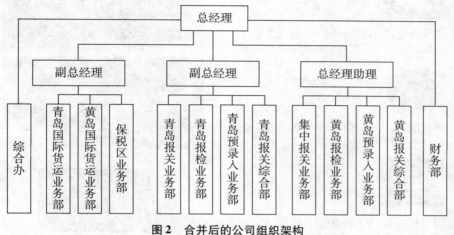

图 2　合并后的公司组织架构

（四）信息系统改造

为了让客户体会到"不在现场却如身临其境"的高标准服务，联丰物流自行研发了"中外运联丰进口物流系统"，如图 3 所示。该系统实现了与青岛港地磅、场站地磅联网，通过现场安装的摄像头及时、实时反映客户进口矿石、硫黄等货物的动态，货物的在场及发运状态。通过该系统还可随时查询货物的放行状态、重量、品质的出证情况、货物的储存数量及放货明细等。同时，该系统加强了公司内部各业务环节的衔接和管控，提高了公司内部管控和服务质量的协调、监督，降低了业务风险。从而实现了"货物动态实时监控信息化"服务。

（五）以客户为中心的服务理念

合并后的联丰物流推行"SSMT 理论"，即"S——Service，服务创造价值；S——Sense，感知用户需求；M——Me，以客户为中心；T——Tech，科技化协同"。本着"以发展传统报关报检主业、提高服务质量、提升业务技能为基础，联丰物流大力开拓货运代理业务，在操作中化繁为简，优化资源，引入和推进信息化建设，打造物流行业特有的服务品牌"的市场定位，秉承"专业化管理、规模化经营"的发展思路，落实"以货种开发市场，以品牌占有市场，踏踏实实做一个货种，成熟一个货种，打入货种行业圈，树立专业代理品牌"的策略，贯彻"五星级管家式"服务体系。

"五星级管家式"服务体系的主要内容如下：

（1）"一条龙"服务：为客户提供报关、报检、场站、仓储、运输的"一条龙"服务。

在堆场设置监控器，通过业务信息平台，可以让客户更直观地了解货物堆存情况

通过Internet网站的构建，让客户在企业网站上及时掌握单票货物的实时状态

通过对安卓，IOS的系统的软件开发，让客户可以通过手机或者PAD就可以简单有效的实现对货物进程掌握的操控

通过完整高效的信息平台，提高客户的满意度和依赖性，紧紧地抓住客户，形成稳步的发展趋势

图3　中外运联丰进口物流系统

（2）"一站式"服务：为客户提供接单、接货、理货、巡货、监管、放货、交单专人负责，一单负责到底的"一站式"服务。

（3）"港口管家式"服务：为客户提供周到、细微、严谨、高效的"港口管家式"服务。以客户利益为最大利益，对货物认真仔细监管、对信息及时准确反馈、对问题积极努力沟通，使客户切实享受到"不在现场却如身临其境"的高标服务。延伸的优质服务、便捷的绿色通道，确保了客户利益的最大化，也牢牢稳固了公司与客户的战略合作伙伴关系。

（4）"货物动态实时监控信息化"服务：让客户体会"不在现场却如身临其境"的高标准服务。

联丰物流正在向成为具有服务特色的综合物流供应商的战略发展方向阔步进军。

四、主要创新点

青岛联通报关有限公司与青岛保税区联丰报关有限公司合并重组整合创新的主要

创新点体现在以下几个方面。

（一）推行两家报关行合并重组

中国外运山东有限公司从市场发展和企业经营的实际出发，推行两家报关行合并重组。合并后，实施了物流运营资源再造、业务流程创新、组织架构重组和信息系统改造，优化了运营资源，推动了服务产品转型，给经营带来了新的动力，使企业核心竞争力得到了明显提升。

（二）合并后扩大经营范围

两家报关行业合并重组后，搭建了山东外运在青岛海运口岸报关、报检统一平台，突出专业化、提升服务功能，利用统一平台，提供高、精、专的报关报检服务，壮大传统业务。同时，延伸了报关报检业务，高起点地切入海运货代业务，全盘接管了系统内一家在青岛保税区内的仓储企业，增添了储存、拆箱、保税功能。优化了运营资源、扩大了经营范围、拓宽了物流服务链，形成了竞争合力，为新公司可持续发展夯实了基础。

（三）推行"SSMT 理论"

合并后的联丰物流提出以客户为中心的服务理念，推行"SSMT 理论"，贯彻"五星级管家式"服务体系，为公司高标准、品牌化的特色物流服务发展奠定了理论基础。

五、创新成果应用效果

山东外运的两家子公司，采用了传统业务合并、主营业务升级和优质资源优化整合的重组模式，实施了物流运营资源再造、业务流程创新、组织架构重组和信息系统改造的合并创新。合并后的两家子公司，优化了运营资源、扩大了经营范围、拓宽了物流服务链，大大提升了企业的竞争力，取得了相当显著的经济效益和社会效益。

（一）经济效益显著

在传统业务合并、主营业务升级、服务产品转型的带动下，重组前业务单一、经营范围狭窄的局面得到根本性改观，大宗散杂货进口货代业务和报关、报检平台业务进入快车道，经济效益显著。2009 年，两家报关行共完成营业收入 7857 万元、实现利润 234 万元。合并后的第一年，即 2010 年重组效应便初见成效：完成主营业务收入为 13661 万元，实现利润 309.21 万元；同比分别增长 73.86% 和 32.14%。接下来的三年实现了三次飞跃，其中，2011 年完成主营业务收入为 14840 万元，实现利润 503.9 万元；同比分别增长 8.63% 和 62.96%。2012 年完成主营业务收入为 17389 万元，实现利润 750.94 万元；同比分别增长 17.17% 和 49.02%。2013 年完成主营业务收入为 25000 万元，实现利润 1000 万元；同比分别增长 43.76% 和 31.5%。联丰物流 2010—2013 年度主要经营指标对比情况如表 1 所示。

表1　　　　　　　　联丰物流 2010—2013 年度主要经营指标对比情况

年份	2010	2011	2012	2013
主营业务收入（万元）	13661	14840	17389	25000
主营业务收入增长率（%）	73.86	8.63	17.17	43.76
利润总额（万元）	309.21	503.9	750.94	1000
利润总额增长率（%）	32.14	62.96	49.02	31.5

（二）社会效益较为突出

目前，联丰物流代理进口铁矿石集装箱量占到青岛港总量的 80%，代理进口硫黄量位居山东首位，并在业内享有"硫黄代理专业户"的口碑；代理进口棉花量占青岛港总量的 50%，代理进口橡胶量占青岛港总量的 30%。

联丰物流向国家的缴税金额连年攀升。截至 2012 年年底，联丰物流向国家累计上缴税金 712.3 万元，其中，2010 年、2011 年、2012 年分别上缴 172.69 万元、260.61 万元、385.23 万元，年度增长率分别为 15.12%、50.91% 和 47.7%。2013 年度向国家上缴税金 600 万元，年度增长率为 55.75%。联丰物流 2010—2013 年度上缴税金情况如表 2 所示。

表2　　　　　　　　联丰物流 2010—2013 年度上缴税金情况

年份	上缴税金（万元）	同比上年增长（%）
2010	172.69	15.12
2011	260.61	50.91
2012	385.23	47.7
2013	600	55.75

联丰物流的服务得到了海关、国检等口岸监管部门的肯定，2012 年被评为全国优秀报关企业，2013 年被批准为青岛关区"AA"管理企业类别、国检"A"类报检企业。目前代理进出口报关总量位居青岛关区第三名，代理进出口报检总量位居青岛海港口岸第二名。为其他报关报检类公司树立了榜样。表 3 为联丰物流 2010—2012 年所获得的荣誉。

表3	联丰物流 2010—2012 年所获得的荣誉
时间	企业获得的荣誉
2010—2012 年	连续 3 年获评中国外运山东有限公司 先进单位
2010—2012 年	连续 3 年获评中国外运长航集团 先进报关企业
2012 年	获评"全国百优报关企业"
2013 年	获批海关"AA"管理企业类别
2013 年	获批国检 A 类报检企业

六、创新成果推广价值

"青岛联通报关有限公司与青岛保税区联丰报关有限公司重组方案"采用传统业务合并、主营业务升级和优质资源优化整合的重组模式，实施了物流运营资源再造、业务流程创新、组织架构重组和信息系统改造，逐步推进专业报关企业的转型，大大提升了合并后企业的核心竞争力。这一创新成果对于中小物流企业特别是报关企业的业务升级、服务产品转型升级具有较强的借鉴意义。一是对于传统报关企业而言，业务单一、坐地经营、范围狭窄，已无法适应现代物流业的市场需求。该项创新成果为中小报关企业升级转型提供了一定的参考。二是对于重组后的中小物流企业如何高起点切入市场，在百舸争流中觅得立足之地，加速做大做强，拉动综合经营能力和运营效益同步提高，落实"1 + 1 > 2"的目标，也有很大的借鉴意义。

苏州物流中心国际商贸区创新管理模式①

苏州物流中心董事长兼总裁　胡　克

【成果摘要】苏州物流中心有限公司是全国首家保税物流中心（B型）试点，全国第一个获得国务院批复同意进行具有保税港区综合保税功能的海关特殊监管区域综合保税区的试点单位。为顺应商贸物流模式转型的要求和供应链物流管理创新的需要，苏州物流公司开展了一系列创新：一是开展了便捷通关、提供物流金融服务的商贸物流管理创新。二是建立了集现代商贸、国际物流、先进制造和离岸服务四大功能为一体的物流园区集聚发展创新，该创新中提出了实现四个转变、加快形成四个联动、实施五个工程的典型模式。三是开展了包括风险控制和安全管理创新、企业社会责任创新和企业文化创新在内的物流中心内控体系管理创新。苏州物流中心有限公司的创新成果促进了园区商贸物流的发展，推动了园区的转型升级，对其他国内物流园区的发展具有积极的指导意义。

【成果关键词】商贸物流；园区功能集聚；风险控制；安全管理

【成果适用领域】商贸物流园区管理；保税物流园区管理

一、企业基本情况

苏州物流中心有限公司成立于1997年，公司注册资本10亿元，目前总资产24亿

---

① 本成果由苏州物流中心有限公司提供，成果主要创造人：胡克，参与创造人：梁奇宇、金玮、李侃、凌黎、陈东川、庄严、陈宙彦，获2013年度物流行业企业管理现代化创新成果奖二等奖。

元。物流中心总部共有员工98人，设财务、企发、招商、规划建设、合约等9个部门。下设得尔达（75%股权）、信息平台公司（100%股权）、中外运苏州物流中心公司（49%股权）、苏州物流中心（宿迁）有限公司（100%股份）等9家子公司。

苏州物流中心有限公司是一家国有企业，是全国首批三家直通式陆路口岸之一，全国首批出口加工区试点，全国首家保税物流中心（B型）试点，全国第一个获得国务院批复同意进行具有保税港区综合保税功能的海关特殊监管区域综合保税区的试点单位，全国唯一现代物流业国家认定企业技术中心，也是全国唯一实行SZV空陆联程快速通关模式的公司。

苏州物流中心有限公司已服务中国大陆30个省市自治区，全球81个市场、2401处配送设施、4697个物流供应商。苏州物流中心有限公司成功做到了：让货机提前两小时抵达；让货轮提前八小时到港；让货车在途中完成清关的目标。

苏州物流中心有限公司是8.38平方千米物流园区（包含5.28平方千米综合保税区和3.1平方千米的非保税区）的主体开发商。综合保税区自获批以来迅速发展，2012年进出口监管货值达1080亿美元，居全国第一。近三年来，公司的销售额、利润、税费总额等各项指标持续增长，其主要财务指标如表1所示。

表1   近三年主要财务指标比较

项目类别	2010 年度	2011 年度		2012 年度	
		金额	同比增长（%）	金额	同比增长（%）
销售额（万元）	27621	34772	25.89	39983	15
利润总额（万元）	1035	3420	230	11701	242
税费总额（万元）	1193	1236	3.6	1631	31.96

二、创新成果产生背景

苏州工业园区管委会提出了加快制造业转型升级和创建服务贸易创新示范基地的战略规划的号召，同时苏州工业园区发达的区域经济以及快速增长的进口商品消费市场，迫切需要商贸物流模式转型和供应链物流管理创新。

（一）"十二五"时期，园区面临的宏观经济背景出现了一系列深刻变化

苏州工业园区作为我国和新加坡合作开发的重要项目，经过18年来的快速发展，不仅成为苏州市乃至江苏省的经济支柱，更成为中国成功借鉴国际经验实现创新发展的典范。进入"十二五"时期，发展背景出现了一系列深刻变化，对未来发展提出了新要求，因此苏州工业园区需要进入二次创业的新阶段。加快创新发展探索，以转型

升级为引领，实现服务型经济和创新型经济的领跑示范，形成园区产业发展持久竞争优势。这就需要结合苏州乃至长三角地区转变发展方式的要求，加快形成支撑产业升级和创新型产业发展的现代服务产业体系，构建有利于吸引、集聚、整合商品以及高端发展要素的服务功能和平台，形成制造业与服务业"双轮驱动"、发展效率和质量快速提升的新格局。

（二）物流中心正处在转型发展的关键时期

当前，苏州物流中心正处在转型发展的关键时期，一方面要继续做大做强，另一方面要建设公司内部控制体系，使公司在有效控制风险的基础上获得快速、稳定发展。同时，园区审计局、国资办对园区一级国企也提出了明确的内控规范要求，即内部管理规范化。因此，公司需要梳理流程、找出风险控制点、优化流程、提出控制措施，建立完善的内控体系及内审机制。

（三）物流中心的快速转型升级需要强有力的企业文化支持

目前，苏州物流中心正面临着加快转型升级、推进二次创业、迈向"高水平"现代化的关键时期。同时，苏州物流中心"走出去"立足于全球化市场也存在着重重困难。要解决好这些问题，不仅需要提高企业自身的竞争力，使企业具备长期持续增长、不断创新、适应各种竞争条件、各种文化差异的能力，更需要有一个强有力的企业文化支持。企业的兴衰和企业文化的创新与社会责任管理息息相关，为了更好地助推转型升级和二次创业，物流中心在建设企业文化和完善社会责任方面也开展了一系列工作。

三、创新成果主要内容

苏州物流中心有限公司的创新成果可归纳为建立便捷通关、提供物流金融服务的商贸物流管理创新；集现代商贸、国际物流、先进制造和离岸服务四大功能为一体的物流园区集聚发展创新以及物流中心内控体系管理创新。

（一）基于供应链的商贸物流管理创新

1. 便捷的通关

针对快速消费品展销中心，苏州物流中心与海关、国检协调，为展销中心内的客户提供便捷、高效的通关环境，具体措施如下：

（1）海关方面：①设立专窗，VIP通道；②进口快消品可直接入保税区仓，申请仓内查验；③对展示、零售的快速消费品实施完税出库、保税区内保税展示，出区非保展示的监管模式。

（2）国检方面：①经备案的进口商，进口快消品到港后允许直接入仓；②VIP报检通道和"集中报检，分批出货"便捷服务；③设立保税区食品、化妆品检验检疫进口酒类实验室，为保税区快消品展示中心提供一站式服务；④出区商品可提前办理中文标签审核和符合性检测手续，允许在区内加贴中文标签。

2. 供应链金融服务

由于进驻快消品展销中心的企业多数为中小企业，为了缓解企业的资金压力，对于信誉良好的企业，苏州物流中心作为平台公司提供金融服务。具体流程如图1所示。

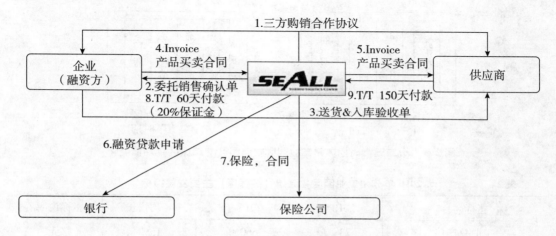

图1　物流中心为企业提供金融服务的流程

供应链金融服务主要包括采购执行和分销执行两个方面的内容。

（1）采购执行

具体内容：①与客户签订供应链金融服务合作协议，并根据业务模式，与其指定供应商签订采购协议；②SEALL或其指定第三方物流公司提供全程物流服务，包括订单管理、国际运输、报关报检、仓储配送等；③根据客户具体订单或出货指令完成进口报关，并根据客户要求进行配送；④客户按协议规定支付货款。

（2）分销执行

具体内容：①与客户签订供应链金融服务合作协议；②客户根据市场销售情况，向SEALL提出出库需求；③SEALL确认后，向指定物流公司发出货指令，并按要求配送到客户指定地点；④在协议付款期内客户支付所有货款。

（二）物流园区集聚发展创新

根据苏州工业园区及苏南地区发展要求，结合物流园发展创新的基础与条件，"十二五"时期物流园将围绕现代商贸、国际物流、先进制造和离岸服务四大主体功能加快发展。

1. 发展目标

"十二五"时期苏州工业园区物流园（综保区）发展的总体目标是：依据江苏省、苏州市和苏州工业园区国民经济和社会发展的相关发展目标和具体要求，结合物流园的发展条件和机遇，力争到 2016 年，物流园基本完成从出口加工、保税物流、商贸服务向国际物流、现代商贸、先进制造和离岸服务的功能转型和产业结构升级，形成四大功能之间统筹联动的新发展格局，对苏州工业园及苏南地区经济增长和转型升级的贡献显著增强。总体发展目标和具体发展指标如图 2 和表 2 所示。

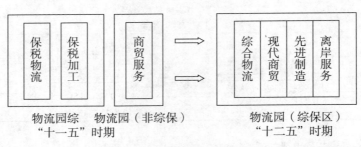

图 2　"十二五"时期苏州工业园区物流园区（综保区）功能变化

表 2　　　　2016 年苏州工业园区物流园（综保区）主要发展指标

指标名称	2010 年	2016 年	年均增长	指标说明
工业总产值	288.1	660.0	15%	亿元
商品销售额	13.7	41.0	20%	亿元
监管货值	807.0	2600.0	22%	亿美元
物流企业营业收入	17.5	40.5	15%	亿元
企业货运总量	300	895.0	20%	万吨
各种税收收入总额	37.8	102.0	18%	亿元
地区生产总值增速	—	—	14%	
服务业增加值占地区生产总值	—	—	50%	
研发机构总数	—	—	20 家	
万元 GDP 能耗降幅	—	—	−20%	

2. 发展路径

根据物流园发展的目标和功能定位，考虑物流园自身基础和条件，"十二五"时期推进物流园的创新发展，需要贯彻四个转变和四个联动。

（1）推动实现四个转变

一是实现发展空间的转变，从服务苏州工业园区为主，转向服务大苏州、苏南地区为主转变，根据区域发展及转型升级的要求，加快物流园自身的功能调整和升级，逐步扩大服务半径和辐射范围，实现由点及面的发展转变，以在更大规模、更大范围内实现加快发展。

二是实现发展重点的转变，从面向国际市场、服务出口加工贸易为主，转向服务国内外市场并重、一般贸易和高端制造并重，打通内外贸一体化运作的通道，提高贸易和通关便利水平，有效连接国内国外两个市场，使物流园的发展重点从两头在外的"V"型向连接国内外市场的"X"型转变，并形成由点到线、结线成网的发展格局，成为苏州乃至长三角对接国际市场的通道和窗口，成为更好地参与国际产业分工和竞争、抢占国际经济发展制高点的主要支撑。

三是实现发展层次的转变，从传统低端的出口加工，转向先进制造，从简单、低水平物流服务，向现代物流、多样化生产服务功能集成转变，从价值链低端，向微笑曲线两端延伸和提升，实现多样化和高增值服务环节，从而在整体上改变物流园的发展能力，提升其在区域内及全球产业链的分工地位，实现发展水平的跃升。

四是实现发展动力的转变，从依靠资源投入和政策优惠的低成本驱动，转向依靠高端要素密集、市场富有活力的创新驱动转变，提供结构调整与升级，通过体制机制创新，激发物流园发展活力，创造更为优越的发展环境，增强物流园影响力和凝聚力，为园区长期持续健康发展提供动力。

（2）加快形成四个联动

在推进物流园区转型升级和创新发展方面，要力争做到四个联动。

一是主体联动。区内区外企业要形成稳定的合作关系，加强上下游业务的衔接。

二是产业联动。及时把握苏州工业园区及周边地区产业结构调整和变化的方向、节奏，形成相互促进、协调发展的格局。

三是功能联动。不同功能之间要具有叠加和对接的空间，实现不同功能之间的协调发展。

四是区域联动。强化物流园与华东地区和中西部地区等区域的合作和联系，增强物流园与其他服务业集聚区、产业集群和大型发展龙头等之间形成的长期合作关系，为物流园发展拓展空间。

3. 发展过程中的创新工程

（1）扩区优能工程

在得到有关部委和上级政府支持的条件下，调整区域设置和规划，扩大物流园发展空间，促进物流园布局优化和进行功能区整合，为物流园功能转型和四大产业体系发展提供支撑，提升物流园发展空间和发展能力。

（2）两业联动工程

增强保税优惠政策优势，形成新的政策优惠体系，促进制造业与服务业实现融合互动发展，重点增强先进制造和贸易功能的联动发展。通过制度创新和政策创新，引导和鼓励制造企业增强研发、维修、检测、销售、结算等业务，发展新型业务模式，强化内外贸一体发展，明确服务立区、贸易强区的发展方向。

（3）区域联动工程

与西南地区等产业转移对接省份，以及与苏北地区城市，结成战略合作和区域协作机制，打通物流、贸易、渠道、服务等通道，增强区域联动机制，提升服务能力、拓展服务功能、增强辐射范围、扩大发展空间。

（4）金融服务创新工程

以金融服务为切入点，增强针对区内各类企业的支撑平台建设。一方面，优化中小物流及贸易公司的融资环境，为中小企业提供金融服务支持，增强其发展能力；另一方面，争取在离岸金融服务领域有所突破，带动物流园整体功能结构调整，为企业发展和区域发展提供新的动力和平台。

（5）梧桐工程

完善紧缺人才的吸引、培训、使用的各种环境，注重人才政策实现引进和配置并重，生活和发展并重，专业人才和双创人才并重，海外人才和国内人才并重，单个人才和人才团队并重。探索保税政策延伸到服务和个人所得税等领域，在人才吸引方面，实现政策和环境的双优势。

（三）物流中心内控体系管理创新

当前物流中心正处在转型发展的关键时期，一方面要继续做大做强，另一方面要建设公司内部控制体系，使公司在有效控制的基础上获得快速、稳定发展。具体包括风险控制和安全管理创新、企业社会责任创新和企业文化创新。

1. 风险控制和安全管理创新

苏州物流中心有限公司主要通过建立内控体系来进行风险控制和安全管理，保证公司快速、稳定的发展。

（1）内控体系组织架构建设

成立内控部负责公司内控体系搭建与维护。"内控委员会"由总裁办公会兼任，内控部直接受"内控委员会"领导。

（2）内控体系的搭建工作

由内控部负责人、内控专员以及聘请的第三方咨询公司共同组成内控联合项目组，完成了内控及人力资源诊断报告、流程优化的编制工作、风险评估报告的编制（含风

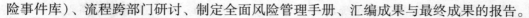

险事件库）、流程跨部门研讨、制定全面风险管理手册、汇编成果与最终成果的报告。

（3）内控体系的实施

首先，发布内控体系落地执行公告。将风险库中的风险点落实到岗位，让每个岗位（甚至每个员工）完成《岗位内控责任说明》，让每个员工充分了解内控并认识到内控工作是公司全员参与的活动。其次，组织召开内控推进会，将《2013 年度公司内控工作计划》宣贯到各部门，内控部介绍了内控改进工作计划，对内控工作的落地执行进行了指导答疑。

2. 企业社会责任创新

（1）与各区加强联动，社会责任管理示范成效显著

公司通过与全国多家保税区、保税物流中心签订框架协议；在宿迁、伊犁等地区设立分公司及营业点等方式，将苏州工业园综合保税区的社会责任管理工作经验辐射到中西部地区乃至全国范围。在公司经营活动中，物流中心有着强烈的社会责任感，认真履行企业对社会的义务，认真参与市文明委组织的各类主题活动，积极开展"文明部门"、"文明职工"、"文明窗口"等形式多样的和谐创建活动。

（2）不断谋求创新，业务实绩突出

公司依法履行国家规定的有关职责和义务，在业务上通过不断地功能创新，如海港业务运作、综合保税区、商贸服务区，跨境电子商务等，立足服务于园区高端制造业和先进制造业，推动园区产业升级和结构优化。物流中心十分注重诚信建设，履行服务承诺制度，窗口服务职工统一胸牌上岗，服务项目公开，服务态度文明，制定了"一站式"服务等便民措施，确保全年服务零投诉，社会形象良好。在内部制度建设方面，苏州工业园区物流园创新思维方式，改进工作方法，修订完善了行政、财务、经营、后勤等方面的规章 20 多种，做到依法足额纳税。

（3）加强思想教育，道德风尚良好

公司在经营活动中，切实推进政务公开工作，确保管理相对人的知情权、参与权、表达权和监督权，确保举报投诉渠道畅通，接受社会各界和群众的监督。公司每年都扎实开展人口与计划生育活动，引导员工树立科学、文明、进步的婚育观念，无超生超育现象产生。公司还高度重视未成年人思想道德建设，结合公司实际情况，健全了未成年人教育工作领导小组，指导 5 个社区建立"青少年校外之家"，并在青少年学生中开展了"热爱劳动和劳动人民"、"寻访红色足迹"等各类主题教育。同时，物流中心展厅定期对社区内的青少年免费开放。

（4）注意绿色环保，环境整洁优美

2009—2011 年度，物流中心园区新建首个有"绿色三星建筑"之称的综保大厦，大楼采用高效节能电梯、蓄能空调、LED 绿色灯具、雨水回收系统，整体节能率达到30% 左右。同时，物流中心对整个综保区进行了二次规划，对综保区内部道路设施，

监管围网、供电工程、监控系统进行了更为细致的布局，做到进一步提高土地利用效率，使可绿化面积都得到绿化。在规划同时，对整个综保区的内外环境进行了整治，召集广大干部职工进行清扫路面垃圾等活动。在公司日常经营活动中，要求工作人员遵循5S管理制度要求，做到衣着整洁，态度热情，文明礼貌，公共场所不吸烟，自觉维护环境卫生。同时在全公司大力提倡健全环保制度，开源节流，进行固定资产回收盘点及废品回收利用。整个综保区内环卫设施完善，车辆停放规范，环境质量指标，环境污染控制指标均有专业部门进行监测，达到国家环保标准。平时，公司鼓励员工自行骑车或采用公共交通上下班，为建设整洁优美、安全祥和的社会环境贡献自己的一份力。

（5）领导以身作则，班子成员团结协作

在社会责任管理过程中，公司从领导层到一线员工均认真学习、实践邓小平理论，紧紧抓住精神文明和思想道德建设的核心，坚决围绕"三个代表"重要思想。公司在廉政建设方面，健全领导班子议事规则，实行重大决策、重大项目安排、重要人事任免和大额资金运作等集体决策制度及决策责任追究制度，并监督执行；设立党务副书记分管纪检工作；设立内控部门；每年部门和项目负责人向公司总裁递交党风廉政责任书，从源头杜绝各项廉政违纪行为发生。在安全生产措施方面，物流中心着重抓了工程运行安全、消防安全、防盗安全、交通安全、反恐安全、信息安全、食品安全、特种作业安全八个方面的工作，确保无人为责任事故的发生。每隔两年，物流中心会联合口岸各条线部门、综保区内企业举办军民艺联大型消防演练，寓教于乐，做到警钟长鸣，安全牢记于心。公司还加强民主法制教育，定期在全公司开展法律知识讲座，加强治安管理，杜绝违纪案件和黄、赌、毒等丑恶现象产生。

3. 企业文化创新

（1）不断加大物质投入，努力为员工创造舒适、整洁、优美的工作生活环境

公司在办公大楼三楼设立了员工活动室，包括理发室、舆洗室、图书阅览室、瑜伽室，同时设立了体育活动室，并购买桌球、乒乓球等运动器具，在园区独墅湖体育馆租了羽毛球场地，还在服务外包园建设了标准篮球场，为职工休闲、娱乐提供了良好处所，丰富了员工的业余生活；在办公大楼十二楼制作了公司宣传栏，不断更新企业动态。

（2）以开展丰富多彩的文娱活动为载体，全面推进公司企业文化建设

公司为丰富员工生活，专门组建了篮球队、羽毛球队、乒乓球队、游泳队、合唱队及各种兴趣小组，并定期进行训练及各种文体活动。每年定期举办商贸区"书画、摄影、绣品展"活动，同时，在公司网站上不断更新企业动态；在公司内部设立了"SEALL商贸之窗"季刊；向管委会及园区"分享园区"、金鸡湖西望、现代苏州、今园区等杂志及苏州日报等报刊投稿，将公司的企业文化活动向全集团、全社会进行宣

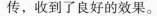

传，收到了良好的效果。

（3）关心职工，为职工办好事、办实事

公司始建初便十分关心职工生活情况及员工福利。为全面了解员工的工作情况和思想动态，每年公司在年初举行座谈会，与各部门领导及公司全体员工进行面对面沟通、交流，广泛听取他们的意见和建议等。

（4）开展党性及风清气正教育

公司结合公司（集团）感恩教育活动精神和企业文化建设工作方案要求，组织党员、入党积极分子及业务骨干赶赴贵阳、虎口等地缅怀革命先烈的丰功伟绩，组织党员、入党积极分子参观"中国梦，廉石颂"廉政书画摄影作品展接受爱国主义教育和感恩教育。通过以上活动，极大地激发了员工爱党、爱国、感恩的热情和爱岗敬业精神。

四、主要创新点

苏州物流中心有限公司为顺应商贸物流模式转型的要求和供应链物流管理创新的需要，做出了一系列创新，其主要亮点包括以下几个方面。

（一）物流园区集聚发展，增加多种服务

在物流集聚的保税区内大力发展商贸，形成进口快速消费品展销中心。为海外采购商、国内中小型供应商、国内采购商、海外供应商、贸易代理商、进口商品经销商、代理商及商贸企业提供各种交易服务，将"展览展示"、"国际采购"、"信息服务外包"、"物流服务外包"、"供应链金融服务"、"交易结算服务"、"电商服务"进行整合。同时，邀请金融、物流、检测、供应链咨询等第三方物流服务提供商，为客户提供各种高附加值的服务。

（二）进行风险控制和安全管理，保证公司快速稳定发展

为保证物流中心转型发展的顺利进行，苏州物流中心有限公司建立了公司内部控制体系，使公司在有效控制风险的基础上获得快速、稳定发展。内控项目执行期间，内控部组织咨询公司对物流中心及下属公司部分人员进行深入访谈，公司中层以上及相关岗位人员均参与流程梳理优化工作，项目组与各部门负责人沟通达5~8次，每次2~3小时的跨部门研讨，使公司上下深刻地了解内控工作。发布内控体系落地执行公告，将风险库中的风险点落实到岗位，让每个岗位（甚至每个员工）完成《岗位内控责任说明》，让每个员工充分了解内控并认识到内控工作是公司全员参与的活动。

（三）推行社会责任管理和企业文化建设，增强公司的凝聚力

在社会责任管理方面积极与各区加强联动，将社会责任管理工作经验辐射到中西部地区乃至全国范围；注重建设物流中心生态文化林，倡导绿色物流，倡导可持续发展；积极开展各类有组织有计划的志愿者活动；组织各类捐款活动。增强员工的社会责任感。在企业文化建设方面不断加大物质投入，努力为员工创造舒适、整洁、优美的工作生活环境；以开展丰富多彩的文娱活动为载体，全面推进公司企业文化建设；关心职工，为职工办好事、办实事；开展党性及风清气正教育。使员工感到公司的温暖，增加责任感与斗志，从而保证公司的稳定变革发展。

五、创新成果应用效果

苏州物流中心有限公司国际商贸区创新管理的应用效果主要表现在以下三个方面。

（一）经济效益

物流园区产业的升级和结构的优化，使得2012年综保区累计监管货值达1080.6亿美元，同比增长8%，全年超去年已成定局。累计监管货运量391.9万吨，同比增长9%；苏州工业园综合保税区连同整个物流园，以占园区2.84%的土地，创造了近10%的工业总产值和国、地税入库税额，工作实绩显著。

（二）管理效益

企业立足于核心的供应链全过程管理能力，整合了资金流、物流及信息流，为贸易商提供"门到门"的供应链管理服务，包括融资方案的选择、订单处理、跨境货物的跟踪等，并根据所提供的服务收取一定比例的管理费。也利用此商务模式，为跨国生产企业提供了库存管理的解决方案。

此外，组织内控体系的实施，使公司96个流程得到了优化，识别出了公司一级领域风险3类、二级业务风险12类、三级环节风险79项、四级事项风险227项。公司年度内控工作落实到部门以来，解决了市政签批流程的简化问题、重新划分了招投标管理的金额标准、制定了供应商管理制度、明确了《合格供方名录》审核标准、规范了档案借阅等。初步完成了公司的内控循环。

（三）社会效益

"供应链金融服务平台"的构建、物流园区的转型升级以及企业文化的建立都产生了很大的社会效益，不仅提高了企业的知名度也进一步得到了社会的认可。

首先，通过"供应链金融服务平台"的融资服务及物流、信息流与资金流协同整合的功能，有效地推动了现代服务业与制造业间的产业联动、区内外企业间和境内外企业间的主体联动以及物流、贸易、金融间的功能联动，并通过平台模式的复制，与中西部等其他区域形成了区域联动，极大地扩大了公司的经营范围。

其次，物流园区根据自身发展和社会经济结构的变化进行了转型升级，这不仅有利于自身发展立足点的转变和发展水平的跃升，也促进了苏州工业园区的二次创业，提升了苏州在长三角乃至全国的战略地位，成为了国家工业园区转变方式的先行示范单位。

最后，苏州物流中心有限公司还注重企业文化的建设，秉承"创新思想和共赢财富"的价值观，持续追求管理、技术、服务与业务的全面创新，履行社会责任，进行公司企业文化建设，凝聚和激励员工同心同德，实现公司的跨越和转型。树立了"责任国企"的良好形象。

六、创新成果推广价值

苏州物流中心有限公司推行了国际商贸区管理模式的创新，积极探索了物流功能创新、服务转移和产业升级的路径，促进了物流与金融产品的整合、创新，推动了中小企业的商贸业务发展。通过整合园区现有的各类商贸物流资源，将集聚区发展成为了"示范区"业务的主要运营载体，使得贸易、物流业成为园区近十年发展的两大支柱产业。总体来看，该成果不仅对国内保税型物流园区的管理者开展园区商贸业务管理、提升商贸物流发展活力有较大的参考价值，对国内其他平台型物流企业（如物流园区、物流中心、货运场站等）开展业务创新、提升企业竞争力也具有积极的借鉴意义。

山东兖矿东华物流有限公司管理模式创新[①]

兖矿东华物流有限公司总经理　胡永明

【成果摘要】 兖矿东华物流有限公司从单一的贸易企业向综合高端物流企业迈进，逐步实现了"由人脉营销向品牌营销、由人治管理向制度管理、由传统手段向高端信息化"三大转变，建立起"管理一体化、服务社会化、信息现代化、产业规模化"的物流运作体系，拥有全国性物流节点网络的大型综合性物流企业，进入全国物流企业先进行列。公司通过三项管理升级促进经营模式优化（全员绩效考核、质量体系建设和商业模式创新等）；通过三大风险预控把握经营主动（严控资金风险，确保企业运营安全；严控安全风险，确保运输安全；严控党员干部成长风险，确保干部从业安全）；通过三个服务理念树品牌（高度关注市场，为客户服务；发挥职能优势，为基层服务；借力信息化平台，为管理服务）。公司通过管理模式创新，使得各项经济指标明显提高，客户服务水平有所上升。因此，东华物流的员工考核机制、质量体系建设、风险管控制度、品牌建设等措施值得需要转型升级的物流公司学习借鉴。

【成果关键词】 绩效考核；风险管控；质量体系建设；品牌建设

【成果适用领域】 综合型物流企业管理；国有物流企业管理

一、企业基本情况

兖矿东华物流有限公司（以下简称"东华物流"）从六年前没有运输车辆、租赁

---

① 本成果由兖矿东华物流有限公司提供，成果主要创造人：胡永明，参与创造人：钱强、范正顺、聂玮，获 2013 年度物流行业企业管理现代化创新成果奖三等奖。

办公场所、只有十余名员工的状况，经过艰难探索，通过变革转型，东华物流从小到大、由弱变强，稳健地从单一的贸易企业向综合高端物流企业迈进，逐步实现了"由人脉营销向品牌营销、由人治管理向制度管理、由传统手段向高端信息化"三大转变，在山东省乃至全国树立起东华物流品牌，在行业竞争中站稳了脚跟。2007—2012 年分别完成销售收入 1.09 亿元、3.35 亿元、8.36 亿元、16.77 亿元、26.04 亿元、49.45 亿元，以年均近 120% 的速度保持增长。短短六年时间，人员已增至近二百人，设有 8 个机关部室、6 个营销团队、3 个二级机构、6 个基层单位、4 个驻外办事处，建成占地面积 227 亩、标准库房 3 万平方米、停车场 2 万平方米、综合办公楼 3000 平方米的物流园区，拥有煤炭进口和经营、普通货物运输和仓储、危化品运营、沿海货物运输、国内外货运代理、集装箱运输等多项资质，经营网点达到 57 个，辐射全国十余个省市。

公司先后荣获济宁市劳动关系和谐企业和五一劳动奖状、山东省物流与采购行业综合实力五十强、国家 4A 级综合服务型物流企业、全国先进物流企业等多项荣誉称号。东华物流的物质文明建设、精神文明建设、政治文明建设、生态文明建设"四个建设"取得新成绩，对物流贸易产业的辐射力和影响力逐步扩大。公司实景如下图所示。

公司实景

二、创新成果产生背景

东华物流之所以能发展到现在的规模，主要是由于抓住了三次重要的发展机遇，并做出了三次战略转变。而 2011 年的经济危机中，煤炭市场步入调整期，这给主要依托煤炭开展贸易的东华物流敲响了警钟，公司已经到了转方式、调结构、增强核心竞争力的发展关键时期。

（一）三次发展机遇蓄能量

2007 年 3 月 27 日，山东兖矿物流有限公司（2011 年 11 月更名为兖矿东华物流有限公司，下文不分时间，简称为"东华物流"）成立。东华物流从小到大、从弱到强，逐渐取得了市场的信任和好评，建立起了属于自己的市场空间。2007 年 5 月，济宁东华物流公司、兖矿日照船务公司、青岛兖矿国际物流公司整体划入东华物流；2007 年 10 月，危险货物运输分公司成立；2008 年 1 月，菏泽郓城分公司成立。在此期间，公司业务收入稳步提升，网络体系日臻完善，经营模式逐步优化，总体实力不断增强，客户服务质量、资金安全、质量管理等多个方面步入当地物流企业前列。

2011 年，是"十二五发展规划"启动实施的第一年。东华物流紧紧抓住国务院、山东省调整和振兴物流产业规划的契机，围绕着加快物流资源整合、转变经济增长方式这条主线，充分发挥兖矿集团的品牌、资源、资金、区域、人才"五大优势"，确定了"立足兖矿、面向社会，以运输带动贸易、以贸易促进运输"的发展思路，调整了公司"十二五"规划目标及长期、中期、近期各阶段任务，着手构建"管理一体化、服务社会化、信息现代化、产业规模化"的运作体系。同年，兖矿集团首次提出实施生产经营、资本运营、物流贸易"三位一体"经营战略，物流贸易产业纳入集团公司战略发展格局。

2012 年对东华物流公司而言也是一次难得的发展机遇期。兖矿东华有限公司于 2011 年 9 月正式挂牌成立后，标志着历经三年的改革改制初告成功，机电制修、建筑安装、房地产、物流商贸四大产业板块形成规模。公司也正式更名为兖矿东华物流有限公司，站在"新公司、新思路、新观念、新突破"的发展起点上。从 2012 年开始，东华物流坚持市场导向、资源整合、协调发展、信息化带动、管理标准化"五大原则"，制定了内部物流资源整合和外部市场占领新策略，业务结构逐步完善，市场拓展能力不断成熟，业务规模放量增长，新项目开发卓有成效，当年产值完成 49.5 亿元。

（二）三大战略转变创佳绩

东华物流刚刚成立时，人员少、市场窄、业务分散。在兖矿集团的呵护下，公司把内部市场作为主攻方向。抓住集团内部战略客户政策的机遇，强化与煤业公司、煤化供销公司的沟通协调，业务量不断增加；承揽到国宏公司的甲醇运输业务，逐步拓展危化品运输市场；开展国际焦化公司、菏泽赵楼煤矿内部生产辅助系统物流服务业务，开创了物流企业为矿内（厂内）服务的新模式，公司效益呈现稳步增长态势。

但与此同时，公司意识到要实现快速发展，不能单纯依赖内部市场。2009 年的国际金融危机波及各行各业，不利影响至今未散。面对严峻的经济形势，东华物流把经济危机变为物流产业的调整契机，制订方案推进公司发展，实施"两个走出去"① 战略。公司密切关注市场动态，在巩固内部市场的同时，市场开拓重心逐渐向外部转移，与省内外多家大型企业建立了业务关系。基于企业长远发展的目标，公司将原贸易部撤销，对公司的业务区域范围进行细分，成立了 6 个专业营销团队，市场运行机制更加顺畅。追随着集团公司的对外资源开发步伐，东华物流已在内蒙古鄂尔多斯、陕西榆林、河北秦皇岛港口、贵州贵阳建园设点，成立了办事机构，外部市场互通互动网络基本形成。2012 年 10 月，兖矿东华榆林物流公司正式成立，形成了以陕西榆林金鸡滩煤矿为中心，辐射周边区域，集煤炭、甲醇贸易、运输、配煤、矿内服务为一体，成为东华物流扎根中国西部物流市场的"桥头堡"。

2011 年的经济危机再次给东华物流敲响了警钟。煤炭市场已从持续高速增长期步入周期性调整期，高速增长的煤炭供应量与日趋减少的煤炭需求之间的供需矛盾越来越突出，这对于主要依托煤炭开展贸易的东华物流来说是巨大的压力，公司已经到了转方式、调结构、增强核心竞争力的发展关键时期。为此，公司把大力发展现代物流产业作为公司战略发展规划和转型升级的核心内容，积极展开管理模式创新。

三、创新成果主要内容

东华物流大力发展现代物流产业，在工作思路上，确立了"巩固、调整、提升、转型"八字方针；在发展方式上，建立起"以运输促进贸易、以贸易带动运输、向源头和终端延伸"的经营格局；在营销建设上，发挥协同效应，实现资源共享，由单一区域营销向团队营销、多渠道营销迈进；在管理模式上，实现"由人脉营销向品牌营销、由人治管理向制度管理、由传统手段向高端信息化"三大转变，尽快在全国树立起东华物流品牌，在行业竞争中站稳脚跟。

（一）三项管理升级促优化

东华物流作为服务型企业，与制造型企业相比，在经营模式上有着本质区别，必须立足实际，探索出一条适合自身发展的道路来。

1. 全员绩效考核

绩效管理要体现以人为本的思想，要让组织目标和个人目标保持一致、同步成长、形成共赢。东华物流逐步调整完善了绩效考评体系，实行与各层级人员工作职责、工

---

① "两个走出去"战略：兖矿东华有限公司于 2002 年明确提出"两个走出去"战略，摆脱地域和煤行业的限制，走出兖矿，走出行业。

作业绩、能力素质直接相关的考核评价制度，建立健全了薪酬激励、荣誉奖励、岗位使用等多元化激励保障制度，切实解决"干多干少、干好干坏一个样"的问题，让那些想干事的人有机会、能干事的人有舞台、干成事的人有利益。

公司坚持以人为本的发展战略，在人才选拔使用上不断拓宽视野，打破看重学历、职称、资历的传统做法，本着"向生产经营一线倾斜，将合适的人放在合适的岗位上"的原则，构建了组织构架合理、人员岗位分布高效的框架，从组织机构上、人员设置上确保了东华物流的整体高效运行。

东华物流 2010 年对 26 名副科级以上干部、41 名一般管理人员实施了考评竞聘、竞争上岗的考核体系；2011 年对 38 名管理人员评聘了相应的专业职称；2012 年对工作成绩突出、综合评价较高的 16 名员工"量体裁衣"，聘任了相应的职务，大大激发了员工潜能，使得公司持续发展的活力进一步增强。从 2012 年开始，东华物流坚持每半年一次对全体管理人员进行综合测评，形成了管理人员"能上能下、能进能出"的良好人才选拔使用机制。

2. 质量体系建设

规范管理、有章可循是企业发展的基本要求，科学高效的管理体制是企业实现协调运转的根本保证。东华物流按照现代企业制度和国际质量体系标准的要求，抽调专门人员，对公司的作业标准、服务标准、业务流程进行全面完善，将员工行为纳入体系建设框架之内，全力推进体系创建工作，并于 2010 年 10 月通过了 ISO 9001：2008 质量管理体系认证，公司内部形成了操作有规程、运行有程序、检查有标准、过程有记录的标准化管理，有效提升了公司的管理质量和能力。2011 年，公司又积极开展环境、职业健康安全管理体系工作，对公司危险源、环境因素进行辨识评价，编写发布了一体化的管理体系文件，同年获得中质协认证资格证书，质量、环境、安全三体系建设得到有机融合。

3. 商业模式创新

市场实践证明，企业单纯以产品为中心、或者单纯以顾客为中心的营销观念已经受到挑战，要想让客户满意，获得更大的市场溢价或更高的销售效率，只有实施商业模式创新。东华物流公司在目前业务运行机制的基础上，创新性地推行"服务＋营销"模式，以服务创造价值。

东华物流公司建立了业务回访制度，按客户区域和贸易量层次对客户进行回访，真正了解用户需求，以诚信服务、用心服务、全天候服务，赢得市场的认可和客户的青睐。

东华物流公司建立了市场分析制度，细分重点客户、重点市场，在稳固老客户的基础上，采取逐步渗透的方式建立战略合作集群，逐步开发大型国企客户。

东华物流公司建立了营销人员业务述职制度，每季一次从工作业绩、方式方法、存在问题、整改措施、下一步工作目标等方面进行全面总结述职，切实提升营销水平。

东华物流公司建立了客户资信管理制度，超前制定应对措施，对不符合要求、超期超范围经营的客商不予开展业务，符合要求的客商资质作为合同附件存档备案，坚决将贸易风险降至最低。

东华物流公司完善了营销管理体系，健全了经营绩效考核办法和营销人员激励约束机制，对销售费用提取的原则、标准、结算、汇款时限以及销售人员的待遇和奖罚做了具体规定，以销售、回款"双重考核"作为提取工资费用的原则，对于经营业绩优秀的营销团队和营销人员给予重奖，对连续半年无业务或完成指标不足1/3的实行内部转岗。

（二）三大风险预控把握经营主动

近年来，东华物流针对企业迅速发展的实际，提出了严控"三个风险"、确保"三个安全"的工作重点，严控一切风险环节，切实掌握对风险控制的主动权。

1. 严控资金风险，确保企业运营安全

公司确立了"三位一体"的全面预算管理组织体系，制定了预算预警信息反馈方案，坚持每月召开经济活动分析会对各项指标进行动态控制，所有资金支出做到事前有预算、过程有控制、事后有评估，实现了资金使用效率最大化。强化了全面风险管理，专门设立了风险控制部门，重新规范了合同的立项、审批、调研、会签、履行、验收、结算等程序和环节，对每笔合同实施全过程动态监管，至今未发生一起合同纠纷。

为确保经营风险预控到位，公司先后成立了监察部和风险管理委员会、价格管理委员会，对市场开发、物资采购、资金管理等重大项目、重大经济活动进行风险辨识、全程跟踪和效能监察。为预防和控制坏账产生，公司与基层单位和营销团队签订了应收账款责任书，实行应收账款终身责任制，编制了《逾期应收账款控制表》，每月下达清欠任务单，明确回款任务和回款金额，逐笔落实责任人，限期进行清理。为保证现金流量，公司加大融资力度，先后与农业银行、兴业银行、民生银行、交通银行等办理了授信额度9.5亿元，满足了业务资金链的需要。

2. 严控安全风险，确保运输安全

公司着力构建"统一领导、分级负责、人人参与、共同监管"的安全生产工作格局，确定了管理的规范性、人员的安全性、设备的可靠性为安全工作要点，强调以现场管理为出发点和落脚点，大力推进安全管理体系建设，印发了《安全生产经济奖罚量化考核办法》《安全生产责任制》《安全生产监督检查管理办法》等一系列安全文件，完善了考核奖惩、监督检查、责任追究、应急预案等相关配套机制，落实好"三位一体"、"手指口述"安全确认法，组织开展"五反思五整治"、"六项行动"和"一

反思、两提升、三整顿"活动，重点解决在思想、作风、管理、现场存在的各类突出问题。严格奖惩，对发现的问题隐患升级处理，以严防严控手段确保安全工作违章必究，不留盲点。公司还进一步完善了危险货物运输应急预案，健全 GPS 车辆运输安全监控系统，全面实施安全风险超前辨识、过程控制、闭环管理，确保了道路运输安全可靠。公司成立以来，从未发生过一起责任性安全事故，为构建本质型安全企业打下了坚实基础。

3. 严控党员干部成长风险，确保干部从业安全

以开展"扬清风正气，促跨越发展"活动为主线，强化廉洁从业教育，完善工作机制制度，开展风险防控建设，加强效能监察，为公司健康发展提供了有力保障。

（1）用制度约束人。落实《中国共产党党员领导干部廉洁从政若干准则》《国有企业领导人员廉洁从业若干规定》等各项规章制度，认真执行《反腐倡廉建设"十条禁令"》，出台了小金库治理、物资采购、废旧物资处置等各类规章制度 40 余项，从源头上预防腐败问题的发生。

（2）用教育引导人。加强党员干部党性党风党纪教育，明确教育主体、制定教育内容、强化教育措施、落实教育任务，重点开展了示范教育、警示教育、岗位廉政教育"三项教育"活动，提高了反腐倡廉教育的科学性、规范性和时效性。

（3）构建风险防控体系。围绕固定资产管理、干部选拔任用、大额经费开支、大宗物品采购等方面开展廉洁防控管理，在全公司范围内查找存在或潜在的廉洁风险点，按风险点的关注度、影响力、涉及面、产生腐败的可能性及危害程度，确定为 A、B、C 三个等级，制定出重点防范措施 200 余条，有效防范了问题的发生。

（三）三个服务理念树品牌

公司自成立以来，始终秉承优质服务理念，成功架起企业走向市场的纽带和桥梁，赢得了众多客户的认可，打出了优质服务的品牌。

1. 高度关注市场，为客户服务

成立之初，面对企业的生存问题，东华物流首先认识到的是要想适应市场求发展，就必须依靠服务赢得客户。随着市场的逐渐细分，为进一步拓宽市场，公司锁定了一批长期战略用户，先后与宝钢、山能、华电、中联、大唐等大型国企签订并履行了中长期战略合作协议，维护供需双方相互支持、相互依存的产业链条，奠定了发展基础。

为了降低客户和公司双方的风险，经过多方面调查和研究，制订了较为可行的服务方案，从业务信息收集开始，历经业务洽谈、合同签订、组织实施、结算回款等环节，实现全程服务，有效确保了客户的利益，同时也大大提高了公司的信誉，为赢得市场创造了条件。

在承揽业务上，无论业务量大小，公司都会根据客户要求派专人跟踪盯紧，以服务质量巩固客户。在市场运作上，以严格手段、精益方法改进管理，降低消耗，提高效率。目前，公司基本形成了以东华物流品牌为主体、服务品牌为支撑的品牌体系，提升了企业的内在价值。

2. 发挥职能优势，为基层服务

树立"小机关、大服务"理念，重新梳理机关部室职能、职责，明确了"服务、监督、考核"三大职能，确保各项工作环环相扣、顺利运转。加强机关效能建设，推行首问负责制、限时办结制，建立工作落实督办制度，实行量化考核，着力于日常检查和整改力度，提高企业管理执行力。

以"机关作风建设年"活动为契机，开展了"六型"（学习型、效能型、服务型、创新型、廉洁型、和谐型）部室争创活动，深入查找机关工作人员在服务态度、办事效率、办事程序、廉洁自律等方面存在的问题，全心全意为基层单位、营销团队服务，打造"绿色服务通道"，着力提升机关文明服务水平。通过健全完善"明确责任、实施问责、责任追究"体系，最终将"出错必分析、分析必追究、责任必落实"制度化，减少失误，杜绝失职，增强了机关管理人员的责任意识，推动管理转型。

3. 借力信息化平台，为管理服务

在经济快速发展、物流贸易需求急剧增长的形势下，要想提高工作效率，提高业务竞争力，信息化建设这条路必走不可。为此，公司借鉴和吸收国内外先进的信息技术和管理方法，经过论证调研—软件开发—模拟操作—修改完善—正式运行五个阶段的烦琐工作，研发设计了涵盖内外部贸易、仓储管理、合同管理、财务结算、危化品运输管理、办公 OA 系统等功能的物流服务平台，实现了网络化、信息化、标准化管理，构建了较为专业、完善、稳定的物流体系。通过操作流程的标准化、规范化和自动化，公司对各分公司的不同业务线进行资源整合，并且为跨区域的不同业务单位协作提供了基础。

当前，公司还与外部煤炭网进行了对接，收集、发布相关贸易信息，提升了公司外部影响力。

（四）三大作用发挥聚合力

公司党委以经济建设为中心，深入贯彻落实科学发展观，坚持以改革创新精神加强党的建设，"举旗引路把大局，抓班子、带队伍、创环境、促发展"，努力将政治优势转化为科学发展推力，在企业科学发展中发挥了引领、保障、推动作用，党组织的政治核心作用和党的思想政治工作优势得以有效体现。

公司党委始终把领导班子建设放在首位，自觉坚定地贯彻落实上级战略部署，形成了同心同德、共谋发展的坚强领导集体。面对严峻的市场形势和艰巨的发展任务，公司党委围绕提高班子能力素质这一核心工作，以学习型党组织建设为平台，将学习活动与实施东华物流"十二五"战略规划相结合，深入思考企业转型升级中的重大问题，努力把学习成果转化为企业发展的新思路、新办法、新举措。坚持党委中心组学习制度，通过"双促学习"、主题发言人领学"、"学习汇报会"、"读书笔记展评"等学习方法，加深对党和国家的大政方针、法律法规、市场经济、物流管理等知识的学习把握，保证学习实效。公司领导和广大干部员工坚持在干中学，学中干，积极寻找加快企业发展的有效之举、破除发展障碍的创新之道，克服了金融危机、行业低迷、市场调整等不利影响，顺利完成了上级下达的各项经济任务指标，企业持续健康发展。公司连续4年获得上级授予的"四好领导班子"、"先进党委"、"优秀单位"等荣誉称号。

公司党委在践行兖矿集团"天地人"和责任文化的基础上，着力推动东华物流特色文化建设，形成了东华物流文化"十大理念"（价值理念：厚德载物，从善如流；安全理念：任重道远，安全为天；市场理念：物流万里，通达全球；经营理念：诚信至上，和谐致远；品牌理念：担责强企，行业一流；人才理念：人尽其才，才尽其用；创新理念：追求卓越，奋进升华；服务理念：高效快捷，精准周密；操守理念：克己端行，阳光心态；学习理念：学以致用，学用相长）。

公司党委将《物流公司企业文化手册》发放到每位职工手中，利用网站、宣传栏对企业文化有关内容进行展示，大力倡导企业理念和企业精神，营造了健康向上、积极进取的文化氛围，开创了以文化引导企业发展的新局面。

四、主要创新点

东华物流基于自身优势进行管理模式创新，大大改善了公司的管理体系，完善了风险控制机制。其主要创新点有以下四个方面。

（一）规范公司内部管理

东华物流实行与各层级人员工作职责、工作业绩、能力素质直接相关的考核评价制度，建立健全了薪酬激励、荣誉奖励、岗位使用等多元化激励保障制度，切实解决了"干多干少、干好干坏一个样"的问题。

东华物流完善了质量体系建设，按照现代企业制度和国际质量体系标准的要求，抽调专门人员，对公司的作业标准、服务标准、业务流程进行全面完善，在公司内部形成了操作有规程、运行有程序、检查有标准、过程有记录的标准化管理，有效提升了公司管理质量和能力。

（二）进行商业模式创新，注重品牌价值

东华物流在目前业务运行机制的基础上，创新性地推行"服务＋营销"模式，以

服务创造价值。建立了业务回访制度、市场分析制度、营销人员业务述职制度、客户资信管理制度，完善了营销管理体系，有效提高了客户满意度，并使得公司内部管理更加规范，提高了公司赢利能力。

公司高度关注市场，锁定了一批长期战略用户，签订并履行了中长期战略合作协议，维护供需双方相互支持、相互依存的产业链条。为了降低客户和公司双方的风险，制订了较为可行的服务方案，实现全程服务，有效确保了客户的利益，同时也大大提高了公司的信誉，为赢得市场创造了条件。

（三）严格控制风险，切实掌握对风险控制的主动权

东华物流严控资金风险，制定预算预警信息反馈方案，强化全面风险管理，与基层单位和营销团队签订了应收账款责任书，实行应收账款终身责任制，确保企业运营安全。公司着力构建"统一领导、分级负责、人人参与、共同监管"的安全生产工作格局，确定了以抓管理的规范性、人员的安全性、设备的可靠性为安全工作要点，强调以现场管理为出发点和落脚点，严控安全风险，确保运输安全。以开展"扬清风正气，促跨越发展"活动为主线，严控党员干部成长风险，确保干部从业安全。

（四）发挥党组织的政治核心作用

公司党委以经济建设为中心，深入贯彻落实科学发展观，坚持以改革创新精神加强党的建设，始终把领导班子建设放在首位，自觉坚定地贯彻落实上级战略部署，形成了同心同德、共谋发展的坚强领导集体。面对严峻的市场形势和艰巨的发展任务，公司党委围绕提高班子能力素质这一核心工作，以学习型党组织建设为平台，将学习活动与实施东华物流"十二五"战略规划相结合，深入思考企业转型升级中的重大问题，努力把学习成果转化为企业发展的新思路、新办法和新举措。

五、创新成果应用效果

东华物流不断吸收现代物流先进的发展理念，完善园区服务功能，探索物流资源整合模式，从单一的贸易企业向综合高端物流企业迈进，取得了良好的经济效益和社会效益。

（一）经济效益

成果应用几年来，2010—2012年，各项经济指标明显提高，客户服务水平逐步提升，具体情况如下表所示。

2010—2012 年度经济指标和客户服务指标

项目	2010 年	2011 年	2012 年
销售收入（亿元）	16.77	26.04	49.45
上缴税金（万元）	1326	1952	2312
利润（万元）	249	313	423
准时交付率（%）	98.17	98.56	98.73
客户满意度（%）	99.12	99.37	99.42
货物跟踪（%）	90	90.5	92.1

（二）社会效益

由于东华物流在物流行业的突出贡献，胡永明总经理被山东省物流与采购协会评为"山东省 2011—2012 年度物流杰出贡献人物"、被中国交通运输协会评为"2013 年度中国物流企业创新人物"。兖矿电铝公司、煤化公司等单位相继到兖矿东华物流交流学习。东华物流公司已经成为兖矿集团率先改革、率先发展的一面旗帜，在社会上引起了较大的反响。

六、创新成果的推广价值

东华物流牢牢抓住国家发展物流业的有利时机，依托东华物流的品牌优势、资源优势、创新商业模式，借力兖矿集团飞速发展的大好形势，不断吸收现代物流先进发展理念，完善园区服务功能，探索物流资源整合模式，从单一的贸易企业向综合高端物流企业迈进，逐步实现了"由人脉营销向品牌营销、由人治管理向制度管理、由传统手段向高端信息化"三大转变，建立起"管理一体化、服务社会化、信息现代化、产业规模化"的物流运作体系。东华物流公司的发展成长路径和方法值得制造企业特别是国有大中型制造企业分离分立专业型物流公司学习借鉴。东华物流的员工考核机制、质量体系建设、风险管控制度、品牌建设也可为广大转型升级的中小物流企业提供有益的参考。

有色金属企业发展现代物流的
创新模式与实践[①]

白银有色集团股份有限公司董事长　李沛兴

【成果摘要】白银有色集团股份有限公司是中国目前规模最大的多品种有色金属生产基地。面对传统有色制造企业物流中"小、散、乱"的局面，白银有色集团公司把发展现代物流作为产业升级和转型发展的新经济增长方式，成立专业的物流公司——白银有色铁路运输物流有限责任公司。公司成立后，以国家物流业发展政策为引导，积极发展现代物流。第一，公司积极制定物流发展规划；第二，公司为中石油公司承担油罐车取送业务，迈出了走向市场的第一步；第三，公司引进合作方开展集装箱业务，并共建了白银综合物流园；第四，努力拓展银东工业园物流市场，加大投资力度；第五，投资和经营兰州新区铁路物流业务。白银物流通过整合资源、制定规划，并大量运用信息技术，为集团发展提供了强有力的支持并取得了可观的经济效益和社会效益。该创新成果不仅是有色等制造企业物流向物流企业升级的成功案例，也是一个传统制造业产业价值链延伸的典型示范，具有积极的推广价值。

【成果关键词】整合资源；转型升级；物流规划；产业链延伸

【成果适用领域】西部地区物流企业发展；资源型企业物流业务管理；物流服务创新

---

① 本成果由白银有色铁路运输物流有限责任公司提供，成果主要创造人：李沛兴、廖明，参与创造人：张家国、朱双潮、付庆义、吴聪、王坚民、贾世乐、牛占文、刘光武、王巍、沙宝红，获 2013 年度物流行业企业管理现代化创新成果奖三等奖。

一、企业基本情况

白银有色铁路运输物流有限公司是一家集铁路、公路运输、仓储、配送、装卸于一体的大型专业化物流公司。公司注册资本1亿元人民币，总资产2.8亿元人民币。现有员工665人，中高级技术人员68人。拥有铁路专用线总延长90公里，占地面积2400亩，各类铁路、公路运输设备843台（套）；铁路车务、机务、工务、电务、车辆等铁路专业门类齐全；具备包车客运、普通货运、危险货运功能，具有汽车一类维修经营、二级驾驶员培训和汽车安全检测等资质。另外公司拥有各类可用于仓储的库房和堆场65万余平方米，公司的物流基础设施条件完备。2012年被评为"甘肃省50强物流联盟企业"，是白银市最大的龙头物流企业。

2012年，公司实现物流产值8660万元，比2011年同期产值（5200万元）增长了3460万元。按照目前签约的物流合同情况看，预期到2015年年底，物流总收入将达到2亿元以上，到2018年年底，物流总收入将达到10亿元以上。

二、创新成果产生背景

有色金属行业面临着特定的政策背景以及行业需求，尤其在物流服务方面，存在着亟需解决的问题。

（一）中央和甘肃省政府高度重视发展物流业

近年来现代物流业被列入国家重点支持的行业，国家"十二五"规划纲要明确提出"大力发展现代物流业"，中央和甘肃省政府相继建立了推进现代物流业发展的综合协调机制，出台了支持现代物流业发展的规划和政策。国家物流发展的"国九条"从税收、土地政策、公路收费、物流体制改革、资源共享、市场准入、技术创新、政策扶持及重点发展领域等方面给予了很大的政策支持；甘肃省"工业强省"要求企业形成成熟的供应链，为整个物流业融入产业链提供了机遇。同时，白银处在甘肃省重点发展的兰白都市经济圈和兰白经济区承接产业转移示范区内，发展现代工业物流有稳定的需求保障。

（二）围绕集团公司主业，发展现代物流业势在必行

白银有色集团近年来通过技术改造和资源综合利用等项目改造，提出了跨越发展的"三步走"目标，到2017年成功打造成为一个千亿元企业，主要有色产品铜、锌、铅等产量达到150万吨，总货运量达到800万吨左右。公司生产物资、原材料供应与产

品生产形成了对工业物流的强大需求。

此外，白银地区周边银东工业园的热电联产、银光集团等运量需求在600万吨左右，刘川工业园需求也在500万吨左右，兰州新区将现代物流业作为七大支柱产业之一，都将对现代物流呈现强劲的需求。然而通过调查，目前白银市缺乏承接大型物资的集散、信息、发送和提供增值服务的物流公司，物流现代化程度相对较低。大宗货物流通基本上是通过承托双方签订运输合同，实行个体合同运输方式实现，而仓储、装卸、加工、信息等物流功能较为分散，随机性较强，风险大，效率低，费用高。因此，围绕着集团公司主业的发展，发展现代物流业也势在必行。

（三）专业化第三方物流企业的成立要求加快物流服务发展

白银有色集团公司认真分析了自身特点和周边物流需求，决定整合下属各企业相关物流资源，依托白银市良好的交通和工业基础条件以及白银有色集团现有的铁路运输、公路运输和仓储资源优势，于2012年年初，将汽运公司全部资产、铜业公司、选矿公司、铅锌厂、非金属公司和原药剂厂的部分土地和库房，西北铜铁路专用线和基建库铁路专用线，并入了铁运公司，出资7000万元按照现代企业制度组建了第三方物流企业——白银有色铁路运输物流有限责任公司（以下简称白银有色物流公司）。

白银有色集团公司把发展现代物流业上升到白银有色集团公司发展战略的高度，开展从原材料采购到产品销售过程中的一系列物流活动并依靠物流企业的专业物流管理知识、规模效益和系统协调效益，优化供应链管理，减少企业的库存量，提高企业对市场需求的反应速度、增强生产经营的"柔性"，降低企业的物流成本，提高物流效率，对增强企业的市场竞争力有着很重要的现实意义，同时还承担了白银周边地区的物流业务，迈出了企业物流向物流企业转变的重要一步。

三、创新成果主要内容

成立专业的物流公司后，白银有色铁路运输物流有限责任公司以国家物流业发展政策为引导，以西部大开发和甘肃省实施3341工程以及兰州新区建设为契机，以白银有色集团实现"三步走"战略打造千亿元企业目标为支撑，以实现物流产业规模化、专业化、社会化为目的，以提高物流效率、提高服务质量、降低物流成本为宗旨，以物流基础设施建设、招商引资、产业发展为重点工作，抢抓机遇，改革创新。公司逐步整合白银及周边地区铁路运输、公路运输和仓储、配送等资源，形成了以铁路物流和公路物流为核心的布局合理、定位准确、运营高效的物流中心节点和白银、兰州新区物流组团发展的格局，服务地区经济发展。公司在发展现代物流的创新实践中，主要有以下做法。

（一）制定物流公司发展规划

组建完物流公司以后，重点发展以公铁联运为主的物流体系，按照"一个中心园区，六个物流中心"进行整体布局，同时规划白银铁运物流公司的发展定位、思路等，内容包括了白银及周边物流业发展现状、市场调研与分析、物流发展的思路和目标、实施方案、运行模式、经营策略、投资估算、资金筹措以及经济评价。规划的发展模式是以技术为依托，以第三方物流为切入点，以配送服务为主业，以现代仓储为配套，以多式联运为载体，以商品贸易为手段的"六位一体"的综合。立足白银，辐射甘肃，融入全国物流网络和丝绸之路经济带物流网路，发展以工业物资集散和集装箱运输为特色的公铁联运、铁海联运、国际联运，实现综合物流功能。重点发展有色冶金、煤炭、建材、石油化工、新能源、新材料等工业物流，配套发展商贸物流。力争物流工业增加值年均增长15%以上。计划到2015年年底，综合运能达到1000万吨，物流总收入实现2亿元以上，力争达到国家3A级标准的物流企业。力争到2018年年底，综合运能达到3000万吨，物流总收入实现10亿元以上，达到国家5A级标准的物流企业。

白银有色集团公司的物流规划起点高，定位准，市场调查比较全面，上报给白银市政府和甘肃省有关部门后，立即得到省市有关部门的肯定和重视。白银市以白银有色集团公司的规划为蓝本着手打造白银市的现代物流发展战略，甘肃省发改委、工信委、交通厅已将白银有色物流公司的物流发展列入《甘肃省"3341"产业发展配套物流规划》，把白银有色集团公司的物流公司作为省级物流重点企业来对待。这不但有力地放大了社会效益，更成为集团公司对外发展的新引擎。

（二）迈出走向市场的第一步，为中石油公司承担油罐车取送业务

2012年上半年，在物流公司成立之初，白银有色物流公司就及时捕捉市场信息，不仅做好内部整合后的物流业务，还紧盯中石油甘肃分公司与白银销售公司间每年至少6000辆汽、柴油油罐车的取送任务。通过与该公司了解，其需求是每年有大量的汽、柴油运抵白银的储备库，但是该公司的储备库不具备火车通车条件，而汽车运输的风险和成本非常高。本着为企业降低成本，控制安全风险等因素考虑，白银有色物流公司拿出了一套综合物流解决方案，修复了到成品油储备库的专用线，并用自备机车进行取送车，仅2012年下半年就取送车3500辆，迈出了物流公司面向市场服务的第一步。

（三）引进合作方开展集装箱业务，并共建了白银综合物流园

白银有色物流公司积极开拓市场，通过战略合作引进加拿大太平洋铁路公司开展

集装箱业务，并引进战略投资，规划建设了白银综合物流园。该园区位于白银市白银区银山路 130 号，占地面积 22 万平方米，是以原药剂厂和耐火材料厂及周边土地为基础范围，铁路线贯穿东西，环城公路和矿山公路绕园通行，距离 G6 高速、109 国道 2.5 千米，地理条件和交通优势非常明显。中心园区以建设大型陆港、交通枢纽和服务体系为目标，实现物流公司的物流信息发布、集装箱运输、公铁联运、仓储装卸、配套服务等功能，成为连接四个物流中心的纽带和开展各项物流活动的主要平台，通过充分发挥其所在区域交通运输枢纽、仓储配送、集装箱运输中心和高效管理的功能，为区域企业提供物流信息和运输服务。

综合物流园按照功能分为五个部分，一是集装箱中心办理区；二是公路货运集散配送区；三是物资仓储区；四是成件包装物资堆放区；五是综合服务区。按照统一规划，分步建设的实施步骤，白银综合物流园区总投资 3842 万元，经过一年的建设运营，目前已经完成的项目主要有集装箱作业区域，成件包装物资货场区域和公路货运集散配送区。

建成的物流园区不仅发挥区域优势，实现白银有色集团物流产业的集约化经营，还促进物流一体化运营，增加物流各个运作环节的有机联系，实现园区内的公铁联运、仓储配送和综合服务，拓展其经济活动范围，培育新的经济增长点。

（四）拓展银东工业园物流市场，加大投资力度

依托银光公司、白银公司工业基础建设的银东工业园，已经成为白银产业聚集、转型升级和循环经济的高地，目前银东工业园还布局了靖煤热电联产、刘化集团、东方钛业等企业，其物流需求分别为 210 万吨、60 万吨和 40 万吨。

白银有色物流公司提出了银东工业园物流解决方案：将白银有色物流公司作为白银市银东工业园区专业化铁路运输公司的平台，它的定位由为白银公司服务转变为向银东工业园区提供专业化铁路运输物流服务，整合园区及周边企业的铁路运输资源。这样白银有色物流公司作为投资主体多元化和铁路运输物流运营规模化的专业化铁路运输物流企业，将统一投资承建银东工业园区的铁路运输物流项目和统一运营园区及周边企业铁路运输物流业务，从而使其充分发挥资本、技术和专业化管理的优势以及国家对地方铁路土地使用税免征政策的优势，推动地区物流产业发展，更好地服务于银东工业园区近期、中期以及远期的发展需要。

（五）投资和经营兰州新区铁路物流业务

兰州新区是国务院批复的第五个国家级新区，其战略定位是：西北地区重要的经济增长极、国家重要的产业基地、向西开放的重要战略平台、承接产业转移示范区。发展现代物流业是兰州新区主要打造的七大产业集群之一。白银有色集团公司认真研

究了新区物流规划方案，于 2014 年 2 月入驻兰州新区，按照自主经营、自负盈亏的现代企业制度成立路港物流企业，发展与铁路物流产业链相配套的物流产业园，开展装卸、仓储、配送、信息服务等物流业务，为新区入驻企业提供"门对门"和一站式物流服务。

四、主要创新点

白银有色集团公司把现代物流作为产业升级和转型发展的新增长方式，建立并发展白银有色铁路运输物流公司，在发展过程中主要体现了以下创新点。

（一）立足行业特色

作为一个专业的有色金属行业的运输企业，白银有色铁路运输物流公司立足行业特色，积极发展现代物流。公司紧紧抓住集团公司未来货运量将达 800 万吨的优势，扩大服务能力，整合铜业公司、选矿公司、铅锌厂、非金属公司和原药剂厂的部分土地和库房，整合西北铜铁路专用线和基建库铁路专用线，形成了有色物流服务的专业化优势，并且将这种专业化优势和经验复制到其它行业，如石油、热电、铝业等。

（二）积极整合资源

在组建物流公司的过程中，白银有色集团整合了集团公司"小、少、散"的物流资源，把公路运输、铁路运输、闲置库房等物流资源进行了整合，成为发展现代物流产业链的重要要素，提高了资源的利用效率，发挥了多式联运功能，增强了为企业服务的物流功能。

（三）重视物流规划先导作用

白银有色铁路运输物流公司立足社会，制订了专业的物流发展规划，开展第三方物流服务，成为全省物流业发展的典范。2012 年 7 月，白银有色集团公司制订了现代物流发展的规划；2012 年 11 月，白银市以白银有色集团公司的规划为蓝本着手打造白银市的现代物流发展战略；2012 年 12 月，甘肃省发改委、工信委、交通厅制定的《甘肃省"3341"产业发展配套物流规划》，已将白银有色物流公司的物流发展列入其中，把白银有色集团公司的物流公司作为省级物流重点企业来大力发展，并积极推广复制物流园区建设的规模和经验。

五、创新成果应用效果

该创新成果的应用，已经取得了良好的经济效益和社会效益，证明了创新成果的价值与可操作性。

（一）经济效益

1. 近期效益

（1）成立的白银有色铁路运输物流公司比照国家对地方铁路公司土地税减免政策（《财政部、国家税务总局关于明确免征房产税、城镇土地使用税的铁路运输企业范围及有关问题的通知》（财税〔2004〕36号）），已经享受到土地税减免1850万元的优惠政策，为集团公司节约的开支相当可观。

（2）白银有色集团公司组建的物流公司为集团公司的23个厂矿提供包括铁路运输、公路运输、物资仓储在内的物流服务，截至2013年6月底货物周转量达到320万吨，物资仓储量达到150万吨，分别比同期上涨32%和29%。2012年实现物流产值8660万元，比上年同期（5200万元）增长了3460万元。

（3）合作共建的白银综合物流园为社会提供第三方物流服务。截至2013年6月底开发的市场，到达吨袋物料100万吨，装卸物资120万吨，公路货物周转量200万吨，实现半年产值1200万元。

（4）由企业物流向物流企业成功转型后，2012年进入甘肃省50强物流企业诚信联盟行列，成为行业转型发展的成功案例。

2. 远期效益

（1）按照目前签约的物流合同情况看，从2013年下半年开始将承担白银启东化工公司10万吨/年运输装卸货物，银光集团150万吨/年运输量，靖煤热电联产210万吨/年运输量，甘肃刘化集团120万吨/年运输、仓储量，甘肃东方钛业50万吨/年运输、装卸量，甘肃鸿泰铝业320/年运输量。还有白银市25家中小型物流公司入驻到公司的物流园，预期到2015年年底，物流总收入实现2亿元以上；到2018年年底，物流总收入实现10亿元以上，总资产回报率在8%左右。

（2）2013年进入兰州新区开展综合物流业务，2014年产值在1000万元，未来物流工业增加值年度增幅将超20%，到2020年兰州新区物流产值将超过10亿元。

（3）随着物流信息化技术的充分利用，结合物流园区平台将逐步提高运输效率，进而达到"物流货运操作的数字化，电子化，经营网络化和智能化"，降低所服务企业的运营成本，积极践行低碳、绿色的物流发展理念。

（二）社会效益

（1）改变了白银地区没有大型专业物流公司的局面，修建的综合物流园发挥了物流集散功能，成为市政府整合中小物流企业的重要平台，使得白银地区的物流产值比上年增加32%。

（2）通过白银有色物流公司进一步整合周边资源，为生产流通企业提供各种现代服务功能的综合配套服务，进一步促进了现代服务业发展。通过物流园区的建设、物流企业的入驻，形成了物流的洼地效益。

六、创新成果推广价值

在本案例中，白银有色集团通过创新物流发展模式，给企业和社会带来了可观的效益，具有一定的推广价值，概括起来主要有以下三个方面。

（1）实现了服务业从传统制造业的剥离，把现代物流作为白银有色集团公司产业升级和转型发展的经济增长方式，符合国家相关产业调整的相关政策，并有望打造为企业综合发展新的经济增长极，也是传统的企业物流向物流企业升级的重要举措，是一个传统制造业产业价值链延伸的典型案例，在制造型企业、资源型企业内有一定的推广价值。

（2）其他制造业企业，尤其是国企、央企，普遍存在"大而全、小而全"的格局，企业有自己的运输公司，但没有形成单独的物流企业，并且资源浪费非常严重。如何更好地利用资源，延伸传统制造业、资源业的产业链，剥离辅助产业，发展生产性服务业，实现转型升级，本案例对解决这些问题也具有很好的借鉴价值。

（3）对于第三方物流企业，可以借鉴从传统制造业和资源型企业的产供销中寻找商机的思想，为这些企业设计多种物流方案，从采购、公铁运输、生产配送乃至销售等环节，为这些客户提供集成化的供应链服务，自身也获得较好的规模经济效益，实现互利共赢的发展模式。

物流设计篇

一汽国际物流—厂—中心—体化管理的供应链配送模式①

长春一汽国际物流有限公司总经理　于　洪

【成果摘要】为了配合客户（一汽大众）实现2015年180万辆产能的新战略目标，改善各物流服务多接口状态，作为第三方物流公司，长春一汽国际物流有限公司按照配送供应关系来理顺各部分业务的衔接关系，建立了一厂一中心的管理模型。首先，根据客户的需求和发展趋势，对原车间物流的功能进行拓展和优化，衍生新的"物流超市"这一新的车间物流模式，并按照配送供应链管理的思想，对原业务组织架构进行了调整。其次，对应每一个工厂成立一个集物流仓储、配送中心为一体的物流中心，对这个工厂的整条供应链业务进行一体化管理。根据配送供应链内部的业务模块，物流中心内部下设物流超市、零部件（KD零件＆国产化零件）仓储配送中心两个主要业务机构，每个业务机构再根据需要分车间/仓库/区域设立工段和班组。最后，每个物流中心的整体服务以生产线旁物流超市作为与客户的终端输出接口，中心内部采用属地化管理模式，并设定KPI考核体系。通过实施这种模式，长春一汽国际物流有限公司实现了较好的经济效益、社会效益和环境效益。

【成果关键词】一厂一中心；物流超市；属地化管理

【成果适用领域】汽车制造企业物流业务管理；制造企业物流管理优化

①　本成果由长春一汽国际物流有限公司提供，成果创造人：于洪、张萌，参与创造人：高跃峰、龚淑玲、武红、郑洪涛、刘慧玲、曹慧、郭城，获2013年度物流行业企业管理现代化创新成果奖一等奖。

一、企业基本情况

长春一汽国际物流中心成立于 1997 年 7 月，是中国第一汽车集团进出口公司的全资子公司，拥有国内一流的物流自动化设施及东北最大的零部件拆散中心和筐式配送中心，为一汽大众公司、一汽轿车公司、一汽解放公司、一汽丰越公司、长春富奥—江森自控汽车饰件公司等进出口货物提供集装箱仓储管理及准时化物流配送服务。

目前，长春一汽国际物流中心拥有集装箱正面吊车、叉车、牵引车等 177 辆，配送筐车 236 辆，96 道立体货架，13 部升降电梯，500 米铁路延长线以及各类专业设备；集装箱场站、产前配送中心、出口包装配送库房和高架保税库房等作业区的场地规模超过 47.2 万平方米，库房面积超过 19.6 万平方米，仓储能力为 1.2 万个标准集装箱，年吞吐能力为 10 万个标准集装箱；国内运输线路有 3 条，分别为：大连码头—长春、北京机场—长春、天津塘沽码头—长春。从业务范围和服务能力看，长春一汽国际物流中心已经发展成为一汽集团的物流集散地以及东北地区最大的汽车零部件拆散中心和筐式配送中心。

多年来公司秉承着"真诚是企业立足之本，信任是企业财富之源，创新是企业发展之魂"的发展理念，以"一流的管理，一流的形象，一流的服务，一流的环境"为目标，以"拓展核心业务，专注服务质量；精益赢得客户，效益回馈员工"为经营方针，通过专业化的物流管理信息系统，较强的物流规划和设计能力以及多年沉淀的物流运营管理经验打造出公司在汽车零部件物流领域的专业形象，承担着为一汽大众、一汽轿车、一汽丰越等多家汽车制造企业的零部件仓储配送服务。

二、创新成果产生背景

长春一汽国际物流有限公司主要为一汽——大众轿车一厂（奥迪一车间、奥迪二车间、捷达生产线）和轿车二厂提供产前产中零部件物流服务。长春国际物流的业务组织架构如图 1 所示，主要分为一厂物流部、二厂物流部和国产化事业部，其中一厂物流部按照业务类型分为一厂车间物流和 KD-1 零部件配送中心，二厂物流部按照业务分为二厂车间物流、KD-2 零部件配送中心和筐式配送中心，国产化事业部为国产化零部件配送中心。车间物流主要业务内容为巡线要货、物料上线、车间入口物料装卸、检验、缓存、返空器具等；KD 零部件配送中心主要负责进口零件的拆集装箱、检验、入库、仓储、转换包装、配送等；筐式配送中心主要负责对进入筐式配送中心的进口零件和国产化零件的要货、仓储、排序、货框备货、筐车配送等，目前仅轿车二厂的部分工段为筐式配送上线方式。

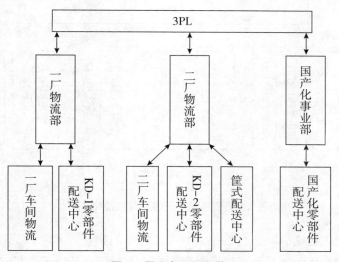

图1 原业务组织架构

原业务组织架构由长春一汽国际物流有限公司（也就是第三方物流公司，简称3PL 公司）在不同时期创立各部分业务的过程中逐步形成，适用于当时的业务创立和发展需要，随着公司业务范围和规模的扩大，新的物流模式的发展和推行，原业务组织架构缺陷逐渐凸显。

（一）客户接口管理效率低，响应客户需求速度慢

在原业务组织架构中，一个工厂对应多个配送中心，几个物流业务模块部门同时与客户的一个工厂接口，零部件的整个供应链过程中需要跨部门衔接完成。客户在推动某一个项目时，需要同时面对多个协调面，共同完成一项任务，协调及相关管理工作复杂度大。

以在轿车二厂进行一项奥迪新车型零件布线项目为例，相应客户需求接口的关系如图2所示。客户需要同时协调的部门有二厂物流车间、KD－2 零部件配送中心、筐式配送中心、KD－1 零部件配送中心、国产化零部件配送中心。这些业务部门之间存在多层衔接关系。对客户而言，信息沟通及协调管理工作难度较大，尤其当项目推进过程中出现某些问题时，问题分析及问题责任者不易界定，改进措施的推进落实非常困难。

（二）配送供应链衔接不顺畅，易形成供应瓶颈

在原业务架构中，一条配送供应链需跨多个部门进行衔接。容易造成信息不对称，致使供应链在跨部门的衔接处不顺畅，易形成供应"瓶颈"。在上面的案例中，其物流供应及信息传递关系如图3所示。这条配送供应链跨三个物流部门（一厂物流部、二

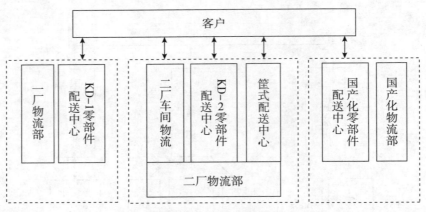

图 2　案例项目中的客户需求接口关系

厂物流部、国产化物流部）进行衔接。其中二厂车间物流与 KD－2 零部件配送中心及筐式配送中心的衔接为同一个部门的内部衔接，而二厂车间物流与国产化物流部之间、筐式配送中心与国产化物流部之间、KD－2 零部件配送中心与 KD－1 零部件配送中心之间的衔接都为不同部门间的衔接，其间的沟通必定较同部门内部的沟通困难，信息也容易不对称，其结果是这些衔接点成为问题的多发处，且成为库存积压和资源浪费较严重处，影响整个配送供应链的可靠性和响应效率。这种跨部门衔接，对 3PL 公司来说零件流程复杂，账实相符管理难度大，资源的使用效率不高。

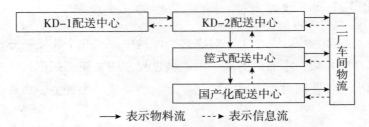

图 3　案例项目中的物料供应及信息传递关系

（三）对客户的业务的变化发展应对不灵活

为降低成本，在一个车型的生产周期内，客户会逐渐将部分进口零件转换为国产化零件，并且这种情况会经常发生。在原业务组织架构模式中，在配送供应链的各个业务环节中，作业人员及基层管理组织分工通常也按照零件来源进行划分。当一个零件由进口切换为国产时，意味着这个零件在车间物流的责任由一个班组切换至另一个班组、此零件的仓储地由 KD 配送中心切换至国产化配送中心、其仓储管理及配送责任将由一个物流部切换至另一个物流部。可以看出，一个零件来源的变化即需要诸多管理责任的变化来应对，且这期间的业务和责任的交接需要一段时间适应，存在着较大的风险。此外,前述两个缺陷也会对业务变化灵活性产生不利影响。

长春一汽国际物流有限公司总经理助理　张　萌

三、创新成果的主要内容

作为第三方物流公司,为了提高服务质量,改善各物流服务多接口状态,长春一汽国际物流有限公司不断探讨如何为客户提供整体物流服务的解决方案,尝试整合所有子项目的接口,建立一体化管理的配送供应链,按照配送供应关系来理顺各部分业务的衔接关系。一厂一中心的管理模型即是基于配送供应链管理思想、结合公司实际情况建立的。

(一)一厂一中心管理模型

在一厂一中心模型中,首先根据客户的需求和发展趋势,对原车间物流的功能进行拓展和优化,衍生新的"物流超市"这一新的车间物流模式,如图 4 所示。并按照配送供应链管理的思想,对原业务组织架构进行了调整。新的业务组织架构如图 5 所示。对应每一个工厂成立一个物流中心,对这个工厂的整条供应链业务进行一体化管理。物流中心的功能集物流仓储、配送中心为一体,业务涵盖供应商到货接收、零件入库、检验、存储、转换包装、排序、货筐拣选、超市拣选、配送上线等。根据配送供应链内部的业务模块,物流中心内部下设物流超市、零部件(KD 零件 & 国产化零件)仓储配送中心两个主要业务机构,每个业务机构再根据需要分车间/仓库/区域设立工段和班组。每个物流中心的整体服务以生产线旁物流超市作为与客户的终端输出接口,中心内部采用属地化管理模式。

(二)新车间物流模式——物流超市

3PL 公司为客户提供整体物流服务,由多部门接口客户转换为一个整体面向客户。新物流模式以超市为中心,将物流入口和生产线进行了有效的衔接,其功能也在原先

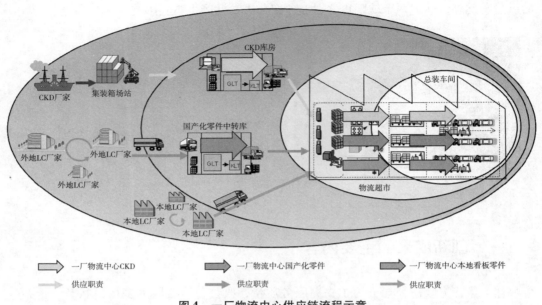

图4　一厂物流中心供应链流程示意

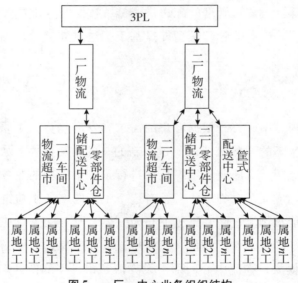

图5　一厂一中心业务组织结构

车间物流功能的基础上有所扩展。相对于原有车间物流有限的缓存和上线功能，物流超市的功能更能满足新生产方式的要求。其主要功能包括：

（1）车间内零件暂存：物流超市建立所有零件全品种储备，储备量在2～4小时，并且所有零件都实现定置定位管理，从而将线旁零件的储备转移至物流超市，线旁储备降至最低，以保证线旁面积充足，所有车型零件均能实现双箱制布线。

（2）零件转换料架：将一些拿取困难，形状不均匀的零件，在物流超市进行转换保证，转换至专用的料架上，这些料架的设计都考虑线旁工人拿取的便捷性，这样可以保证线旁工人将更多的工作时间应用在创造直接价值的装配工作上，便于节拍和产能的提升。

（3）排序备货功能：对于变形较多、体积较大的零件，例如护板、中扶手、方向盘及气囊等，由于变形种类多，且体积较大，即使减少线旁储备，依然不能满足线旁面积需求，可以在物流超市内进行排序，即提前根据生产顺序对需要的零件进行准备，这样线旁每种零件只需要一至两箱的位置就能取代原有直送上线每种零件号两箱，共计十多箱的位置需求。排序功能是混流生产必不可少的保证。

（4）货筐备货：对于组合在一起进行安装的零件，如果直送线旁上线，生产线装配员工需要多次到线旁料架或器具上进行取件，为了节省操作员工取件的步骤，可以将这些零件提前按照装车需求和顺序，准备在货筐中，这样装配时生产线员工可以直接将包含某一局部安装所需零件的货款拿取至安装工位，并进行逐个安装，避免了安装位置至线旁储备之间地来回走动，从而减少节拍。

（5）按照循环班车模式进行生产线供应：作为车间内主要的零部件储备区域，超市需要将储备的零部件及时准确地送至生产线旁，这是生产顺利进行的必要前提。在新物流模式中，这种准时准量的供应是通过内看板要货系统的支撑来实现的。内看板要货系统主要有两个功能，一个是实现线旁需求零件向超市的需求拉动，另一个是根据零件在超市的储备位置，分区域显示并可以打印生产线的要货信息。以此系统为基础，上线人员随身携带无线扫描枪进行上线，在上线过程中对已产生空箱的零件进行标签条码的扫描，从而产生要货信息；超市备货人员接收到要货信息后，将零件准备出来并送至班车站点，以供上线人员下一循环上线。上线人员的上线时间以固定的节拍进行，这就保证线旁随时产生的需求都可以得到及时的供应。

（6）根据超市供应情况进行外部需求的拉动：超市的储备在供应生产线之后，需要进行相应的向外部供应商和仓储库房的要货拉动，这一步操作是通过对需要送至班车站点零件的标签条码扫描完成的。即送至生产线一箱零件，就向相应的供应商进行一箱零件需求的拉动。物流超市的存在，将生产线需求和供应商供应进行了很好的衔接，可以保证在线旁储备较低的情况下零件的准时准确供应。

以物流超市为中心的新物流模式，改善了原有物流模式在混流生产模式下体现出的缺陷：线旁面积得到充分的优化；叉车上线模式得以改善，取而代之的牵引车上线方式更能保证上线的效率和车间物流的安全性；要货过程的复杂性得以降低，上线员工不需要凭借经验判断要货量和要货时间，要货可以更为均衡和准确；生产线装配员工的辅助操作时间得到尽可能的压缩，物流准备为生产线装配员工节拍的提升奠定了基础；物流超市上线员工职责按照工位划分，与生产线人员可以进行准确的沟通和应对，信息传递和异常问题解决更为有效。

（三）属地化管理实例

以公司二厂物流中心为例，生产部门作为物流服务的核心按照工作区域、工段班组进行模块划分，分为6个工作区域，12个工段及41个班组。每个班组明确班组的资源、面积、交接点等责任范围，实施区域全责制，负责的不再只是生产。作为辅管理的职能部门也按照属地化进行划分工作内容，工艺质量技术人员在现场办公，与属地负责人直接配合共同完成属地管理工作。综合管理部门也按照属地化原则，建立资源管理标准，包括物流设备、工位器具、现场5S、办公生活用品等资源，规定在哪管理、由谁负责管理、如何进行管理。细化管理深度及广度，真正地达到管理效率及质量的提升。任何事情发生都能找到负责人，避免发生职责混淆的情况。多部门协调合作，互相监督。

（四）KPI 管理体系

在一厂一中心管理模式中，客户制定对物流中心的整体服务进行考核的 KPI 指标；物流中心在客户制定的 KPI 指标体系基础上，制定细化分解的 KPI 指标及相应的辅助管理 KPI 指标，并对其下级属地进行考核；各属地在其责任 KPI 指标基础上，再进一步分解形成对其下级属地考核的细化 KPI 指标。这样自上而下逐级分解和细化形成物流中心的 KPI 体系，并逐级向下进行考核、逐级向上进行汇报。物流中心的 KPI 指标体系应该包括：人力资源、效率、质量、效益、其他五大组成部分。为使各物流中心的 KPI 具有横向可对比性，在各物流中心内部相同的物流模块执行相同的 KPI 指标。各区域的物流经理每周分析本部门的各项 KPI 指标，并在物流经理例会上通报本部门运营状态，各部门共同讨论分析好的例子和反面例子，经验共享，并定期将 KPI 指标、关键经验汇报给总经理。建立内部有效的汇报体系，加强组织机构管理效率。

四、主要创新点

一厂一中心的管理模式的革新之处在于物流系统与生产系统的紧密衔接与有效协作。特别是以厂区为单位的一体化物流中心和生产线旁物流超市的模式，以及关键绩效评价指标的建立，这些都使得整个服务体系得到有效保障。具体来说表现为以下三点。

（一）一厂一中心管理模型为前提

长春一汽大众立足公司实际状况，应用配送供应链管理思想，对应每一个工厂成立一个物流中心，使物流中心集成仓储、配送、包装等职能，对这个工厂的整条供应链业务进行一体化管理，这种创新模式不仅提高了服务质量，还改善了各物流服务多接口状态，实现了物流与生产的紧密衔接，大大提高了工作效率。

（二）物流超市为关键

物流超市作为车间物品流通的关键，还集中了车间内零件暂存、零件转换料架、排序备货功能、货筐备货、按照循环班车模式进行生产线供应、根据超市供应情况进行外部需求的拉动等功能于一体。以物流超市为中心的新物流模式，改善了原有物流模式在混流生产模式下体现出的缺陷，较之前的物流模式在货品补给过程有了很大简便，大大提升了车间物流的效率，保证了车间物流的安全性和及时性，也解决了由于信息传递失灵带来的一系列问题。

（三）KPI 指标为保障

KPI 是企业战略目标的层层分解，通过 KPI 指标的整合和控制，使员工绩效行为与企业目标要求的行为相吻合，不至于出现偏差，有力地保证了公司战略目标的实现。KPI 提倡的实现企业内外部客户价值的思想，对于企业形成以市场为导向的经营思想是有一定的提升的。物流中心的 KPI 指标通过策略性的指标分解，使公司战略目标成了个人绩效目标，员工个人在实现个人绩效目标的同时，也是在实现公司总体的战略目标，达到了两者和谐，公司与员工共赢的局面。

五、创新成果应用效果

长春一汽国际物流有限公司根据客户的实际需求及自身的业务特长，实施一厂一中心的物流管理模式，达到公司管理效率提升、提升客户满意度、资源优化共享等效果。

（一）管理效率的提升

一厂一中心管理采用属地化模块管理模型方式，并将模块单元细化到班组甚至每一个员工。在实施过程中基于基础模块的特点，易于物流标准化的建立及推行。通过有效的 KPI 管理体系有力的掌控实际的生产运行情况，从根本发现问题、解决问题。建立"最优模式"横向对比学习机制，激励员工积极性，并不断地通过"最优模式"优化模块标准。建立发展创新型物流团队，优化自我改善体系，提升企业自身能力，做到可持续性的管理效率提升，如图 6 所示。

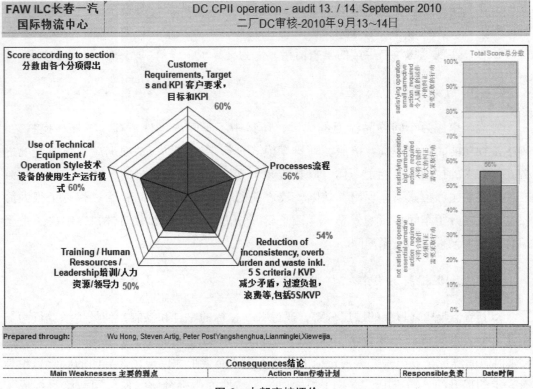

图6　内部审核评价

（二）客户满意度的提升

实施一厂一中心属地化管理模式，公司与客户只有一个接口即物流超市，对物流服务公司的任何零件或工序有什么疑问，都可以由物流超市人员解答，或负责联系相应的零件工序区域给出解答，并反馈给客户。

属地化模块管理使公司对物流部内部的流程及管控程度得到有效的提升，并针对客户不同生产线及工艺的个性化需求，将模块按照一定的规则组合和分解，满足客户的需求。同时能快速地对客户的需求进行响应。从现有服务到新项目的服务，都能不断持续的改善，达到并高于客户的需求，整体提升客户满意度。

（三）资源优化共享效益的提升

在实施一厂一中心模式之前，国产化零件与CKD零件分别独立存储、配送和管理。在国产化零部件中心和CKD零部件中心各自分别配置一套库房基础设施、信息管理系统及IT终端设备、物流搬运设备、作业及管理人员机构，且为满足生产需求，此两套资源均须按生产高峰需求配备。

实施一厂一中心管理模式后，同一工厂范围内装配车间的线旁物流超市及其相应的零部件配送库房可以统筹管理和优化。通过将相同配送目的地的国产化零件与 CKD 零件共同存储，可以实现仓储设施、配送运输设备、信息管理系统设备、作业及管理人员等各项资源的优化共享。

通过国产化零件与 CKD 零件共同存储，可以优化库房面积利用：当部分 CKD 零件国产化之后，CKD 仓储面积需求会减少，而国产化仓储面积会相应增加，如果两部分零件共同存储，则总的仓储面积无须大的调整。而在之前的分别独立存储管理模式中，CKD 零件国产化后空余的面积不能马上利用，而国产化面积可能因日益紧张而需启用额外的仓库。通过共用库房基础设施也可以实现资源的优化：如通过共享装卸货平台、物流门等设施，可以对物流设施利用率"削峰填谷"，均衡利用率的同时，减少了总的需求数量；共同存储也可以共享库房消防、配电、采暖等设施，减少了设施的重复配套。通过共同存储也可以使两部分业务共用仓储搬运设备、IT 终端设备、作业人员，两部分业务资源可以相互调用，减少需求拉动过程中的作业量分布不均衡程度，相应也可以减少为应对作业高峰的设备需求量和人员需求量。

通过实施一厂一中心，国产化零件与 CKD 零件可以实现共同配送。通过统一调度车辆、同时对国产化零件与 CKD 零件的看板进行处理，共用车辆进行配送运输，按照当前定时不定量的配送原则，将显著提高配送车辆满载率，既减少了运输车辆需求，也减少了能耗需求。同时也减少了在物流超市入口对零件分类搬运工作。

实施一厂一中心后，配送供应链整体流程更清晰，提高了配送供应链的整体效率和响应速度。一方面，通过国产化零件与 CKD 零件的共同配送可以减少运输车辆需求，减少装配车间/超市入口的车辆排队，提高车辆周转效率，从运输环节提高了配送响应速度；另一方面，一厂一中心的配送供应链，相对于之前车间物流须面向多个零部件配送中心要货、同时一个零部件配送中心需向多厂多车间供货配送的"多对多"关系，新模式下的一对一配送供应链流程更清晰、范围更明确，减少了之前的"多对多"关系带来的作业瓶颈，使信息传递更顺畅、问题处理速度更快，提高了配送供应链的安全性，从而降低各环节的缓存库存，尤其是车间内的超市和线边库存。

六、创新成果的推广价值

在长春一汽国际物流有限公司内部可以根据一汽大众的生产线建立多个中心，目前已经建立一厂物流中心、二厂物流中心，并开始运行。属地化模块管理使企业根据客户的个性化需求，设计模块组合方式，提供高质高效的物流服务。这种管理模式具有三个方面的推广价值。首先，该公司的一厂一中心的物流管理模式，值得同行业的其他汽车企业物流部门或物流公司予以学习和借鉴。其次，该公司内部建立了各中心的横向对比机制，通过有效的内部审核体系，对各物流中心的供应链的各个环节进行管理，将各物流中心的相同业务模块的审核指标进行比较，寻找标杆，并根据横向对比的结果，互相学习、经验互享。最后，其他物流公司或是其他制造业的生产物流部门都可以通过实施各物流中心的横向对比机制，达到流程、资源、效率的优化。

图7　万荣仓储库房

中铁现代物流全国物流网络布局模式①

中铁现代物流科技股份有限公司总经理 李建平

【成果摘要】 中铁现代物流科技股份有限公司是由世界 500 强企业中国铁路物资股份有限公司控股的国有大型第三方物流公司。在物流行业网络化趋势日益明显、"十二五"规划中以供应链集成服务为重点的战略背景下，中铁现代物流率先从企业战略的角度出发，开展全国物流网络布局。通过采用模糊综合评价法并且结合企业实际的经营管理现状，中铁现代物流科学地得出了优化后的全国物流网络布局方案。然后，将初步统计结果与公司现有的经营网点和拟设立的经营网点进行比较，针对经济发达区域网点比较密集和经济欠发达地区网点较疏的情况，结合公司战略规划进行适当调整和优化。在此基础上，根据不同的网点类型采用不同的实施建设方法，其中，规划方案中的一级节点建设以自建方式为主、二级节点建设以整合方式为主、三级节点建设以外包方式为主，可根据业务发展需求向整合方式转化。通过建设覆盖全国的物流网络，中铁现代物流把自身的背景优势、品牌优势、服务优势以及创新优势进一步体现和释放，有效地提高了总部与分子公司之间、各分子公司之间、各业务板块之间、各区域之间的协同运作能力。该创新项目也为现代物流企业，尤其是大型资源型物流企业的物流网络化进程提供了较好的借鉴思路。

【成果关键词】 物流网络布局；企业战略；模糊综合评价法；供应链集成

【成果适用领域】 大型物流企业网点布局；物流网络设计与优化

---

① 本成果由中铁现代物流科技股份有限公司提供，成果主要创造人：李建平、闫慧，参与创造人：郭春雨、李孔磊、张云飞、潘华，获 2013 年度物流行业企业管理现代化创新成果奖一等奖。

一、企业基本情况

中铁现代物流科技股份有限公司（简称"中铁现代物流"）是由世界500强企业中国铁路物资股份有限公司（简称"中国铁物"）控股的国有大型第三方物流公司，成立于2002年，注册资本1.18亿元人民币。

中国铁物是经国务院国资委批准，由中国铁路物资总公司整体改制设立的大型中央企业，其前身是铁道部物资管理局，2004年由铁道部移交国务院国资委管理。中国铁物是国家计划单列企业、财政部一级预算单位和商务部重点联系指导的大型流通企业，是我国铁路建设、运营和维护服务的主要物资供应商，也是国内最大的钢材贸易综合服务商之一。2013年，中国铁物位列《财富》世界企业500强第292位。

中铁现代物流以钢材为主的大宗生产资料综合物流服务为核心、铁路物流和金融物流服务为特色，大力发展供应链一体化综合物流业务，拥有基础物流、港口物流、铁路物流、金融物流、钢铁物流、煤炭物流、机电接运七大业务板块，业务范围涉及钢铁、煤炭、矿石等大宗生产资料、快速消费品、汽车等诸多领域。

中铁现代物流被中国物流与采购联合会评为中国首批"AAAAA级综合服务型物流企业"、中国首批"AAA级（最高级别）信用物流企业"、"中国物流示范基地"、"中国物流实验基地"、"中国物流管理创新型企业"、"中国物流杰出企业"，被中国物流学会授予中国首批"物流产学研基地"，被国家人事部和中国物流与采购联合会评为"全国物流行业先进集体"，连续三年被世界品牌实验室授予"中国500最具价值品牌"，连续多年被中国交通运输协会评为"中国物流百强企业"和"全国先进物流企业"。中铁现代物流凭借自身优势，打造铁路物流业务特色突出、金融物流服务行业领先的专业化综合物流服务提供商。

中铁现代物流总部设在北京，经过十多年的积极探索和努力，在大连、北京、天津、青岛、南京、上海、武汉、合肥、长沙、鹰潭、广州、成都、重庆、昆明、西安、

中铁现代物流科技股份
有限公司副总经理　　闫　慧

太原、呼和浩特等主要枢纽城市设有18家分、子公司，控制协调遍布全国的1500多个配送中心及作业部，依托先进的物流信息系统支持，形成了以枢纽城市为核心、覆盖全国的物流网络体系。

二、创新成果产生背景

中铁现代物流在全国物流网络布局模式方面的创新，既是契合物流业网络化发展的行业要求，也是自身战略发展、提高核心竞争力、打造竞争优势的客观需要。

（一）物流业网络化发展的行业要求

现代物流不仅考虑单纯地从生产者到消费者的货物配送问题，而且还考虑从供应商到生产者对原材料的采购，以及生产者本身在产品制造过程中的仓储、运输、配送、流通加工、融资、电子商务、信息服务等各个方面，集物流、商流、信息流、资金流于一体。网络化在现代物流中所发挥的作用越来越明显，它能够有效提高物流运作效率和效益，从时间、人力和物力等方面降低物流成本，增强物流企业的区域化运作能力和快速反应能力。网络化能有效延伸物流经营范围，增加物流细分市场份额，延长物流服务链条，深化物流增值服务，带动物流业务模式的创新。中铁现代物流作为国内领先的专业化综合物流服务提供商，建设覆盖全国的物流网络布局，既是契合物流业网络化发展的行业要求，也是未来走在现代物流发展前列的必然选择。

（二）中国铁物和中铁现代物流发展战略的必然选择

中国铁物"十二五"战略规划提出了"成为铁路产业综合服务的领先者和钢铁供应链集成服务的领先者"的战略定位和"构建一体化的供应链运作体系，全力推进并形成贸产融一体化的发展模式，成为世界一流的供应链集成服务商"的发展目标。综合物流服务作为融合核心业务的战略性协同业务，是中国铁物构建供应链、延伸产业链、提升价值链的重要手段，对支撑中国铁物经营业绩、增强中国铁物竞争实力、协同核心业务发展、打造国际优势供应链等方面都具有极其重要的战略价值。作为中国铁物物流板块的旗舰企业和专业化平台公司，中铁现代物流"十二五"战略规划提出了"以大宗生产资料综合物流服务为核心，以供应链集成服务为重点，打造铁路物流特色突出、金融物流行业领先的专业化综合物流服务提供商"的战略目标。要实现既定的战略目标，物流网络建设是基础，通过多种方式不断完善全国物流网络布局建设，构建起覆盖全国、布局合理、协同运作、统一运营的物流网络体系是未来发展的必然选择。

（三）打造中铁现代物流竞争优势的客观需要

一个企业能够存在的根本，在于其服务客户时所拥有的竞争优势。中铁现代物流经过十多年的发展与积淀，已经形成了自身独特的竞争优势，比如背景优势、品牌优势、服务优势、创新优势等。在服务优势方面，公司基础物流、港口物流、金融物流、钢铁物流、煤炭物流、铁路物流、机电接运等业务板块都已具备整合能力、一体化运作能力和集成化服务能力。创新是中铁现代物流得以生存和发展的基础，中铁现代物流不断创新业务模式、创新管控方式、创新激励机制，带来了理论创新、制度创新、业务创新、模式创新和管理创新等，创新使中铁现代物流形成新的经营机制、新的赢利模式和新的管控格局，公司的业务结构、人员结构、产权结构和治理结构都得到了优化与改善，公司的发展方式和发展质量也得到了根本性的转变和提升。

在经济社会不断变化的今天，物流业面临着前所未有的机遇和挑战，中铁现代物流审时度势、冷静分析物流业未来发展的趋势，清晰的认识到物流网络化对未来物流企业的发展起到制高点的作用。中铁现代物流建设覆盖全国的物流网络，把背景优势、品牌优势、服务优势、创新优势通过网络化进一步体现和释放，通过网络化进一步提高总部与分、子公司之间，各分、子公司之间，各业务板块之间，各区域之间的协同运作能力，构建完善的供应链集成服务能力、物流专业化一体化运作能力、物流信息化服务能力、物流关键资源掌控能力等，是中铁现代物流获取持续、健康、有效竞争优势的客观需要。

三、创新成果主要内容

中铁现代物流从战略高度出发，通过采用科学的研究分析方法得出全国物流网络布局的方案，并根据各个网点的特点选择网点建设的实施方式，其主要内容主要包括以下几个方面。

（一）物流网络布局的内涵

中铁现代物流全国物流网络布局的范围为中国大陆地区，不包含中国港澳台和国外的物流节点。布局是指对事物的全面规划和安排，物流网络布局是指在物流业务发展需求的经济区域内规划、选址、设置物流节点的决策过程。

中铁现代物流全国物流网络布局根据中国铁物核心业务需求、区域经济发展状况、交通区位条件，对物流节点在特定经济区域内的位置选择进行总体安排和优化部署，将物流网络节点城市结构分为一级节点城市、二级节点城市和三级节点城市，具体定义如下：

一级节点城市为公司物流网络结构中的"面"级，是公司全国性物流枢纽中心，公司现有分、子公司及规划建立分、子公司所在的城市。其中现有一级节点（已成立的分、子公司所在城市）中业务发展良好、区位优势突出、未来发展潜力巨大的城市为一级核心节点城市。

二级节点城市为公司物流网络结构中的"线"级，是公司区域性物流构架节点。公司现有基层作业点数量较多、业务量较大的城市以及未来涉及实体资源投入或较大项目投资的区域重要城市（一级节点城市除外）为公司二级节点城市。

三级节点城市为公司物流网络结构中的"点"级，是公司物流网络的基础节点，主要为各业务板块基层作业点所在的城市，承担各业务板块基本的业务运作。

（二）物流网络布局的基本原则

中铁现代物流进行全国物流网络布局主要遵循以下四点基本原则。

1. 以落实公司战略规划为原则

为实现中国铁物"成为世界一流的供应链集成服务商"和中铁现代物流"打造国内领先的专业化综合物流服务提供商"的宏伟战略目标，中铁现代物流全国物流网络布局是实现战略目标的重要手段，它能够上控资源、下建渠道，切实提高供应链集成能力，满足提高铁路产业综合服务和钢铁供应链集成服务能力建设需求。

2. 以支撑主业发展方向为原则

在中国铁物确定的三级网络布局方案的基础上，中铁现代物流结合自身经营特点，建设符合战略规划方向的物流网络，选取适合中铁现代物流发展的重要城市节点进行建设，争取 5~6 年内形成覆盖全国、支撑中国铁物主业运营和发展的完备物流网络。

3. 以满足社会物流市场需求为原则

除满足中国铁物内部物流需求外，社会市场是中铁现代物流的重要发展方向。社会物流需求目前呈现越来越清晰的区域化联动发展态势，社会物流的发展与区域经济发展状况、物流发展政策、产业结构和布局、交通区位和政策环境等密切相关，中铁现代物流将以满足社会物流市场需求为原则，优先考虑在全国主要资源产地和商贸流通发达地区进行物流网络布局。

4. 以分级分步规划建设为原则

全国物流网络的布局涉及面广、系统性强，需坚持分级分步规划建设的原则，结合中国铁物业务发展重点和中铁现代物流重点发展方向，制定出适合中铁现代物流发展的布局规划建设方案，按照业务发展的紧迫程度分级分步科学规划，逐步建立起覆盖全国的物流网络布局。

（三）物流网络布局规划的思路

中铁现代物流全国物流网络布局的制定，首先充分调查分析中铁现代物流经营网点现状，通过调查经营网点现状总结出物流网络存在的问题，然后结合中国铁物"十二五"战略规划确定的"铁路产业综合服务和钢铁供应链集成服务"两大核心业务，详细分析各个区域关于铁路建设和钢铁产业链的现状和未来需求情况。通过对内部业务发展情况、中国铁物规划定位以及与物流业务相关的影响因素进行分析确定相关影响因素，并建立分析模式，运用科学的分析方法得出全国物流网络布局的初步方案，最后根据一定的原则对初步方案进行评价和优化，制定出最终的全国物流网络布局规划方案。

（四）选址影响因素的选择

影响物流节点选址的因素有很多，物流节点的选择既要充分重点考虑中国铁物钢铁、矿石、煤炭等相关业务板块物流业务需求及中铁现代物流现有业务规模、发展需求等内部因素，也要充分综合考虑城市经济发展水平、钢材消费量、交通区位条件和政策支持等外部因素，最终根据重要程度选择了相关度较高的6个指标作为分析因子，如表1所示。

表1　　　　　　　　物流网络布局节点选址影响因素

影响因素	指标	内涵
内部因素	公司现有业务规模	在该城市内自有和租用的仓储面积
		在该城市内现有经营网点数量
		在该城市现有的业务模式
	中国铁物规划定位	中国铁物在该城市规划的节点级别
		中国铁物钢铁、矿产、能源业务在该城市内的理论物流量
		中国铁物五年规划矿石、煤炭、钢轨业务在该城市内的潜在物流量
	城市经济发展水平	该城市的 GDP 值（近三年数据的移动平均值）
		该城市第二产业产值占 GDP 的比重（近三年数据的移动平均值）
	钢材消费量	该城市年钢材消耗/流通量
		城市所在规模以上港口的矿石、煤炭吞吐量

续 表

影响因素	指标	内涵
外部因素	交通区位条件	铁路、高速公路、省际公路、港口等
		地理位置、资源等情况
	政策支持	国家规划的物流中心城市、交通枢纽城市等
		城市关于支持物流业发展的相关政策

（五）模型求解方法及初步结果统计

模糊综合评价法（Fuzzy Comprehensive Evaluation Method）是一种基于模糊数学的综合评标方法。该综合评价法根据模糊数学的隶属度理论把定性评价转化为定量评价，即用模糊数学对受到多种因素制约的事物或对象做出一个总体的评价。它具有结果清晰、系统性强的特点，能较好地解决模糊的、难以量化的问题，适合各种非确定性问题的解决。

选用模糊综合评价法进行求解，通过计算平均评价值（Ep）、加权平均评价值（Epw）、综合评价值（Ez）、方差（v）等得到初步统计结果，如表2所示。

表2   模糊综合评价法计算初步结果统计

节点级别	总计	区域	区域小计
一级节点	46个	华北地区	9个
		东北地区	4个
		华东地区	15个
		华中地区	3个
		华南地区	5个
		西北地区	5个
		西南地区	5个
二级节点	60个	华北地区	14个
		东北地区	8个
		华东地区	16个
		华中地区	2个
		华南地区	7个
		西北地区	10个
		西南地区	3个

节点级别	总计	区域	区域小计
		华北地区	10 个
		东北地区	7 个
		华东地区	19 个
三级节点	68 个	华中地区	10 个
		华南地区	11 个
		西北地区	3 个
		西南地区	8 个

（六）规划方案的优化

运用模糊综合评价法进行求解得出初步统计结果后，将初步统计结果与公司现有的经营网点和拟设立的经营网点进行比较，针对经济发达区域网点比较密集和经济欠发达地区网点较疏的情况，结合公司战略规划进行了适当调整和优化，优化后的结果如表 3 所示，中铁现代物流全国物流网络布局规划如图 1 所示。

表 3　　　　　　　　　　物流网络布局优化方案

节点级别	总计	区域	区域小计
		华北地区	6 个
		东北地区	3 个
		华东地区	9 个
一级节点	33 个	华中地区	3 个
		华南地区	3 个
		西北地区	5 个
		西南地区	4 个
		华北地区	11 个
		东北地区	5 个
		华东地区	10 个
二级节点	39 个	华中地区	1 个
		华南地区	3 个
		西北地区	7 个
		西南地区	2 个

节点级别	总计	区域	区域小计
三级节点	58个	华北地区	7个
		东北地区	7个
		华东地区	19个
		华中地区	7个
		华南地区	11个
		西北地区	2个
		西南地区	5个

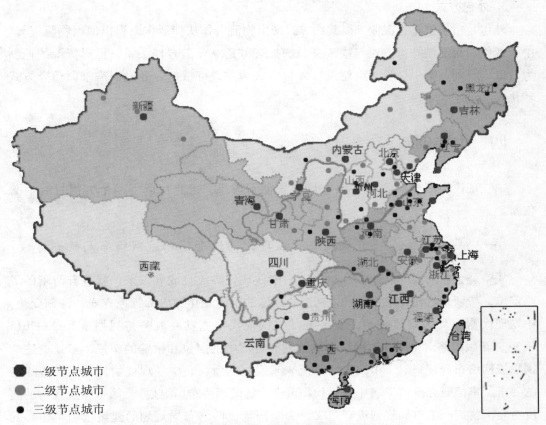

●　一级节点城市
●　二级节点城市
●　三级节点城市

图1　中铁现代物流全国物流网络布局规划

（七）物流网络布局规划实施方式

中铁现代物流在完成全国物流网络布局方案选择之后，主要采用以下三种方式开展网点的实施工作。

1. 自建方式

自建是指由中铁现代物流自主投资成立分、子公司或与合作伙伴合资，通过建设、收购、兼并等方式获取物流资源。合资项目公司原则上应控股（对公司核心业务发展有带动力的资源项目可适当放宽为参股），自建物流节点应保证一定规模，根据业务性质和实际情况，配套土地资源以及其他资源，以满足不同业务的需求。规划方案中的一级节点建设以自建方式为主。

2. 整合方式

整合是指中铁现代物流通过吸收加盟、输出管理、战略合作等方式实现对物流资源的品牌输出和实质控制，可对设施设备进行适当资金投入，中铁现代物流通过整合方式拥有对资源的运营和管理控制力。规划方案中二级节点建设以整合方式为主。

3. 外包方式

外包是指通过将物流业务以契约方式交由物流合作伙伴运作而得以使用物流资源。中铁现代物流通过外包方式与物流资源的拥有方建立业务合作关系，但对资源的控制力较低，规划方案中三级节点建设以外包方式为主，可根据业务发展需求向整合方式转化。

四、主要创新点

中铁现代物流全国物流网络布局模式创新成果，主要在以下四个方面具有显著创新。

（一）战略创新——正确引领中铁现代物流全国物流网络布局规划建设

战略是企业前进的风向标和指南针，中铁现代物流自成立以来，就有着清晰的战略定位，特别是近几年来，随着外部经营环境的不断变化和内部管控方式的深刻变化，中铁现代物流凝聚集体智慧，制定了《中铁现代物流发展战略与规划（2011—2015年）》，新版战略对全国物流网络布局规划有着清晰的定位和精辟的阐述，多处论述全国物流网络布局规划对于中铁现代物流未来发展的意义。中铁现代物流结合新版战略的要求，审慎研究出台了《中铁现代物流全国物流网络布局规划》，第一次从战略的高度对全国物流网络布局规划进行定义，为全国物流网络布局规划的建设指明了正确的方向。

（二）集成服务创新——推动供应链集成服务能力建设

覆盖全国的物流网络布局规划有助于推动供应链集成服务能力建设。中铁现代物流供应链集成服务主要围绕铁路和钢铁两个核心业务领域进行供应链上下游延伸，物流网络在供应链集成服务过程中发挥着至关重要的作用,它是供应链集成服务的重要依托,它是供应链上下游延伸的基础和渠道。通过覆盖全国的物流网络布局规划建设,推动了公、铁、水多式联运业务的开展,加强了基础物流、铁路物流和港口物流的集成;同时,有效延伸了铁路产业综合服务和钢铁供应链集成服务的链条,增加了服务环节,深化了增值服务,增强了铁路物流、钢铁物流、煤炭物流与金融物流、基础物流、港口物流之间的供应链集成服务能力。

(三)业务模式创新——全国物流网络布局规划提高运行效益

中铁现代物流全国物流网络布局规划在建设过程中,将自建、整合和外包等方式有效结合起来,并可根据实际情况将二、三级节点城市优化升级,保证了未来全国物流网络布局规划的延续和扩张。全国物流网络布局规划的建设和完善,能够进一步提高各区域之间、各分、子公司、各经营网点之间的协同运作能力,进而提高整体运营效率,且能够带动公司现有业务模式进行有效集成,提高供应链集成服务能力,不断创新现有业务模式,提高中铁现代物流效益。

(四)方式创新——科学建设中铁现代物流全国物流网络布局规划

中铁现代物流全国物流网络布局规划在结合中铁现代物流自身实际的基础上,采用了科学的研究方法和分析方法。

在选址影响因素选择上,既考虑公司现有业务规模、中国铁物规划定位等内部因素指标,又考虑城市经济发展水平、钢材消费量、交通区位条件、政策支持等外部因素指标,将自身能力、规划方向与外部相关因素进行了有效结合,内外部因素统筹考虑更具全面性和科学性。

科学的研究方法和分析方法是科学建设物流网络布局规划的基础。在确定完物流网络布局规划的影响因素以后,通过模糊综合评价法进行求解得出初步统计结果,然后将这个初步结果与中铁现代物流自身的实际情况进行对比优化,最终才确定全国物流网络布局方案。通过科学的研究方法和分析方法,并与自身实际情况相结合,这种方式对企业来讲,更具规划的科学性和建设的可行性。

五、创新成果应用效果

中铁现代物流的全国物流网络布局模式创新收到了良好的应用效果。

(一)经济和社会效益显著

根据全国物流网络布局规划安排,中铁现代物流于 2011 年 7 月在长沙、合肥、太原三个一级节点城市设置了分公司。到 2011 年年底，三家新设分公司已开始赢利，2012 年度三家分公司共实现营业收入 2.3 亿元、利润近 600 万元，在取得经济效益的同时，与长沙钢铁、华安集团、荣鑫矿业、建邦集团、新泰钢铁、高义钢铁等区域内重要资源型企业建立了良好的合作关系，稳固了区域内物流业务发展能力，强化了区域内物流网络建设。2012 年 7 月，中铁现代物流在南京、重庆、呼和浩特三个一级节点城市设置了分公司，进一步完善了全国物流网络布局规划建设。随着全国物流网络布局规划建设的不断推进，中铁现代物流员工队伍也在逐渐壮大，截至 2012 年年底，公司共有员工近 2200 人，至 2013 年 7 月底，公司员工已发展为 2600 人，在短短 7 个月时间里为社会解决 400 多人的就业问题，在被称为"史上最难就业年"的 2013 年为社会做出了很大的贡献。

（二）物流网络体系更加完善

截至 2012 年 12 月 31 日，中铁现代物流在全国 31 个省级行政区划的 316 个地级城市拥有一级节点 17 个、二级节点 28 个、三级节点 40 个，业务涉及钢铁、煤炭、矿石等大宗生产资料、快速消费品、汽车等诸多领域。此外，中铁现代物流在全国 14 个省级行政区划的 19 个地级城市通过租赁、整合和合作等方式使用仓储基地 55 个，总存储面积达到 67.38 万平方米，形成了以枢纽城市为核心、辐射全国的物流网络体系。

（三）降低物流成本，强化合作关系

覆盖全国的物流网络布局规划，有助于增强总部与各分、子公司之间、各分、子公司之间的协同运作能力，提高业务运作效率，在为客户服务过程中，能够根据全国物流网络布局的优势，设计适合客户的最优物流方案，充分发挥各业务板块、各分、子公司的业务优势和网络优势，在降低自身物流成本的同时，高效率、低成本的物流服务能够为客户创造更为广阔的价值。最重要的是，通过覆盖全国的物流网络布局规划能够与全国性经营的重要资源供应商和金融资源机构建立战略合作关系，进一步强化了对重要资源和重要客户的掌控能力，同时有效延伸了物流网络，扩大了物流网络布局节点，巩固和强化了物流网络能力建设。

（四）推动全国监管网络建设

随着全国物流网络布局规划建设的不断推进，中铁现代物流充分利用与中国工商银行、中国建设银行、中国银行等 28 家银行签署的战略合作协议形成的以国有商业银行、股份制银行、区域性银行和外资银行为框架的立体金融机构资源平台，大力推进全国监管网络的建设，创立了中铁现代物流商品车监管品牌，成为国内商品车首选的物流监管服务商，同时也成为国内最大的商品车监管商。2012 年监管货物（入库）总价值超过 2000 亿元，覆盖全国的监管网络向金融物流风险防控提出了更高的要求，中铁现代物流通过多种方式有效防控风险，逐渐形成了一整套完善的金融物流风险防范体系，2012 年《金融物流业务的全面风险管理与创新》荣获铁道部部级"企业管理现代化创新一等成果"。

六、创新成果推广价值

中铁现代物流的全国物流网络布局模式创新具有较好的推广价值。一方面，中铁现代物流采用科学的研究和分析方法，将科学理论与实践充分结合，逐步构建起覆盖全国的物流网络，提高了公司效益，有效降低了物流运作成本。在物流业利润越来越薄以及物流网络化作用逐渐凸显的今天，中铁现代物流全国物流网络布局模式为其他物流企业开展全国网络布局、提高效益、降低物流成本提供了较好的思路和借鉴。另一方面，在构建全国的网点建设方案中，中铁现代物流公司采取了灵活的建设模式，一级节点建设以自建方式为主、二级节点建设以整合方式为主、三级节点建设以外包方式为主，可根据业务发展需求向整合方式转化。这种建设模式不仅节约成本，也有利于配合公司的战略调整，也容易推进网络化物流服务模式创新。因此，这种网点建设模式可以供我国的第三方物流企业在建设物流网络中予以借鉴。

图 2   中铁现代物流海盐库等仓库的挂牌运营

四川三辰公司全程风险控制模式下的
大件运输一体化解决方案①

自贡三辰实业有限公司副总经理　林　庆

【成果摘要】在大件运输风险控制难度不断加大，现有大件运输方案已无法适应未来大件运输需求的前提下，自贡三辰实业有限公司提出了以信息化技术为管理支撑，实施全程风险控制并深化制造业与物流业联动发展的大件运输一体化解决方案。三辰实业公司在目前运输社会分包机制难以实现全程风险管控的情况下，首先对项目执行流程进行了详细分析，然后对执行前、执行中和执行后的流程进行了分解与细化，最后综合运用管理技术与信息技术进行了创新，提出了新的大件运输项目一体化解决方案，取得了较好的创新应用成果。在大件运输项目执行前，对项目执行路线进行绘制并以数据化方式呈现，并对接制造企业生产计划排程，落实确定项目实施方案；在执行中，进行产品装载控制，结合 GPS 和手机定位进行在途节点监控，实施社会化车辆或转包项目的在途控制方案，并启动应急机制；在项目执行后，要收集现场安装进度与港口情况，主动收集公司服务质量与客户产品质量反馈。总体来看，该成果为同类型业务的物流企业应用信息技术，提升大件运输的全程风险控制能力提供了较好的借鉴思路，而且也为装备制造企业深化制造业与物流业联动发展提供了很好的模式参考。

【成果关键词】大件运输；信息化技术；制造业与物流业联动

【成果适用领域】大件运输企业；工程物流企业；装备制造业

---

① 本成果由自贡三辰实业有限公司提供，成果主要创造人：林庆，参与创造人：黄元、杨喆、叶小兰、张志伟、罗仕林，获 2013 年度物流行业企业管理现代化创新成果奖一等奖。

一、企业基本情况

自贡三辰实业有限公司成立于1998年，公司经过15年市场的历练已发展成为一家集供应链咨询设计与信息化实施，整合多种运输方式提供多式联运、仓储及配送服务的专业化现代物流企业。

在15年的经营与发展过程中，三辰公司深知现代科技对产业价值提升的重要性，并时刻以科技为先导，向客户提供多种技术化手段相互结合的物流服务。成功为客户解决采购、生产、销售和逆向物流的各种难题。深入客户供应链环节为客户提供方案咨询和全流程的信息化实施的第四方物流业务也为三辰的发展带来了更多的契机，同时也得到了客户的支持与信任。

三辰实业以四川两大装备制造基地之一的自贡市为战略据点，服务于本土各大装备制造企业的同时，以川南次级交通枢纽的极佳区域优势辐射川南。公司在自贡千亿工业园"自贡国家高新技术工业园"中投建的"川南公路物流港"占地100亩，拥有现代仓库约9000平方米，露天货场约8000平方米，配套汽车修理站、物流信息交易大厅，现代化的物流办公场所可容纳300多家物流企业入驻，同时拥有252个房间的司机酒店为社会车辆的汇集提供了优良的硬件基础。完善的产业配套设施和极佳的地理位置使"川南公路物流港"已然成为自贡本土第一个综合性的现代物流园。

三辰实业定位于为客户提供附加传统物流业务增值的专业服务，以客户需求为目标建设一种高效、高质的服务文化。公司致力于一切从客户的需求出发，通过业务网络资源，专业物流营运团队和信息化开发团队，为客户设计、组建、实施具有独创性的物流方案；以信息化为支撑，以全程风险管控为核心，为大件运输提供了执行前、执行中和执行后的一体化解决方案，使得公司具备了差异化的竞争优势。三辰的客户都能享受到专业、迅捷且具有高度安全保障的优质服务。

三辰实业信奉"团队共融，远见卓识"的经营哲学，企业在前期规划中所制定的目标逐一达成。三辰实业是中国物流与采购联合会、四川省现代物流协会的会员单位，公司先后被授予"国家AA级综合服务型物流企业"、"西部物流百强企业"、"2011年四川物流企业50强"、"2012年四川物流企业50强"、"国家AA级信用企业"、"国家AA级仓库"等诸多荣誉。

二、创新成果产生背景

自贡三辰实业在全程风险控制下的大件运输一体化创新，既是大件运输对管理信息技术的行业需求，也是自身提高核心竞争力的客观需求。

（一）不断增加的大件超限程度需要新的方案来适应未来的需求

随着国内装备制造业不断的技术改进与设计能力的不断提升，企业中的大件产品超限程度越来越大，且大件产品的多样性与复杂性都导致大件运输风险控制难度不断的加大，传统模式下的大件运输方案并不能适应未来的大件运输需求。如何设计能够满足大件运输全程风险管控、能够服务于制造企业与物流企业联动发展的一体化解决方案，已经成为摆在大件运输企业面前急需解决的重要问题。

（二）大件运输的方案设计离不开信息技术所提供的管理支撑

无论是生产制造企业还是物流企业，如何对自身物流资源进行优化配置，如何实施管理和决策，以期用最小的成本带来最大的效益，都是其所面临的最重要问题之一。与其他系统不同，在大件运输物流系统中，大量的信息不仅随时间波动，而且还依赖于气象和经济条件，具有不稳定性。因此，风险控制管理和决策作业与活动，需要实时实地的分析各种条件，并在最短时间内，给出最佳实施方案。诸如车辆、车板、辅助运输资源的使用、运输路线的选择、工作计划的拟订、人员的安排、应急决策、需求和成本的预测、系统的控制等，都需要实时优化。而在大件物流信息管理系统中，自觉运用智能规划理论和方法，实现管理和决策的最优化、智能化，可以最合理地利用有限的资源，以最小的消耗，取得最大的经济效益。信息化技术已演化成为现代物流企业大件运输一体化方案设计和管控的核心组件。

（三）制造业与物流业联动发展对物流企业风险控制和一体化设计能力的要求进一步提升

随着制造业与物流业联动发展模式的逐步成形，物流企业在大件运输作业中的风险管控能力和一体化服务设计能力变成了两业联动发展的迫切需求。制造业不仅迫切地需要物流企业提供生产流程的深度整合，对产品流通过程中的风险管控及产品交付后的各类信息反馈产生了更大的需求。从事大件运输的物流企业通过信息化的技术手段深入制造企业，融入生产环节与结合客户产品特性提供一体化的全程物流方案设计已成为物流企业与制造企业加强联动发展的一种必然手段。

（四）社会化分包机制带来的风险需要结合管理与信息技术创新来强化管控

第三方物流企业物流运作的核心在于物流资源整合。但由于社会化资源发展普遍落后且缺乏相应的约束机制，已经出现因资源的可靠性、安全性等因素带来的合同欺诈违约、货物损毁等事件。使得物流企业对社会化资源的整合利用，合作共赢持有既需要又害怕的观望态度。对于社会化资源的掌控与约束已然成为物流企业管理中的重点。在公路物流运输环节中经常使用个体性质的社会化车辆资源，即便大件物流企业与之签订了合同，但合同约束力却十分薄弱且无控制力度。此外，部分物流运输社会化重复分包也会带来大件运输的安全质量控制与社会化资源的管理控制双重风险。所以，对社会化资源进行合理有效的约束与掌控已成为物流企业管理中的重点和物流行业的一个新课题。

三、创新成果主要内容

自贡三辰实业主要介绍了大件运输一体化创新方案的设计思路和实施过程。

（一）一体化解决方案的设计思路

通过以项目流程标准化为主轴，信息技术全流程应用为支撑，以制造业与物流业联动为推进力，在项目全程风险控制为核心的创新纲领下，三辰实业有限公司在大件运输物流中分别以项目执行前、执行中和执行后三个方面进行了一体化的管控体系设计，利用技术和管理手段在加强风险识别和控制上做出了重点创新与突破。项目的设计思路如图1至图3所示。

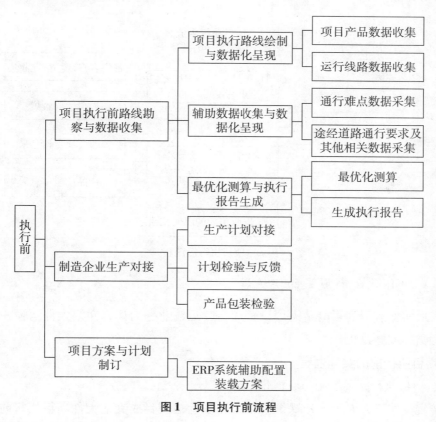

图1　项目执行前流程

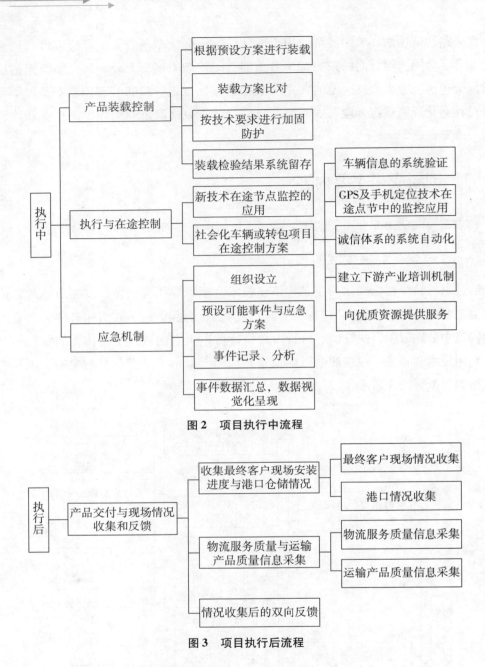

图 2　项目执行中流程

图 3　项目执行后流程

（二）一体化创新成果的实施过程

以三辰实业有限公司电站锅炉设备成台套运输业务为例，介绍大件运输一体化解决方案的具体实施过程。

1. 项目执行前的实施过程

（1）项目执行路线绘制与数据化呈现

在传统模式下，对于电站锅炉设备成台套运输项目或其他大件项目执行前，前期路勘工作一般由承运方成立由经验丰富的驾驶人员和相关技术人员组成的专项小组，由小组各成员对项目执行中具备基础通行条件的多条路线进行事先的路堪，通过纸质媒介以文字化的形式对多条线路的相关通行问题进行收集，并对运行线路进行优化选择，对运输成本进行最优化测算和对运输工具的使用进行合理安排。传统模式下的项目路勘工作能对当前执行项目的可运行线路、路线通行条件及大部分的通行障碍进行充分的分析与测算，并对项目的顺利执行形成充分的保障。

但在传统模式下的路勘工作通常存在着高人力资源投入，路勘数据纸质媒介存储不易形成系统化和成体系的信息化归档与整理等缺点。这些问题的存在，使得传统的路勘工作时常不能系统、全面地反映运行路线中的问题，也无法通过计算机进行海量数据的大规模系统演算与分析来对后期相同流向或相似项目的执行提供良好的参考依据与决策判断。

公司发现传统模式下路勘工作这些缺点后，经过经验积累与不断尝试，最终公司使用技术化手段来解决项目执行前期路勘工作中出现的问题，如扩大信息面多渠道、全方位收集在途相关信息与系统化整理信息、分析问题等。其主要方式如下：

①项目产品数据的收集。公司向电力设备制造企业提供物流服务 15 余载。通过长年的项目执行，对不同类型电力发电机组产品特性、机组部件特点和特殊物流要求都积累了相当丰富的行业知识。在每一个项目执行前均对该项目机组型号所对应的部件的结构、尺寸与配载方案了然于胸。但每个项目执行之前公司仍将对该项目的所有部件尺寸、重量及扩散生产厂家等基础信息进行预先的收集与整理，甄选项目中的最大、最长、最宽、最重部件尺寸与重量及超限部件在项目中所占比例。为线路勘察提供可靠的指导依据。

②运行线路数据收集。项目执行前对可通行道路进行梳理，选择出适合道路并派车派员进行道路预勘，通过 GPS 轨迹记录仪与第三方软件（常用软件如 HoudahGPS 等）的配合，全程收集线路中（如里程及海拔高度分布）等线路相关数据文件。

下面的图 4、图 5 就是采用软件导入数据的实际操作情况。

③通行难点数据收集及数据化汇总。在路勘途中，对路面坡度、弯度、宽度、路桥涵洞高度等通行过程中出现可能造成装货车辆通行障碍的路况进行实地数据测量与收集，并对道路障碍物使用与 GPS 轨迹记录仪匹配过系统时间的相机进行拍照留存，以便后期将现场实景匹配到路堪记录数据中。

④途经地的道路通行要求及其他相关数据收集。在路勘途中对途经地的道路通行要求、监护行驶手续办理方式及收费标准、路桥承载等相关依据进行收集、记录，为线路选择方案提供了更多的辅助信息，并对途中第三方提供的物流配套服务数据，如补胎、送油、维修、医疗、紧急施援等服务商按每 100 千米为 1 单位尽可能细致地进行收集，以确保该线路在选用后，方便为在途运输车辆提供配套服务。

⑤最优化测算。通过对项目运输线路的数据收集，路勘小组将所有收集到的数据

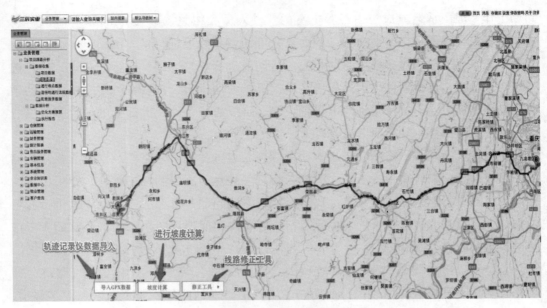

图4　轨迹数据导入与辅助工具示意

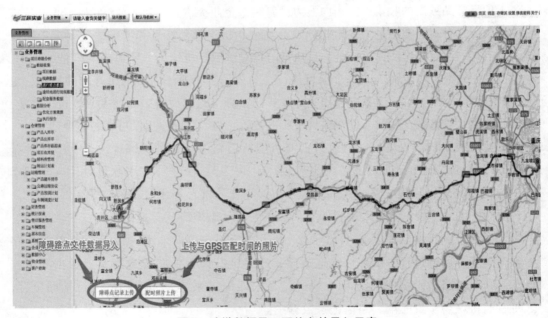

图5　路勘数据及匹配信息的导入示意

资料以"天"为计量单位通过互联网向公司数据中心进行实时的数据反馈，数据中心同样按"天"为计量单位对收集到的数据进行归档、整理并导入公司数据测算模型。路堪工作完成后通过导入的数据，按照公司建立的数据测算模型，做行车路线、参考油耗、行驶速度等数据计划分析与测算。同时对运行线路进行路障标注、物流配套服务标注以及注意事项备注等，建立系统视觉化呈现。如图6所示。

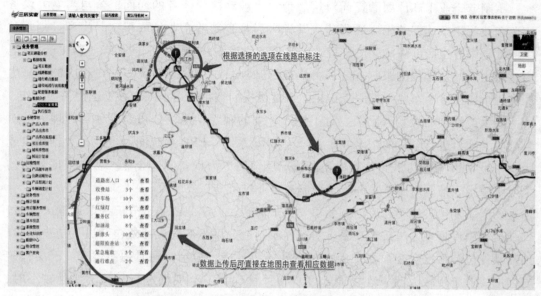

图6　经过最优化测算后系统将提供相应的参考信息示意

⑥生成有效执行报告。通过前期的项目可执行线路路勘路查，收集相关数据导入公司数据测算模型，生成了路勘报告书，经项目执行部门与分管领导核准，最终确定项目执行时的最优化方案与备选方案。依据执行报告的选择与核准，确保了公司每个执行项目方案均具有实用性、科学性及低成本运作的特性，从而成为项目执行的标准化依据。

通过以上工作的实行，公司的大件运输物流项目执行方案具有数据精确、信息涵盖面广的优点，避免了传统路勘工作中多专业人员参与，高成本的路勘费用换来的数据信息量少、人为性失真、测算精度差、不易保存等缺点。而且，可以使非专业人员经简单培训后即可完成全程路勘工作。同时，该执行方面的数据收集信息涵盖面广、运行难点标注清晰、注意事项及各类配套第三方物流服务信息比较完备。加上后期项目执行后，对项目实际运行数据整理归档和系统化，对今后相同流向或重叠路线的项目执行具有重要参考价值。为公司的项目流畅执行打下了坚实的基础。

（2）制造企业生产计划排程对接

传统模式下，在项目方案实施前，公司通常被动接受电力设备制造企业运输任务安排。常常出现因不了解生产计划而造成的车辆到位不及时，配载方案执行变故多，从而产生了成本增加、配载方案得不到完好执行等诸多影响。对整个项目执行造成了阻碍也增加了公司的运行成本。为此，三辰公司对此问题进行分析和整理，通过对电力设备制造企业内部生产流程及交付发运流程的深入了解，与制造企业进行积极沟通，利用流程管理再造方式解决了该问题。

①制造企业生产计划的提前对接。为解决被动接受任务的局面，公司与电力设备制造企业就生产计划的相互通联达成共识：当月自制造企业处取得次月生产计划，对生产计划中各生产部件的生产排程纳入次月工作计划并分配相应的员工予以生产跟踪。通过对生产计划排程的跟踪，公司可提前预知项目生产计划情况，并对相应的产品生产进程予以记录。车辆根据跟踪记录由调度员提前安排转运、入库、发运等各项工作。

②生产计划的检验与反馈。对于生产计划的跟踪记录，公司要求项目管理人员对自己所属项目进行全程的记录并录入公司 ERP 系统，ERP 系统同时也通过数据接口或用户账号 VPN 登录方式将实时的生产情况反馈给电力设备制造企业。客户根据公司的生产跟踪报表情况对生产车间或扩散制造企业进行催交或验收。

③产品外包装检验与反馈。公司安排车辆到客户车间或制造分厂提取运输大件时，驾驶员和项目管理人员按客户要求对车间或制造分厂生产的成品外包装进行初步检验。如产品外包装不符合客户要求，则对产品分包号进行记录，同时拍照留存。产品包装与客户要求差距较大时，现场通知客户相关管理部门至现场进行复检。差距较小时，产品不予发运，直接入库到公司库房，并通过 ERP 系统反馈给客户管理部门进行集中复检后再行发运。

（3）项目方案、计划制订

①通过计划安排产品流向。因公司物流运输业务主要以项目总包方式承接业务，故公司长期面临同时执行各不同流向的项目情况。在本成果未实施前，公司采用项目单独执行的方式，即同流向不同项目间不混装配载，同时，不同项目的项目管理员间也无信息交换。这种单独执行的方式虽然保证了单个项目间装配的准确性与及时性，但也大幅地提升了公司的营运成本，经常出现同流向，不同项目间车辆装载率不够的情况。本成果实施后，公司综合分析了执行项目所处地理位置，对流向做出了明确的划分。将全国分为华中、华北、华南、东北、华东、西南、西北和中南 8 个主要区域，同时对区域内的电站主要建设区域做出了进一步的分类。

②使用 ERP 系统比对计划内容，合理配置产品装载。通过流向的分类，并依据前期积累的大量项目路勘数据导入公司 ERP 系统。结合公司 ERP 系统中的库存记录，结合生产预调数据和项目方案计划的汇总分析生成相应的可发运产品数据。使各项目管理员之间可以通过项目关联性数据共享，对同流向的不同项目进行高度整合，对同流向不同项目的产品进行合理化的装载与搭配。

2. 项目执行中的实施过程

（1）产品装载控制

产品装载作为项目执行中的基础性工作，直接关系到项目执行质量与客户对公司服务的满意程度。所以，公司对于车辆的装载有着严格要求，并对装载后的标准与规范建立了相应的质量验证流程。其流程如图 7 所示。

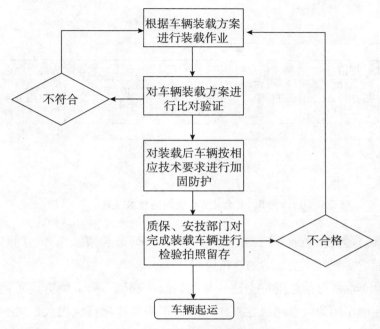

图7 产品装载质量控制流程

（2）结合 GPS 和手机定位的在途节点监控

为保证产品在途的安全性与运行环节受控，公司对所有运输车辆均采用 GPS 与手机三角定位相结合的技术手段对运输车辆进行在途监控。车辆需按公司路勘安排的行驶路线在规定时间范围内行驶，如运输车辆在线路规划的路线中已标注交通难点点位中停留时间过长，项目管理人员将第一时间与驾驶员取得联系，并对驾驶人员进行技术支持或提供当前点位附近的可支援的第三方物流配套服务商进行辅助通行。如运输车辆在途停留周期过长或线路偏离规划路线时，系统将自动向项目管理人员发出提示信息，项目管理人员将第一时间联络驾驶人员质询，并责令其继续行驶或回归规划路线行驶。

（3）社会化车辆或转包项目的在途控制方案

为保证车辆到位的及时性和降低自有车辆运行成本的考虑，项目执行中，公司将不可避免地使用社会车辆或其他专线物流企业进行部分产品分包。在以前对社会化车辆的控制过程中，普遍存在社会车辆控制力度弱，管控能力差的情况。本成果方案实施以来，公司从各方面最大可能地提升了对社会车辆的控制能力，同时避免了因采用社会车辆来运输项目中的大型、超限产品而带来的双重风险。如图8所示，为对社会化车辆的一体化管控方案。

①通过公司自行开发的系统，实现公安部身份查验接口对接功能，可在社会车辆使用前，对其身份证件与车辆信息进行真实性验证，从最初环节确保了车辆的真实合法性。

②对社会车辆强制性采用手机定位技术，做到对车辆的全时监控。对特种车辆的

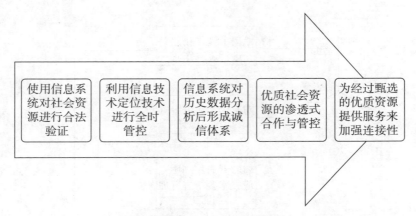

图 8　社会化车辆管控的技术方案

使用，要求其公司提供交通管理部门统一安装的 GPS 监控系统账号，同时采用公司的手机定位功能，实现对车辆运输的双重监控。

　　③对社会车辆所有信息进行全面收集与系统化存储，形成独有的车辆诚信体系数据库，并对在库车辆的信息随机性复检。依据车辆承接项目流向次数对车辆流向做出细分，根据无损交付次数对车辆进行下次招标排序。通过长期对车辆信息的甄选，确保公司数据库中车辆资源均为长期合作、信息真实、诚实守信的优质车源。对违约及低诚信度车辆进行系统标注后纳入系统数据库，在系统中实时提醒该车辆的使用可能会存在的风险。软件记录如图 9 所示。

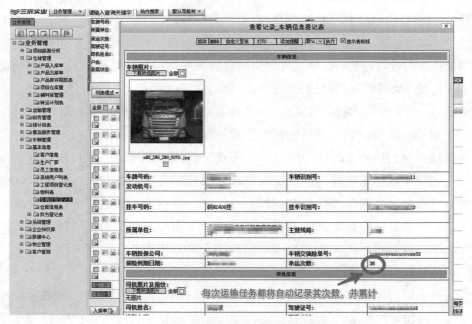

图 9　社会车辆信息记录与承运次数统计

④诚信体系甄选如图 10 所示。通过诚信体系甄选出的车辆因长期合作的关系，可定期、不定期地接受公司的安全驾驶与产品运输在途防护等培训，培训方案主要以新安全知识、产品装载要求、政策法规贯宣等内容集中式培训。临时性知识及通知以宣传册、宣传短信方式推送给各合作方。同时，所有合作车辆可接收公司线路规划中的交通路障提示、周边第三方物流配套服务提示等在途服务信息，接受公司项目管理人员的电话、短信服务和管理。此举确保了社会车辆的使用与管理均与公司车辆的使用与管理同步化、一致化。

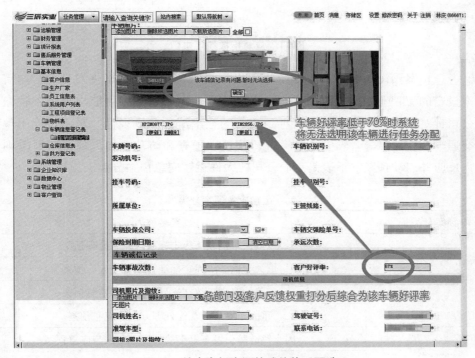

图 10 社会车辆资源的诚信体系甄选

⑤出现事故或故障时，社会化车辆与公司车辆一样可以接受公司应急机制管理与应急服务支援。

通过以上措施，与公司合作的社会车辆对运输质量、安全知识的理解认识程度普遍较高，同时能接受公司的统一管理，享受公司提供的一切服务。在管理过程中，三辰公司管理的社会车辆在途管理与安全控制明显强于其他公司松散型的社会车辆合作模式。

（4）应急机制

①应急组织设立。为增加公司全体员工安全意识，加强风险控制意识，强化各部门间良好沟通与合作机制，并将其应用到公司运输业务的各环节中去预防各类突发性事件的发生。公司成立了以副总经理为总指挥，项目执行部门负责人为副总指挥，各相关部门负责人为组员的应急小组，以确保事件发生时的高响应度与高协调性。如图 11 所示。

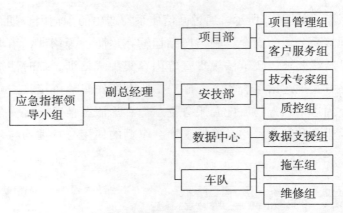

图11　应急指挥组织机构

②应急预案预设与响应。跟传统物流生产组织一样，所有事件发生后，均需在应急预案设定的流程上得到全面的控制。为预防车辆运行过程中可能出现的各种突发情况，公司针对从车辆自装载到运输再到交付的整个流程加以设计并对将可能出现的装载、交通事故、故障等各项安全隐患进行预设、预查和防范，如出现相应情况则第一时间内反应并启动预案。下表是三辰公司的大件运输应急预案分类。

大件运输应急预案分类

预案分类	预案名称
故障类	一般性车辆故障界定标准与在途处理预案
	重大车辆故障界定标准在途处理应急预案
事故类	一般性车辆事故在途处理方法与应急预案
	重大车辆事故在途处理方法与应急预案
综合类	因车辆故障引发车辆事故的处理方法与应急预案
	产品在途自损处理办法与应急预案

③事件记录与分析。对已出现的事件，应急小组记录其事故经过与处理结果。并通过 OA 系统进行全公司公示，同时对事故原因进行分析。分析后，组织公司运输业务相关部门进行学习与总结，如原预案中存在疏漏，则修改原预案并通过强化学习的方式加强全流程相关参与人员的安全意识与风险控制意识，坚决杜绝同类型事件的再次发生。

④事件结果数据汇总及隐患提醒。通过对事件结果的汇总，应急小组将事件发生的类型进行分类并对事件进行包含事件成因、事件后处理流程、事件配合资源进行详细描述，并将数据视觉化呈现到路勘地图中去，作为同流向项目的警示性参考依据，同时为每个执行该流向的驾驶人员发送警示性通知，做到隐患预警。

3. 项目执行后

传统模式下的物流运输合同一般以车面交货为主，即承运方将产品送达客户，客户验收后视为交付完成，物流企业与最终客户间因无合同关系，除交付环节外几乎没有沟通。针对这种情况，为进一步提升用户体验，强化企业自身在产业链中的深化融合，公司提出物流服务向后端延展的服务增值策略。即通过物流服务各环节的信息收集与反馈，向电力设备制造企业及电厂客户提供额外项目相关信息沟通服务，以此来提升公司服务的价值度。公司自按此方案提供各项增值服务后，加强了公司对于现场进度的情况收集，即可用于公司后期发运任务计划，也通过定期、不定期以报表的方式向客户提交公司于交付现场收集的各类信息。此工作的执行在并无增加大量成本的情况下，获得了极好的用户体验，同时也强化了公司的管理、加强了公司发运工作的计划性。项目执行后服务的实施过程如下：

（1）收集现场安装进度与港口情况

①现场安装情况收集。一般来讲，电厂客户对大件运输产品的需求程度主要根据电站工地现场产品的安装进度来决定，故对现场安装情况的了解与情况的收集，不仅对电厂客户而言是一种增值服务，也对公司项目后期的发运计划起到了极强的指导性。通过情况的收集，公司对现场即将安装的部件得到了了解，容易对产品发运的先后顺序及时调整，现场安装进度也能得到极高的保障。同时，对于电站工地现场的仓储情况进行了解收集，使得公司后续产品发运计划可以根据现场的安装进度实时进行调节。

②港口情况收集。虽然公司承接部分项目为出口项目，但公司业务范围仅涉及国内段。所以，对于出口项目集港港区堆场仓储条件的情况收集和海船到港期的计划了解与收集，也会对公司的运输计划起着重要的指导作用。通过对港口仓储计划的情况收集不仅可以指导公司的计划安排，同时也可根据港口仓储情况向客户反馈，客户可通过仓储情况安排海船的船期，极大地避免了因码头情况不了解，沟通不畅而造成的超期堆存、海船到港后货物不能满足装载率等因素而引起的额外成本支出。图12即为最终用户现场情况收集的情况展示。

（2）主动收集公司服务质量与客户产品质量反馈

①物流作为服务性工作，对服务质量的收集尤为重要。公司在产品交付过程中不仅向电厂客户提供产品交收清单，同时向客户提供"服务意见调查表"，如图13所示，公司通过"服务意见调查表"从到货及时率、驾驶人员服务态度、配合度、操作规范等各方面进行客户意见的收集与整理。把"客户意见调查表"作为公司长期服务改进战略，不断完善公司各项服务指标，健全公司的服务体系，使公司与客户之间具备良好的业务沟通能力，并使客户与终端客户始终保持着良好的客户体验。

②作为增值服务中的一项，收集产品质量问题和电厂客户的意见及建议可以为客户提供第一手的用户反馈信息，对客户的工作改进提出了可靠的依据。同时为客户树立了良好的服务印象，使得客户对公司的满意度得到极大的提升。客户根据公司反馈信息，对自身产品各环节出现的问题或即将出现的问题进行改进与预防，同时加深了

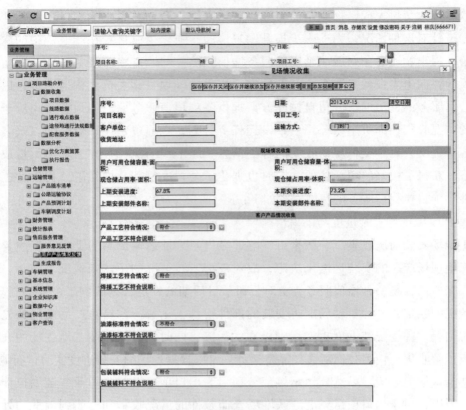

图12　最终用户现场情况收集

客户对于公司的信任，增强了企业间的服务联动。

③服务情况收集反馈，通过对电厂客户的现场安装情况、仓储情况、港口堆场存货量统计、产品质量等相关数据进行统计后，生成相应的报表每15天通过传真、邮件等方式反馈给客户，并对客户收到反馈后的意见及建议进行分类整理通过 OA 系统下发给公司相关部门进行讨论、改进与配合执行。同时对整个流程记录备案，以便今后参考、查阅。反馈报告如图14所示。

四、主要创新点

三辰实业公司的创新成果具有以下几个方面的特点。

（一）大件运输及社会化分包双重风险的控制

本创新成果使用技术化手段对社会化车辆进行前期验证，对车辆在途过程进行全面的管控，使车辆的运行得到全面的控制。经过系统数据的积累与充分数据挖掘、分析形成的社会化资源诚信体系的建立也对社会车辆进行了甄选，从而极大地保障了社

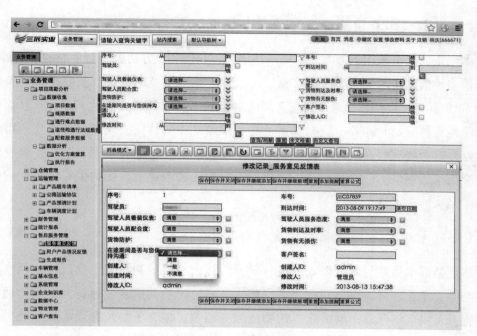

图 13　服务意见收集

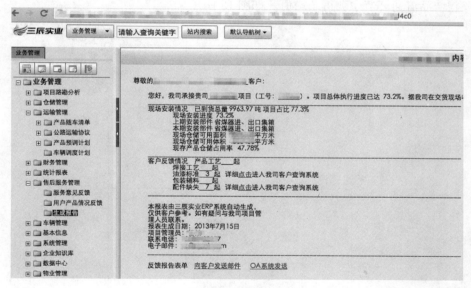

图 14　反馈报告

会化车辆使用的可靠性。后期的产品装载知识与安全知识的宣贯也使得优质的社会化车辆服务能力得以提高，同时也加深了优质社会化车辆与公司合作的紧密程度。对于大型超限产品社会化分包的全面管控，使得社会化车辆如公司自有车辆一样顺利管控，从而使得大型超限产品因社会化分包而出现的双重风险降至最低。

（二）新技术在运输管理中的综合应用

本创新成果中采用了 GPS、手机基站定位、在途第三方物流配套信息的综合性 GIS 应用等多种信息技术，同时在数据收集汇总中，采用了及时收集、及时反馈、及时计算的 ERP 系统模块扩展。通过信息系统的数据演算，代替了大量的人工计算从而使整个物流流程具有及时高效、数据真实可靠、参考性强的特征，同时具备全流程可追溯的优点。这为物流项目执行中涉及的服务质量管理、安全保障管理、车辆控制管理及客户交流沟通提供了信息平台，也为公司迈向现代物流企业，转型供应链企业的战略打下了坚实的技术基础。

（三）制造业与物流业的深度联动融合

本创新成果通过与制造企业的流程融合，从产品质量初检与信息反馈，到产品交付后与制造企业和终端用户间的信息交流，三辰公司与制造企业保持及时的沟通，这显著提升了供应链环节中制造企业的物流服务绩效，提升了物流企业的服务能力，加强了企业间的融合互动，降低了生产成本，使终端用户获得了良好的服务体验，使物流服务在产品流通环节中获得了增值。如图 15 所示。

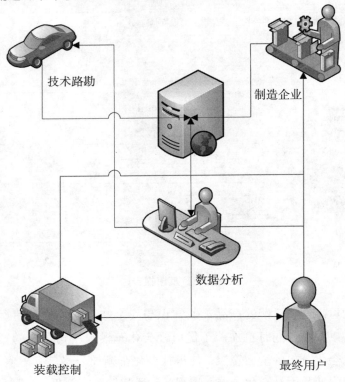

图 15　三辰实业业务管理系统电站锅炉业务模块

（四）运输管理风险控制的一体化解决模式

本创新成果通过运输管理流程的梳理与整合，对整个物流项目从路勘、生产计划对接、企业间联动、计划方案制订与实施、车辆在途控制、交付情况的收集与反馈等环节进行了流程的优化与设计，使运输的全过程得到了良好的风险监控，提升了物流项目运输流程的规范性、可执行性和可追溯性。

五、创新成果应用效果

在保持客户服务水平持续增长，运营成本稳步降低的服务理念驱动之下，三辰公司以信息化技术作为公司长远发展的技术保障，使公司以信息化数据服务深度介入供应链上下游，取得了明显的经营成效。该创新成果应用后，显著改善了公司车辆装载效率，降低了公司的运营成本，大幅降低了社会车辆使用的违约率，同时事故发生率大幅降低，保证了持续的客户满意度。项目订单率也因客户满意度的提升而逐年增加。

如图 16 所示，由于该成果深化了制造业与物流业联动模式的发展，以及以信息技术为支撑的全程风险控制体系的实施带来的全程高效管控，公司自 2010 年开始承接的电站锅炉成台套项目逐年上升。2009 年承接成台套项目为 29 台套，2010 年 36 台套，2011 年 54 台套，2012 年 83 台套。

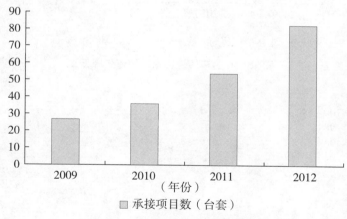

图 16　公司承接的成台套项目数量

如图 17 所示，公司自 2009 年起承接的成台套电站锅炉物流项目逐年攀升，但路勘路查方面的成本支出却因为线路数据的不断积累和同流向可借用线路数据的原因而不断下降。

如图 18、图 19 和图 20 所示，公司自 2009 年起承接的成台套电站锅炉物流项目逐

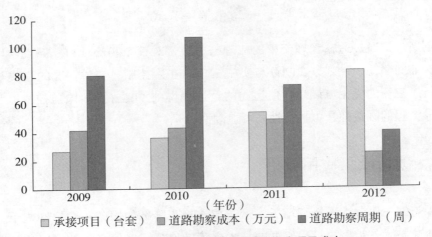

图17 公司承接的成台套电站锅炉物流项目成本

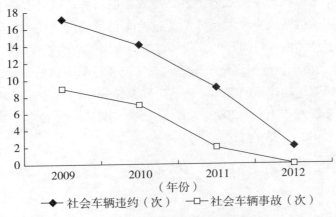

图18 社会车辆违约事故率逐年降低

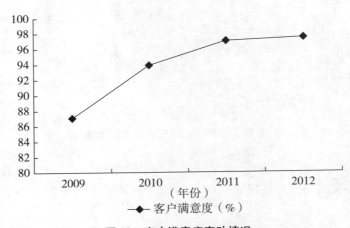

图19 客户满意度变动情况

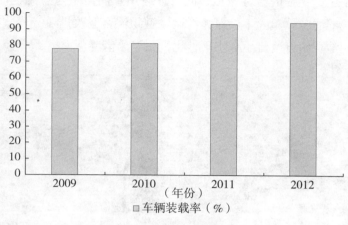

（年份）
■ 车辆装载率（%）

图20　车辆装载率情况

年攀升，但社会车辆违约事故率逐年降低，客户满意度也大幅度提高，车辆装载率明显提升。

六、创新成果推广价值

全程风险控制模式下的运输一体化方案是一种典型的以信息技术为支撑，强化制造业与物流联动发展，解决社会化分包机制控制风险的综合性管理模式。该创新成果对于大件运输企业加强运输业务风险监控，对于一般物流企业深入推进制造业与物流业联动发展，都具有积极的借鉴意义。其推广价值主要表现在以下方面。

一体化的风险管控方案模式可复制并快速应用至同类型的物流企业全程风险控制模式下的运输一体化方案。经过项目执行前、执行中和执行后的流程切分与细节分析，其设计思路清晰且具备分段实施条件。同类型物流企业可据本成果实施流程，依企业自身情况进行全流程或分流程参考。

该创新成果可为其他制造企业与物流企业联动发展提供参考。与制造企业的生产业务流程的无缝对接，使物流企业更进一步与制造企业从流程上加深了联动融合的深度。结果表明，物流企业的车辆满载率大幅提升，车辆空驶率降低，大幅降低了企业的运营成本。这种运作模式对于制造企业通过物流一体化来提高物流服务的响应度同时降低生产成本也提出了新的思路与借鉴模式。

该创新成果也可为装备制造业物流改进服务提供相应的借鉴。基于物流行业中的专业细分，电站锅炉工程物流中涉及的运输装载物通常与其他机械设备制造业产品具备一定共性，对于运输物流企业参与同类型或其他类型的机械装备运输具备一定的借鉴价值。实施本成果，既为物流企业自身产品发运流程的优化提供了决策依据，也为制造企业提供了生产排程的参考依据，同时最终用户的需求与意见也能得到及时的反馈而提升了用户的服务体验。不仅对大件运输型物流企业改进业务模式有着推广价值，而且对于装备制造业提升物流服务水平，也是很好的借鉴。

图 21　园区一角　　　　　　　　　图 22　库区作业

中外运一体化信息闭环物流服务平台设计与运作①

中外运电子商务（北京）有限公司总经理　郝文宁

【成果摘要】 随着跨境贸易的迅猛发展，中国航空货运业面临着严峻的形势，如何突破行业瓶颈成为航空货运企业关注的焦点问题。中国外运股份有限公司于2013年7月30日正式推出基于中外运的空运产品，打造国内首个跨境物流电子商务平台，全面开启"物流电商"时代。在服务内容上，外运电商整合热门航线小货、散货和冷门航线的运力，设计跨境航空货运运力团购产品；推出跨境航空货运秒杀产品；试点线上销售常规跨境航空货运产品，实现业务、操作O2O结合；提供货物轨迹智能追踪查询；挖掘潜在服务客户，增加、拓宽运力产品线上销售渠道。外运电商平台提供了订单接收、发货方式、货物到达信息、客户签收及出库、入库等所有环节信息服务，形成了一体化的信息闭环物流服务平台。该平台不仅符合互联网电子商务时代的平台运作模式，更有助于推动外运电商航空货运业务转型并重新进入高速增长阶段。该平台垂直电商创新管理方法依托其独特的资源优势及可复制的模式特点，具有极高的推广借鉴价值。

【成果关键词】 跨境航空物流；电子商务平台；交易市场；一站式数据服务

【成果适用领域】 跨境贸易企业；航空货运企业

---

① 本成果由中外运电子商务（北京）有限公司提供，成果主要创造人：郝文宁、史鸣飞，参与创造人：沈晔、赵菁、耿战，获2013年度物流行业企业管理现代化创新成果奖二等奖。

一、企业基本情况

中国外运长航集团有限公司作为国资委直属管理的重要国有骨干企业之一，以综合物流、航运和船舶重工为核心业务，是大型国际化现代企业集团，中国物流行业的龙头企业。中外运电子商务（北京）有限公司（以下简称"外运电商"）隶属于中国外运长航集团，注册资金1千万元人民币。外运电商主要服务于外运系统公司的电商化改造及电商平台的搭建工作。外运电商由跨境航空物流行业、互联网IT业内的业务精英和专业技术人员组成，在上级公司及相关领导的大力支持下，经过一年多的努力，外运电商已从几人的小公司发展到现在的20人。公司主营业务从前期的摸索探寻阶段，进入高速开发测试阶段，现在已经有部分产品上线运营，并受到业内的高度重视。公司从开业至今已实现收入66.99万元，累计上缴21.34万税款。

二、创新成果产生背景

随着跨境贸易的迅猛发展，中国航空货运业面临着严峻的形势，如何突破行业瓶颈成为航空货运企业关注的焦点问题。

（一）航空物流业的快速发展对物流信息化透明度要求日益提高

伴随全球贸易的快速发展，中国在其中扮演着重要角色。随着中国跨境贸易在全球贸易中的地位不断攀升，中国在全球贸易中的份额由2002年的4.7%逐年上升至2011年的10.2%，以17%的年增长率领涨全球跨境贸易，自2009年起连续三年稳居全球对外贸易第二大国的位置。在全球贸易的快速发展中，中国已演变成不可或缺的角色，成功从"made in China"转变为"designed in China"。

航空物流行业在进出口贸易中发挥重要作用。伴随着经济发展，航空跨境物流业务迅速增长。短短几年间从全球第七大航空跨境物流提供商转变为全球第二大航空跨境物流提供商。虽然金融危机以来，国际贸易环境恶化，但中国的增幅远超世界平均水平。最新数据显示各国及行业专家看好2012—2016年航空跨境物流业的发展，并指出中国将成为带头区域。

跨境贸易的迅猛发展对跨境运输服务行业提出了更高的要求。航空运输作为一种高端的运输服务模式，其安全性、时效性及可控性的要求导致其对信息的依赖程度明显高于其他运输模式。当前，互联网的快速发展改变了世界，互联网不仅改变了传统获取信息、交流沟通的方式，更改变了互联网商业运作的模式，如今电子商务的浪潮已经席卷各行各业，航空运输也不断依托互联网，取得信息化时代下的快速发展。

随着航空物流业的日益发展，一些瓶颈已经显现。例如，货主和货运代理之间存在信息壁垒，造成"货主有货运不出去，货运代理有运力却缺货"的行业怪现象，一方面货主需花费高代价运输一票简单的货物，另一方面航空物流业的利润却被逐票压低，生存空间被严重压缩。

（二）航空物流业行业发展困境要求企业加快服务创新步伐

传统的航空货运物流行业经历过起步期的高速增长，现在已进入缓速前行的成熟期，亦存在众多不可调和的行业矛盾。现阶段我国航空货运行业面临的问题主要有以下四个方面：一是如何建立一个公平、有序的市场；二是如何打破行业内各参与方的信息壁垒；三是如何提升物流企业信息化管理手段；四是相比 IT、互联网等新兴行业 20%～30% 的毛利率，我国航空物流行业内平均毛利率不足 10%，如何提升行业发展的利润率水平也是关注的焦点。只有积极解决上述这些行业顽疾，才能促使行业健康稳定的持续发展。

居高不下的物流成本、平均毛利率较低的行业发展状况、行业信息化水平偏低、行业各参与方中存在信息壁垒等棘手困境，为中国航空物流业的发展带来严峻挑战，并已演变成为行业瓶颈，对于行业稳健发展产生极大的负面影响。在紧迫的环境下，外运电商积极寻求变革方法和应对策略，历经一年左右的充分论证、反复讨论和实践证明，推出符合行业需求的跨境航空物流垂直电商创新管理方法，让传统行业体验"触电"迈入 E 时代。

中外运电子商务（北京）有限公司副总经理　史鸣飞

三、创新成果主要内容

信息化水平是衡量现代物流业发展水平的重要指标。综观整个物流市场，全面信息化已成为物流行业的大势所趋，无论是客户之间还是业务流之间，对信息水平的依赖程度越来越高，在航空货代行业里表现得越来越充分。外运电商作为传统航空货运行业的领头企业，依靠专业的行业从业经验，融合互联网电子商务的现代流行观点，计划酝酿航空货运界的革命。

外运垂直电商平台要解决的问题主要有：

（1）通过何种方式建立一个公平有序的市场竞争环境？

（2）通过何种方式在提高企业运作效率、降低物流成本的同时，进一步增强行业透明度、提升国际竞争能力？

（3）通过何种销售途径带动冷门剩余运力以及如何创新营销方式？

（4）如何提高工作效率、优化用户体验？

（5）如何实现赢利的最终目标？

基于上面所提到的问题，外运电商垂直电商的总体构建思路来源于平台模式的概念。基于平台构建总体思路，由外运电商平台为供方提供专属交易市场，吸收最优质的服务发布在网上，通过价格、服务及特色化航线吸引更多货主；同时货主也可以更方便地在平台上寻找合适的物流提供商，实现电子化下单和全程交易。平台的核心价值就是打造虚拟的航空物流电子化交易市场，帮助货主实现网上购买物流全业务流程。

（一）外运电商开展电商管理创新的目标

互联网时代航空货运革命下的跨境航空物流电商管理方法，将协助航空物流行业解决转型中将面临的各项挑战，实现革命中的巨大飞跃。该平台将力图实现以下目标：

1. 打破传统行业内各参与方的信息壁垒，带动经济效益增长

实现电子交易市场、货主、外运电商线上线下的统一联动，打造物流、资金流、信息流"三流合一"的现代供应链，消除行业中信息不对称的尴尬局面，实现货主"好找 & 找好"的服务宗旨，从而撬动航空货运行业经济效益井喷式增长。

2. 实现外运电商信息化管理的社会效益

提供整个航空跨境实际业务中全程操作的手段和工具，支持电子单据的生成。信息看板和移动手持终端设备的全程货物轨迹追踪，感受移动互联网时代带来的便捷体验，精确定位每票业务全部轨迹信息。低成本、高效率的外运电商垂直平台，为外运电商的信息化建设水平提速。

3. 建立公平、有序的市场环境

通过外运垂直电商在线店铺提供多种物流解决方案，帮助货主找到合适的物流服务产品。基于交易中真实的评价系统和评分标准打造公平的交易场所和货运社区，对大量的物流交易做出忠实评价，帮货主在成千上万的外运电商产品中找出性价比最高、服务最好的物流提供商。

4. 外运电商产品催热航空货运市场

在传统货运行业里，散货、散户都是让代理"食之无味，弃之可惜"的"鸡肋"，通过外运电商平台的再加工，配合电子商务的团购模式，聚小成多，不仅为小客户提供了价格实惠的运力产品，更在操作和利润层面为产品提供方提供了销售渠道和推行

保障。

（二）创新成果基本内容

该平台的主要运营内容包括以下几个方面：

（1）整合热门航线小货、散货和冷门航线的运力，设计跨境航空货运运力团购产品；

（2）推出跨境航空货运秒杀产品；

（3）试点线上销售常规跨境航空货运产品，实现业务、操作 O2O 结合；

（4）货物轨迹智能追踪查询；

（5）挖掘潜在服务客户，增加、拓宽运力产品线上销售渠道；

（6）利用用户规模效应，为外运电商及产品提供方带来可观的广告收入及效果。

（三）创新成果特色——一体化信息闭环物流服务平台

外运电商平台的订单接收、发货方式、货物到达信息、客户签收及出库、入库等所有环节，如图 1 所示，形成了一体化的信息闭环物流服务平台。该平台以电子商务的形式展示传统货运产品，将产品运价、运输条件、注意事项等详细信息，以图文卡片形式清晰罗列。打破传统行业里价格不透明等灰色利润，通过增加运货量获取更高的营业收入。该平台还打破了以往外运电商主要依靠固定的协议用户创造营业收入的传统模式，充分开发新渠道客户潜在的市场需求，"集散户为大户，零货为整货"，充

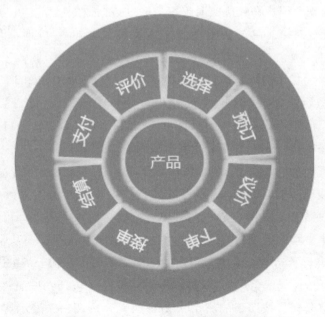

图1　外运电商的一体化信息闭环物流服务平台

分利用闲置运力。

（四）平台展示

平台定位的服务对象为各类货主，平台具备的优势功能有：

（1）代理查询功能：通过在平台首页顶端位置填写简单运输需求信息，实时掌控航空货运各航线优惠运价及航班信息，清晰、简便化货主需求。功能界面如图2所示。

图2　外运电商垂直电商平台代理查询功能

（2）智能跟踪功能：提供航空货运业务状态查询服务，通过网站或移动设备，无论在何时何地都能实现全程货物轨迹实时追踪。通过数据适配接口，可与外运电商的各业务管理系统实现无缝对接，在方便用户实现在业务操作的同时，实时掌握货物状态。

（3）航线查询功能：通过地图＋地区文字生动展示运输区域，轻松点击保障常规货物的运输需求，为货主清晰选择目的港提供便利。功能界面如图3所示。

（4）电子商务行业标准页面模式展示团购、秒杀类促销产品，客户体验友好度极高，上手适应快，展现形式直观准确。货主可通过需求主动搜索，自主挑选货运代理的各类服务，轻松在线下单，享受最完善运输服务。

客户对感兴趣的秒杀、团购产品点击"预订"后，展示运力产品详细说明信息。客户只需在该页面填写货运基本信息，系统将自动生成意向订单。

（5）订单生成简便：在线生成意向订单后只需一次录入数据即可完成在线托书填写，生成正式订单。精简数据重复录入成本，减少数据差错率，提升业务操作效率。

（6）单据标准化：符合行业填写习惯的标准托书模板，利于货主进行下单操作。

（7）通过"我的订单"页面，可按四种不同条件（包括：按照订单日期、按照航班日期、按照航空公司、按照目的城市）衡量因素筛选调出、展示客户历史订单详情及订单处理状态。

图3　外运电商垂直电商平台航线查询功能

（五）创新成果实施的保障措施

外运电商平台与传统的货运行业最大的不同在于，它塑造了全新的产业模式。外运电商垂直电商平台的本质是轻资产，无须进行二次自我研发与产品囤积。企业不需要拓展自己的生产力，仅需将不同群体的供给和需求拉拢起来并对其进行投资，建立一个相当于互动媒介的体系，以达成赢利的目标。具体来说，创新成果实施的保障措施有以下几个方面：

1. 在最终用户面前塑造良好的愿景

外运电商平台在创建初期就明确，在最终用户面前塑造良好的愿景是非常重要的。一旦货主群相信该平台推出的产品足够有吸引力，并将持续发展壮大，"从众效应"就会产生。外运电商平台正运用积极的改善手段，明确传达平台的发展前景、方向和服务定位，在正面的预期推动下，这些期望发生自我应验的可能性会增大，推动其他货主群迅速进驻。

2. 依托地理概念打造成以个人为中心的服务

外运电商平台定位于打造融合外运电商各地分区域的产品推广平台，解决地域在传统行业中的限制因素，在平台上可以刊登简短的产品信息，使有需求的货主可以直接与各区域联系。

这些信息均拥有高度的地域化特质，因为往往只有与用户来自同一个地理区域的信息，才具有实时、便捷的相关价值。因此，进入外运电商平台官网的用户，就会首先看见它以始发港城市名称为划分依据，供人点选。外运电商平台筑起了一个可复制的生态框架，将每个地理区域打造为自成一格的生态圈，以地理区域划分，为用户提供更方便准确的价值主张。

外运电商平台依托地理概念打造成以个人为中心的服务，结合折扣服务、团购秒杀等因素，以地理、优势产品为核心战略的生态圈。在覆盖不同区域货主的需求轨迹后达到绑定效益，获取更真实、更准确的消费行为数据，这一优势是外运电商平台的赢利关键。随着电商运营体系的完善，会不断拓展在线销售品类、丰富促销方式，目前产品是以港到港的航空干线运输为核心，基于这些干线产品提供可选的仓储、提货、报关、派送等供应链环节上的增值服务，客户可根据自身的需求选择不同的附加服务。

目前，已在平台上接收订单，在平台开通的初期阶段都采用现结的方式，不提供赊销的方式，待到平台完善以后，可通过网银、支付宝等方式进行款项支付。

3. 利用整合方式进行适量投资

外运电商平台依靠最新的技术对过去的存量 IT 资产进行整合，最大化地利用现有 IT 资产并进行适量的投资。电商平台是以空运已有的线下实体运营能力作为支撑，主要包括市场推广及硬件和网络的投资，初期成本主要是平台的搭建成本。此外，外运电商平台还依托中外运电子商务公司成熟的技术水平和丰富的互联网从业经验，按照评估分析传统跨境航空货运实际业务的结论，打造丰富的电商形态，通过技术和经验双重保障该创新成果的顺利应用和推广。

四、主要创新点

总体来看，中外运一体化信息闭环物流服务平台有以下几个方面的创新。

（一）互联网和航空物流业相结合

该平台主要面向货主，平台为物流服务的需方搭建了在线交易的渠道，并为物流服务的需方提供了多种物流服务选择及一站式完成所需的各项功能。平台打破了物流行业传统模式，通过在线访问、在线订单、在线查询物流状态等功能，使用户足不出户享受"一体化"高质高效物流服务。互联网和航空跨境物流业的碰撞，将带来一场互联网时代的航空货运革命，外运电商将作为数据时代的弄潮儿，在革命中将取得巨大的飞跃。

外运电商平台实际上是将"物流"作为一项基础服务产品，与电子商务结合，面向众多货主及货运代理，为物流服务的供给方和需求方搭建了在线撮合交易的渠道，并为物流服务的需求方提供多种物流服务选择及一站式服务所需的各项功能。对有跨境货运需求的货主来说，通过外运电商平台，能方便、快捷地查询到跨境货运的相关具体信息，如不同城市间的标准运价、各条相关航线情况，最重要的是能全程跟踪货物，实时掌握货物是否报关以及进出港等环节的情况。而在以前，一旦货主把货物交付给货运代理人，除了被动等待，货主基本没有渠道能够掌握货物的在途情况。

（二）改善用户体验，提高沟通效率

外运电商平台所服务的客户将通过主动搜索在平台上获取所需的一切产品相关信息，极大地便利了客户下单过程。不仅缩短了过去询报价的流程，更保证了每票业务的全流程查询，提供极佳的全业务客户体验。

业务流程的缩短和简便，不仅对客户体验带来了积极的改进作用，更在很大程度上压缩降低了人工成本，从低效率、高重复的询报价、单票轨迹查询等极耗费时间的工作环节中释放出更多有效的人工，进行其他回报率更高的工作环节，也从一定层面对降低人工成本起到有效的促进功能。

外运电商平台为传统货运行业提供了一个"三高"：沟通效率高、信息质量高、信息清晰度高的沟通渠道。外运电商平台构建的信息沟通渠道，通过直接的信息传输，减少了中间环节，极大地提高了平台参与方之间的沟通效率。

五、创新成果应用效果

外运电商垂直电商平台的应用，使外运电商的管理水平有了显著提高。目前这一电商平台已经整合了中国外运全球超过 200 多个网点的数据信息，打通了包括海关在内的上下游数据通路，初步实现了跨境物流作业流程的可视化和在线化，是对传统跨境物流业的一次电商式改造，取得了良好的经济效益和社会效益。

（一）管理水平的提高

外运电商垂直电商平台，使得航空运输业这个最传统的行业第一次与电子商务这个最新兴的行业结合在了一起，传统的线下服务模式转变为线上的自助服务模式，这无疑是一次极为有益的尝试。外运电商作为这种创新模式的先行体验者，率先整合优化自己的服务产品，开始尝试通过电子商务的方式开拓新的业务渠道，发展新的业务产品。必将带动外运电商的业务走向一个新的天地。

"触电"本身对资金投入的需求不大，加之价格透明化，显然会对部分小型及低层级的货运代理商造成一定的冲击。变革在短期内可能会有阵痛，但长远来看，如果不尽早实现自我革命，那么行业里自有其他公司通过自我革命推动实现行业革命。只有主动出击和积极调整才能够在电商革命大潮中始终走在前面。此外，为了确保电商平台上线及运营的成功，外运电商平台在上线之初还考虑了企业机制、灵活性等问题，希望上线后用发展的实效证明外运电商平台无论在提高物流服务质量还是增强企业的竞争力上都有显著的影响。

（二）经济效益的提高

由于物流电商是一个新的概念，外运电商还需要时间来测算此类销售模式所带来的收益，通过良好的物流服务培养稳定的客户群，并树立良好的服务形象；通过不断推出新的标准化产品使客户能够有更多的选择和便利；同时也希望通过电商新模式改变传统物流，促使公司整体无论是在物流服务质量还是企业竞争力上都能有一个显著的提高。

（三）社会效益的提高

外运电商平台的上线推广，对于企业内部业务，有助提升传统货运业务运作效率，降低进出口企业物流成本，增强国际竞争力；对于航空货运行业，有助推动建立公平有序的航空货运交易实体市场，提升整个行业国际服务水平；对于政府，更有助改善北京口岸的物流环境，构建安全高效的口岸通关工作模式。

六、创新成果推广价值

外运电商垂直电商平台值得国内许多企业借鉴。首先，外运电商的垂直电商平台不仅符合互联网电子商务时代的平台运作模式，更是助力外运电商航空货运业务转型并重新进入高速增长阶段的关键引爆点。外运电商平台依靠最新的技术对过去的存量IT资产进行整合，最大化地利用现有IT资产并进行适量的投资，这种投资模式对从事电商业务的物流企业来说是非常值得借鉴的。

其次，外运电商平台解决了地域在传统行业中的限制因素，依托地理概念打造成以个人为中心的服务，结合折扣服务、团购秒杀等因素，以地理、优势产品为核心战略的生态圈。这种多服务模式的设计理念对于其他电商企业也是值得借鉴的。

最后，外运电商垂直电商平台把互联网和航空物流业相结合，主要面向货主，为物流服务的需方搭建了在线交易的渠道，并为物流服务的需方提供了多种物流服务选择及一站式完成所需的各项功能。其垂直电商创新管理方法依托其独特的资源优势及可复制的模式特点，对于需要进行电商化改造的企业来说，具有极高的推广和借鉴价值。

无限极物流配送中心规划与实施的
创新模式①

无限极（中国）有限公司物流部总监　柳　军

【成果摘要】无限极是国内知名的健康产品公司，其在市场中一直保持直销的经营模式，面对此种经营模式下单多量小的特点，无限极采取了对配送中心不断升级改造的措施，以此来适应市场的变化和企业的不断发展。无限极公司通过设立四级RDC的管理模型，首先对项目整体进行规划，确定目标与实施方案，然后通过设定投资方案与风险评估，估计项目预计收益，最后进行项目实施。在物流配送中心升级改造的实施中，一般采取与物流供应商合作投资的方式，既稳定了双方的合作关系，又减少了公司一次性的成本投入。公司还专门上线了WMS和电子标签系统，极大地提升了配送中心的仓储和分拣效率，为企业今后的发展提供了有力的保障。该创新成果为直销模式企业的物流运作升级和创新提供了较好的借鉴思路，而且，这种系统集成创新的技术和方法也可以为其他行业的物流运作提供很好的借鉴。

【成果关键词】物流配送中心；直销模式；仓库管理系统；电子标签

【成果适用领域】企业物流模式升级；物流中心规划；快消品物流管理

一、企业基本情况

无限极（中国）有限公司（以下简称"无限极"）是李锦记健康产品集团成员，

---

①　本成果由无限极（中国）有限公司提供，成果主要创造人：柳军、黄海燕，参与创造人：何云杉、程忠英、成守锋、林超扬、龙迎新、谭健儿、戴玉珍、许琳娜、李立丹、黄志伟，获2013年度物流行业企业管理现代化创新成果奖二等奖。

成立于 1992 年，是香港百年民族品牌"李锦记"旗下的全资子公司。公司主要致力于开发、研制、生产及销售传统中草药健康产品，已成功研发生产出 5 大系列，6 大品牌，80 多种产品。现已在全国范围内设立了 35 家分公司，28 家服务中心，以及 4000 多家专卖店，得到了广大消费者和社会的认同。2011 年 6 月在北京召开的第八届世界品牌大会上，无限极入围"中国 500 最具有价值品牌"排名榜的第 49 位，居中国健康产品行业第一、中国直销品牌第一，品牌价值达到 195.58 亿元。

无限极（中国）在广东新会累计投资超过 30 亿元人民币，设立占地面积 300 亩的现代化生产基地，已通过 ISO 9001：2008、GB/T 22000－2006/ISO 22000：2005、HAC-CP、保健食品 GMP 四项国家及国际认证。生产设备与技术均达到国内领先水平，整个生产基地的年生产能力超过 100 亿元人民币。公司的第二个生产基地——无限极营口生产基地位于辽宁省营口市，于 2012 年 7 月正式奠基，初步规划占地面积约 500 亩，首阶段总投资 15 亿元人民币，预计全面投产后头 5 年产值将达 180 亿元人民币。双基地将促进无限极（中国）南北两地的平衡发展。

公司现有员工 2000 多人，拥有自己的研发团队，多年来不断加大自主研发力度，并与广州中医药大学、香港科技大学、北京工商大学等国内外多家权威科研机构、知名学府紧密合作，目前已拥有多项自主科研技术及核心自主知识产权，在复合多糖技术领域处于领先地位，并于 2012 年 5 月全球首发无限极 Polysac™复合多糖研究成果。

无限极（中国）所归属的"李锦记"在香港的十大财团中排列第三位，是唯一一家不发行股票，不需要融资的企业。无限极（中国）以弘扬中华优秀养生文化，创造平衡、富足、和谐的健康人生为使命，坚持务实诚信、守法经营。公司一向财务稳健，2012 年度位居新会"十大纳税企业"榜首。

二、创新成果产生背景

（一）RDC 分拣出货效率不能适应业务发展需求

无限极（中国）有限公司一直保持直销的经营模式，此种经营模式下存在单多量小的特点，即 4000 多家专卖店每天都在下订单，但订单金额不大，且需要快速响应。2004—2010 年，公司业务发展对象主要是专卖店（类似加盟店的形式）；物流的流转途径是：工厂—中央仓库—区域配送仓库—专卖店；拣货模式以人工液压叉车为主；客户订货比例由以前的整箱为主，近年转变为整箱和散货对半分布（散货占比从 20% 提升到 50%）。这样的特点给物流运作特别是 RDC 的分拣出货造成较大的压力。随着业务发展，专卖店订货向散箱发展的趋势比例不断增加，区域配送仓库及配送的工作量受到业务拆零量的影响而导致拣货效率、装车效率低，货物迟到比例增加。

（二）公司第三个五年规划要求配送中心提升服务能级

为了适应市场的变化和无限极未来的发展，公司在第三个五年规划中，提出建立全球业务支持系统的关键项目，中国区的业务交易功能需要升级，同时将会开放业务员订货额度限制和新增家居配送业务。在此背景下，物流部根据公司的战略规划预测了未来的需求与变化，包括以下几个方面。

（1）网络结构：无限极公司生产体系将由单一工厂向多工厂转变，要求物流网络结构由树状结构向网状结构转变，对应的将出现多个CDC，或者部分RDC将具有CDC功能。

（2）服务模式：无限极公司将推出家居配送服务，直接的影响是将出现爆发式订单量增长，对于拣货效率带来巨大挑战。

（3）品项变化：无限极公司目前主要经营保健品（片剂胶囊、口服液）、个人护理品、日化家居产品，未来将推出养生类产品包括：电子产品、机械器材等。

（4）存储要求：无限极公司目前已通过ISO 9001：2008、ISO 22000：2005、HAC-CP、保健食品GMP等认证，要求在物流环节遵从GSP认证要求，实现严格的产品质量追溯与控制。

（5）供应链延伸：无限极公司仓库服务范围将逐步向供应链上游扩展，涵盖原物料、中间品、半成品、成品的存储、分拨、配送等物流环节，最终实现供应链载体职能。

无限极（中国）有限公司物流部经理　黄海燕

显然，当时的无限极物流配送系统服务水平远不能满足公司的需要，随着未来公司业绩的快速增长，将严重制约物流运作，影响客户服务水平。为此，对配送中心的升级改造也被无限极公司提上了议事日程。

三、创新成果主要内容

无限极为了升级改造公司的物流配送中心，首先对项目整体进行规划，确定目标与实施方案，然后通过设定投资方案与风险评估，估计项目预计收益，最后进行项目实施。

（一）通过"道天地将法"策略思考平台，对项目整体规划情况做出推导

"道天地将法"策略工具的介绍如下：

（1）"道、天、地、将、法"出自《孙子兵法》："兵者，国之大事，死生之地，存亡之道，不可不察也。故经之以五事，校之以计，而索其情：一曰道，二曰天，三曰地，四曰将，五曰法。"意思是说，"道、天、地、将、法"是兵家取胜必须考虑的5个方面。无限极公司认为这5个方面简单实用，于是把它变成一个模型，用于制定企业发展战略，并成为公司的一个策略思考平台。

（2）"道"是指共同的方向和目标，"天"指的是外部环境，"地"指的是内部环境，"将"指的是点将，"法"指的是具体方法。

（3）在运用时，公司是按照以下的顺序进行的：首先，分析现在的面貌。其次，看"天"和"地"，即外在变数和内在变数。再次，描绘未来面貌，包括共同的方向和目标，也就是"道"位。最后，看从现在到未来面貌有多少差距，要采取哪些行动计划去实现未来面貌，明确由谁负责，即"点将"，由"将"来决定具体的方法。

（4）有了这个平台，公司员工统一了频道，统一了语言，在同一个纬度上思考问题，很快就能达成共识。这个策略思考平台还可以帮助领导者更多地关注"道"、"天"、"地"、"将"，而不是花太多时间在"法"上。

（二）物流配送中心规划的主要做法

1. 项目前期的物流现状

（1）各地物流配送中心从2005年启动送货上门运作，至今为人工加部分设备拣货。

（2）如现截单时间不变，随着业务量发展，预计将在未来1~2年出现瓶颈。

（3）现有能力只支持目前模式的专卖店配送。

（4）公司在全国的十多个仓库都外包给多个物流供应商，而且面积不一，从数百平方米到数千平方米不等。

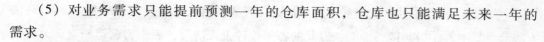

（5）对业务需求只能提前预测一年的仓库面积，仓库也只能满足未来一年的需求。

2. 项目目标

（1）未来能力可支持 200 亿销售额，开放个人订货的专卖店配送 + 家居配送。

（2）支持免费起运额下调。

（3）为 200 亿以上的能力扩充打下基础。

3. 项目规划方案

（1）物流部的整体规划

投资库内软硬件，建设半自动配送中心。并且在公司销售业绩未超 200 亿时，暂不考虑自建配送中心，物流商有足够资源及能力提供配送中心场地供无限极租赁使用。

（2）配送中心升级的规划

针对公司出货高峰日单量为日均 2.5 倍的特点，配送中心将按（日均出货量/8 小时作业）的拣选效率需求设计，出货高峰期以日夜两班作业的方式应对，该方式设备利用率最高，投资最低。

物流部将根据公司预期的销售额及决定的免费起运额，测算全国不同规模的 RDC 作业量，对日均出货量超过人工作业上限的 RDC，按其出货量的规模建设不同级别的拣选流水线，如表 1 所示。

表 1　　　　　　　　　　　　　　拣选流水线建设标准

订单数量标准	类型
<180 单	传统人工作业
180~400 单	电子标签流水线
400~1000 单	复式分流流水线单线
1000 单以上	多条复式分流流水线

配送中心的建设将采取整体规划，分级建设的方式，每一次升级都可继续利用上一级已投入的设备，不会产生投资浪费。

配送中心的建设周期约为 9 个月，可在对次年业绩及业务需求有较准确的预计后启动建设，可较好地避免设备长期闲置。

4. 配送中心硬件投资

（1）投资测算说明：

截单时间提前一天，即当天 16：00 截单，次日 18：00 发货。

按照 2013 年一季度前全国启动开放业务员订货来测算各年投入的金额，如启动的进度延后，则投入的进度相应延后，但投入的总额不变。

（2）以下是在不同的起运额下各年的硬件投入预测，共分为三个档次：如表2～表4所示，其中表2为起运额为1.5万元的各年硬件投入情况；表3为起运额为2万元的各年硬件投入情况；表4为起运额为2.5万元的各年硬件投入情况。

表2　　　　　　　　起运额为1.5万元的各年硬件投入情况　　　　（单位：万元）

年份	投入项目	单价	个数	金额	小计	合计
2011	沈阳等5个仓实施复式流水线	373	5	1865	2132	2575
	哈尔滨等3个仓实施电子标签	35	3	105		
	填充物设备	162	1	162		
2012	长春等3个仓实施电子标签	35	3	105	105	
2013	哈尔滨升级复式流水线	338	1	338	338	

表3　　　　　　　　起运额为2万元的各年硬件投入情况　　　　（单位：万元）

年份	投入项目	单价	个数	金额	小计	合计
2011	沈阳等6个仓实施复式流水线	373	6	2238	2975	3418
	沈阳、北京为多线需求	200	2	400		
	成都等5个仓实施电子标签	35	5	175		
	填充物设备	162	1	162		
2012	无					
2013	成都升级为复式流水线	338	1	338	443	
	合肥等3个仓实施电子标签	35	3	105		

表4   **起运额为2.5万元的各年硬件投入情况**   （单位：万元）

年份	投入项目	单价	个数	金额	小计	合计
2011	沈阳等8个仓实施复式流水线	373	11	4103	5545	6215
	沈阳、北京等为多线需求	200	5	1000		
	长春、武汉等5个仓实施电子标签	35	8	280		
	填充物设备	162	1	162		
2012	哈尔滨增加多线需求	200	1	200	235	
	兰州仓实施电子标签	35	1	35		
2013	沈阳、北京增加多线需求	200	2	400	435	
	新疆仓实施电子标签	35	1	35		

当销售额超过200亿元时，公司会追加投资金额，具体追加投资金额如表5所示。

表5   **追加投资金额**   （单位：万元）

免费起运额	销售额在200亿元以上，每增加35亿元需要增加的投入
1.5	310
1	505
0.5	900

5. 项目风险预计

由于国内家居配送的物流市场尚处于起步阶段，且无限极产品以重货及玻璃产品为主，根据同行目前的服务水平，估计在家居配送服务中可能出现以下问题：

（1）预计未来客户投诉率为1%~2%，客户服务满意度由目前的高于85%降低至75%~80%。

（2）由于散箱率为100%，预计货损率由目前的0.5%上升到1%。

（3）在新疆、甘肃、青海、宁夏、云南、贵州、黑龙江、内蒙古等地区，因地理、天气、经济环境等因素，物流市场整体运作水平较低，预计其投诉率、满意度会低于全国平均水平。

6. 项目效益

（1）升级后，配送中心从目前手工加部分设备操作升级到半自动流水线操作，根据不同的投资及新增费率，作业能力提升5.1~15.1倍，可支持以下新增的业务需求：①开放业务员订货。②启动家居配送。③免费起运额从1.5万元逐步下降至0.5万元。④可支持200亿元销售额的专卖店配送和家居配送。并为支持200亿元以上出货打下软硬件基础。

（2）为市场提供更便利的物流服务，提升公司形象，提升市场信心。

（3）保障物流服务水平稳定健康发展，并保持位居同行前列。

7. 项目组分工原则

（1）该项目由物流部牵头，同时由营运、IT 部门配合，共同推进项目完成。

（2）IT 系统的支持是本项目成功实施的关键，IT 系统的实施进度决定了项目推进的整体进度。

8. 项目实施步骤

（1）成立项目组。

（2）引入配送中心设计咨询公司。

（3）对配送中心进行规划设计。

（4）配送中心软硬件的集成。

（5）配送中心上线运行。

（三）物流配送中心规划的实施方法

1. 四种 RDC 仓库存储模式

公司首先比较了四种 RDC 仓库存储模式的优缺点，如下图所示。

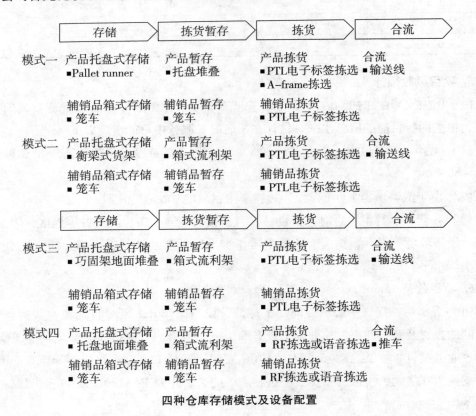

四种仓库存储模式及设备配置

按设计规划，RDC 功能模块可进行扩展，增加如下功能：

（1）能适应未来部分仓库从 RDC 向 CDC 的职能转变，适应多工厂供货的收货模式。

（2）多种模式适应未来订单特性，能应对爆发式的订单量增长。

（3）仓库功能扩充：库内加工、维修维护、客户服务。

（4）部分物流设备具有较高的柔性，应对库存量的增长，更能灵活应用于其他仓库。

2. RDC 分批升级

所有的投资均会贯彻整体规划、分步建设的方式，每次升级均可利用上期投入的设备和系统，不会产生投资浪费。在具体的投资方式上，物流配送中心的升级改造，一般都采取与物流供应商合作投资的方式，既稳定了双方的合作关系，又减少了公司一次性的成本投入。公司与物流供应商投资分摊模式如下：①货架、叉车、托盘由供应商自行采购，无限极支付部分使用费。②其他仓库改造费用，如地面改造、仓库隔断、加开门或封门等仓库基础的改造，以及仓库提前搬迁和预留新仓库使用金等费用，由无限极承担。③仓租：如属平面仓，无限极承担新仓库与旧仓库仓租差价部分；立体仓无限极承担部分货架、托盘的采购成本和其他仓库费用，并按 5 年分摊方式计入仓租一起结算。

各 RDC 分批升级的安排如表 6 所示。在 2012 年 7 个月的时间里，无限极一共对 14 个 RDC 成功进行了升级改造，创造了配送中心蜕变的一个辉煌纪录。

表6   **各 RDC 升级安排**

时间段	完成上线 RDC 的数量
2012 年 6 月	1
2012 年 7 月	2
2012 年 8 月	4
2012 年 9 月	3
2012 年 10 月	1
2012 年 11 月	2
2012 年 12 月	1
2013 年	剩余

3. 无限极 WMS 和电子标签系统上线

在物流中心规划的实施过程中，WMS 上线是保证中心数据处理的重要工作，通过 WMS 系统上线，使旧有的流程进行了优化，新的流程提升了工作成效。

（1）公司首先梳理了 WMS 的业务流程，具体包括：库内作业、收货、上架、波次分配、补货、拣货、复核集货、发货、报废出货、其他异常业务流程。

（2）上线后的 WMS 支持以下的场景：组合产品之间、产品与包材、辅销品之间的组合；库内喷码；产品追溯码；赠送、促销；拆解（礼品包装）；更换包装（不同的语言文字、标示、出货包装）；维修、返修；贴标签（价格改版）。

（3）WMS 在未来还可向以下功能扩展。首先是能适应未来多种品项，从已有的保健品、个人护理品、家居日化产品，扩展到电子产品、器材等。其次是遵从 GSP 认证要求，能严格实现产品追溯与质量控制。最后是能实现向供应链上游的扩展，包括原材料、半成品等的存储、分拨、配送环节。

电子标签系统上线，对传统的拣货作业进行了革命式的改变，提升了拣货效率和准确性，其与传统拣货方式的对比如表 7 所示。

表 7　　　　　　　　传统拣货方式 VS 电子标签播种式拣货

传统拣货	电子标签拣货
1. 依据拣货表单指示进行拣货作业，拣货速度与效率低	1. 提升作业速度与品质
2. 需对储存环境与商品属性有认知	2. 实现无纸化、标准化作业
3. 人员需要有一定的工作经验，所需要的培训时间也长	3. 无须工作经验，缩短操作人员上线的培训时间
4. 视觉的误差，导致拣货错误	4. 降低前置作业时间并大幅降低错误率
5. 采用废弃纸张打包防止破损，不环保而且效果不稳定，产品物流形象不佳	5. 采用充气袋和统一规格的周转箱进行打包，包装质量和公司产品物流形象均提高

四、主要创新点

经过科学的规划与实施，无限极公司配送中心的效率得到了较大的提升。表 8 给出了无限极公司与其他同行公司配送中心效率的比较。从表 8 可以看出，无限极公司的物流模式采用了 100%送货上门，比某 B 企业 80%的货量由业务员自提便利，免费起运额比某 A、B 高，可有效控制投资和运营费用，同时无限极公司的模式还兼顾了便利性和成本因素。

五、创新成果应用效果

无限极的配送中心经过重新的规划设计，其中 14 个 RDC 在 2012 年完成了升级改造，升级前后的变化如下。

表8 无限极物流配送中心与其他企业 RDC 的比较

直销企业	RDC数量	自动/半自动化配送中心	投资额	处理能力	仓库概述	物流模式	物流费率
某A企业	12	12	广州：5181万元，连同10年售后服务合计2.72亿元	最高可达7000票/日	仓库面积1.2万平方米。主要设施有流利架、电动传送带、叉车、自动称重、RF扫描设备等	100元以上的订单可免费送业务员住处，也可指定专卖店代收。约70%货量配送到店铺，约30%货量配送到住处。100元以下收费送货。100%由公司送货上门	5% ~ 6%
某B企业	24	广州（其中之一）	设备1500万元；系统投入合计9000万元	未知	占地4万平方米，建筑面积1.6万平方米广州的设施同上	2000元以上的订货免费配送到业务员住处；2000元以下订货业务员自行前往自营店订、提货；约80%货量业务员到自营店自提，约20%货量配送至住处；在全国设立263个自营店遍布一、二级城市，自营店有物流功能	>3%
无限极	18	4个（物流供应商投资）	预计投资范围在2500万 ~ 6300万元	常规1个货仓<300票/日	4个RDC有拣选流水线、流利架、电子标签等设备；其他RDC以手摇叉车辅佐为主	达到免费起运额（暂定1.5万元）的业务员订货免费送住处（一、二级城市）；业务员订货可指定某专卖店代收，不收取运费。100%由公司送货上门（店铺或住处）	<3%（免费起运额0.5万 ~ 1.5万元）

在升级前，全国的仓库都为平面仓库，升级后，全国的仓库中已有6000平方米的立体化仓库。升级前，仓库内无条码应用，每库位存放货物信息依靠人工看管；升级后，各货位存放货物批号信息通过扫描条码获取，绑定 LPN 码和箱标签。在拣货区，升级前都是地堆式摆放拣选，距离长；升级后，人员按工位定点作业，流利式货架缩短拣选距离。在拣货方式上，升级前看发货单拣货，寻找目标货物，绕一圈拣完一票货；升级后，采取波次管理、补货管理和分配策略，系统将订单信息传送到电子标签系统，批量处理，算好最短拣选距离，员工看见电子标签亮灯拣货。在拼箱方式上，升级前采取人工经验拼箱，作业效率低；升级后，各箱应装入什么货物系统提前算好，员工看电子标签拣货装箱。在复核工作上，升级前，货物搬运地牛拉至复核区，员工

弯腰逐箱逐个货品根据发货单核对实物数量、批次是否一致；升级后，拣货后输送线将货物运送至复核台，员工坐等，点数复核。在包装填充方式上，填充货品为辅销品或者废纸箱皮，找填充物较为耗时；升级后，统一用气袋填充，提升作业效率和防护效果。

此外，在配送中心服务能力上也发生了较大的变化。每单处理效率提升40%，拣选准确率提升16%，日订单处理能力提升4倍。

六、创新成果推广价值

无限极公司对物流配送中心升级进行规划和实施的成功经验可以值得许多公司借鉴。首先，采用公司独特的"道天地将法"策略工具，对配送中心升级的规划和实施项目进行了整体分析，为项目的顺利推行奠定了坚实基础，该工具非常适合向其他公司或企业进行推广，用于进行策略方面的分析。其次，因配送中心的升级改造涉及整体模式等多方面改变，通过引入咨询公司，借鉴他们的经验，使配送中心的综合设计应用既能贴合公司的需求，又能达到行业的先进水平，甚至在直销行业树立起标杆的作用。这种做法可以供物流行业内的物流中心规划和建设提供参考。最后，在项目实施前的培训阶段，由于无限极公司拥有的配送中心分布地域广阔，人员较多，公司采取种子教官培训制度，既保证了培训效果，又节省了培训成本，还培养出一批骨干成员，随时可以支援各地需要帮助的地区，可以为与无限极类似情形的连锁型企业提供借鉴。

中铁物资东北公司构筑钢铁行业制造业与物流业联动服务平台①

中铁物资集团东北有限公司副总经理　王建中

【成果摘要】制造业与物流业联动发展，不仅有助于制造企业和物流企业降低运作成本，提升制造企业和物流企业的竞争力，也有利于政府优化物流资源配置，提高国民经济运行质量。为了提高企业的竞争力，解决企业库存问题，中铁物资集团东北有限公司建立了钢铁行业制造业与物流业的联动服务平台。中铁物资集团东北有限公司通过与供应商建立联合库存管理机制，第三方物流参与 JMI 管理实现物流与信息流融合，以尽可能为客户降低运输成本为原则，帮助客户制定个性化服务方案（包括组建供应工作领导小组和现场服务小组、组织供应、技术服务、售前售后服务、应急处理等过程），实现了整个供应链上企业满意度和效益的提高，加强了供应链上的信息流动。该成果已经在抚顺新钢铁哈大铁路客运专线项目中得到了成功的应用。通过双方的联动发展，中铁物资集团东北有限公司不仅为客户带来了更高的收益和满意度，而且也为其他一些制造企业和物流企业建立联合管理库存、降低成本、提高企业经营效益提供了很好的借鉴。

【成果关键词】联合库存管理；供应链服务优化；两业联动

【成果适用领域】制造业与物流业两业联动；钢铁流通企业物流体系建设

---

① 本成果由中铁物资集团东北有限公司提供，成果主要创造人：王建中，参与创造人：刘爱华、葛岩、耿继武、郭玉林、崔巍、于宁、黄丹、吴洋，获 2013 年度物流行业企业管理现代化创新成果奖二等奖。

一、企业基本情况

中铁物资集团东北有限公司隶属于中铁物资集团有限公司，是世界 500 强企业。本部位于沈阳，占地 12 万平方米，拥有铁路专用线 4 条，龙门吊车及各类装卸设备多台，年吞吐能力突破 800 万吨。在鞍山、大连、哈尔滨、包头、西宁、乌鲁木齐等多处设立子、分公司。主营铁路建设所需的钢轨、道岔及配件、金属材料、油料、煤炭、矿粉、火工品等，大型基建项目所需钢材、水泥等相关物资及工程物流、仓储物流服务等综合物流配送业务。是铁道部授权的铁路建设项目部物资代理单位、国家铁路建设用钢轨指定供应商、铁道部钢轨储备指定仓库和国家级战备物资储备仓库。目前已逐渐发展为集国内、国际贸易、第三方物流、加工配送、信息咨询及设备租赁于一体的大型综合贸易、物流企业，在业界内享有良好的声誉和较高的知名度。

东北公司坚持以科学发展观为指导，坚持"贸易 + 物流"的经营战略，充分依靠企业日益增强的综合实力和抵御风险的能力，化挑战为机遇，化压力为动力。2010 年产值 41.91 亿元，利润 7170 万元，上缴税金 3745 万元；2011 年产值 37.84 亿元，利润 2359 万元，上缴税金 1632 万元；2012 年产值 41.54 亿元，利润 4911 万元，上缴税金 1932 万元。多年来，东北公司坚持以诚信为本的原则获得了广大客户的支持和一致好评，并将继续将诚信、守法、自律、共赢的思想保持和发扬下去。

二、创新成果产生背景

（一）联动发展受到国家发改委等政府部门关注

当今社会物流行业的竞争最根本的还是物流服务的竞争。随着国家社会经济、科学技术的发展，越来越多高新技术和企业管理服务理念应用于物流行业，传统的物流服务无法满足日益增长的经济和日益激烈的市场竞争。在快速变化的科技、社会、市场环境中，物流企业的物流服务创新显得极其的重要，也是企业生存发展的着眼点。

制造业与物流业联动发展是指以制造业与物流业的产业关联为基础，将制造业的物流业务与物流企业的物流运作联合起来，以互利共赢为目标，进行产业分工与合作。实施两业联动发展，不仅有助于制造企业和物流企业降低运作成本，提升制造企业和物流企业的竞争力，也有利于政府优化物流资源配置，提高国民经济运行质量。经过几年的发展，在国家发改委及有关部门的推动下，两业联动在全国范围内得到了深入推广，涌现出许多两业联动的成功案例。联动双方虽然在物流运作效率、物流服务质量、物流成本、信息化管理等方面取得了一定的成效，但仍然存在一些问题，需要加快创新发展模式，推进两业联动深入发展。

（二）联合库存管理（JMI）的运作模式尚未受到钢铁行业的关注

长期以来，供应链中的库存是各自为政的，供应链中的每个环节都有自己的库存控制策略。由于各自的库存控制策略不同，不可避免地产生需求的扭曲现象，即所谓的需求放大现象，形成了供应链中的"牛鞭效应"，加重了供应商的供应和库存风险。而联合库存管理（JMI）这种库存管理策略打破了传统的各自为政的库存管理模式，有效的控制了供应链中库存风险，体现了供应链的集成化管理思想，适应市场变化的要求，是一种新的有代表性库存管理思想。但是，这种先进的运作思想在钢铁行业中仍然未得到系统的探索与推广。因此，中铁物资集团东北有限公司欲以此为突破口，构筑钢铁行业制造业与物流业联动发展新模式。

三、创新成果主要内容

在该创新成果中，中铁物资集团东北有限公司主要通过建立联合库存管理机制、第三方物流参与 JMI 管理实现物流与信息流的融合以及帮助客户制定个性化服务方案等实现制造业与物流业的联动。

（一）建立联合库存管理机制

中铁物资集团东北有限公司与多家钢铁生产企业建立联合库存联动管理，吸引他们在东北公司建立自己的库区、销售中心等，并由东北公司一并管理，使中铁物资集团东北有限公司成为辽沈地区极具影响力的钢材交易集散地。为了发挥联合库存管理的作用，供需双方应从合作的精神出发，建立供需协调管理的机制，明确各自的目标和责任，建立合作沟通的渠道，为供应链的联合库存管理提供有效的机制。图1为供销协调管理机制示意图。

供应商与东北公司共同协调市场战略，对双方存在的共性问题进行识别，然后双方确定产品定位和市场定位，在此基础上，建立供需协调管理机制，包括建立联合库存管理体系。双方从顾客满意角度出发，协调各自的目标，其中供应商的目标包括销售量和销售利润，东北公司的目标包括采购品种、采购数量和预期的利润目标。

在建立供销协调管理机制中，建立信息沟通的渠道和发挥第三方物流系统的作用非常重要。

1. 建立信息沟通的渠道

为了提高整个供应链的需求信息的一致性和稳定性，减少由于多重预测导致的需求信息扭曲，增加供应链各方对需求信息获得的及时性和透明性，整个供应链通过构

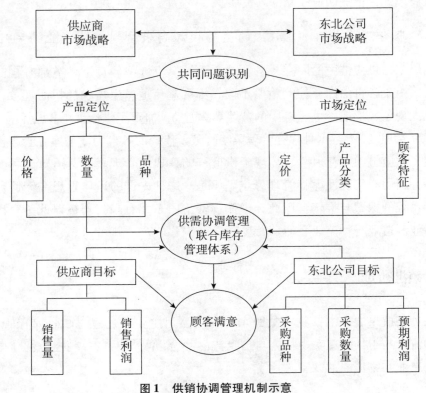

图1 供销协调管理机制示意

建库存管理网络系统，使所有的供应链信息与供应商的管理信息同步，提高供应链各方的协作效率，降低成本，提高质量。为此应建立一种信息沟通的渠道或系统，以保证需求信息在供应链中的畅通和准确性。该项目充分利用 Internet 的优势，在供应链中建立畅通的信息沟通桥梁和联系纽带。

2. 发挥第三方物流系统的作用

东北公司采用联合库存管理模式后，由于地域问题，下属分公司进行销售时，地域广阔造成的运输问题阻碍联合库存控制系统的整合。在短时间内，运输手段的提高，运输时间的减少，运输费用的减低，技术的实现都将是极其缓慢的，因此在建立联合库存控制时，需引入第三方物流系统。在某些情况下，多品种小批量生产的供应链必须是小批量采购、小批量运输，这就提高了货物的供应频率，而运输频率的增加就要增加运输费用，这时由第三方物流系统提供一种集成运输模式，可使供应链的小批量库存补给变得更为经济。

（二）第三方物流参与 JMI 管理实现物流与信息流的融合

1. 东北公司设计第三方物流参与 JMI 的思路

第三方物流负责 JMI 将会使 JMI 的库存管理模式更充分地发挥其能效，并得到更广泛的应用。

东北公司在实施 JMI 管理策略时考虑到第三方物流参与到钢铁生产企业与物流企业之间，发挥支持、桥梁作用，是改善库存管理水平必不可少的一个环节。换言之，在中国目前的商业环境下，第三方物流的中立地位，有利于协调双方利益。成熟的第三方物流可以起到推动 JMI 实践的作用。良好的运作经验可以帮助钢铁生产企业降低风险，尤其是共享信息的初期，尽量减少断货缺货、库存增加给供应链带来磨合的压力。基于以上原因东北公司选择了第三方物流作为 JMI 管理的主体。

2. 构建信息服务平台

东北公司实施 JMI 以及供应链协同发展、提高供应链管理水平的战略，提供库存管理与运输、配送业务，并建立了综合物流信息服务平台，贯穿东北公司产品供应链的始末，使制造商可以全程查询货品的状态。图 2 为东北公司库存管理的物流与信息流融合图。

（三）帮助客户制定个性化服务方案

接到客户的委托后，东北公司做的第一件事情就是核算这批货物怎样运输速度更快、成本更小。根据货物的性质、质量和目的地，分析选择零担、整车还是拼车，本着尽可能为客户降低运输成本的原则，为客户提供最佳的运输方案，这一方面体现出东北公司的专业水平，另一方面则体现了对客户用心的服务态度，对于实施供应链一体化伙伴关系的钢铁生产企业来说，这种高效专业和用心的服务必不可少。

下面以哈大铁路客运专线项目为例，介绍东北公司联合抚顺新钢铁制定的完整可行的物流服务方案：

1. 组建哈大铁路客运专线物资供应工作领导小组及现场服务组

物资供应工作领导小组负责与哈大指挥部、监理和施工单位的联系协调，及时协调处理有关问题；现场服务组主要负责按时、保质、保量地组织物资发运。

2. 组织供应

东北公司在抚顺新钢铁设立驻厂代表，负责根据施工方提供的详细交货计划落实组织供应。

结合施工现场的实际情况，东北公司运送服务采用汽车运输和火车运输相结合的方式。在组织装车和运输过程中，东北公司严格按照施工方要求及《铁路货物装载加固规则》采取必要的加固、防护和安全保障，以确保所供应物资的运输安全及到货质量。

3. 技术服务

东北公司成立技术服务中心，配备专业技术人员，为用户提供有关试验数据和各项技术服务。每发出一批物资后，即派人去施工现场履行交货手续，提供所发运物资

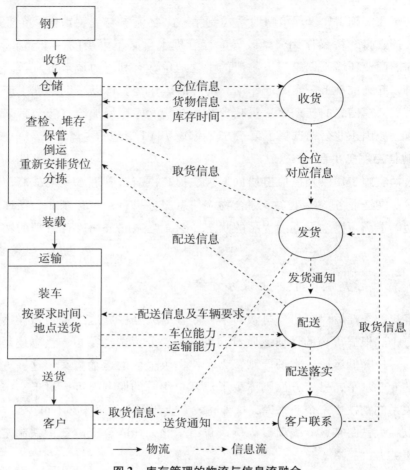

图 2　库存管理的物流与信息流融合

的质量证明书、发运清单等资料，办理相关业务手续。

4. 售前、售后服务

（1）东北公司建立售前服务体系，组织专门人员积极与抚顺新钢铁衔接供需，编制运输计划和组织运输力量。

（2）在物资配送过程中，及时传递"产品质量反馈卡"，经常到工地和施工单位了解工程进度，进行调查研究，听取意见和要求，会同有关单位及时安排、调整和修订供货计划。

（3）建立售后服务热线，热情主动解决供货中出现的问题，及时为用户提供相关资料，传递质量检验报告等，协调解答用户疑问，处理有关质量问题。

5. 应急措施及异议处理

（1）如果出现某批物资质量异议，中铁物资集团东北有限公司立即就地封存，一方面协同抚顺新钢铁及时赶往施工现场，查明原因，解决问题；另一方面积极组织合格货源，保证供应。

（2）如出现交通、气候、环境等异常情况时，造成交通不畅，无法正常通车，东北公司即启动应急预案，改变行车路线，采用铁路、公路联合运输方式，以保证供应。

（3）如果抚顺新钢铁临时产量不足或施工生产物资用量突增，导致物资供应临时告急，中铁物资集团东北有限公司将积极组织货源，经建设单位及施工工地允许，在保证供应物资同等质量条件下，实施紧急采购，以解施工生产之急，保证供应。

四、主要创新点

中铁物资集团东北有限公司物流服务创新的主要创新点主要包括以下几个方面。

（1）建立联合库存管理机制

为了发挥联合库存管理的作用，供需双方应从合作的精神出发，建立供需协调管理的机制，明确各自的目标和责任，建立合作沟通的渠道，为供应链的联合库存管理提供有效的机制。

（2）第三方物流参与 JMI 管理实现物流与信息流的融合

东北公司实施 JMI 管理以及供应链协同发展、提高供应链管理水平的战略，提供库存管理与运输、配送业务。并建立了综合物流信息服务平台，贯穿东北公司产品供应链的始末，使制造商可以全程查询货品的状态。

（3）帮助客户制定个性化的服务方案

接到客户的委托后，东北公司成立专门的负责小组，对客户的货物情况进行核算，确定怎样运输速度更快、成本更小。根据货物的性质、质量和目的地等，在满足客户需要的前提下，以尽可能为客户降低运输成本为原则，为客户提供最佳的个性化运输方案。

五、创新成果应用效果

中铁物资集团东北有限公司建立了钢铁行业制造业与物流业的联动服务平台后，对钢铁制造商、东北物流公司以及整个供应链都有很显著的经济效益和社会效益。

（一）对于钢铁制造商

在钢铁行业态势良好时，联合库存可为制造企业在较低价格时提高库存量，在高价时卖出；在钢铁行业价格下滑时，东北公司利用自身丰富的下游资源优先出售联动制造企业的产品，更快地为制造企业回笼资金，避免了钢铁企业因停产带来的大量人员闲置、停炉隔热材料损失以及再次点火带来的时间和巨额成本投入，起到了为制造企业提供连接产、销蓄水池的功能作用。

以抚顺新钢铁有限公司为例，2012 年 2 月发往东北公司钢材 5 万余吨，运输到仓储的全过程由东北公司负责，抚顺新钢铁只需承担吊装费及运输费用。存放在东北公司的多数直径为 16 和 20 的螺纹钢等建筑行业畅销建材。因当时正处冬季，受东北气候影响大多项目均已停工；另外，当时建筑业前景较不明朗，大多经销商因风险因素不敢大规模储备钢材，而随着天气转暖，各工程开工后钢材销售量势必增长，3 月钢材每吨涨 100 元，扣除物流费用，此批钢材将为抚顺新钢铁带来近 400 万元的收益。

2013 年钢铁行业低迷，价格一路走低，很多钢铁制造型企业都面临着停产的危险。上半年，东北公司利用自身的下游资源，为抚顺新钢铁有限公司实现钢材销售量 24 万余吨，以平均一个月降价 80 元/吨计算，上半年东北公司为新抚钢减少损失近 2000 万元，同时使资金尽快回笼，降低了资金使用成本。

另外，降低物流成本提高产品质量。由东北公司为抚顺新钢铁提供从运输到装卸、仓储的全方位物流服务，使抚顺新钢铁省却了物流方面的人力投入，更加专注于钢材生产。

（二）对于东北物流公司

首先，在价格方面。与钢厂的联动带给东北公司强劲的价格优势。建材价格瞬息万变，在冬季价格较低时进行储备，并根据市场变化调节库存量，获取较大的价差；第二年通过良好的联动关系，在下游客户需要提货时以当天价格与制造企业结算，也避免了扣货后价格下降带来的损失。

其次，在货源方面。钢厂通常分批次扎取不同型号的钢材，而下游客户需求的钢材型号不一定与钢厂正在生产的型号相符，因此东北公司库存的钢材就为公司在销售过程中带来了货源优势和物资保障。

同时在资金周转方面，东北公司可以根据现有流动资金控制购入钢材的数量，而另外一部分货权属于钢铁生产企业。由于已签订协议，可以协议价格购入抚顺新钢铁货源，这样便可以不用担心缺货而造成的客户流失。

以 2013 年 1~6 月为例，东北公司平均存货周转天数为 33 天（直发物资除外），库存周转率为 10.62。根据东北地区有冬季储备的经营特征，1~3 月为冬季储备期。若抛开 1~3 月，东北公司的库存周转天数为 17 天，库存周转率为 22.19。订单完成率 100%，订单完成周期 30 天，产品发货准时率 95% 以上，产品破损率为 0，单位产成品物流成本 86 元。2013 年上半年东北公司与新抚钢联动销售建筑钢材共 24 万吨，总产值逾 8 亿元，同时带来仓储收入近 500 万元。

（三）对于整个供应链

从整个供应链角度，东北公司与制造企业的联动也表现出了一定的共性，即盘活资金。钢厂属于典型的资金密集型企业，物流公司的资金周转量也较大，在钢厂与物流公司的联动过程中，加快了双方的资金周转速度，有利于钢厂扩大再生产及技术提升，有利于物流企业提高经营规模，减少资金占用成本。

六、创新成果推广价值

中铁物资集团东北有限公司建立了钢铁行业制造业与物流业的联动服务平台后，对钢铁制造商、东北物流公司以及整个供应链都有很显著的经济效益和社会效益。总体来看，该创新成果具有三点推广价值。首先，该创新成果属于钢铁流通企业与钢铁制造企业开展两业联动的成功范例，为降低钢铁制造企业的产品成本进而提高企业经济效益提供了有益的借鉴。其次，该成果的钢材供应商建立了联合库存管理机制，第三方物流参与 JMI 管理，这种模式可以推广到其他流通企业特别是连锁企业。最后，东北公司为客户提供个性化解决方案的模式可以为其他项目型物流问题提供参考借鉴。

图3　东北公司物流园区

中信信通物流金融业务风险分析及模式创新[①]

中信信通国际物流有限公司总经理　李　泽

【成果摘要】 中信信通国际物流有限公司通过对自身现有业务进行分析，提出完善风险评价体系、促进物流金融模式创新、建立商贸物流平台，实现物流、信息流、商流、资金流的整合的创新业务模式和多方共赢的供应链物流金融业务模式。该创新成果有利于企业降低风险、创建新利润增长点。与此同时，物流金融业务创新模式的开展不仅为企业以及贸易合作方带来共同利益，创造共赢模式，也成为改善现有的市场信用普遍较低现象的有力保障。供应链金融模式的提出，是物流行业的必然趋势，不仅为物流企业带来新的利润增长点，也为供应链各参与方带来新的契机。物流企业可借鉴中信信通实践中总结出的风险控制体系，加强自身风险把控能力，将损失降至最低水平，实现企业长足的进步。

【成果关键词】 物流金融；风险控制体系；模式创新

【成果适用领域】 第三方物流企业服务创新；物流金融业务创新

一、企业基本情况

中信信通国际物流有限公司成立于 2008 年，注册资金 1 亿元，为中信汽车有限责任公司的国有独资有限公司，是中信集团内唯一的全资物流及综合供应链服务企业。

---

① 本成果由中信信通国际物流有限公司提供，成果创造人：李泽、马雷，参与创造人：张昆、高哲、戴艳、潘朝喜、郑卫、刘志锋、许磊、王冈、黄山，获 2013 年度物流行业企业管理现代化创新成果奖三等奖。

2012 年公司合并口径主营业务收入 23 亿元，归属母公司净利润 2372 万元，总资产 11.23 亿元，归属母公司的净资产 1.27 亿元，总负债 9.77 亿元。2012 年本部口径计算主营业务收入 17 亿元，归属母公司净利润 2981 万元，总资产 8.79 亿元，归属母公司的净资产 1.36 亿元，总负债 7.43 亿元。

中信信通是以物流金融为依托，向客户提供供应链一体化解决方案，兼具实体物流实施能力及虚拟物流能力的专业供应链服务商。在中国第三方物流行业中成为后起之秀，于近年成为中国物流与采购联合会常务理事单位、中国物流与采购联合会汽车物流分会常务副会长单位以及汽车维修协会副会长单位。

此外，公司突破物流金融的第三方监管、融通仓等仓单质押业务，从供应链视角定义基于产业链模式下广义的供应链金融服务体系，创新性地提出"透视化"下的物流银行创新模式，积极拓展实现以虚拟生产、委托加工、贸易执行为核心的创新商业模式，实现供方、金融机构、物流企业、需方四方的资金流、物流、商流、信息流的全程控制。公司致力于打造一站式全球供应链服务平台，整合商流、物流、信息流、资金流和业务流，依据客户需求承接非核心业务外包，量身定制个性化、差异化供应链服务方案，帮助企业提高供应链效益，推动供应链创新，构筑核心竞争力。公司现已建有能源物流网络、整车物流网络、质押监管网络、冷链物流网络和汽车后市场服务网络等。

二、创新成果产生背景

（一）物流金融发展迅速，正成为物流公司新的利润增长点

国内物流金融业务发展处于探索阶段，但近年来发展速度很快。国内大型物流仓储企业因为具有本土优势和较大规模、良好行业信誉和充足资本储备，在物流金融业务拓展方面呈现出明显的优势。2005 年以来，国内多家第三方物流公司和银行联合开展物流金融的新业务。如中国外运集团 2007 年监管货值超过 1000 亿元，三方合同 1000 多份，协助银行提供授信超过 250 亿元；国内首家成立贸易融资部的深圳发展银行，其物流金融业务已占其资产业务的半壁江山，物流金融的快速发展对于支持中小企业融资、控制银行风险以及推动经济增长都具有非常积极的作用。

但是随着物流行业在国内外的快速发展和供应链金融业务的不断扩张，显现了许多风险事件，并且造成了严重的经济损失，对整个行业发展产生了巨大的阻碍。与此同时，物流行业竞争日趋激烈，价格竞争促使物流企业不得不压低成本，恶性竞争影响整个行业的健康发展。因此，寻找新利润增长点成为各物流企业的首要任务。

（二）中信信通监管业务逐步成熟，需要加强风险监控

2009年年底，中信信通成立物流金融事业部，以汽车监管为主营业务。随后，为了扩大业务范围，公司于2011年将产业监管纳入主营范围内。随着监管业务的逐步成熟，风险控制成为中信信通的竞争优势。与此同时，随着经济环境的变化，市场信用风险逐步显现，单纯的监管已无法完成对贸易过程中资金、信息、商贸流通走向的掌控。因此，中信信通于2011年3月开展创新的物流金融业务。

在实践过程中，中信信通发现中小型企业因信用问题，常常无法成为银行信贷业务中的主力。然而中小型企业占据了大量的市场份额，因此，潜在市场是否可开发的关键是解决中小型企业的信用问题以及解决银行对于物流商流等信息的监管问题。为此，中信信通致力于帮助商业银行和各核心企业、供应链上下游企业提供监管物流、商流、资金流、信息流的业务，不仅为中信信通开拓业务奠定了基础，也为物流金融在国内市场的进一步发展增强可行性。

三、创新成果主要内容

中信信通完善现行风险评价体系，实行分级监管等日常工作流程规范并细化风险预警信息，降低潜在风险。与此同时，为了实现物流、商流、资金流、信息流的整合，中信信通搭建商贸平台，实行供应链物流金融新模式。在寻找新的利润增长点的同时，控制因信息不平衡带来的风险，并以自身成熟的监管服务予以辅助，实现企业快速成长。

（一）现行物流金融风险评价体系分析

随着我国现代物流业的快速发展，物流服务的范围也随之扩大，各企业在实现业务拓展的同时，更需要兼顾对物流业务操作中的潜在风险的控制、规避。从实际案例来看，物流金融风险不仅仅局限于传统的单纯运输货物过程中，更向供应链各方、各节点蔓延。针对物流金融风险，现行的风险评价指标体系一般包含以下因素：

1. 现行指标体系的内容

（1）技术风险：主要是指质押监管系统因缺乏足够的技术支持而引发的风险。具体指标包括评估系统的完善性、评估方法的科学性和网络信息技术的先进性等。

（2）监管风险：主要是指质押监管系统由于监管工作的不得力而引发的风险。具体指标包括监管制度的全面性、监管设施及工具的安全性、管理信息系统的先进性及监管操作的规范性等。

（3）法律风险：主要指法律条款的不完善而引发的风险。具体指标包括法律条款

的完善性。

（4）质押物风险：主要是指由质押物的选择不当而引发的风险。具体指标包括质押物市场价格的稳定性、合法性及变现能力等。

（5）客户信用风险：主要是指由客户的信用度不足而引发的风险。具体指标指的是客户的信用度。

（6）环境风险：主要指国内外环境的变化而引发的风险。具体指标包括国内经济政策的稳定性和国外经济形势的影响力等。

2. 现行指标体系的局限

（1）指标划分缺乏准确性

整套指标体系中有些指标的划分定位不明确，风险评估工作可操作性较差，致使风险体系成为纸上谈兵。例如在管理风险、监管风险甚至质押物风险中，同时存在由技术引发的相关风险问题，因此，应将该指标细化，增加风险评估依据的可行性，将一级指标具化至二级指标项。

（2）指标内容不完善

现行整套指标体系不完善，多种风险指标的缺失为物流企业带来潜在的未认知风险，可能造成极大损失。例如管理风险、合同风险、指标的设计等，现行风险评价指标体系仅将它们视为企业共有的风险，并没有将此类风险涵盖于质押监管系统物流金融业务的重要风险中。中信信通对于此类风险进行了经验总结，将管理风险与合同风险区别开来，并分别制定相应的风险评估标准。

（二）风险评价指标体系设计

依据实际操作经验，在开展物流金融服务的过程中，无论采取的是何种模式，质押监管系统风险都是并存的。为此，中信信通根据指标体系构建的目的性、科学性、客观性、系统性、可比性和实用性等基本原则，结合有关实际情况总结建立了一套质押监管系统物流金融服务风险评价指标体系，将一级指标各项内容细化分类至二级指标。账期的不稳定性往往将导致供应链上下游中小企业货款回收困难，业务扩张难以得到实现。中信信通致力于与上下游中小企业建立相互依存的合作共赢赢利模式，使供应链各方、各环节顺利进行。在供应链中提供运输、仓储配送服务的同时，也为金融机构提供质押监管、信用评估等服务，不仅为金融机构降低了潜在风险，并且为中小企业扩大营业规模提供了可能。与此同时，中信信通为了增强对供应链中各环节的把控能力，加强自身风险控制的能力，重点专注于以下各类风险的监控。

1. 管理风险

上下游企业、核心企业及第三方物流企业的组织结构的合理性、责任分配的明确性及监管机制的有效性、管理者和员工素质都是考核该项风险水平的指标组成。例如：

第三方物流企业的各部门程序是否存在对接缺口、监管人员管理是否合理、监管人员上报程序是否冗繁导致延误信息传递造成不必要的损失等。除第三方物流企业自身管理风险外，上下游企业以及核心企业的管理机制是否健全也是衡量管理风险是否存在的重要指标。内部管理风险也是企业常见的风险之一，包括供应链金融服务的监管是否健全、员工自身素质是否符合要求、风险管理体系是否全面合理等。另外，管理漏洞会增加企业内部各业务部门衔接难度，造成责任分工不明确从而导致业务操作风险。例如：操作记录交接没有明确规定，各清单或合同缺少确认人签字环节，造成责任追溯难度加大，并且遗留潜在法律风险等。

2. 评估风险

评估该类风险时，应分别对评估人员业务熟悉程度、质押物评估系统的完善性、质押物评估方法的科学性三方面进行考核。质押物的物理化学性质以及市场价格稳定性、变现能力都是需要评估人员进行仔细调研的问题，将以上问题于评估阶段解决，减少后续因评估结论与事实不符而引发的严重问题，在准备阶段将风险降至最低。

3. 合同风险

即合同内容是否全面、合同内容是否合法有效以及质押物所有权是否明确。此类风险多发于业务人员在签订合同时对合同细节没有进行深度调查以及现场确认。合同内容有效性风险具有一定的延时性，往往在业务操作过程中显现，届时解决该类风险难度较大，因此，第三方物流企业应注重前期对合同风险的评估工作，防患于未然。

4. 监管风险

监管制度是第三方物流企业自身控制风险的重要风险管理手段之一。具体分为监管设施及工具的安全性、管理信息系统的先进性、监管操作的规范性等。例如：出入库监管管理是否有一套完整的记录和上报程序、是否利用现代信息技术跟踪处理货物的运输、出入库等环节，对于库存是否有针对性地制定科学合理的管理方案。

5. 质押物风险

质押物是物流金融服务中对供应链各方参与者的权益保障的基础。因此质押物的合法性、变现能力、质量问题以及市场价格是否稳定成为风险评估体系的重要组成部分。首先，在选择质押物品种时，企业多选取易存储的货品为质押物，往往忽略了质押物是否容易变现等问题，以致直接导致物流金融业务的风险增大。其次，由于供应链金融业务的质押货物为动产，市场价格处于不断变化中，大幅的价格变化会造成质押物价值"跳水"，从而引发可控范围外的严重问题。与此同时，质押物质量的不稳定造成质押物数量变化也是触发第三方物流企业风险的主要因素之一。最后，第三方物流企业遇到不熟悉的质押物，造成存储运输环节中过多的损耗，也

会引发潜在危机。

6. 客户资信风险

该类风险评价指标包括客户经营能力和客户信用状况。中小企业综合实力是物流金融业务客户资信风险中最重要的因素之一。对客户信用状况的评估在风险评估系统中扮演了至关重要的角色，对该类风险的评估遗漏会导致严重的问题。例如：某贸易企业以铁精粉为质押物进行存货质押，后在铁精粉市场行情见涨时未通知银行和监管公司，强行出库销售。监管公司发现后，上报银行客户经理进行协调处理，客户经理以多种理由推脱，没有到现场进行处理，最终导致企业将质押物全部出库并拒绝退还货款。

此外，某钢贸企业与银行合作进行先货后票的业务，出质企业提出用该企业现有仓储合作方为监管方。银行在对该仓储企业进行监管资格准入后进行三方合作。而后该钢贸企业因经营问题出现逾期，银行在进行质押处置时发现监管方（即仓储方）与企业勾结，长期存在虚开质物清单、重复质押、私自放货等情况，导致银行无法覆盖其授信敞口。以上案例都是客户信用风险的体现。

客户经营能力主要包括企业基本素质、财务状况、企业战略规划等。客户经营能力的评估需从长远战略目标、企业管理人员综合素养、企业文化、财务报表分析、行业影响因素等多方面进行综合评估。

中信信通在实践过程中总结经验，制定了适合自身的一套规避风险标准流程，将潜在风险限制于可控范围内。

7. 环境风险

环境风险主要包括国内经济政策的稳定性以及国外经济局势的影响力两方面。国内外经济环境风险主要包括质押物的价格风险和销售变现风险等。受全球金融危机影响，原材料等大宗商品需求变化波动性增加，价格变化幅度增大，造成质押物价值稳定性差，随之而来的物流金融业务风险急剧增加。另外，质押物市场价格的波动，也会引发出质人信用风险。因此评估质押物风险也在一定程度上辅助衡量了客户信用风险指标。基于当前市场经济大背景，多种货物变现能力逐渐降低，质押物有可能出现滞销、无法变现的风险，或拍卖质押物的价值不足以弥补损失等引发的风险。在全球金融危机带来威胁的同时，国际大型消费市场的委靡给中国制造产业带来强大的冲击，对应开展的物流金融业务风险增大。

如表1所示，经过对一级指标的具化，中信信通将该套指标作为物流金融服务的风险评价标准，增强了业务流程中评价系统的可实施性，将风险评价系统切实落实到业务操作中，降低了物流金融服务的风险，为各服务环节的顺利进行提供有力保障。

表1 物流金融服务的风险评价指标体系

一级指标		二级指标
物流金融服务的风险评价	管理风险	组织结构的合理性
		责权分配的明确性
		监管机制的有效性
		管理者素质的高低
	评估风险	评估人员业务的熟悉程度
		对质押物评估系统的完善性
		对质押物评估方法的科学性
	监管风险	监管制度的全面性
		管理设施及工具的安全性
		管理信息系统的先进性
		监管安全库存的控制
		监管操作的规范性
	合同风险	合同内容的全面性
		合同内容的有效性
		质押物所有权的明确性
	质押物风险	质押物市场价格的稳定性
		质押物的合法性
		质押物的变现能力
		质押物的质量问题
	客户资信风险	客户的经营能力
		客户的信用状况
	环境风险	国内经济政策的稳定性
		国外经济局势的影响力

（三）物流金融业务风险点及控制措施

目前，我国企业所开展的物流金融业务，多数为仓单质押业务。质押监管系统是银行的代理人，负责对质押标的物进行监管，标的物可以存放在质押监管系统仓库、企业自有仓库或公共仓等地点。由于经营环境时常发生变化，引起质押监管风险的因素较多，所以风险管理始终是质押监管业务的核心环节。

建立具有严格性和高效性的业务体系，是质押监管系统获得银行和借方企业认可的必要条件，也是获得市场竞争优势、增强企业竞争力的必然选择。质押监管业务体系包括现场作业管理、信息管理、风险管理、紧急处理等内容。经过多方调研，综合目前我国质押监管系统经营的实际情况，中信信通提出以下业务体系构成模型，如图1所示。

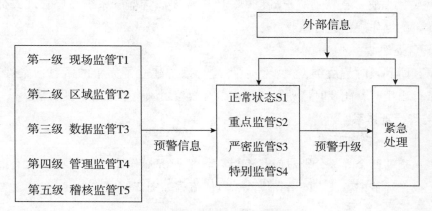

图1　质押监管业务体系构成

业务体系主要由三部分组成：常规业务管理体系、异常状态管理和紧急处理。

1. 常规业务管理体系

常规业务管理体系由四个级别的监管业务组成。

（1）第一级现场监管：即质押监管日常作业，通过建立完善的现场作业规程、操作人员培训等实现现场作业的准确性、高效性，将人为操作失误控制在合理水平。另外，其他级别的管理最终要落实到现场作业管理，所以卓越的现场监管是实现质押监管业务的基础。

（2）第二级区域监管：由于监管的企业区域分布广泛，为了更好地进行监控作业，中信信通对被监管企业按品牌和适当的地理区域进行划分。一般可将地理位置较为接近的 N 家被监管企业设置为一个区域，并指定区域监管组长。

（3）第三级数据监管：数据监管主要依托于计算机信息管理系统。信息系统采用集中式的数据管理，将所有监管环节的信息进行集中，按周期进行数据汇总和统计分析（如日报表、周报表、月报表等），系统自动或人工判断统计数据是否出现异常，并对出现异常数据进行相应的异常状态管理。

（4）第四级管理监管：主要是由风险控制人员按其职责范围对各区域进行相应的监管，并且由总公司和质押监管系统各部门抽调人员进行不定期的业务稽核，对不符合要求的业务流程或管理人员进行整改，或将其纳入异常状态管理。

2. 异常状态管理

异常状态管理分为三个级别（正常状态除外）。

（1）重点监管：当相应条件出现时，要求责任部门主管对业务进行重点监视，并按要求向其上级主管汇报；

— 193 —

（2）严密监管：当相应条件出现时，质押监管负责人督导指定责任部门主管对业务进行监管，严格执行相关规定；

（3）特别监管：在特别监管流程中，大多需要质押监管系统高层管理人员特别批示，按特定的操作规程进行作业。

3. 紧急处理

为了预防和及时解决突发风险，质押监管系统建立了完善的紧急预案管理体系。当相应条件出现时，能及时启动紧急预案，有效控制风险带来的不良后果。

4. 监管检查体系

（1）常规业务管理体系

常规检查的四个等级分别对应具有针对性的业务操作流程并以特定的上报跟踪模式，防范操作环节中各节点的潜在风险，具体流程如图2所示。

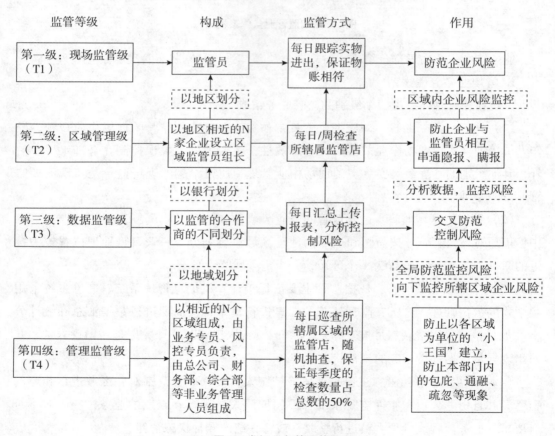

图2　常规业务管理体系

（2）预警信息

预警信息是导致业务监管有可能进入异常管理或紧急处理的信息。质押监管系统获得的预警信息来自内部和外部，内部信息主要为四级监管过程中由管理人员获得的信息，也可能来自计算机系统；外部信息主要是由管理人员或其他渠道获得的外部影响因素的变化信息。质押监管系统管理人员根据相关的管理规定分别启动相应的异常监管流程或直接进入紧急处理流程。中信信通总结出更为详细的风险预警信号，共分为四大类92点，现场监管人员遇到以上描述中的情况需在第一时间上报公司总部。

（3）监管状态

中信信通依据自身业务操作经验，制定了对应各种业务状态的监管模式，并提出了相应的具体监管措施。

①正常监管：当三方均按照协议内容正常运作，各项监管指标处于动态平衡状态且并未出现任何预警信息时，业务处于正常监管下。监管员执行现场监管（T1），并随时跟踪业务状态变化，发现问题及时上报，按照操作规程T2～T4进行操作监控。

②重点监管：当被监管企业出现公共仓库与被监管的公司存在关联关系且操作不规范、故意隐匿或损毁质押标识等异常业务状态时，监管公司进入重点监管状态即第四级监管——管理监管级，增加检查力度并持续进行现场监管监察业务操作。

③严密监管：被监管企业出现S3异常业务流程状态，监管企业不仅需要增强现场监管（T1）、区域监管（T2）、数据监管（T3）力度，也要及时进行管理监管（T4）并且每日核对资料，对企业进行现场调查等活动。S3异常状态即被监管企业出现不按规定要求对抵（质）押物抽检或达不到抽检频率、故意隐匿或损毁质押标识、货物堆放密集且企业不配合深度取样或检查要求等信用、经营管理等潜在风险。

④特别监管：在特别监管阶段，现场监管、区域级监管、数据级监管以及管理级监管全面启动，监管公司、银行领导等需赶赴现场进行紧急状态监管。被监管企业异常业务状态一般包括：企业联系人经常拒接电话或以出差为借口阻碍日常联络、授信企业买通委托质检或测量机构出具虚假报告、企业经营者或主要管理人员逃匿或有赌博嗜好等。

下面列出了四种监管检查体系描述及对应措施，如表2所示。

表2　　　　　　　　　　四种监管检查体系描述及对应措施

监管状态	状态描述	相应措施
正常监管（Z1）	三方均按照协议要求正常运作，各项监管指标处于动态平衡状态，未出现预警信息	现场监管（T1）按规操作，发现问题及时上报，T2～T4按规程例行
重点监管（Z2）	当被监管企业出现S2时	管理监管（T4）增加检查力度，现场监管（T1）进行持续检查

监管状态	状态描述	相应措施
严密监管（Z3）	当被监管企业出现 S3 时	现场监管（T1）增加力度，区域监管（T2）入驻仓库，管理监管（T4）现场核库，对企业进行现场调查，数据监管（T3）每日核对资料
特别监管（Z4）	当被监管企业出现 S4 或相似信息时	T1～T4 全面启动，公司、银行领导赶赴现场

（4）预警升级信号信息

应急预警包括异常状态监管下的问题严重性和紧急性升级，或其他产生重大后果的突发事件，常见恶性事件预警信息有：

①企业员工工资发放存在问题。

②供应商或其他第三方来追讨债务、提货、抢货等。

③仓库条件已经不符合质押物存放的要求，或治安环境开始变差等；质押物出现货不对款、货物变质、变形等情形；此外还包括质押物物理、化学性质发生改变的情况。

④企业主要负责人已经更换或逃匿，或者企业骤然停工，甚至发生员工抗议行为。

⑤企业出现重大安全生产事故，导致严重经济损失或无法正常生产运转。

⑥企业存在诈骗现象，以他人货物作为质押物等。

⑦货物吞吐量异常波动。

⑧企业投资方向比较广泛或趋向于广泛。

⑨可能引发重大风险的其他事件。

此外，中信信通以事件分类建立应急预案处理方案，对几种突发事件给出应急预案处理方案如表 3 所示。

表3　　　　　　　　　　突发事件应急预案处理方案

事件	信息传达	反应速度	解决措施
企业私自移动、释放、售卖	区域组长、总部业务专员	即时，20 分钟内解决	进入 Z3 状态，T2、T4 赶赴现场，通知银行
自然因素（火灾、水灾等）导致质押物出现毁损、灭失的状态	电话报警（119、110）、公司总部、银行、企业相关人员	即时，第一时间到达现场	进入 Z4 状态，T4 到达现场；会同三方解决相关问题

事件	信息传达	反应速度	解决措施
企业法人、高管集体隐匿、失踪，债主追债、员工追讨工资	公司总部、银行	当天处理	进入 Z3 状态，T2 进驻仓库、T3、T4 全面清产；会同银行封存质押物，准备法律途径
因事件造成债权人和企业强行抢拉质押物并威胁监管员安全	公司总部、银行、110 中心	第一时间到达现场	进入 Z4 状态，T1～T4 全面启动，必要时采用特殊手段

5. 其他相关策略

除以上风险控制各项相关处理方式以外，还包括设置法律支持、信息管理、购买质物保险、人员保险等策略。因为对突发状况的处理是否科学有效起到非常关键的作用，中信信通在实际操作中建立相应的岗位，明确了相关人员的具体职能。

法律支持日常处理包括相关法律事务，管理、审核、撰写公司合同等工作。避免因合同条款不合理而引起的纠纷，还可定期对公司员工进行法制教育及培训，处理应急事件中公司所面临的法律纠纷，可及时解答公司面临的法律难题，对敏感问题提出解决方案，特别是在处理重要应急事件时。

设信息管理中心十分必要，对质物的物理、化学特性，流通、变现能力以及市场价格的波动幅度等情况进行持续的跟踪和分析，及时汇报异常信息。

购买保险是防止风险损失的最有效措施之一。大宗物料一般只要求购买财产综合险，小型易盗的贵重物料需要追加盗抢险或"一切险"。因为被保险人通常就是索赔人，在质押业务中，质押监管系统作为受银行委托的实际占有人，对银行承担质押物品的毁损、灭失的赔偿责任。

借助优化的风险控制体系，中信信通在扩大业务范围的同时，也降低了物流企业各操作环节的风险发生概率。

（四）新运营模式降低监控风险

目前，我国政府已将物流业列入国家的重点发展产业。在国内的物流商还处在大力发展仓储、配送、电子网络业务的时候，跨国物流业巨头们已开始关注供应链的另一个关键环节——资金流。"未来的物流企业谁能掌握金融服务，谁就能成为最终的胜利者。"这是因为对一般物流服务而言，激烈的竞争使利润率下降到较低水平，已没有进一步提高的可能性。而对于供应链末端的金融服务来说，目前各家企业涉足少、发展空间较大。在业务中增加物流金融服务，将成为争取客户和提高利润的一项重要举措。

尽管如此，在现有模式下的监管及大物流服务仍然无法规避或有效控制风险的产生。例如出质企业的强行出货、银行授信是否存在挪用、在途运输如何有效监管等难题。鉴于此，中信信通公司设想的基于供应链模式下的业务构想便孕育而生，该业务可有效的对授信资金、质押物从出厂、运输、入库全程进行监控，下文将对该业务模式进行介绍。

1. 资金流、物流监管模式

项目参与方：核心客户、银行、物流公司（监管公司）、核心客户的上游企业，核心客户的下游企业

各参与方的权利、义务：核心公司为出质人，银行为质权人，物流公司提供资金的监管、货物的监管服务、物流服务、仓储服务等

资金流：下游企业→共管账户→上游企业

物　流：上游企业→监管仓库→下游企业

流程图如图 3 所示。

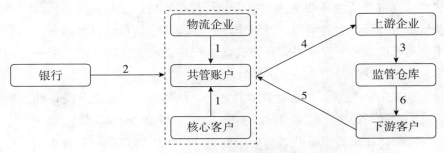

图 3　资金流、物流监管流程

流程介绍：

（1）物流企业与核心客户建立共管账户；

（2）核心客户作为授信主体，银行将授信资金汇至共管账户，物流公司代替银行进行资金监管；

（3）上游企业发货至监管仓库，货物作为质押物，物流公司负责代替银行进行监管；

（4）通过共管账户支付货款于上游企业；

（5）下游客户支付提货款；

（6）下游客户收货。

2. 代理采购模式

项目参与方：银行、物流企业、核心客户、核心客户的上游企业

资金流：核心客户→物流企业→上游企业

物　流：上游企业→监管仓库→核心客户

流程图如图 4 所示。

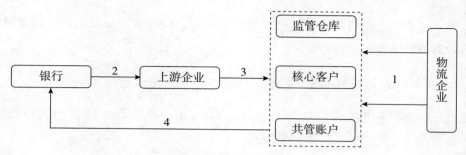

图4 代理采购流程

流程介绍：

（1）物流企业参与整个物流、资金流程；

（2）银行基于项目授信，将货款直接支付到核心客户上游企业；

（3）上游企业发货至核心客户，进入监管仓库并进行监管；

（4）从共管账户归还银行款项。

此模式要求物流企业与核心客户开设共管账户，核心客户对该批货物的销售回款须回至共管账户。

3. 代理销售模式

项目参与方：银行、物流企业、核心客户、核心客户的下游企业

资金流：下游企业→物流企业→ 核心客户

物　流：核心客户→物流企业→ 下游企业

流程图如图5 所示。

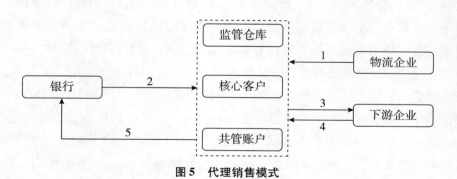

图5　代理销售模式

流程图介绍：

（1）物流企业参与整个物流、资金流程；

（2）银行基于项目授信，将货款直接支付到核心客户；

（3）核心客户发货至下游企业；

（4）下游企业回款至共管账户；

（5）从共管账户归还银行款项。

此模式要求物流企业与核心客户开设共管账户，核心客户向其上游采购原材料或货物时，需通过共管账户对外支付。

（五）物流金融风险控制措施

通过三年来的业务摸索，中信信通总结自身经验，结合竞争对手经验教训，依据市场发展规律建立起新的供应链业务模式。

1. 基于共管账户的有效资金监管

在新供应链金融模式中，为了保证合作双方的共同利益，防止资金被非法挪用或抽走，中信信通采用建立共管账户方式。双方设立共同管理账户，账户的资金由双方共同管理，预留中信信通及核心客户双方印鉴，账户资金在使用的过程中，需要经过双方认可盖章，且下游企业结算货款直接进入共管账户。在合作完成之后进行账户资金分配，并注销账户；或者双方约定在一定期限内共同管理，如果交易完成（约定期限），双方没有异议，则账户资金自动转移到合作的一方。

2. 货物的全程监管

（1）质押前期的物权识别

对于货物质押监管，在确定质押物前，通过移库、翻货等手段识别质押物物权归属，在确权前防止出现拟质押货物的权属纠纷，为后期业务开展扫清障碍。

（2）基于人机配合的日常监管

①静态监管中的远程视频监控与监管人员巡检配合。传统的质押监管主要依靠第三方物流公司在被监管企业派驻监管人员监管货物动态。中信信通在探讨质押监管时，充分考虑在监管仓库生活条件有限的情况下，将保障监管人员健康和安全放在首位，本着对服务各主体负责的原则，对监管人员定期培训、考核、轮岗；同时，为防止监管人员出现逆向选择或道德风险，中信信通对于每一位监管人员投保"雇员忠诚险"，严格规范监管人员日常操作，并不定期派出巡检，即时考核监管人员工作情况。

目前中信信通已引入并试行采用远程视频技术，来解决质押监管中人员监管的有效性问题。在监管仓库全方位安装摄像系统，总部远程终端 24 小时实时监管仓库状态。总部建立服务器，实现数据的全面管理。远程视频技术如大范围铺开，将有效提高静态监管效率、降低监管人员管理成本。

②动态监管的 OBD 系统与 RFID 射频技术的引入。传统的现场监管员动态质押监管主要体现在：货物从核心企业的上游客户出货，到下游企业收货，整个过程中监管人员仅仅通过盘点进行管理；当企业出现私自出货、强行出货等违规行为，往往使监管公司非常被动，并且信息滞后。为此在动态监管中引入 OBD 系统，在商品监管中，可以实时监控质押商品的准确位置，质押物移出指定范围可实现报警；引入 RFID 射频

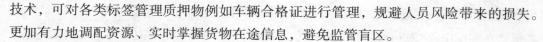

技术，可对各类标签管理质押物例如车辆合格证进行管理，规避人员风险带来的损失。更加有力地调配资源、实时掌握货物在途信息，避免监管盲区。

3. 信息的全程掌握

在硬件技术上，中信信通实现了在途管理与在库管理的系统的全覆盖。中信信通已研发出 OBD 系统，该系统适用于在途车辆的 GPS 定位、管理等业务操作，与 RFID 射频技术相结合，中信信通即可在车辆监管中更加准确及时地了解车辆在库情况，又可用于在新供应链金融模式中对于质押物定位的需求。在库管理中，中信信通引入视频监控系统，使中信信通监管总部及银行能够更加准确的了解实际监管场地情况，从而实现监管员与总部双向监管，更加保证了监管的透明性与准确性。

中信信通通过共管账户掌握了企业资金流动状况，通过货物全程监管掌握市场动态，通过信息化建设提高管理效率，从而可以更加及时地发现风险，解决问题，实现对被监管企业信息的全面了解。同时，由于整个流程的参与，中信信通可以更好地掌握市场信息，可以及时预测、应对企业的经营风险，增强风险的控制能力。

4. 商流的有效整合

通过基于质押监管的供应链金融模式的开展，中信信通已经与几千家企业形成稳固的合作关系。已经在汽车、煤炭等行业的供应链形成合作。在新供应链金融模式中，中信信通参与了整个的经营流程，因此通过资金流、货物流、信息流的全封闭管理，中信信通可以更好地掌握市场信息，研究判断行业前景，整合供应链资源，实现企业战略愿景。

四、主要创新点

为了在竞争激烈的物流行业中脱颖而出，中信信通在寻找新的利润增长点时，提出了新供应链金融模式的设想并付诸实践，为企业的进一步发展奠定基础。这种物流金融业务风险分析及模式创新具体来说表现为以下几个方面。

（一）完善风险控制体系

中信信通依据实践经验，改善制定了适应于自身发展的风险管理体系，细化风险归类，建立相应的日常监控管理实施办法，引入了及时发现问题的风险预警体制，完善了分级化的风险控制管理办法。中信信通着力于提高员工素质，培养可实施新风险控制体系的专业人员，加强自身企业管理，使潜在风险发生率大大降低。

（二）创建商贸平台

与此同时，中信信通基于质押监管的新供应链金融业务将物流、商流、资金流、信息流全面管控，逐渐成为行业特色。在新业务模式运作下，中信信通将共管账户业务模式在实践中逐渐进行改进完善，真正实现了信息的全程掌控，商流的有效结合，资金流向的全程监控等。

（三）整合贸易链条信息

在新供应链金融模式中，中信信通参与了整个的经营流程。因此通过资金流、货物流、信息流的全封闭管理，中信信通可以更好地掌握市场信息，研究判断行业前景，整合供应链资源，实现企业战略愿景。

五、创新成果应用效果

中信信通物流金融业务的创新，不仅为自身带来经济效益，也为改善物流行业环境做出了贡献。

中信信通开展物流金融业务，扩大业务范围，在市场经济增长放缓的环境下，实现了营业收入以及利润的快速增长。在供应链金融创新业务模式下，中信信通创造了新利润增长点，与供应链各方参与者创造共赢模式。

中信信通于2010年开展物流金融业务，2011年创造营业收入7158万元，借由创新物流金融模式业务，中信信通于2012年完成营业收入25194万元，增幅达到了3.5倍。截至2013年8月，中信信通已完成14090万元营业收入。

供应链物流金融业务搭建的贸易平台，为中信信通以及贸易参与各方创造共赢模式，在寻求业务量增长的同时，降低成本，实现了净利润的快速增长。2011年中信信通借由物流金融业务创造了1746万元净利润，随着物流金融业务的逐渐成熟，中信信通在2012年创造了1850万元净利润。随着风险控制体系的逐步完善以及供应链物流金融业务模式的创新调整，截至2013年8月，中信信通实现了2518万元净利润。利润增长情况如图6所示。

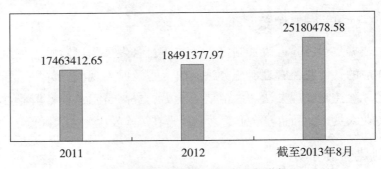

图6　2011—2013年8月净利润增长

在创造利润的同时，中信信通扩大业务规模，员工人数也随之快速增长。随着创新应用的实行，中信信通着重于发展培养供应链金融新型人才，为新型业务模式奠定基础。此外，创新模式科学合理地将物流资源进行有效整合，为企业解决自有仓储设施老化、仓储管理人员素质低下等问题。对中国产业结构的调整和优化有着重要的意义。风险控制体系的完善，致使中信信通对供应链各节点的潜在风险把控力增强，潜移默化地影响了整个物流行业各方信用体系。在中信信通强化的风险控制和监控下，各企业的贸易行为得到规范和制约，有效地调节了市场秩序和行为规范。

随着供应链金融模式业务的开展，中信信通更加有效地整合供应链资源，保证供应链的各业务能够有效地得以实现，为供应链的各环节创造增值点，真正地将供应链打造成一条价值链。

六、创新成果推广价值

中信信通以物流产业为出发点、以资本化运作为基础、以供应链业务整合及信息技术为手段，实现实体物流与虚拟物流全面结合发展。经过一年的探索，已经形成了规范的存货监管模式，同时在和银行的合作中也得到了银行的充分认可。预计今后在存货监管业务方面将会更快发展。

中信信通物流金融模式的成功，为物流企业提供了很好的典范。物流金融是物流行业的必然趋势，不仅为物流企业带来新的利润增长点，也为供应链各参与方带来新的契机。从事物流金融业务的第三方物流企业可借鉴中信信通实践中总结出的风险控制体系，加强自身风险把控，将物流金融风险损失降至最低水平，实现企业长足的进步。此外，从事物流金融业务的相关银行机构也可以借鉴本创新成果的有益经验，加强对物流金融业务的风险管控。

物流运作篇

中储股份基于资源整合的多式
联运模式创新①

中储股份天津物流中心总经理　谢　平

【成果摘要】 中储发展股份有限公司天津物流中心是隶属中储发展股份有限公司的国有物流企业。随着客户对供应链物流服务需求日益多元化，天津物流中心在深入挖掘国内国际大客户整体物流需求的基础上，借鉴国际供应链的服务模式不断创新发展，充分发挥自身资源优势，并积极整合社会优质物流资源，为客户提供多种一体化、定制化的供应链物流服务解决方案，形成了陆海联运、铁海联运以及公铁联运等多种多式联运业务类型，发展了集仓储、货代、运输、质押融资为一体的物流＋资金流的综合物流服务模式。天津物流中心把仓储作为其中的节点，以点带面扩大业务服务范围，提供代垫铁路运费、质押融资等增值业务丰富服务内容，逐步向供应链物流整体管理方向迈进。这种创新模式对供应链平台企业和港口物流企业拓展业务、发展多式联运起到了良好的示范和带动作用。

【成果关键词】 多式联运；资源整合；综合物流服务；资源整合
【成果适用领域】 多式联运方案设计；物流资源整合

一、企业基本情况

中储发展股份有限公司天津物流中心（以下简称"天津物流中心"）成立于2004

---

① 本成果由中储发展股份有限公司天津物流中心提供，成果主要创造人：谢平，参与创造人：刘秋月、于海轩，获2013年度物流行业企业管理现代化创新成果奖二等奖。

年，隶属中储发展股份有限公司（注册资金8.4亿元人民币），地处天津物流基地之一的南仓地区，地理位置优越（距京津塘高速公路7千米，距外环线4千米，距中环线4千米），拥有专业的运输车队和齐全的物流设施设备，总占地面积7.2万平方米。其中，现代化站台库3.3万平方米，库内安装有多功能立体货架系统，配备现代化装卸作业平台、全自动消防报警系统以及先进的信息系统，这些设施设备的引入不仅能保证对库存商品进行智能化管理，而且便于客户对仓储情况进行查询，可满足各种商品仓储、配送、分拣、包装等各方面要求。天津物流中心本着"奋斗、诚信、互动、创新"的企业精神，凭借"勤、实、严、准、快、灵"的企业作风，依靠"优质、高效、便捷、周到"的质量方针和"讲质量、讲效率、讲效益"的管理观念，努力为客户提供优质高效的物流服务，建设现代化的物流企业。

天津物流中心目前共设有15个部门，员工300余人。业务范围包括仓储、配送、国际国内货运代理、铁路接站，发运、陆海联运、公铁联运等多式联运及供应链综合性物流服务。服务对象为快速消费品行业群、大型超市、奶制品等生活资料客户，服务区域以天津总部为根基，辐射全国的干线运输，全国共设有15个办事处，形成了华北、华东、华南、东北等主要区域配送网络，是伊利、飞鹤、沃尔玛、华润万家等客户的主要物流供应商。近两年来，随着综合性物流业务的开展及迅速发展，天津物流中心开创了物流一体化的服务模式，业务内容包括高岭土、番茄酱等大宗商品的陆海联运和公铁联运业务。天津物流中心2010—2012年三年的赢利及上缴税金情况如表1所示。

表1	2010—2012年天津物流中心的赢利及上缴税金情况		（单位：万元）
项目	2010年	2011年	2012年
主营业务收入	82778	15504	16875
上缴税金	1451	1110	1237
净利润	769	642	967

二、创新成果的产生背景

天津物流中心依托其优势资源，打造多式联运的创新模式是多个方面因素共同推进的结果。具体来说，包括以下三个方面。

（一）单一物流服务逐步失去竞争力，供应链物流服务优势凸显

供应链物流需求的客户群体，不再只关注价格要素，特别是规模较大的企业，对物流服务水平的要求更高。他们除了要求提供运输、仓储等一般性物流服务外，还希

望物流企业提供物流网络设计、库存管理、订货管理、流通加工、订单处理、信息服务等一系列增值服务。而传统的单一的物流服务由于缺乏物流增值服务功能，无法满足客户的个性化需求，因此，对比传统单一物流服务模式，为客户提供多元化、定制化以及全程一体化的供应链物流增值业务是国有大型物流企业未来发展的必然趋势。

（二）逐步搭建全国运输配送网络，传统陆运线路运作成熟

自 2008 年起，天津物流中心运输配送业务规模实现了一年一个新台阶的高速发展。先后在廊坊、郑州、大庆、哈尔滨、呼和浩特、合肥、嘉兴、武汉、广州、青岛等地设立了 14 个办事机构，通过整合以上区域的配送业务，以自有车辆为纽带，以京津为中心，搭建了东北、华北、华东、华中及华南五大区域的干线运输网络体系，如图 1 所示，供应链的服务能力不断提高。近五年，通过优化调整客户结构，业务转向快速消费品类客户，天津物流中心陆续与沃尔玛、人人乐、华润万家和易买得等企业成功合作，"商超"配送业务量逐年快速增长。到 2012 年年底，经营该业务的自有车辆达到 42 台，在"商超"业务领域具备较强的竞争实力。2012 年开始运营冷链配送项目，先期购置 6 台冷藏车，负责华润万家在天津市内的 90 多家便利店与 5 家大卖场的冷链配送业务。

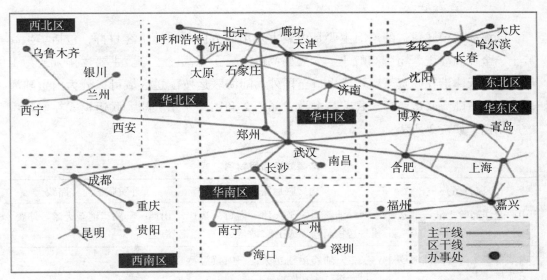

图 1 天津物流中心运输网络分布

通过深入研究国内外大客户的整体物流需求及国际供应链的发展模式，天津物流中心依托自身资源优势，并整合社会优质运输资源，为客户量身定制物流解决方案。每年的公路运输收入过亿元，运作模式也逐步趋于成熟，并且在运营过程中培养和建立了一支公路配送业务的专业管理团队。

（三）客户对供应链服务的需求强劲，为公司开展模式创新提供了机遇

自 2011 年取得了国际货运代理经营资质后，天津物流中心通过大力拓展国际货代服务功能，积极探索集货代、仓储、运输配送、多式联运等为一体的综合物流业务来代替单一的物流服务方式。在发挥现有仓储、运输优势的基础上，以国际货代为龙头，为客户提供全程一体化的综合物流服务，以此带动各业务板块的联动发展。目前通过整合优势资源，已开展了陆海联运、铁海联运、公铁联运等业务，并且在仓储、货代等环节的协调下实现了各种运输方式的有效结合。近年来，金融物流业务也成为供应链物流增值服务中的一大亮点。正是这些新兴的客户需求，为公司的服务模式创新提供了很好的需求基础。

三、创新成果主要内容

面对市场不断增长的高标准的综合物流服务需求，天津物流中心分析了自身的运输优势，为客户量身定制了以下几种供应链物流解决方案，并成功运作，得到了客户的广泛好评。

（一）陆海联运

陆海联运模式覆盖的范围主要是内蒙古及山西方向的高岭土客户群，包括华生高岭土、金洋高岭土、超牌高岭土、天之骄高岭土、伊东高岭土等。主要运作方式为工厂陆运至天津港在内贸至广州或出口至国外。陆海联运按配送区域可以分为内贸陆海联运和外贸陆海联运两种形式，基本模式如图 2 和图 3 所示。陆海联运模式在实际中的应用例子如表 2 所示。

表 2　　　　　　　　　　　陆海联运项目案例

项目名称	内贸联运路线	外贸联运流程路线
山西金洋高岭土陆海联运项目	山西—陆路运输至天津—内贸海运广州—送货至仓库或工厂	山西—陆路运输至天津—外贸海运
内蒙古华生高岭土陆海联运项目	内蒙古—陆路运输至天津—内贸海运广州—送货至仓库或工厂	
纷美包装		天津港进口通关—仓储—陆运至内蒙古呼和浩特

其中，纷美包装的外贸海陆联运路线为：天津港进口通关—仓储—陆运至内蒙古呼和浩特，具体运作流程如图 4 所示。

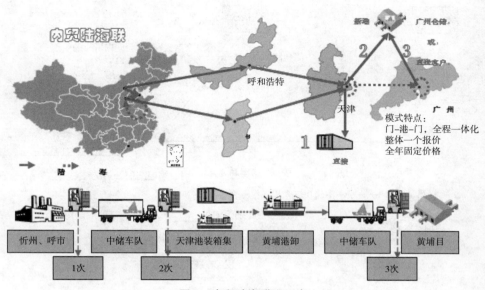

图 2　内贸陆海联运示意

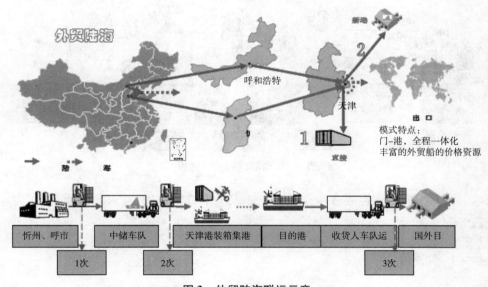

图 3　外贸陆海联运示意

（二）铁海联运

铁海联运模式覆盖的范围主要是新疆及内蒙方向的番茄酱客户群，包括昊汉集团、中粮屯河等。主要运作方式为工厂铁路运至天津港再出口至国外。基本运作流程如图 5 所示。

以昊汉集团为例，其联运路线：新疆—陆路/铁路运输至天津—仓储—外贸出口。该项目涵盖了铁路、公路、仓储、海运、质押融资等多个环节，是一项具有高标准、

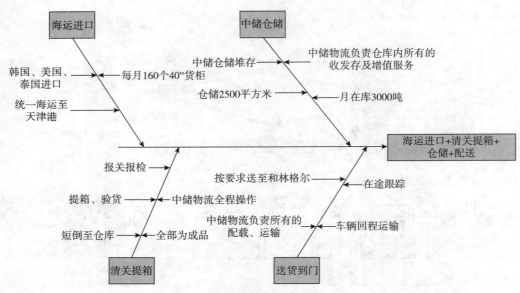

图 4　纷美包装海陆联运运作流程

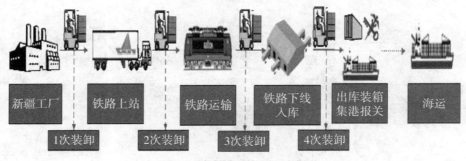

图 5　铁海联运的运作流程

高要求、高效率的全程物流合作业务，也体现了中心先进的物流理念及综合实力。运作流程如图 6 所示。

（三）公铁联运

伴随铁路股份制改革，铁路推出了门到门服务、铁路零担运输报价、网上办理托运等市场政策，借助铁路不断市场化的营销对策，以为客户降低物流成本为目标，天津物流中心发展了以铁路运输为核心方式的公铁联运的全程运输服务模式。目前的服务对象为快消品行业，主要客户包括菊乐乳业、陆凯托盘、东糖集团等。主要运作方式为工厂陆运至铁路后上站，运至目的站后，再陆运至客户，或进口通关后仓储并通过铁路运至客户工厂，服务模式的流程如图 7 所示。以菊乐乳业为例，其公铁联运路线为：天津工厂—铁路运输—成都工厂。

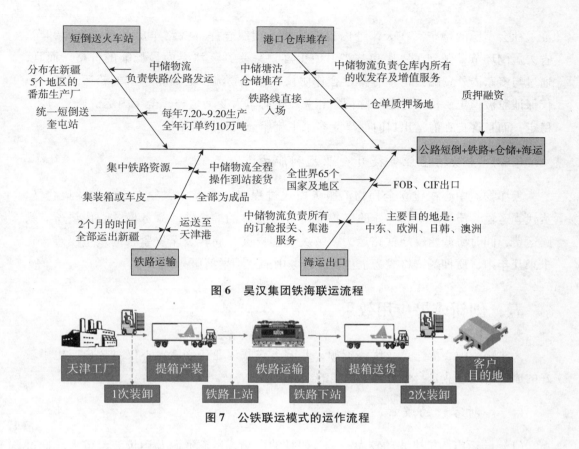

图6　昊汉集团铁海联运流程

图7　公铁联运模式的运作流程

四、主要创新点

天津物流中心依托自身优势，整合社会优质运输资源，开展多式联运业务，为客户打造个性化供应链服务需求，该项目成果的主要创新点如下：

（一）提供综合性、一体化的全程物流服务，体现综合服务能力

通过多式联运的开展，天津物流中心建立了从门（工厂）→仓库/港→门（仓库）/工厂客户的全程物流服务模式，与客户形成多环节合作模式，达成稳固的合作关系，为客户提供全面及量身定做的服务方案。对天津物流中心本身而言，多式联运的开展带动各板块业务均衡发展，体现综合服务优势，为公司增加收入的同时能够锻炼业务操作能力，提升该公司市场竞争力。

（二）自营与整合社会优质资源相结合，竞争优势明显

天津物流中心结合自身陆运资源优势（中储80%自有车队），自行调控、调拨灵活，使其不受物流市场淡旺季和运价波动影响，在带动自有车专线运输发展的同时保

证了社会车源的稳定。在天津港内自有铁路专用线仓库，铁路车皮可直接入库卸车，省去短倒环节，做到了零距离集港，使得客户享受到天津港内最低廉的价格。而且，通过与多家内外贸船公司签有常年合作协议，天津物流中心具备丰富的船运资源，不仅保证舱位稳定、价格稳定（除国家相关政策有重大变动之外，全年固定价格）、船期稳定，而且客户在海运出口时能享受多家主流船公司合约价格。

（三）多项增值业务提升企业赢利能力

天津物流中心在建立全程物流服务模式过程中融入多种服务方式，发展集仓储、货代、运输、质押融资为一体的"物流＋资金流"的综合物流服务模式。代垫所有铁路运费，同时协调始发地铁路运力，解决了客户资金周转及车皮紧张的双重困难。在未来几年中，质押融资将成为全程物流服务中的一项增值服务。

五、创新成果应用效果

天津物流中心依托自身优势资源，开展多式联运业务创新，不仅对客户产生了较好的成效，对企业自身也带来了明显的经济效益。

（一）对客户的成效

（1）陆运市场价格波动较大，受节假日的影响，运输资源及运价波动较大。通过多式联运，保证了运输资源运价的可控性，不受市场价格波动影响。

（2）规避了运价波动的风险，全程统一价格，便于客户核算全年物流成本，依托陆运优势，实现了全程统一价格，并规避了海运市场的价格波动，客户可掌控全年的物流成本，并规避市场价格波动引起的物流成本增长。

（3）全程服务，无缝对接，解决了客户一对多家供应商的沟通环节。天津物流中心成立项目组负责所有环节的无缝对接，有效地提高了各节点的运作效率，降低了业务风险，实现了与客户一对一的全程物流环节的无缝对接。

（4）通过该模式的不断延伸与拓展，通过规模效应提高市场占有率，有效降低了客户的综合物流成本。

（二）对中储股份天津物流中心的成效

天津物流中心自2012年开展多式联运业务以来，已经逐步成为分公司一个新型高速发展的业务板块。截至2013年年底，在陆海联运方面已与超过12家高岭土客户建立了合作关系，如图8所示。该模式也已经成为内蒙、山西两省高岭土企业主要的物流模式。2012年，中心陆海联运业务已初具规模，已成功引进金洋高岭土、华生高岭土、天之娇高岭土、超牌高岭土、金河饲料、陆港橡胶等客户，2013 年预计营业收入将增长至 2012 年的两倍，呈现出强劲的发展势头。另外，天津物流中心通过不断发展改进将该业务模式复制到其他产品行业，如番茄酱等快消品行业，未来发展潜力巨大。

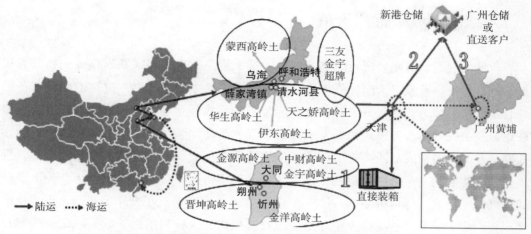

图 8　陆海联运方面与天津物流中心合作的高岭土客户分布

通过陆海联运项目，天津物流中心对于业务的管控能力及赢利能力均得到了显著提升，同时也积累了更为丰富的陆海联运业务操作经验，为今后更大规模和范围地开展该项业务奠定了坚实的基础。天津物流中心将着重做好现有食品、包装等客户群的挖潜工作，挖掘现有陆海联运客户的延伸服务，如港口仓储业务、进出口海运业务、报关报检业务、临时周转仓业务。如图 9 所示。从而实现了多种服务手段结合的综合物流模式，通过各业务板块优势互补，在某种意义上带动了优势板块的更大发展。

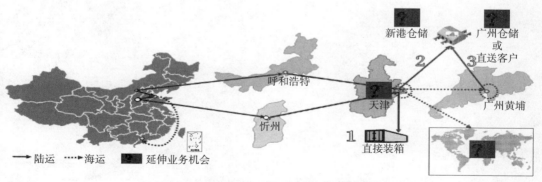

图 9　陆海联运项目客户的延伸服务区域

在巩固和稳定陆海联运业务的基础上，天津物流中心正在进一步发展公铁、铁海、陆空等多式联运业务，目前中心正在积极拓展业务，下一步将主要围绕以下几点进行延伸开发：①加大铁路运输和公路运输相结合的物流模式，利用铁路价格低廉的优势，开展公铁联运业务。②开发海运进口＋仓储＋配送到门的综合物流业务。③集中开发通过内贸海运方式至天津港＋仓储＋公路分拨的综合物流业务。④将目前成熟的综合物流模式不断复制，并不断探索展开新的业务类型。

六、创新成果推广价值

中储发展股份有限公司天津物流中心的基于资源整合的多式联运模式创新具有很好的推广价值。首先，天津物流中心以成为能提供"多功能，全方位"的物流服务的综合物流供应商为目标，开展了以仓库为节点的多式联运业务，其中陆海联运、铁海联运以及公铁联运业务模式都极大地提高了货物运输的整合效率。天津物流中心的多式联运业务开展模式对同类物流企业、供应链平台企业和港口物流企业拓展业务，发展多式联运起到一个很好的借鉴作用。其次，天津物流中心利用多式联运业务服务模式在高岭土行业进行精耕细作，与超过 12 家高岭土客户建立了合作关系，该模式也已经成为内蒙、山西两省高岭土企业主要的物流模式，这种利用创新成果在细分的客户市场领域的做法和思路，值得第三方物流企业在开展业务营销中予以借鉴。最后，天津物流中心在多式联运服务基础上，发展了集仓储、货代、运输、质押融资为一体的物流＋资金流的综合物流服务模式，这种利用自身企业和集团企业优势，建立全程物流服务模式的做法，值得在我国其他综合型物流企业中推广。

安得物流高端快消品业务运营模式创新方案①

安得物流股份有限公司总经理　潘志成

【成果摘要】安得物流是安徽省唯一一家5A级物流企业，也是国内最早开展现代物流集成化管理、以现代物流理念运作的第三方物流企业之一。安得物流业务类型众多，高端快消品业务运营是一块新的领域。本方案针对安得物流南京宝洁业务，阐述了高端快消品业务的独创性运营模式。首先，安得在详细分析产品属性以及相关资料的基础上，规划设计了高端快消品的存储方案。其次，为了打通高端快消品的运作链条，有效整合内部资源、协调内部管理，安得物流开发了适应高端快消品的仓储智能指挥系统。最后，为提升高端快消品库内作业流程的运作效率，开发了RFWMS，为高端快消品行业库内管理提供较为前沿的运作思路。该创新成果取得了显著成果，具体包括经济效益、物流信息化水平、客户满意度和社会效益四个方面，可供高端快消品行业和第三方物流企业进行学习和借鉴。

【成果关键词】高端快消品；运营模式；仓储规划；智能指挥系统

【成果适用领域】物流业务运营方案设计；第三方物流企业服务优化

一、企业基本情况

安得物流股份有限公司创建于2000年1月，注册资金67650万元。系国内最早开

① 本成果由安得物流股份有限公司提供，成果主要创造人：潘志成，参与创造人：卢少义、王鲲、王世俊、郭学成、陈俊金、陈居文、周翔，获2013年度物流行业企业管理现代化创新成果奖二等奖。

展现代物流集成化管理、以现代物流理念运作的第三方物流企业之一，是美的集团控股的专业物流企业。公司在家电、快消品、冷链物流、网购物流等专业领域有着很强的竞争实力，目前已纳入集团整体上市。

近年来，公司不仅建立了完善的信息系统、健全的运作网络、高效的运作流程，而且把国际先进的物流理念、技术与国内现实物流环境有机结合起来，最大限度地满足客户需求，建立了安得独特的竞争优势。安得以专业化、规模化的第三方物流公司形象跻身行业前列。全国60多个战略城市建立了200多个物流服务平台，物流服务覆盖全国，这些平台通过功能强大的信息系统实现随时的信息互通和快速反应，形成了高效的物流服务网络。2012年公司营业收入达到31.2亿元，资产总额36.1亿元，纳税额1.6亿元，利润总额2.1亿元。

公司先后荣获"中国20家最具竞争力的物流公司"、"中国物流百强企业第十名"、高新技术企业、全国两业联动发展示范企业、中国物流管理创新型企业、中国驰名商标、"AAAAA"物流企业、"AAA"级信用企业、中国食品冷链物流定点企业、安徽省重点流通企业、安徽省级企业技术中心、安徽省工程技术中心、安徽省服务外包小巨人企业、绿色货运标杆物流企业等荣誉称号，是安徽省第一家获得"AAAAA"荣誉的物流企业。

作为不断追求卓越的现代物流企业，安得以高起点、高标准的企业定位、管理水平和超常的发展速度而名动业界。公司根据不同的客户需求设置了山东、上海、江西等多条专线；购置了一系列高端冷链物流车辆，为安得进入冷链市场打下了坚实的基础；公司设有网购物流部，在战略上进军网络购物物流市场，公司已与淘宝在上海共同建立淘宝商城，打造网购物流全新模式，富士宝、家家购物、好享购等网络购物、电视购物网站等都是安得战略合作伙伴，安得通过不懈追求物流创新，为客户节约成本，提供超值的物流服务。

二、创新成果产生背景

随着市场经济环境的变化，第三方物流企业也都在寻求自身的业务转变与改革。物流企业间的竞争领域也在不断扩展，这也要求安得必须尽快拓展自身的业务范围，寻求更强有力的合作伙伴，从而提升自身在整个行业的竞争力。为了打破困境，寻找出路，安得物流公司凭借自身良好的企业品牌和较高的社会口碑，通过公平招标的方式成功获得了宝洁江苏、安徽区域的仓储业务的经营权。

鉴于高端快消品客户对物流服务要求较高，其对仓储作业要求、装卸效率、产品质量、仓储利用率、运输装卸、运输过程现场、防护措施、安全意识等都有一套严格的要求。安得物流南京宝洁项目作为高端快消品运营的典型案例，从签订合同以来备受业内外诸多专业人士的关注。宝洁作为高端快消品行业的领军者，对物流运作的效率建立了相当完善的 KPI 考核指标体系。安得物流公司研发团队通过不懈的努力，与客户不断沟通，最终顺利地完成了客户的日常业务运营需求。该项目的顺利运营标志着安得物流股份有限公司在高端快消品行业开辟了一片新的天地，从此将为安得的发展插上一对更有力、更强劲的翅膀。

三、创新成果主要内容

安得物流在高端快消品业务的运作模式中，首先在详细分析产品属性以及相关资料的基础上规划设计了高端快消品的存储方案，然后开发了适应高端快消品的仓储智能指挥系统。并且为了提升高端快消品库内各作业流程的运作效率，安得物流开发了 RFWMS（无线射频仓储管理系统），为高端快消品行业库内管理提供较为前沿的运作思路。

（一）仓储规划

1. 仓库库区规划

由于仓库库区规划设计是一项复杂的工作，不仅影响整个物流中心的作业效率，还将对生产运作成本、资金占用等多方面产生作用，直接关系到物流中心的利益。而南京宝洁作为安得物流最典型的高端快消品业务，其仓库库区规划也具有许多独创性。库区规划本着提高运作效率和兼顾客户要求的目的进行设计，规划流程如图 1 所示。

宝洁项目运作之初，项目组对宝洁的产品属性、储运单位以及订单变动趋势进行了详细分析，并针对库内涉及的入库、出库、拣选、备货等流程进行初步的规划设计。在充分考虑上述因素后，宝洁南京 DC 规划了存货区、备货区、暂存区、残次区、办公区域、叉车充电区域等物流相关性区域和非物流相关区域。

仓库不同作业区域之间在作业流程、组织结构等方面存在一定的依存关系，在进行快消品仓库结构设计时，项目组对这些关系进行相关性分析。经过关联性分析之后，根据不同作业区之间的定性测量值（"接近程度"或定量测量值）即"物料流动密度"来配置各作业区的相对位置时，将整个平面布局的过程简化为算法方式的程序。

项目组按照各区域间的相关性，检查各种布置组合方式是否符合相关性原则，若有违反相关性原则者（如大流量的区域间活动经过太长距离），则进行调整，直到动线形态、作业区域布置与区域间相关性取得一致为止。

根据上述步骤，可以逐步完成各区域的概略布置，然后再将各区域规划的作业面

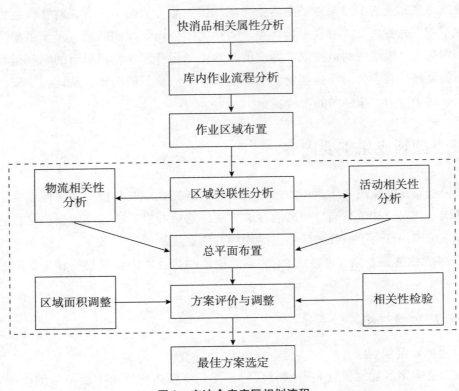

图1　宝洁仓库库区规划流程

积置入相对位置，通过调整部分作业区域的面积或长宽比例，减少区域重叠或空隙，即得到最终确定的作业区域平面布置图。

区域布置规划完成后，往往会产生几个可行的平面布置方案，可以采用多种评价方法，从中选择一个最优的方案。之后，还需要对各项设施设备进行详细设计，最终完成快消品仓库内部各区域的详细布置规划。图2为南京宝洁仓库中的部分功能区域平面图。

2. 货架设计

货架在物流及仓库中占有非常重要的地位，为实现快消品仓库的现代化管理，改善仓库的功能，不仅要求货架数量多，而且要求具有多功能，并能实现机械化、自动化、最大化存储的要求。

安得物流南京DC则针对宝洁快消品的特有属性，为最大限度提高库容设计了多种规格的货架类型。针对数量大、发货频率不高的产品，设计了驶入式两进深和三进深的货架；为了降低通道占用面积，项目组采用了后推式货架；而针对不同品类的货物规格及堆码方式，项目组设计了三种类型的横梁式货架。

3. 托盘流水号设计

为了实现产品的先进先出以及适应安得内部RFWMS的要求，项目组对宝洁所有入库产品进行了托盘流水号设计，样式如图3所示。

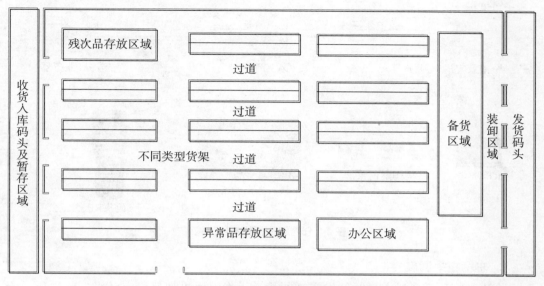

图2　高端快消品仓库功能区域平面图

图3　托盘流水号

从条码内容可以得到生产日期、失效日期、入库日期、货物状态、产品批次、库存地点、S状态明细、承运商代码等信息。货品的流水号设计对安得提升库内作业效率起到了较好的效果。

（二）仓储智能指挥系统设计

随着物流业的高速发展，如何对物流中心内部资源进行整合，提升运作平台效率，成为安得物流南京DC考虑的首要问题。仓储智能指挥系统的引入可以改进管理层次繁多、管理组织庞大的弊端。

安得仓储智能指挥系统可以使得快消品将客户下单、承运商预约与安得仓库实际运作情况进行有效衔接，将整个运作的链条打通，减少人为的干预步骤，提高整个业务运作的效率，保证业务操作的实时性和准确性。图4展示了其系统架构。

安得南京DC的仓储智能指挥系统的主要作用归纳如下。

1. 预约功能

承运商发出预约，安得调度根据运作情况回复预约，达到双方的良好衔接。在南京宝洁项目中宝洁下单后通过接口抛送到安得接口，承运商在A3系统登记预约信息（客户平台开发预约登记功能），把预约信息保存在A3服务器。

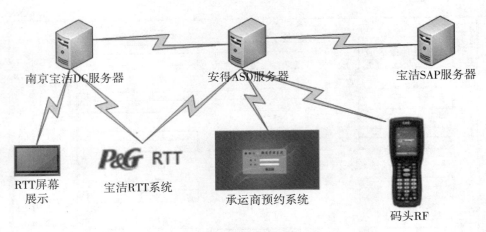

图 4 仓储智能指挥系统架构

2. 车辆指挥调度

仓库备好货后通过广播系统发车呼叫指令，指引司机到目标库区垛口装卸货，信息及时传递，减少仓管、调度、司机三者的沟通成本，使整个园区的车辆有秩序地进行装卸货。

3. 流程监控透明化

车辆从进入园区、呼叫、开始装卸、完成装卸到离开园区等环节都通过扫描条码的方式采集这些时间点，使整个作业环节能被清晰地查询，整个流程实现闭环管理，形成一条完整的信息流。

针对安得南京宝洁项目，项目组人员针对产品属性、作业流程以及库内规划设计了 RTT 可视化的控制流程，如图 5 所示。

RTT 是仓储智能指挥系统的关键环节，其主要功能描述如下表所示。

RTT 功能

名称	功能说明
入库记录	查询，维护已录入订单新
发货登记	录入装货订单
卸货登记	录入卸货订单
码头扫码	车辆进入码头采集停靠和离开码头时间
出库扫码	车辆出库扫码，实现完成操作
调度室大屏幕	调度室大屏幕显示当天在库车辆信息
库区大屏幕	显示当前库区所有码头在库状态信息
发运维护	基础数据 SHIP_ TO 维护
库区维护	库区基本信息维护
码头维护	码头基本信息维护

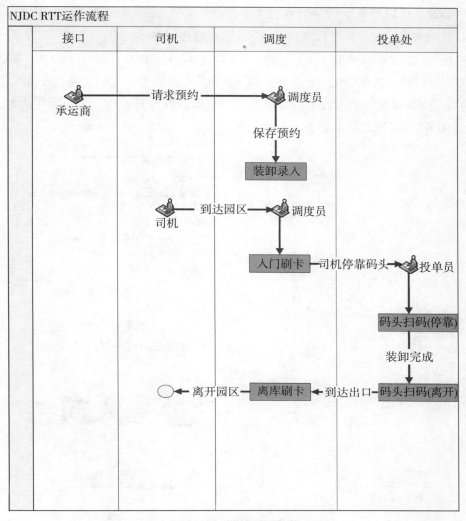

图5　南京宝洁 RTT 可视化控制流程

4. 信息化建设

整个物流园区部署园区语音广播系统，车辆进入园区装卸货统一通过广播呼叫到目标垛口，提高了整个园区运作效率和信息化建设水平。在南京 DC，码头 RF 的呼叫、扫描等在 A3 服务器上进行，与 RF 的正常收发货功能整合在一起，新开发 RF 呼叫、扫描功能。RF 呼叫的时候扫描通知单号和码头条码，将呼叫信息推送到语音广播平台播放。调度室屏幕和码头屏幕直接在南京宝洁 DC 服务器取数，实时显示作业流程情况。

（三）RFWMS 系统开发

高端快消品种类繁杂、数量巨大，在当前推进信息化建设和科学化管理的背景下，无线射频技术可以有效地解决仓库盘点、产品出库、入库、移动过程中识别等问题。而针对高端快消品业务，项目组在沿用 A3 核心架构的基础上对 RFWMS 进行了开发设计。系统采用 My Eclipse Java 套件、Toad for Oracle、Visual Studio 2005（C#）等软件使安得公司自主研发的供应链信息管理系统 A3 和客户系统进行数据交换。在这里，宝洁SAP 系统与 A3 系统的相关订单的订单状态、基础数据信息、收发货信息等实现交互。图 6 为 RFWMS 系统总体框架图。

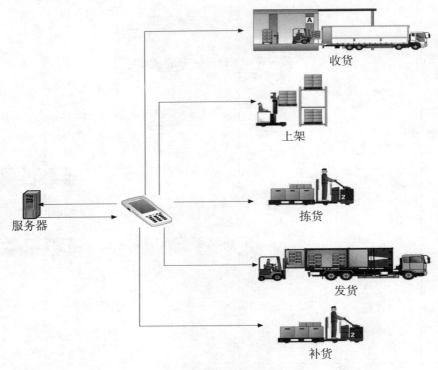

图 6 RFWMS 系统架构

1. 收货入库

RFWMS 系统通过检索入库单号取得收货明细信息，输入货物编号后自动匹配批次属性，根据输入产品批次自动计算生产日期、失效日期。货物状态为 S 异常时，需设定 S 状态明细及承运商代码。点击保存后保存明细信息，收货完成后自动返回单号查询界面。

2. 上架

收货完成后，扫托盘号货物上架。检索托盘号对应的明细信息，取得推荐库位，扫描库位编号后点击保存进行货物上架。

3. 拣货

核算订单后，仓管员查询当前仓库拣货单号，选择相应单号按照指定库位和流水号进行拣货。

4. 发货

发货人员查询发货单号,利用手持终端扫入托盘流水号复核明细信息,全部完成后发货确认。

5. 补货

查询库位调整指令,系统则给出补货库位,仓管员按照指令进行补货。由于高端快消品日发货频次较大,此功能对提升备货作业效率有较好的效果。

四、主要创新点

该项目的创新性主要反映在以下几个方面。

(一) 针对特点,科学规划

针对高端快消品的业务属性,项目组在运作之初就对产品以及行业相关资料进行分析,有计划、有组织、科学合理地对高端快消品的仓库进行区域规划,通过计算物流关系划分了库内功能区域,并以提高运作效率和兼顾客户要求的目的设计了仓储布局。为最大限度地利用仓储面积,安得针对不同类的物品,根据其体积、总量、存储要求及使用频率等因素选用了最合适的货架,改善了仓库的功能,并实现了机械化、自动化、最大化存储的要求。另外,为了使产品适应现有的系统,安得重新设计了一套新的托盘流水号编码规则。在实现产品先进先出以及适应安得内部 RFWMS 要求方面,项目组还针对宝洁所有入库产品重新设计了托盘流水号。

(二) 仓库智能指挥系统

仓储智能指挥系统是物流行业最前沿的技术,而安得物流针对高端快消品设计出了一套具体的可操作的实施方案。安得仓储智能指挥系统可以使快消品的客户下单、承运商预约和仓库实际运作等环节有效衔接,将整个运作的链条打通,减少人为的干预步骤,提高整个业务运作的效率,保证业务操作的实时性和准确性。

(三) 无线射频仓库管理系统

无线射频是物流信息化中的重要部分,与传统的条码识别技术相比,无线射频具有扫描快速、体积小、抗干扰能力强、数据记忆容量大等优势。安得针对高端快消品开发的 RFWMS 系统,有效地解决了仓库盘点、产品出库、入库、移动等过程中的识别问题,提升了产品相关作业流程的作业效率。其中,补货功能的开发极大地释放了仓库库容并且提升了备货作业的效率。

五、创新成果应用效果

该项目的创新成果在南京宝洁项目中得到应用，取得了较为显著的成果，具体包括经济效益、物流信息化水平、客户满意度和社会效益四个方面。

（一）经济效益

创新成果给安得带来了显著的经济效益。由于安得物流管理水平、整体竞争能力和经营效率的提高，促进了宝洁销售规模的增长；同时，因物流各个环节管理信息程度的提高，大大降低了事故、丢货、发错货等事件的发生率，赢得了宝洁企业的信任，为安得物流带来间接收入年均近 600 万元。另外由于宝洁项目运作良好，业内评价较高，立白、魏莱等高端快消品也相继与安得物流进行合作，安得快消品收入占公司仓储收入的比例也在逐年增加。

（二）物流信息化水平

安得物流针对高端快消品，设计开发了仓储智能指挥系统，用信息技术改造并升级传统仓储行业，提高了管理水平和效率。其对同行业以及公司内部平台形成了示范作用，促进物流企业的信息化水平建设，一定程度上推动了仓储智能指挥系统的推广应用。

（三）客户满意度

通过本创新成果的设计，使得高端快消品的运作效率大幅度提升，顺利地完成了客户的日常业务运营需求并达到了各项 KPI 指标的要求，客户整体满意度维持在较高水平。

（四）社会效益

安得物流作为一家 AAAAA 级物流企业，高端快消品业务的成功运营受到行业内其他企业的普遍关注。创新成果的成功实施，给行业内其他物流公司的高端快消品业务实施积累了经验并提供学习标杆，从而推动了国内高端快消品物流业务运作的高速发展。

六、创新成果推广价值

一直以来，由于高端快消品业务品类繁多，客户对发货时效和库位准确率要求严格等原因，高端快消品业务在国内运营状态并不是很理想。而宝洁作为世界最大的快消品企业，这次与安得物流合作所创造的诸多创新成果对我国物流企业进军快消行业具有较强的推广价值。

首先，库区内部的仓储规划对高端快消品运作效率的提升起到至关重要的作用。事先对产品属性进行详细分析，制定科学合理的高端快消品库内仓储规划方案是类似项目成功的关键。其次，由于高端快消品收发货频次大，对货物品质要求高，做到库内各职能部门之间流程透明化协作也是该案例的重点。运用仓储智能指挥系统打通高端快消品的运作链条是很好的做法。仓储智能指挥系统不仅可以推广到高端快消品行业，其对传统物流企业在整合内部资源、协调内部管理等方面也有很大应用价值。最后，针对种类繁多的高端快消品，在详细分析产品结构及种类的基础上，安得物流开发了高端快消品的 RFWMS。该系统的成功开发，可以实现收货入库、上架、拣货、发货、补货的高效率运作。RFWMS 的开发为高端快消品库内运作提供了较为可行的运作思路，具有一定的借鉴意义。

招商物流运作标准化管理创新与实践①

招商局物流集团有限公司总经理助理　汪　剑

【成果摘要】随着招商物流网络不断扩大，管理的社会运输车辆更加分散，企业的标准化管理日益提上了议程。为满足公司的进一步发展要求，招商物流引入"运作标准化管理"理念，总结多年的运作经验，严格实施运作标准化管理策略，为运作各个环节制定并实施统一、细致、科学、量化的运作流程或工作方法标准。其中，仓储标准管理是通过对仓储运作流程实施、运作资源配置、运作效率与成本控制等物流业务运作的过程方法进行规范，从而得到标准化的运作结果；外协公路运输标准化是通过对承运商选择评价与管理、操作流程实施与监控、客户维护与异常服务处理过程方法进行标准化，完善并严格执行外协公路运输标准化制度文件，实现外协公路运输的可复制性和在各网络单位运作效果的一致性，提升运作质量保障能力和成本管控能力。在仓储运作及外协公路运输标准化的基础上，招商物流深入开展标准运作产品打造工作。通过提炼酒类、化工品类、日用品类、食品饮料类等行业客户产品的运作特性，设计推广适用于生产线的标准化运作流程、运作团队、资源配置、效率指标等，持续地进行项目的运作优化及提升，最终形成了稳定的运作产品，使之可以复制。通过实施标准化运作管理，招商物流从传统物流简单、粗放的发展模式转变为了精细化管理的现代物流发展方式，也给公司带来了巨大的经济效益。

【成果关键词】招商物流；运作标准化管理；核心竞争力

【成果适用领域】物流服务标准化建设；企业精细化管理

---

① 本成果由招商局物流集团有限公司提供，成果主要创造人：汪剑、孙云，参与创造人：罗志扬、卢亚洁、何志、袁劲、蒲祖伟，获 2013 年度物流行业企业管理现代化创新成果奖二等奖。

一、企业基本情况

招商局物流集团有限公司为国资委直接管理的国有大型企业——招商局集团有限公司的全资下属子公司，经营总部设于香港，是国家驻港大型企业集团。招商局物流集团有限公司注册资本为 12.5 亿元，从事以公路运输和仓储为核心的第三方物流业务，2012 年公司总资产达 52.3 亿元，营业收入 62 亿元，利润总额 2.43 亿元，净利润1.2 亿元。其中，网络物流业务营业收入达到 34.2 亿元，净利润 1.05 亿元。

招商物流在全国 70 个重要城市建立了物流网络运作节点，物流配送可及时送达全国 700 多个城市，经营的现代化分发中心面积达 200 万平方米，其中自建分发中心近100 万平方米；已在全国成功运作了 12 条区域间干线和 1225 条中长途公路运输线路。多年的沉淀，招商物流已形成了较强的供应链一体化综合运作能力，不仅能实施从原材料采购到产品管理、干线运输、区域配送等一体化的现代物流供应链管理，还能根据客户实际情况提供物流整体方案策划和咨询、物流分发中心整体规划及运营管理、货物代理、报关以及物流管理信息系统的设计和构建等物流增值服务。

在发展竞争过程中，招商物流不断引进先进的管理理念及信息技术，以市场为导向，以创新为灵魂，期望利用标准化、网络化、集约化、信息化优势，整合社会资源，降低物流成本，并最终为客户提供精细化管理的现代物流服务。

二、创新成果产生背景

招商局物流集团作为国有大型物流企业，一直以来积极响应国家政策号召，不断突破企业发展瓶颈，为建设成为完善先进的现代物流企业不懈努力。该创新成果的产生主要基于以下两方面的背景。

（一）现代物流业受到中央和地方政府的高度重视

现代物流泛指原材料、产成品从起点至终点及相关信息有效流动的全过程。它将运输、仓储、装卸、加工、整理、配送、信息等方面有机结合，形成完整的供应链，为用户提供多功能、一体化的综合性服务。我国现代物流发展正处于起步阶段，与先进国家相比尚有很大差距，但市场潜力和发展前景十分广阔。加快我国现代物流发展，对于优化资源配置，调整经济结构，改善投资环境，增强综合国力和企业竞争能力，提高经济运行质量与效益，实现可持续发展战略，推进我国经济体制与经济增长方式的根本性转变，具有非常重要而深远的意义。

近年来现代物流业被列入国家重点支持的行业，国家"十二五"规划纲要明确提出"大力发展现代物流业"。另外，国家物流发展的"国九条"从税收、土地政策、公路收费、物流体制改革、资源共享、市场准入、技术创新、政策扶持及重点发展领域等方面给予了很大的政策支持。这些都促使招商物流进一步加快企业发展。

（二）招商物流企业规模的扩展亟须开展标准化管理

随着公司的成长，业务规模的扩大，招商物流企业管理难度不断加大，出现了内部运作流程混乱、人员变动频繁、各网络运作节点服务能力的参差不齐、淡旺季运作差异大等问题，导致管理成本直线上升、客户服务水平难以提高；另外，因为缺乏统一的考核指标及标准，很难对分公司运作能力、各项目运作水平高低进行有说服力的考核与对比。

这些问题已逐渐成为招商物流进一步增长的瓶颈，同时，客户对服务质量的要求也越来越高，要求更快的响应速度、更高的作业效率和服务水平、更低的管理和运营成本。因此，2011年起，招商物流从仓储运作标准化、外协公路运输标准化、打造核心运作产品开始全面推行运作标准化管理，通过规范化的管理，提升公司核心竞争力。

招商局物流集团有限公司招商
物流运管中心副总经理　　　孙　云

三、创新成果主要内容

招商物流的运作标准化管理主要从仓储和外协公路的标准化运作出发，最终实现打造标准运作产品的目标。

（一）仓储运作标准化管理

仓储标准管理是指通过对仓储运作流程实施、运作资源配置、运作效率与成本控制等物流业务运作的过程方法进行规范，从而得到标准化的运作结果。通过标准化作业，提高仓储运作能力、提升劳动生产效率、提高网络化协同作业能力，实现资源效用最大化，从而达到降低运作成本的目的。

1. 通过标准、统一的仓储 VI 标识，统一公司品牌形象

VI 标准化是指为确保仓库良好的库容库貌，展现公司统一、鲜明的对外形象，对库内视觉形象系统进行全面、系统的规划，对仓库统一视觉效果，统一对外形象。VI 标准化主要包括以下四大标识：

（1）公司 LOGO 标识。旨在宣传企业形象，展示企业文化，提升品牌的知名度。

（2）安全类标识。分为禁止标识、警告标识、指令标识、提示标识和文字辅助标识，旨在提醒人们注意不安全的因素，引导安全行为，防止事故发生，起到保障安全的作用。

（3）运作类标识。分为平面布局标识、库房货位标识（门牌、通道标识）、作业流程图标识、功能区划分标识、装卸堆码标准标识、产品识别标准标识等；旨在提醒现场操作人员及外来人员对整个库区的功能的了解，保证仓库作业流畅性要求，起到良好的指示作用。

（4）企业文化类标识。分为员工守则、宣传栏、标语口号、工作服装，旨在对内增强凝聚力，对外树立企业形象，提升企业品质，增强竞争能力。

2. 通过规范各类运作流程、加强过程化管理，提升仓储管理的可控性

运作类流程标准化包括通用类流程及操作类标准流程标准化。通用类流程标准化是指为仓储安全管理、行政管理及设施设备管理等通用流程制订、发布和实施标准，通过规范仓储的运作管理，确保仓库安全有序地运作。通用类流程主要包含：

（1）安全类流程。通过对仓库日常操作的安全方面进行指引和规定，以保证仓库日常工作有序和安全地进行，包含门卫管理和放行条例管理、人员安全、货物安全、设备安全、安全检查制度、仓库安全学习等标准化。

（2）行政类流程。针对仓储运作特点，规范并制订了适用于仓储运作所需的行政类流程，包含仓储员工行为规范、加班及工作效率考核、培训制度等标准化。

（3）设备管理程序。通过对仓储类设备的采购、使用、管理及维护保养等流程的制定，确保了设备的安全使用及有序管理，包含叉车管理、托盘管理、货架管理等标准化。

（4）仓库 SIP 自我提高及完善流程。通过 SIP 的自我检查，确保各项制度及管理要求被落实到位；同时及时发现问题，及时解决。

操作类流程标准化是指为仓储运作收货、备货、发货、盘点制定、发布和实施标准，通过规范仓储的操作流程，提高操作效率，降低成本。操作类流程涉及收货流程、备/发货流程、盘点流程、搬仓流程等。

3. 通过标准的模型表，测算人员、设备配置需求，进一步规范资源使用，做到资源配置标准化

资源配置标准为仓储资源配置制定、发布和实施标准，从而达到规范仓储运作，主要目的是通过规范仓储资源合理配置，提高操作效率，减少浪费，降低成本。

（1）组织架构标准。明确仓储部部门职能，建立标准组织架构、员工数量标准配置测算模型，明确了岗位职责、工作流程、任职要求、培训要求及考核要求等标准，确保每个岗位都是通过培训并且符合要求的人员就职，减少操作中的失误及异常事件的发生频率。

（2）建立叉车、货架、托盘等仓储设备配置标准测算模型，规范资源的标准配置，提高资源使用率。

4. 通过设立标准作业线、实行效率成本标准管理，提高仓储堆存能力，提升劳动生产率

项目效率测算统计表和项目单位成本考核表分别如表1和表2所示。

表1　　　　　　　　　　　　　项目效率测算统计

动作分类	动作描述	人员配置（人）				工作安排				设备配置（台）					操作总量（件/月）	总工时（时/月）	操作效率（件/小时组）	备注
		仓管员	理货员	发货员	装卸工	仓管员	理货员	发货员	装卸工	H车	T车	E车	R车	K车				
收货																		
上架																		
备货																		
发货																		

表2　　　　　　　　　　　　　项目单位成本考核

序号	项目	单位	2012年均值	2013.1	2013.2	2013.3	……	2013年累计值	2013年考核值
1	低值易耗品	元/折算吨							
2	水电费	元/折算吨							
3	办公费	元/折算吨							
4	邮电费	元/折算吨							
5	修理费	元/折算吨							

（二）外协公路运输标准化管理

外协公路运输标准化是指通过对承运商选择评价与管理、操作流程实施与监控、客户维护与异常服务处理过程方法进行标准化，完善并严格执行外协公路运输标准化制度文件，实现外协公路运输的可复制性和在各网络单位运作效果的一致性，提升运作质量保障能力和成本管控能力。

1. 通过规范承运商的采购、管理及培训，确定外协运力组织满足公司需求

外协公路运输资源包括外协承运商及其操作团队、外协车辆及其附属设施设备、公司运作团队，运作资源配置标准化包括业务分包采购标准化、外协承运商管理标准化、运作体系组织架构设置及管理标准化。

首先，完善并严格执行业务分包管理规定，公路运输外协承运商管理规定，运作岗位设置、职责、任职资格与人才达标管理办法等标准文件。

其次，加强了业务分包管理。建立了"三权分立"物流业务分包采购规定，确保招投标组织、过程管理公平、公正；归纳了优势承运商的基本特征，选用优势承运商；推广"集疏运"业务分包模式，不同项目相同线路、区域业务整合进行联合招标；将订单分类整合，合理选用车型，提高车辆利用率，控制运作成本，倡导绿色物流，促进节能减排。

再次，加强承运商管理。树立扁平化管理理念，建立外协承运商分级管理制度，开展承运商的培训工作（培训人员包含承运商的负责人、操作人员及其下游的车主、驾驶员等，培训内容包括运作项目的 SOP、KPI、客户要求、运作安全、公司企业文化和管理理念等）、KPI 考核工作（按月度进行，对考核不达标的，制定整改计划并督促限期整改，逾期未达标将取消其承运资格），培育公司核心承运商。

最后，实行组织架构标准。明确运输部门职能，建立标准组织架构，明确了岗位职责、工作流程、任职要求、培训要求及考核要求等标准，确保每个岗位都是通过培训并且符合要求的人员就职，减少操作中的失误及异常事件的发生频率。

2. 通过规范各类运作流程、加强过程化管理，提升外协公路运输管理的可控性

操作流程标准化包括操作流程执行标准、订单执行监控管理标准、KPI 考核标准等一系列标准的标准化。

首先，严格执行操作流程标准。完善了内部操作流程，包括客户订单处理程序、运输运作程序、项目启动程序、应急保障程序等标准文件。并要求各经营单位在此框架下，按照客户合约要求，建立项目操作流程手册，规范项目的调度、装载、交付和监控。

其次，加强订单执行监控管理。完善了运作过程监控标准化，加强了 SAP 与 GPS 相关联的运输过程的监控跟踪、二次中转配送运输过程的监控跟踪；完善了运输回单跟踪标准，制定了回单管控流程制度性文件，发挥公司在 SAP 系统中开发的回单在线监控功能；建立健全日常化、层级化的标准化工作检查机制。

最后，完善了项目运作质量业绩考核指标及内部运作质量业绩考核指标，加强 KPI 指标达成的监管及不达标项目的整改跟进，确保提供的服务满足客户需求。

3. 加强运输交付环节管控，做好客户维护与异常服务处理工作

内容包括：①送货人员在运输交付环节应遵守的规定。②运输拒收及退货处理程序。③运输交付跟踪管理规定。④异常服务处理管理规定。⑤对开展运作培训、客户拜访、客户满意度调查、动态管理检查、交付过程抽查、项目运作回顾等工作要求。

⑥试行建立客户服务热线。⑦试行建立终端客户维护质量考评体系等。

4. 通过量化效率与成本挖潜考核标准、实行运输成本结构测算模型，提高运作效率，降低运输成本

运输效率与成本控制标准化包括运作效率与成本统计标准，外协运输合同运价执行及临时外协运输协议使用标准，运输效率与成本挖潜等内容。

首先，建立运作效率与成本统计标准。完善并严格执行运作信息采集与统计分析管理规定、物流业务经营分析统计标准类制度等标准文件。

其次，监督外协运输合同运作的执行情况，确保按合约价格支付费用，规范临时外协运输协议使用的情况、范围及审批办法。

最后，量化效率与成本挖潜考核指标。制订实施运作效率与成本挖潜工作方案，层层分解运作效率与成本挖潜指标；建立运输成本结构测算模型，根据市场调查的实载车型、效率与成本情况进行单位成本的理论测算，辅助评价项目线路外协成本水平，提高外协成本议价能力。

5. 建立定期回顾总结优化机制

在2013年召开的提升外协公路运输管控能力论坛上，确定了外协公路运输的全部环节，找出了客户关注、运作仍较为薄弱存在提升空间的6大环节，提出对6大环节（分拨点管控、在途信息及时准确、业务分包方选择与管理、回单管理、终端客户信息反馈、订单分类整合）的管理思路与具体办法。通过巩固已取得的成果和持续提升重要环节管控能力，保障物流运作质量。

（三）打造标准运作产品

管理是手段，标准化是尺度，效益是目标。只有标准化的产品和服务，才可以复制推广并产生规模效应，实现与客户的双赢。因此在仓储运作及外协公路运输标准化的基础上，招商物流深入开展标准运作产品打造工作。通过提炼酒类、化工品类、日用品类、食品饮料类等行业客户产品的运作特性，设计推广适用于生产线的标准化运作流程、运作团队、资源配置、效率指标等，持续地进行项目的运作优化及提升，最终形成了稳定的运作产品，使之可以复制，既支持同类产品的拓展，也通过运作提升，给现有客户带来增值。

四、主要创新点

招商物流打造标准化运作模式创新成果主要有以下五点创新。

（一）先进的管理理念优势

标准化管理是指在一定的范围内获得最佳秩序，对实际的或潜在的问题制定共同的和重复使用的规则的活动，它是制度化的最高形式，是科学管理的重要组成部分，是一种行之有效的工作方法。

运作标准化是物流企业化繁为简、提高管理和运营效率的有效工具，它针对运作管理中的每一个环节、每一个部门、每一个岗位，以人为本，制定细致化、科学化、数量化的标准并严格按照标准实施管理，极大地提高了工作效率，使企业能够以较少的投入获得较大的产出。通过运作标准化管理，可以规范流程，整合企业、社会资源，提升公司核心运作能力，将传统物流简单、粗放的发展模式转变为了精细化管理的现代物流发展方式，提升物流企业管理水平。

（二）运作流程标准化

该项目为物流运作过程每一环节制定了标准操作流程，保证不同经营单位同项目间，同经营单位不同项目间运作结果的一致性。

（三）资源配置标准化

规范了组织架构，明确了岗位职责及每日工作流程，将员工流失、岗位变动带来的影响降到最低；为公司资源配置设定了标准值，优化公司资源配置，提高利用率。如根据仓库类型、项目特性、周转次数等因素，设定了叉车、人员、货架、卡板等不同情况下配置的标准值。

（四）效率与成本标准化

推行了标准作业线管理，量化效率与成本考核指标。如为各行业客户（日化类、酒类、食品类、危化品类等）制定了仓库收货、上架、备货、发货标准作业线及标准效率，实现不同经营单位同项目间，同经营单位不同项目间的运作效率的对标和内部考核。

（五）形成标准的服务产品

对招商物流各项目运作进行总结梳理，形成统一的标准服务产品，具有可复制推广的特征，它给客户带来了增值，也为公司获取了更大的市场份额。

五、创新成果应用效果

通过实施标准化运作管理，招商物流在仓储管理、外协公路管理以及产品管理方面都有了很大进步，也给公司带来了巨大的经济效益。

（一）仓储管理方面

1. 提升仓库的库容库貌，统一了对外形象

图1展示了实施标准化运作管理后的库容库貌，整洁有序的环境不仅提升了公司对外形象，更有利于提升公司的运作效率和管理水平。

图1　库容库貌

2. 仓储堆存能力及操作效率得到提升

将制度流程的价值落实到了实际生产运作当中，规范与优化项目的运作。通过优化叉车备货线路，使备货效率提高8%；实行大排位与零散排位按比例设置及实施，使仓储堆存能力提高2%；通过优化标准作业线中各环节衔接方式，操作效率提高了3%。

（二）外协公路运输管理方面

外协公路运输标准化的推行保障了运作质量，有效控制了运作成本，提升了管控能力。

招商物流加强了在承运商选择与采购管理、订单执行跟踪管理、客户端信息沟通与异常服务处理等方面的管理。建立起"三权分立"的外协资源采购体系，使招投标过程更加公开透明；选用优势承运商与推广"集疏运"业务分包模式，仅2013年外协运输成本下降就超过了500万元；承运商分级化管理，建立了承运商分级梯队，通过有针对性培训与管理，稳定及培养了一批核心承运商，保障了车辆运力需求；

搭建了包括资源管理、仓储管理、运输管理、安全管理、财务管理、订单管理等功能的大型综合性运营实时监控平台，通过摄像CCTV实时监控系统、货运车辆GPS实时监控系统、SAP物流信息监控系统、运营集成监控系统，实现了对订单执行跟踪的可视化管理，减少了异常情况发生频率，提高了资源利用率，促进了节能减排工作，如表3所示，并在第四届中国货运业年会上被组委会评选为"2013年度中国绿色货运标杆企业"。

表3 　　　　　　　　　　　　　　　2012 年公司节能减排效果

统计指标	综合能耗	同比下降
万元营业收入	0.0323 吨标煤/万元	26.55%
万元增加值	0.1437 吨标煤/万元	15.05%

通过直接与客户进行信息沟通与异常服务处理，如动态管理检查、交付过程抽查、客户走访、客户满意度调查的工作要求等，加强了两端信息的对称，增加了客户对招商物流的认可与信任，提升了客户的满意度及企业的品牌。

（三）标准运作产品方面

标准运作产品具有可持续的回报、优化客户现有运作模式、运作关键环节管控优于同行、有可复制推广的标准化流程的特征。招商物流已完成酒类、化工品类、日用品类、食品饮料类等标准运作产品的打造，通过复制推广，给客户带来了增值效益，也为公司获取了更大的市场份额。新增多个国内外知名品牌客户，带来的营业额变化如表4 所示。

表4 　　　　　　　　　2010—2012 年营业额增加值 　　　　　　　（单位：万元）

项目	2010 年	2012 年
酒类项目	1000	15000
化工润滑油类项目	24000	36000

其中酒类项目营业额从 2010 年的 1000 万元增长至 2012 年的 15000 万元；化工润滑油类项目营业额从 2010 年的 24000 万元增长至 2012 年的 36000 万元；打造了南京危化品储运示范基地，正在扬州、镇江等地复制推广。

六、创新成果推广价值

目前我国市场上出现了越来越多的物流企业，其中不乏新生企业和从相关行业转行的企业，层出不穷的物流企业也使得物流队伍良莠不齐。物流业整体水平不高，不同程度地存在内部结构不合理、运营操作不规范、服务产品不合格等问题，影响了物流业的健康发展。总体来看，招商物流的标准化管理创新实践成果，具有三个方面的推广价值。首先，借鉴该创新成果，第三方物流企业特别是资源管理型企业，不仅可以直接提升企业的运行效率，而且在提升服务质量、塑造企业形象、完善企业管理制度等方面具有特别重要的意义。其次，物流运作标准化具有很强的复制推广性，因此，招商物流实施物流运作标准化的经验和方法对于单个的第三方物流企业管理标准化具有较好的推广价值。最后，该创新成果还可以供具有网络型服务业务的第三方物流企业或者连锁型流通企业，在改进企业标准化管理和提升企业运作效率上提供借鉴。

图 2　招商物流可视化中心

江苏德邦现代物流企业管理标准化项目开发与实践①

【成果摘要】 江苏德邦物流有限公司是德邦物流股份有限公司在苏州唯一一家全资控股子公司和江苏省总部。为落实国家"十二五"规划中大力发展现代物流业的目标，实现物流的智能化和标准化，积极与国际接轨，江苏德邦物流有限公司实施了现代物流企业管理标准化项目。该项目是一个多维度、全方位的建设工程，从连锁网点标准化建设（包括新网点选址标准化、营业网点命名标准化和店面形象、员工工服和仓库货物摆放标准化）、企业信息标准化建设（包括统一使用第四代营运支撑系统 FOSS 系统、短信语音通知系统、呼叫中心客服系统、远程多媒体培训系统、自动分拣系统和车载 GPS 定位系统）、车体形象标准化建设三个方面开展创新工作，努力促进物流行业转型发展。经过两年多的项目建设实践，江苏德邦已经建立起了一套专业的现代物流业企业管理标准服务体系，并取得了较好的创新应用成果，对企业自身、物流行业、周边区域以及整个社会都产生了积极的效益。该创新项目也为现代物流企业的标准化进程提供了较好的借鉴思路。

【成果关键词】 管理标准化；连锁网点；企业信息化

【成果适用领域】 网络型物流企业建设；民营物流企业管理；企业标准化建设

一、企业基本情况

江苏德邦物流有限公司（以下简称江苏德邦）是德邦物流股份有限公司在苏州唯一一家全资控股子公司和江苏省总部。公司成立于 2008 年 12 月，位于江苏省苏州市吴中区木渎镇木东公路 23-1 号，类型为有限公司（法人独资）私营，注册资本 1000 万元。江苏德邦从事陆路货物运输业，经工商局核准登记的经营范围为普通货运，货运代理（代办），货物运输信息咨询，普通货物仓储、人力搬运装卸，为江苏省各市、区、镇提供全国性第三方物流服务。江苏德邦实行高效的企业组织运作模式，下设业

① 本成果由江苏德邦物流有限公司提供，成果主要创造人：李建雄、张庆海，参与创造人：段建设、张焕然、马神波、寇振海、贺凤、徐小龙、李长明、陈孝彬、金孝楠、岳莹，获 2013 年度物流行业企业管理现代化创新成果奖二等奖。

务、客户服务、仓储运输、财务、设备管理、行政、人力资源、网络和保安，共九个部门。江苏德邦 2012 年的总营业收入 18361 万元，利润总额 410 万元，上缴税收 997 万元。目前江苏德邦的在职员工有 2540 人。江苏德邦物流有限公司现有的连锁网点已达到 100 余个，在完成现代物流企业标准化建设之后，争取在 2013 年年底，连锁网点达到 130 余个。目前长期合作客户约有 3500 余家，优质客户遍布全国，力争 2013 年年底，长期合作客户达到 4000 余家。

江苏德邦已经被认定为"江苏快货"的线路有 8 条，在江苏省苏州市吴中地税局荣获"重点税源称号"等荣誉，并以做优做强为发展动力，以物流企业的标准化为目标，在推动经济发展，提升行业水平的同时，努力创造更多的社会效益，为国民经济的持续发展、和谐社会的创建做出积极贡献，努力将德邦打造成为江苏省物流示范型企业和中国人首选的国内物流运营商，实现"为中国提速"的使命。

二、创新成果产生背景

江苏德邦的现代企业物流标准化项目创新是多个方面因素共同推进的结果。总的来看，该创新成果有以下几个方面的背景。

（一）中国经济增速放缓背景下物流企业发展的客观需要

过去的 30 多年，我国经济经历了较长时期的持续高速增长阶段，特别是从 2001—2010 年的 10 年间，GDP 增速达到 10.7%，被称为"中国奇迹"。在经济持续高速增长的推动下，我国物流业保持了高速增长态势。2001—2010 年，物流业增加值实现了年均 14.8% 的增长速度，较好地发挥了对国民经济的支撑和保障作用，有力地促进了经济结构调整和发展方式转变。从 2010 年下半年开始，我国经济运行下行压力加大。我国 GDP 同比增长 7.8%，已连续 6 个季度增速回落。有研究机构指出，我国潜在经济增长率将逐步放缓，未来将从"持续高速增长阶段"进入"中速增长阶段"。这是经济发展到一定阶段的客观规律，也是政策主动调整的必然结果。

受到当前我国经济增速放缓的影响，我国物流行业的发展增速也有所趋缓。我国社会物流总额增速已经连续 6 个季度放缓，企业效益不断下滑，投资增速持续回落。与此同时，我国物流行业长期掩盖在高速增长下的一系列问题日益凸显，成为行业转型发展的重要挑战。比如物流总体需求不足、产业层次水平不高、物流效率提升缓慢、市场经营风险加大、运能不足与运力过剩长期存在等，这些都对我国物流行业的发展构成潜在的巨大威胁。面对新的形势，中国物流业如何应对挑战、把握机遇，实现持续稳定发展，是一项非常紧迫和重要的任务。

（二）提升中国物流业发展水平现状的必然要求

物流业在国民经济中的地位和作用显著，它将有力地促进其他产业生产方式的变革和流通模式的转变，进一步支撑我国经济结构调整和发展方式转变。然而，目前中国在物流配送方面几乎没有一套专业的服务体系，而广大的中小企业能力不强、效率不高，使滞后的物流与网上商流的快速、低成本不相适应，制约了电子商务的发展，所以我国物流行业企业管理标准化建设是时代发展的必然要求。

物流行业企业管理标准化建设能有效地缩短我国与国外的数字化差距、提高中国加入 WTO 后物流行业的抗冲击能力。中国物流业各方物流的参与者只有使用统一的标准和规范，才能使中国物流全程高效率运行，成为中国新的经济增长点。

（三）适应"十二五"规划中提高物流标准化水平的要求

随着经济的快速发展，我国物流业得到了长足的发展，在经济社会生活中发挥着越来越重要的作用。在《中华人民共和国国民经济和社会发展第十二个五年规划纲要》中，把大力发展现代物流业作为推动服务业大发展的重点内容，明确提出要加快建立现代物流服务业体系，大力发展第三方物流，推动农产品、大宗矿产品、重要工业品等重点领域物流发展，提高物流智能化和标准化水平。标准化是促进和保证物流运作快捷便利、高效通畅的最重要措施，对于提高物流服务水平，优化物流作业流程，促进物流业健康发展，更好地与国际接轨具有重要作用。从物流企业的角度来看，标准化是规范服务行为、提高企业生产和管理效率、培育企业核心竞争力的重要手段；从物流行业发展角度来看，标准化是优化物流业内部结构、转变经济增长方式、促进服务业可持续发展的重要抓手；从促进国际贸易的角度来看，物流特别是供应链管理与国际规则接轨是参与国际经济竞争、促进我国服务贸易健康发展的重要保证。实施物流行业企业管理标准化建设很好地适应了国家加大物流标准化的一系列方针政策。

三、创新成果主要内容

该创新成果的内容主要包括连锁网点标准化建设、信息标准化建设、车体形象标准化建设三个方面，具体内容如下：

（一）连锁网点标准化建设

随着企业规模的不断扩展，仅凭人脑和手工的业务操作方式逐渐被现代信息技术手段——业务流程标准化所代替。针对经营管理中的每一个环节、每一个部门、每一个岗位，该方案制定了新网点的选址标准、营业网点命名标准、店面形象标准、员工工服标准、货物摆放标准，以标准化指导江苏德邦未来的发展，从而带动行业向高端行业的转型。连锁网点的标准化建设具体内容如表1所示。

表1 连锁网点标准化建设的具体内容

序号	营业厅标准化	序号	仓库标准化
1	营业厅桌面物品申请、更新、摆放标准	18	监控器机柜放置、清洁标准
2	水牌、双面海报摆放标准	19	监控器密码设置指引、检修标准
3	营业厅客户凳、职员椅摆放标准	20	营业部广告招牌的清洗
4	电脑桌面标准	21	门磁、报警器标准
5	标签打印机支架物品摆放标准	22	推拉牌指示规范
6	营销物料摆放规范	23	提示牌安装规范
7	柜台内部物品申请标准	24	仓库的定位线标准
8	三层文件框（竖）/文件盘放置物品标准	25	仓库的布局标准
9	营业厅6S	26	卡板标准（重量标注）
10	柜台抽屉放置标准	27	分区牌安装规范
11	营业厅墙面物品申请、更新标准	28	申请仓库物品
12	营业员柜台抽屉放置标准	29	工具箱标准（两格、三格）
13	营业部印章放置标准	30	灭火器挂放标准
14	针式打印机刻度标准	31	仓库货物摆放标准
15	出发部门存根联标准	32	物料架摆放标准
16	饮水机、水杯筒标准	33	清洁工具放置标准
17	营业厅物品注意事项	34	品牌粘贴标准

1. 新网点选址标准化

江苏德邦对所有新开网点需要通过严格的考评方可开立。从可停车辆类型、横向停车位、停车面积占比、机动车辆出口数量、车流量，车道数、调头开口、红绿灯数量、能否达到等多方面对可能的新开网点进行考核。只有综合评分80分以上的网点方可开设。

2. 营业网点命名标准化

（1）单点城市

第一个营业部命名模式为：省份名＋城市名＋营业部，均不含"省"、"市"字样。如江苏太仓营业部。

（2）非专业市场、物流园

区（县）城市命名模式：城市名＋镇名/地名＋营业部，含"镇"字样。如：苏州吴中开发区营业部；第一个点命名参照单点城市命名标准；第二点起均不含"市"、"镇"等，但需含"区"字样。如天津河西区营业部；若在县级市，命名模式为：城市名＋县级市＋营业部，均不含"市"字样。如吴江黎里营业部。

3. 店面形象、员工工服、仓库货物摆放标准化

江苏德邦对其店面形象、员工工服以及仓库货物摆放等方面都开展了标准化建设。其中，店面形象标准如图 1 所示；员工工服标准如图 2 所示；车辆停放标准如图 3 所示；仓库货物摆放标准如图 4 所示；仓库货架摆放标准如图 5 所示。

图 1　店面形象标准

图 2　员工工服标准

（二）信息标准化建设

随着计算机技术和通信网络技术的发展，物流行业的信息化水平也日益提高。为了提升信息化的运营效率，江苏德邦通过投资建设以下几大信息系统来开展公司的信息标准化建设。

图3 车辆停放标准

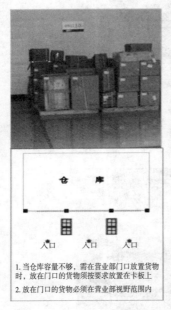

货物放置标准：

1. 一律放置在卡板上，以大不压小、重不压轻、木不压纸的原则放置，且卡板货物摆放不得高于2米

2. 当仓库容量不够，货物需要放置在仓库门口时，货物必须按要求摆放在卡板上，放置于门口的货物不得为小件货，且所有货物都必须在营业部的视线范围内，如不在视线内的必须安排专人看守，货物需用安全货网网住

标签粘贴标准：

请以品管部制定的《货物标签粘贴规范》为准

图4 仓库货物摆放标准

1. 第四代营运支撑系统 FOSS 系统

为配合公司的战略落地，辅助完成产品升级、质量升级和管理升级，江苏德邦决定和 IBM 共同建设公司的第四代营运支撑系统——FOSS，一方面希望通过 FOSS 将流程梳理项目的成果转化为系统落地，固化操作流程；另一方面希望通过 FOSS 系统支持业务功能的快速升级和开发。

FOSS 项目业务覆盖范围将涵盖专线/外场、长/短途、偏线、设备管理、接送货、经营、空运管理七大业务线条的营运需求，分别从执行、管理、规划层面来梳理业务需求，通过系统的支持，规范营运过程中的操作，固化流程，降低由于业务操作不规

摆置标准：3件及3件以下的货物放置在货架上，同票货放在一起且保持标签朝外（针对有货架的部门）

标签粘贴标准：请以品管部制定的

放置货物

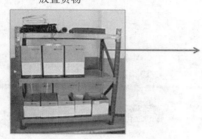

物料架：只放置部门物料的货架也称为物料架

物料架不得放置部门出发、到达货物

图5　仓库货架摆放标准

范带来的营运风险。其中，FOSS 系统的研发过程如图 6 所示；FOSS 系统的研发阶段示意如图 7 所示；建成后的 FOSS 系统界面如图 8 所示。

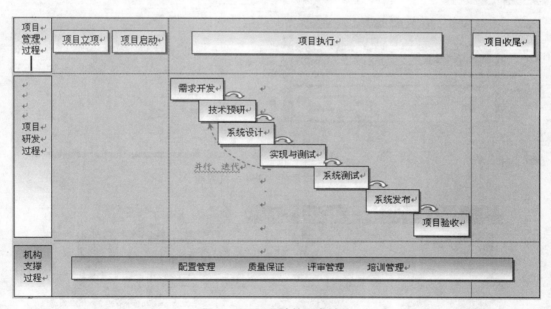

图6　FOSS 系统的研发过程

2. 短信、语音通知系统

该系统能实时将货物的运作情况反馈给客户，让客户感受到一切尽在掌握，根据市场的变化随时做出最优决策，如图 9 所示。

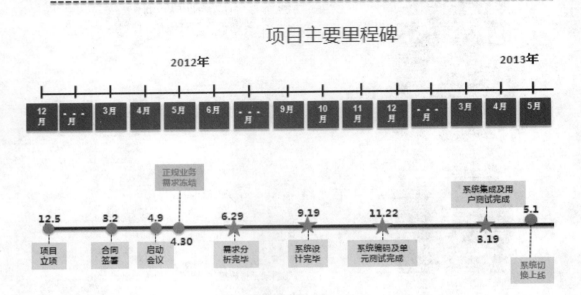

图 7　FOSS 系统的研发阶段示意

图 8　建成后的 FOSS 系统界面

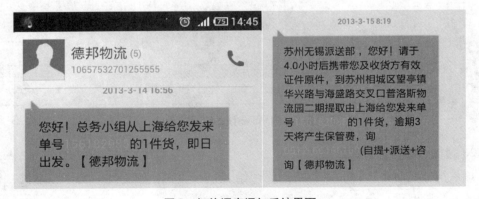

图 9　短信语音通知系统界面

3. 呼叫中心客服系统

该系统能二十四小时接受客户的电话下单、业务咨询、投诉受理，以最快的速度满足客户的需求。

4. 远程多媒体培训系统

远程多媒体培训系统能通过网络的形式，不受时间、地理方位的限制，随时随地地对德邦的人员进行培训，确保德邦物流的服务规范化、标准化。该系统主要有以下四个功能模块。远程多媒体培训系统界面如图10所示。

图10 远程多媒体培训系统界面

（1）实时多媒体交互教学模块

允许50个用户（受公司网络带宽的限制）同时登录系统在线听课，受训方可以用小型会议室通过电脑和投影设备或者个人有一台电脑和耳麦就可以接受视频音频的培训，同时可以进行提问和答疑，事先录好的PPT和录影可以配合教学同时播放。

（2）多媒体课件录编模块

可以课前或者课后对培训内容进行录制和编缉，运用课件录编系统教师可以将讲课过程中所用到的屏幕、视频、声音、教材等多媒体流实时录制下来；然后导入课件编辑系统中进行课后编辑；可添加章节索引（新的视频流、音频流、文字、图片等多媒体内容），经过剪辑、整合等编辑工作，最终形成所需的多媒体课件，用于实时教学或异步在线学习。

（3）多媒体异步在线学习模块

异步在线学习系统是一套基于 Internet 的课件资源点播系统，允许用户随时随地登录系统点播观看学习课件。

（4）智能评测模块

可以通过智能出卷系统对学员进行考试评测，对教学结果反馈评估，旨在提高培训和考试效率、及时反馈教学效果。

5. PDA 技术说明

江苏德邦目前采用世界先进的物流 PDA 扫描技术，物流跟踪 PDA 终端由物品身份识别模块、网络接入模块、物流管理模块组成。一般来说，PDA 主要有如下功能。

（1）收货功能

用于司机或接送货员登录，用户输入账号、密码，系统校验账号、密码的准确性，账号密码正确，点击登录则进入 PDA 接送货系统主菜单界面，账号、密码错误则弹出提示信息"账号或密码错误，请重新输入"，点击退出则退出登录界面；第一次在线登录验证账号、密码成功后，账号、密码信息缓存在本机，以备离线登录使用。

（2）标签打印功能

标签打印内容：公司名称（德邦物流）、公司 LOGO、开单部门、开单人、开单时间（日期时间精确到日）、单号、件次、总件数、走货路径、货区编码（运输路线基础资料中的库位号）、目的站、包装、运输性质、收货人、条码（识别号、单号、流水号、重量、最终外场、目的站）。

（3）送货功能

司机用 PDA 扫描标签或运单（或手工输入单号），图 11 为 PDA 扫描技术界面，选择签收情况（正常签收、异常签收），默认为正常签收，点击"签收"按钮出库；选择正常签收的运单系统自动发送签收短信给发货人，同时更新 ERP 系统该单在到达部门的库存状态为已出库。选择异常签收的不发送短信，且不更新库存状态。点击"返回"则返回主菜单界面。

6. 自动分拣系统

江苏德邦已在试行自动分拣系统（Automatic Sorting System），自动分拣机是提高物流配送效率的一项关键因素。它是第二次世界大战后在美国、日本的物流中心广泛采用的一种自动分拣系统，该系统目前已经成为发达国家大中型物流中心不可缺少的一部分。

7. 车载 GPS 定位系统

GPS（Global Positioning System）即全球定位系统，是美国研制的卫星导航定位系统。江苏德邦每台车辆均安装有 GPS 系统，能准确定位车辆位置。

（三）车体形象标准化建设

江苏德邦的运输车辆全部为自有车辆，在车体形象标准方面也投入了大量资金。

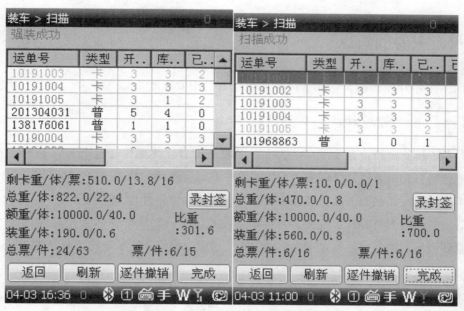

图11 PDA 扫描技术界面

每一辆运输车辆统一印制 LOGO，LOGO 中"德邦"两字用粗重的笔锋，打造稳重可靠的企业形象，以"德邦"首字母"D"为原形塑造满弓待发的形象，整个 LOGO 展现了德邦物流锐意进取、注重品质的态度和随时候命、快速高效的服务保障。车体形象标准如图 12 所示。

图12 车体形象标准化建设

四、主要创新点

江苏德邦开展的物流企业管理标准化项目的主要创新点如下。

（一）率先开展物流企业标准化建设

目前中国物流行业几乎没有一套专业的服务标准化体系，在这个大背景下广大的中小企业普遍存在企业经营管理能力不强，效率不高。滞后的物流已经与网上商流的快速、低成本不相适应，制约了社会经济的发展。江苏德邦创新性地开展物流企业标准化建设，能很好地带动物流企业升级改造、商贸物流模式转型、物流配送体系提升优化、供应链物流管理创新、物流园区集聚发展、绿色物流与应急物流、制造业物流升级改造等。

（二）多维度、全方位的标准化建设

江苏德邦的物流企业管理标准化项目内容主要包括连锁网点标准化建设、信息标准化建设、车体形象标准化建设三个方面，是一个多维度、全方位的标准化建设。多维度、全方位的含义指的是标准化建设的范围不仅限于外部形象的标准化，而且还包括内部基础设施的标准化如信息标准化建设；不仅限于"硬件"上的标准化，而且还有江苏德邦"软件"上的标准化。

（三）领先的信息化建设

随着计算机技术和通信网络技术的发展，物流行业的信息化水平也日益提高。为了提升信息化的运营效率，江苏德邦在充分利用现有信息网络资源的基础上，建立和完善物流信息基础设施，构建现代化的物流信息系统。信息化的完善帮助江苏德邦很好地提升了自身的竞争能力。

五、创新成果应用效果

江苏德邦在开展了现代物流企业管理标准化项目之后，对企业、物流行业、周边区域以及整个社会都产生了积极的作用。

（一）企业效益分析

开展现代物流企业管理标准化项目后，江苏德邦的经济效益显著提升。2012 年江苏德邦营业总收入 18361 万元，创造税收 410 万元，项目运行后 2013 年江苏德邦营业收入总额预计将增至 29377.6 万元，创造税收 647.66 万元，增加税收 230 余万元。由此可见，现代物流企业管理标准化项目为江苏德邦创造了更多利润，为国家创造了更多税收。江苏德邦未来收入、税金、网店预估如表2所示。

表2　　　　　　　　　　江苏德邦未来收入、税金、网店预估

年　份	收入（万元）	税金（万元）	网点（个）
2012	18361.13	410.07	80
2013	29377.6	647.66	130
2014	44065.5	1054	140
2015	66098.25	1302	190
2016	99147.375	1562	260
合　计	257049.855	4975.73	800

（二）物流行业效益分析

1. 促进物流产业结构优化升级

在中国物流行业以往的发展模式当中，运输作为一个必备条件但并不被人们所重视，整个商业流程注重的是商品，也就是以制造为中心。随着人们生活的不断改善，对于商业活动转向了以服务为中心，物流业开始快速发展。在过去，商品、货物运输状况非常差，不规范不合理，影响了运输效率，有时还会造成商家信誉缺失等严重后果。近年来，国家、企业都开始重视物流的发展，并通过一系列的手段大大促进物流的发展，江苏德邦物流积极响应国家政策，大力加快现代物流业标准化建设，成功实现了现代物流行业的产业升级。通过朝着专业化、正规化方向发展，江苏德邦有力地吸引着产业的集聚，通过自己的亲身实践，为我国物流行业的产业结构优化升级提供了一个成功的借鉴。

2. 引领物流行业信息化

物流企业标准化建成以后，有利于江苏德邦在充分利用现有信息网络资源的基础上，建立和完善物流信息基础设施，构建现代化的物流信息系统。信息化的完善帮助江苏德邦很好地提升了自身的竞争能力，更重要的是，江苏德邦标准化项目的成功对整个物流行业的信息化有着引领带动作用。

（三）区域效益分析

1. 推动苏州现代物流业发展

江苏德邦物流有限公司物流行业企业管理标准化建设项目完成以后，对苏州物流现代化、标准化的带动日益凸显，起着物流业发展的助推器、风向标和导航仪的作用，江苏德邦建设的此项目大幅优化了物流供应链的基础，为苏州城市综合经济实力和现代化水平的提高发挥了重要的作用，带动了苏州物流行业工业化和信息化的两化融合

和双向发展，对发挥城市功能、实现区域经济共同发展贡献了新的力量。

2. 降低区域内企业运行成本，提高竞争力

江苏德邦在现代物流企业标准化建设以后，企业投身物流信息化运营，以电子标识、自动识别、智能交通、移动信息效劳、可视化效劳和位置效劳为代表的先进信息技术和管理方式的研发与应用日益深化，逐步完成了高效、优质、专业的物流效劳。物流信息化不断深化，供应链管理不时提升，智能化展开趋向日益明显，有效地提升了物流运作效率，降低了成本，提高了竞争力。这样，江苏德邦在物流行业竞争中，将会处于一个更加有利的地位。

（四）社会效益分析

1. 有效缓解了就业压力

目前江苏德邦在苏州累计提供就业机会 2500 余人次，专本科学历占 50% 以上，所有文职为应届毕业生招聘，99% 的管理人员均由内部培养产生，且保证不少于 25% 的管理岗位提供文职类员工，项目投入后将进一步促进公司高速发展，必然带来更多的就业岗位。目前江苏德邦苏州区域总人数预计增加 400 人。

2. 绿色环保、降低噪声

通过 GPS 定位，江苏德邦的车辆运作效率越来越高，车辆定位越来越准确，确保准时准点将货物送至客户手中，有效地缩短了运输的里程，减少了汽车尾气的排放，为苏州市乃至江苏的环保做出贡献。

3. 有效保护了人身安全

江苏德邦开展现代物流企业管理标准化项目后，车辆全部采用 GPS 精准定位，能随时定位车辆位置。以人为本，关爱司机，从根本上保障从业人员的人身安全，更好地预防盗窃和进一步加强案件的侦破力度。

4. 防偷盗、反劫持，紧急情况下迅速报警

江苏德邦标准化项目的开展很好地督促了司机安全行驶，重要驾驶数据分析，车辆运行速度、方向的准确分析，为保护人身安全提供有力的保障。

六、创新成果推广价值

江苏德邦的现代物流企业管理标准化项目具有较好的推广价值。一方面，江苏德邦的标准化项目是一种多维度、全方位的标准化创新，具有较强的行业代表性和引领性，为我国物流企业的标准化进程和物流运作模式升级提供了较好的借鉴思路；另一方面，该成果在信息化建设方面的创新也为我国物流企业信息化建设提供了很好的借鉴，促进他们进行现代化物流模式的转型。因此，江苏德邦的现代物流企业管理标准化项目成果值得在我国物流行业大力推广。

华谊天原化工物流一体化嵌入式
物流服务模式[①]

上海华谊天原化工物流有限公司
副总经理师、商务部经理　王　珏

【成果摘要】上海华谊天原化工物流有限公司积极从企业物流不断向物流企业转变。在与世界级制造型企业拜耳融合的过程中，把嵌入式物流服务作为公司主要业务之一。公司将最前端包装业务设置在客户工厂内与其生产线紧密连接，并将多个物流功能进行整合，为客户物流运作进行量身定制和管理，通过提供嵌入式、一体化物流服务，双方利用监控平台加强全程信息化监控管理，建立了高效的信息管理系统、事故处理预案，保障了物流运作的安全性，提升了第三方物流服务的价值。为了充分实现嵌入式服务，双方加强紧密联动，实现在物流服务过程中的无缝对接。通过双方共同的努力，上海华谊天原化工物流公司在物流服务和企业发展上均取得了不小的成绩。在长达10年的合同期中，华谊天原化工物流公司将长期拥有稳定的收益、获得迅速成长的动力。该创新成果可以为从事化工物流和危险品物流的第三方物流企业提供借鉴。

【成果关键词】一体化；嵌入式；化工物流；危险品物流；两业联动

【成果适用领域】危险品物流管理；一体化物流服务模式设计；两业联动方案设计

---

① 本成果由上海华谊天原化工物流有限公司提供，成果主要创造人：王珏、钱广集，参与创造人：何树焕、施卫平、金松子、强伟民、谢涵臻，获2013年度物流行业企业管理现代化创新成果奖三等奖。

一、企业基本情况

上海华谊天原化工物流有限公司成立于 2003 年 9 月，是上海华谊（集团）公司旗下具有中国领先地位的专业化工物流服务供应商，国家 AAAA 级综合物流企业。2010年 6 月，上海华谊天原化工物流有限公司由上海华谊（集团）公司下属上海天原（集团）有限公司、上海氯碱化工股份有限公司和上海化学工业区发展有限公司下属上海化学工业区置业有限公司、上海化学工业区投资实业有限公司等合资重组，合资重组后公司注册资金 2.63 亿元，物流量逾千万吨。

公司目前拥有三大物流基地：上海吴泾基地、上海漕泾基地和安徽基地。承接了拜耳、德固赛、氯碱、华胜天原等知名大公司整体物流，同时为亨斯迈、巴斯夫等跨国企业提供专业物流服务。在漕泾上海化学工业区和吴泾地区建立了一体化的化工物流基地，并辐射到国内经济发达的沿海地区和其他战略性地区。

公司承揽各类化工液体剧毒品、危险品和固体物流业务，拥有严密的安全环保及信息管理控制系统。公司为各大化工企业总揽和承揽第三方包装、掺混、气流输送等物流服务；为专业化工公司提供仓储业务、槽罐储存业务、码头装卸业务（含危险品、海关监管）、铁路运输服务；各类化工危险品（含剧毒品和温控）的全国配送业务；国际货物运输代理业务、会展业务；各类液体、气体集装罐的清洗；起重机械的安装、改造及维修、车辆维修业务等。

公司拥有上海质量体系审核中心质量、环境、职业健康安全（GB/T 19001 - 2000idt ISO 9001：2000，GB/T 24001 - 2004 idt ISO 14001：2004，GB/T 28001 - 2001）三合一证书，并具有危险化学品经营许可证、危险品货物港口作业资质认定、无船承运证书、企业信用评价 AAA 级信用等级证书等多项资质证书。公司还获得国家 AAAA级综合服务型物流企业、全国百佳企业、全国杰出危险品物流服务企业、中国危险品物流企业模范单位、全国制造业与物流业联动发展示范企业、国家级信息化和工业化深度融合示范企业、上海市"三星级诚信创建企业"等荣誉称号，第十五、十六届上海市文明单位称号。公司现有员工 492 人。近三年来，公司实现主营收入 4.75 亿元，上缴税金 2700 万元，实现利润 4860 万元。

二、创新成果产生背景

（一）华谊天原公司需要借助世界级客户提升服务能力

2003 年 9 月，上海华谊天原化工物流有限公司组建成立。出于尽快摆脱原有老旧机制的束缚、加快提升物流营运能力、孕育全新机制的目的和需要，华谊天原化工物流公司采用市场化操作模式，引进先进的物流管理理念，快速提升自身的物流服务水平。

当时地处上海南段、杭州湾北岸、漕泾镇边缘的上海化学工业区的建设，已入驻了40多家企业，获得逾88.6亿美元的投资。其中拜耳公司，作为全球知名的德国化工企业，计划在上海化工区投资建设全球最大的聚碳酸酯生产基地。按照其国外发展模式，拜耳公司考虑公用工程及物流社会化。然而，拜耳公司在上海一时无法找到合适的全球物流合作伙伴，这时上海华谊天原化工物流有限公司进入了拜耳视线。华谊天原化工物流公司是一家专业的第三方物流公司，具有专业化工背景、专注于化工行业的物流服务，具备危险品物流服务能力，拥有严密的安全管理控制保障系统。经拜耳公司在技术、价格、服务等方面的筛选，最终确定由华谊天原化工物流公司承接其包装、仓储、短驳等一体化物流服务。

（二）拜耳物流项目服务模式不断深化，嵌入式服务逐步成熟

2004年7月，公司成立了PC项目部，在拜耳的10万吨PC物流项目中竞标成功，实施拜耳PC项目从包装到仓储，到配送的一体化物流管理，实现100万吨/年承运量。公司把此项目作为走向国际化、专业化的第一步，并引入现代物流管理理念和竞争机制以确保项目顺利启动。拜耳PC一期物流（短途运输和仓储）业务于2005年5月正式实施，形成了公司在上海化学工业区双管齐下的物流发展态势。同时也为PC二期10万吨包装仓储做好了准备。公司又于2008年12月与拜耳签署了PC二期合同，继续为其扩产的10万吨/年PC提供一体化物流服务。

2005年，为保证拜耳项目投产后物流配套服务，同时配合拜耳聚合物工厂包装终端与拜耳生产线同步建设，经上海华谊集团批复，上海华谊天原化工物流公司正式进行该项目的建设。根据合同分工，项目中的物料仓、物料输送系统及包装流水线、仓库及运输车辆等物流设施均由华谊天原物流公司设计并建造。由此，公司提供的嵌入式服务开始提上议程。

三、创新成果主要内容

上海华谊天原化工物流公司为拜耳提供的一体化物流不是单纯提供包装、运输、仓储、配送等多个功能性物流服务的组合，而是融入拜耳公司扮演物流参与者角色。公司将最前端包装业务设置在客户工厂内与其生产线紧密连接，并将多个物流功能进行整合，为客户物流运作进行量身定制和管理，通过提供嵌入式、一体化物流服务，提升了第三方物流服务的价值，客户可以将精力更多地投入主业，聚焦主业发

展，从而实现核心竞争力的提升。公司同时树立了现代物流业新型服务模式，PC包装一体化物流项目也被国家发改委评选为现代物流与现代制造业"两业联动"典型示范项目。

（一）PC包装一体化物流服务流程

如图1所示，供应商将拜耳原材料直接送货至华谊天原公司的仓库，华谊天原物流公司通过短驳将原材料配送至拜耳工厂，拜耳工厂生产后，进入PC包装车间，通过短驳提货将产成品送至华谊天原公司的仓库，客户可以在华谊天原公司的仓库进行提货，也可以由华谊天原公司直接将产成品送货至客户。

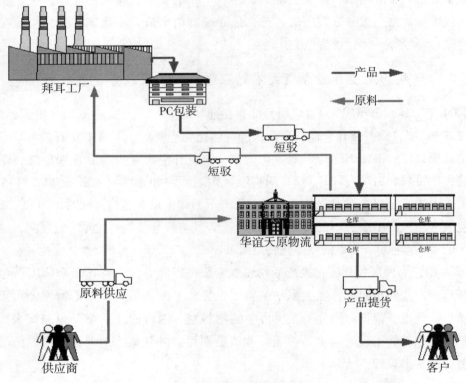

图1　服务流程示意

（二）双方信息系统对接情况

1. PC包装单元

（1）信息对接

公司建设专用光纤网络接入拜耳包装车间，通过数采机采用OPC接口从包装设备的控制系统实时采集数据，包括包装设备流量、流速、液位、温度、压力、开关状态等关键参数，传回漕泾基地的 PI 生产实时数据库。

传回的数据通过组态形成设备流程图，各种数据标识在数据图中，用户可以直观地了解生产和设备运行情况。

部分数据进入应急联动系统，当某些参数超过警戒阀值时，应急联动系统会发出警报，调度人员可以根据预先制定的处理预案进行处理。

（2）系统特点

便于实时采集包装设备流量、流速、液位、温度、压力、开关状态等关键参数，了解生产状况。应急联动系统可对异常情况进行监控、报警，及时处理现场故障，减少事故发生。同时，通过 WEB 综合管理平台，管理者和技术人员出差或在家里也可以了解现场生产情况。

2. PC 仓储单元

（1）信息对接

拜耳公司采用 ERP 系统进行管理，但 ERP 系统对库存的管理非常简单，无法满足专业物流业务需求，因此华谊天原物流公司为拜耳公司定制开发专用 WMS 系统进行管理。

由于拜耳公司不允许 ERP 与外部系统连接，因此拜耳公司租用电信 VPN 专线，将 ERP 客户端放置在物流公司漕泾 PC 仓库，单证信息和产品标签可直接打印至仓库。公司也可利用 ERP 客户端进行查询录入等操作。业务过程所需的订单计划、车辆信息、装箱信息等则通过 E - mail、传真等进行联络。

WMS 提供了丰富的查询和统计报表功能，拜耳公司可利用 Internet 网络直接访问 WMS 系统提供的查询、报表服务，如图 2 所示。

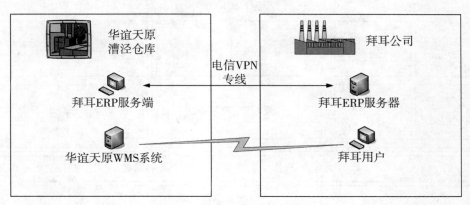

图 2　信息系统对接示意

（2）系统特点

根据拜耳要求定制开发，提供 ERP 无法实现的专业功能，支持多货主、多仓库管理。WMS 翔实记录了从入库通知、验收、码盘、上架到出库装箱计划、备货、装箱等仓库操作全过程，所有记录可以跟踪到每一票甚至每一托盘货物。WMS 提供了 BS 结构的查询和分析功能，用户可以随时远程访问查询自己的货物情况。

（三）利用监控平台加强全程信息化监控管理

危险品服务作为现代物流行业中一个特殊服务定位的领域，其安全管理水平、过程控制能力以及社会责任压力对承运企业提出了更高的运营服务要求。借助信息化手段，构建对危险品物流服务的全程控制与服务平台，不仅是行业发展的要求，更是推动行业企业走内涵式发展道路、提升运营服务质量的一种重要方式。

1. 危险品物流信息监控平台整体架构

针对危险品物流运作企业现存的问题以及构建统一信息监控平台的基本需求，危险品信息监控平台在建设上应满足平台化和扩展性两项关键指标。平台化是指企业所有信息处理和业务执行必须建立在统一的信息监控平台之上，实现业务管理与安全控制一体化。扩展性则体现在企业内部管理信息系统与外界信息系统的数据交互与信息共享。具体实施中，从业务处理上的延伸，华谊天原物流公司通过构建企业信息门户（EIP）实现企业价值链的扩展；从系统功能及信息集成上，可通过定制关键需求及数据接口的形式解决。

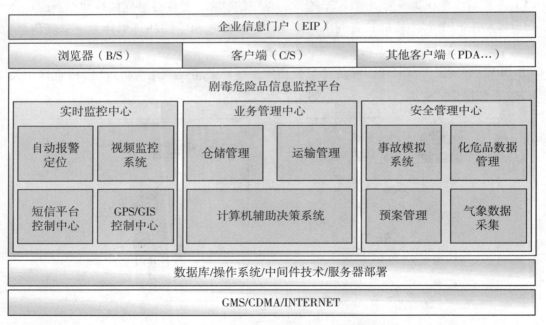

图 3　危险品物流信息监控平台整体架构

如图 3 所示，危险品物流信息监控平台主要由以下三部分组成。

（1）实时监控中心。以实时动态监控与定位式安全、环保技术应用、预警系统全方位部署为设计理念，通过与 GPS/GIS、短信系统集成实现对在途运输中的危险品进行管理。通过对各种自动报警器材，如自控设备、短信报警设备的应用，进行状态跟踪和快速定位。通过对重点监控地区、仓库、仓位的视频监控实现 24 小时巡查。

（2）业务管理中心。业务管理中心主要是通过 TMS、WMS、计算机辅助决策等专业管理系统的应用，实现对危险品从储存、运输到交付结算的全过程业务跟踪管理。通过计算机辅助决策系统，业务管理中心能够为企业提供对危险品业务信息的综合查询、分析和对事故预案执行决策的评估。

（3）安全管理中心。安全管理中心首先为危险品管理提供了一个知识库管理平台。主要包括：对危险品的基础资料管理，提供危险品安全运行标准、规范以及相关操作手册等重要资料的导入、整理、建档、查询等。还将支持与第三方系统关键数据信息的集成应用，如对气象数据的采集、安全管理仿真系统的集成等。系统内置预案管理模块，帮助企业进一步建立和完善对危险品物流的基础管理体系。

2. 危险品物流信息监控平台功能设计

（1）系统总体流程

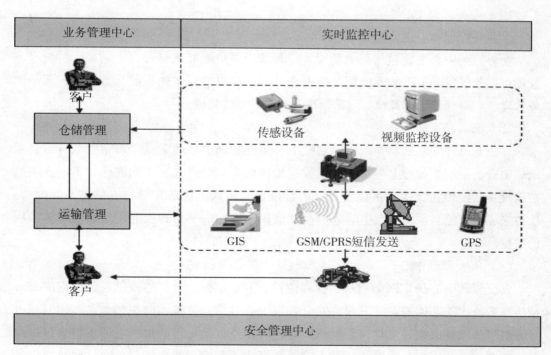

图4　危险品物流信息监控平台总体流程

（2）实时监控中心

GPS/GIS 系统监控。在系统设计开发上以动态实时监控、定位式安全、环保技术应用和全方位预警体系建立为核心理念，通过与 GPS/GIS、短信系统集成，实现对在途运输中或者仓储条件下的危险品进行全过程管理。

短信跟踪管理。在一体化管理要求下，系统设计开发时应内嵌短信发布平台和数据汇总与分析功能，对在途车辆的跟踪可通过电话、短信等方式及时了解并记录车辆位置和状况。如正常行驶、故障、中途卸货、出险等。业务管理中心通过监控平台上的短信跟踪功能，与司机随时进行信息交互，及时收集与反馈车辆在途动态。短信跟踪管理在危险品物流安全监控中作为一种辅助跟踪管理模式，具有灵活机动、成本低的特点。

自动报警定位管理。在危险品安全信息监控上，不可避免地将使用相关检验与报警设备，如气体检测、液体检漏的检验设备等。因此，在系统的开发设计中对自控设备的应用管理、数据采集与信息集成应予以充分考虑，面向企业核心业务的开展，提供更加深入和全面的监控措施。

视频监控管理。针对危险品仓储管理中对环境、温度、湿度、摆放方式等特殊要求，公司建议在高危、重点化工品仓库、仓位采取 24 小时定点视频监控。因此，系统的设计开发也必须能够支持与视频监控设备的集成。

（3）业务管理中心

①业务管理中心主要功能

业务管理中心主要包括三大功能：一是实现对危险品的储存、运输、交付全过程管理；二是提供对危险品业务信息的查询分析、对事故预案执行的状态评估；三是业务管理，如对仓储管理系统、运输管理系统进行系统集成。

②系统集成策略

在企业已建立基础业务系统的前提下，业务管理中心的重点是对企业原有信息系统的整合。系统在设计上应重点考虑数据传输模式如何将来自不同实体、不同系统的数据报文转换为物流信息系统所定义的标准报文格式，然后交给物流信息系统执行。反过来，物流信息系统所产生的数据报文也将通过这一平台转换为不同系统所能识别的数据。

（4）安全管理中心

安全管理中心是集网络通信、视频监控、卫星定位、电子地理信息、数据库及事故仿真等技术为一体的系统工程。安全管理中心对重点区域实时视频监控，同时辅以计算机事故辅助决策和实时气象数据采集，对各种自动报警器材和电话报警进行跟踪和快速定位。公司在系统设计开发上，围绕事故处理快速响应机制，通过对事故引发物质、天气状况等内在条件与外在数据进行事故模拟计算，配置合理应急救援力量和确定事故处理预案。

四、创新成果主要创新点

华谊天原物流公司为国际化化工企业拜耳公司打造一体化嵌入式服务，提供生产与物流的无缝对接，这种运作方式具有如下创新点。

（一）利用嵌入式服务实现双方战略性合作

上海华谊天原化工物流公司和拜耳材料的合作打造了嵌入式物流服务模式，优化了一体化物流服务流程，并且华谊天原物流在完善的供需协调联动机制下，建立了高效的信息管理系统、事故处理预案，保障了物流运作的安全性，为制造企业正常生产提供了有利支撑。

拜耳材料与上海华谊天原化工物流公司联动发展的过程实质是供应链物流整合、整体服务外包的过程。物流模式显示出较为典型的投资型第三方物流特点：国际化招标、市场化运作、契约化服务、延期赔付、损害赔偿、政策调整等完全与国际接轨。华谊天原物流与拜耳材料的联动项目由合同作为主要联动纽带，其物流设施基本由华谊天原物流公司投资建设和经营管理。拜耳材料和华谊天原长达十年的合同保证了物流资金投入的回报，双方在完善物流服务的同时，建立了完善的协调联动机制。

（二）双方紧密联动，实现无缝对接

为了充分实现嵌入式服务，双方加强紧密联动，实现在物流服务过程中的无缝对接。在物流运作和设备维护等方面联动发展尤为突出。

在物流运作方面。对物流活动进行监控是外包顺利进行的重要保证，但拜耳材料在实时监控物流活动的同时，也给华谊天原提供所需的业务信息，并与其共同制定物流作业流程、确定信息渠道、编制操作指引以供双方共同遵守。特别是操作指引的规范，建立起物流外包的控制机制，使得联动双方相关业务人员在作业过程中能步调一致。

在设备维护方面。一旦包装中心的设备出现问题，华谊天原会立即组织员工进行紧急抢修。若无法及时处理，则立刻通知设备运保单位安排修理人员赶到现场进行抢修，并通知拜耳材料相关部门，做好生产上的协调工作。若设备发生损坏或灭失，经双方同意，在各自聘请的独立鉴定者同时在场的情况下检查设备的损坏或灭失，鉴定者应共同确定损坏或灭失的存在及程度。

五、创新成果应用效果

通过双方共同的努力，上海华谊天原化工物流公司在经济效益和社会效益上均取得了不小的成绩。

（一）经济效益

华谊天原 2004 年实现利润 120 万元。2005 年开始项目合作，作为华谊天原重要的合作项目，3 年后，华谊天原的利润总额增至 1000 万元，较 2004 年增长了 8 倍。在长达 10 年的合同期中，华谊天原化工物流公司将长期拥有稳定的收益、获得迅速成长的动力。拜耳材料对华谊天原物流公司实施 83% 的最低付费保护，避免了企业在物流业务量迅速减少的情况下运作受到威胁，保证了企业在面对经济危机时仍能正常运作。

（二）社会效益

华谊天原物流公司在获得经济利益的同时，通过其严密全面的安全和流程管理保证了客户的生产和供销，获得了客户的好评，客户满意度高达 99%。与国际化工巨头的良好合作，树立了天原物流的企业品牌形象，为公司赢得了声誉，提升了公司的市场地位，由此进一步拓展了与德固赛、亨斯迈等国际知名企业的合作，拿下更多稳定、高回报的项目。通过这些项目的运作，公司加强了与国际化化工企业的交流，提升了企业人员服务素质和创新水平，从而进一步提升企业综合实力，使企业发展保持良性循环。同时，提升了第三方物流服务的价值，也给行业内其他物流公司的类似业务的实施积累了经验并提供学习标杆，从而推动了国内化工类物流业务运作的高速发展。

六、创新成果推广价值

自 2001 年我国加入 WTO 后，进入我国市场的国际企业数量不断攀升，但是，我国本土物流企业在与世界级制造企业合作时仍面临很大困难。本创新成果中，上海华谊天原化工物流公司的市场定位就将目标瞄准了世界 500 强企业，利用高效的物流管理手段、先进的物流技术装备、强大的信息技术支撑做到精细化、一体化的物流服务，满足日益增长的物流需求，提高国际化竞争力。因此，该创新成果可以给我国专业的第三方物流企业提供以下参考借鉴：首先，我国物流企业要与世界制造强者合作，需要有明确的战略目标，在完善企业自身服务能力的同时，要敢于需求合作机会；其次，企业要不断提升物流服务质量，拓展服务内容，在满足制造企业物流服务的同时，也要不断完善自身物流服务体系；最后，要通过嵌入式物流服务，将产品生产与物流服务紧密结合起来，借此巩固和发展与制造业企业的战略联盟关系，达到长久合作和联动发展的目的。

上海长桥物流立邦仓库管理输出模式与运作^①

上海长桥物流公司物流运作四部经理　冯保成

【成果摘要】上海长桥物流公司是专业为日用品、食品、化工、电子、医药等行业提供一体化物流服务的第三方物流公司。2009 年上半年，长桥物流公司中标了立邦公司在上海的物流仓储项目，并于 7 月 1 日起正式实施运作，主要负责立邦涂料的成品、原材料、辅料的收、发、存和在库管理。与传统的仓储物流不同，该项目通过管理人员和管理技术的输出，借助轻资产运作方式，减少了对资源的依赖。在该项目实施过程中，公司结合业务实际，采取了以下六大措施：开展资源合理整合，充分挖掘员工潜能；建立健全制度，重视加强现场管理；开展实地调研，推进规范有效管理；利用专业优势，提供管理技术保障；开展精进管理，不断提高运作质量。长桥物流公司通过服务管理的输出，拓展了创新发展的思路，提升了企业创新发展能力和社会竞争能力，为物流业与制造业的联动发展提供了一个成功的案例。

【成果关键词】轻资产运作；管理输出；两业联动

【成果适用领域】管理型第三方物流企业；仓储管理模式输出；两业联动发展

一、企业基本情况

上海长桥物流公司为百联集团所属现代物流投资发展有限公司麾下核心成员企业

---

① 本成果由上海长桥物流有限公司提供，成果主要创造人：冯保成、李才兵，参与创造人：李天华、朱平安、华建新、姚任飞、储又明，获 2013 年度物流行业企业管理现代化创新成果奖二等奖。

之一，是专业为日用品、食品、化工、电子、医药等行业提供一体化物流服务的第三方物流公司。占地面积共 28 万平方米，库房面积近 10 万平方米，其中钢结构库房 5.2 万平方米，危化库房 1.8 平方米，通用平库 1 万平方米，钢材堆场 1.7 万平方米。企业有着与世界 500 强企业服务合作的丰富经验，为中国物流示范基地之一、全国制造业与物流业联动发展示范企业、中国仓储服务金牌企业、中国仓储协会五星级仓库，是上海期货与大商所期货指定交割库。

随着对外物流服务合作项目的拓展，公司经营业绩逐年增长。主营业务收入从 2010 年的 5609 万元增长到 2012 年的 6500 万元，上缴税金从 2010 年的 168.72 万元增长到 2012 年的 207.98 万元，利润总额从 2010 年的 211 万元增长到 2012 年的 270 万元。2010—2012 年三年累计上缴资产使用费 6279 万元。

2009 年上半年，长桥物流公司在与众多著名物流公司的激烈竞争中脱颖而出，中标了立邦公司在上海的物流仓储项目，并于 2009 年 7 月 1 日起正式实施运作业务，主要负责立邦涂料的成品、原材料、辅料的收、发、存和在库管理。

二、创新成果产生背景

公司所面临的客户为立邦公司。立邦是世界著名的涂料制造商，成立于 1881 年，已有超过 100 年的历史，是世界上最早的涂料公司之一。立邦作为亚太地区最大的涂料制造商，1992 年进入中国，近年来在全球涂料厂家的排名一直名列前茅，是国内涂料行业的领导者。20 多年来，立邦在我国各地都建立有自己的办事机构。其业务范围广泛，涉及多种领域，其中的建筑涂料、汽车涂料、一般工业涂料、卷钢涂料、粉末涂料等更是在行业里名列前茅。立邦目前在中国成都、上海、广州、廊坊共设有四个主要的乳胶漆工厂。

2009 年 7 月 1 日，经过激烈竞争和艰苦谈判，长桥公司正式承接并开始运作立邦仓库管理项目。立邦仓库管理输出项目由长桥公司物流运作四部负责管理和运作，主要负责立邦涂料的成品、原材料、辅料的收、发、存和在库管理。立邦项目目前分设白龙港仓库和江镇仓库两个仓库，两个仓库共计面积约 45000 平方米，共有员工 86 名，两个仓库月平均吞吐 45000 吨左右，目前最高吞吐量达 53000 余吨，创历史新高。

三、创新成果主要内容

2009 年 7 月 1 日，公司正式进驻白龙港仓库，接手运作事宜，此前，公司安排由分管领导带队，抽调了部分前期接管人员到立邦白龙港仓库进行业务培训和业务熟悉。在时间短、要求高、任务重的条件下，项目组的同志攻坚克难，突破种种困难，用了短短的 15 天时间就基本熟悉了业务情况和运作方式，很快就实施了独立操作。通过一段时间磨合和运转，情况逐步好转，至当年年底就基本进入正常有序的运作状态。四年来，在公司的大力支持帮助下，在立邦公司的协调配合下，在运作部门的勤奋努力下，立邦项目的工作有了很大的提升和进步，管理运作日趋规范。业务和规模不断扩大，效益稳步增长。其主要做法是：

（一）资源合理整合，充分挖掘员工潜能

在人力资源方面，努力挖掘每位员工的工作潜能，充分调动他们的积极性，通过合理排班，协调配合，制定严格的作息时间表和作业要求，以达到工作效能的最大化；岗位人员都是全能型的，仓管员、叉车工、拣配工、整理工等各工种集于一身，真正做到了岗位和人员的复合型，在提高工作效率的同时降低了企业的运作成本。同时，部门经理与员工经常开展沟通交流，了解他们的需求，提出部门的要求，做好员工的思想工作，也使员工对企业的认可度得以提高，员工的积极性得以充分发挥。

（二）建立健全制度，重视加强现场管理

公司为加强项目的管理，根据立邦项目的特点，建立了一整套的管理制度，如《立邦白龙港仓库员工守则》《部门和员工年度测评表》《立邦项目优化劳动关系方案》《立邦项目货损赔偿规定》等，2010 年 7 月起，公司还对该项目下达了绩效考核指标，包括量化的业务指标、成本指标、KPI 指标、质量指标和安全指标，从制度和机制上来保障该项目的规范化、标准化，进而保证了项目的正常管理和运行。

同时，长桥物流公司重视做好现场管控，不断提升服务质量，在库存控制方面，针对立邦业务的特性，自创了一套行之有效的管理办法：坚持每天上午 6 点 30 分巡库，对前一天晚上入库的商品进行库位准确性检查和入库质量检查；上午安排动盘，对所有动过的商品进行盘点，以及时发现拣配过程发生的问题；每天下午安排人员进行逐库全盘，根据当天的业务情况和人员的实际能力对现有的库房分批分期进行全盘。保证每周对所有的库房进行一次动盘，每月对所有库房进行一次全盘，有效控制了库存。初次年度盘点，库存准确率大大提高：差异记录由原来双方交接时的 400 余条缩小到了 9 条，库存准确率也从原来的不足 90% 提高到了 99.88%。

根据 5S 管理的要求，长桥物流公司每班工作结束都对运作现场进行整理和清洁，库区面貌有了很大的改观。还对库位标识进行了重新刷新，增加和补充了部分标识标牌，按区域划分用途，做到规范管理。

（三）开展实地调研，推进规范有效管理

公司积极支持和推进立邦项目的发展提高，根据运作四部在经营管理中出现的一些情况，为更好地推进部门强化管理、降控成本和安全稳定工作，并且为了更好地对立邦项目今后发展进行统筹规划，公司决定由总经理室牵头对运作四部以及立邦项目开展调研活动。旨在全面听取意见，科学分析，持续改进并帮助运作四部全面提高运作质量，规范运作流程达到降控成本的目的。通过调研访谈，发现立邦项目主要问题集中体现在内外两个方面：对外主要涉及立邦项目的合同价格体系；对内主要在成本管控、流程规范和员工福利三个方面有值得改进和提高之处。针对上述问题，调研组提出了"对内管控成本、规范流程、提升管理，对外加强合作谈判开源节流"等 12 项具体改进建议和措施，对项目的正常运作和管理提升起到积极的推进作用。

（四）利用专业优势，提供管理技术保障

长桥物流公司在为数家国内外知名大中型企业提供一体化物流服务过程中，积累了丰富的运作经验。公司的物流项目流程实施程序一般经过需求定义、数据采集和分析、解决方案、现场调试实施等几个必备环节。同样，在立邦项目的管理和运作中，公司通过有针对性地设置标准的作业流程，为客户量身定做合适的物流作业方案。此外，公司还通过合理的资源整合、有效的单证控制、严格的内部管理、适用的信息技术等实施和控制，为立邦客户提供了及时、规范、安全、高效的仓储、运输、配送等物流服务，使这一项目的管理运作进入了良性循环的轨道。

通过引进并实施支持无线射频条码技术（RF－BARCODE）、电子标签技术（RFID）的物流管理信息系统，以电子数据交换技术（EDI）为手段，根据不同客户业务特点提供个性化服务。在立邦项目的具体运作中，长桥物流公司根据客户的要求，通过 SAP 系统实行库存控制，通过 PDA 进行收发货运作，用先进信息技术支撑长桥物流公司的运作管理，确保了项目的正常运行。

（五）实施精进管理，不断提升运作质量

业务正常稳定后，如何进一步加强管理，不断提升运作质量，是长桥物流公司面临的问题。必须通过各种有效手段，不断自我反省，找出运作中存在的问题，找出与同行间的差距，不断地加以改进和提高，才能在竞争激烈的物流市场占有一席之地，使自己立于不败之地。为此，长桥物流公司通过向先进的管理企业学习，借鉴先进的管理方法来提升自己，实施了"精进管理法"。

长桥物流公司通过部门自查，寻找运作过程中存在的一些影响运作效率和运作质量的因素，然后确定一些针对性的措施和方法，通过各种有效的管理手段不断地加以改进，从而满足今后业务发展的需要。为此，长桥物流公司制定和撰写了一份"提高业务能力精进报告"，作为长桥物流公司今后业务运作的方向和目标。精进管理的主要措施包括以下几方面。

1. 落实组织

为了确保本次活动能够做到有组织、有计划、有步骤地推进，企业专门成立项目小组，组长由运作四部经理担任，成员由该部门五位主管组成。大家既有分工又有合作，共同查找问题，共同研究对策，共同制订计划，共同加以推进。采用 SWOT 分析法进行分析（S 优势；W 劣势；O 机会；T 威胁），明确自己的优势和劣势。

2. 主题选定

查找影响运作效率和质量的主要原因，确定主攻方向。主要原因分为内部要因和外部要因，内部要因主要体现在人员和设备的配置是否合理，管理是否到位，能否满足现场管理需要。外部要因主要是业务的稳定性，库房设施的合理性，运输车辆的及时性和天气的影响等几个方面。

3. 现状把握

通过摸排和查找后发现影响目前运作能力和质量的主要原因有：①人员不稳定，流动频繁，导致技术不熟练，运作效率低下；②流程执行不严，操作随意性大，导致库存准确率下降，影响运作效率；③日常盘点流于形式，制度执行不严，不能准确反映库存实际情况；④新进员工培训不及时不系统。

4. 目标设定

根据以上排查出的问题，结合前期收集的各类数据，对目前的运作能力和运作质量进行客观分析，查找问题存在的主客观原因，确定下一步的行动目标和主攻方向。

5. 计划实施

目标方向明确后，研究制订相应的推进计划，根据问题的轻重缓急，结合本部门的实际能力，分类型、分阶段逐步改进。具体实施过程始终围绕着现状、目标和对策展开，实施过程确定具体的完成时间和相关的责任人，做到过程紧跟时间，责任落实到人。

6. 效果确认

按照时间节点，对每个进程的完成情况都要进行认真仔细的检查，对改进后的效果进行确认，确保每个过程都是按照计划和要求完成，绝不流于形式。

7. 改进提高

采用 P、D、C、A 循环法则（P 计划；D 执行；C 检查；A 行动），不断制订新的行动计划，强调执行力和准确性，检查执行的有效性，对每一阶段的执行情况进行评估，发现新的问题后及时制订新的计划再次进行改进，循环往复，持续改进。

公司的整个计划都在按照预先设定的时间节点，有计划有步骤地逐步推进，所有的效果也都在预先设定的范围之内。该管理模式实施以来，立邦项目的运作效率和运作质量明显得到提升。在运作量基本不变的情况下，人员减少近20%，叉车减少了近12%，货损货差减少了近70%。运作效率和成本控制都有了不同程度的提高。

为此，部门还选拔一部分有责任心、工作能力较强的员工担任班长，由他们在运作第一线进行管理，把管理工作向前延伸。他们认真参与管理，先后制作了"成品运作质量提升报告"和"精细备料运作质量提升报告"，通过制定各项措施达到管理和质量同步提升的效果。

同时，该部针对公司下达的指标，积极开动脑筋，制定各项具体措施并积极落实，因此在员工意识、运作质量、费用节约、降控成本和增加收入方面都有明显提高，为长桥公司全年各项目标任务的完成做出了积极的贡献。

四、主要创新点

该成果在轻资产运作和精进管理两个方面都具有创新性和借鉴价值。

（一）轻资产运作，降低企业运营的资源依赖型

与传统的仓储物流不同，该项目通过管理人员和管理技术的输出，借助轻资产运作方式，减少了对资源的依赖。在企业资源不足的情况下，仍然实现了企业运作成本和经营风险的降低、经营收入的增加、经营规模的扩大，具有可复制效应。

（二）精进管理，提升企业有效管理能级

在该项目实施过程中，结合业务实际，公司开展精进管理，将先进的管理理念和管理方式与企业实际运作管理相结合，使公司成员在管理中学习和借鉴先进的管理方法和经验，并且能够结合企业实际加以应用。这大大提升了管理水平和服务质量，形成了有效的管理模式，提升了企业的管理能级。

五、创新成果应用效果

上海长桥物流公司立邦仓库管理输出项目，创新了经营管理模式，建立了优秀管理团队，提升了企业经济效益，具有广泛的推广价值。

（一）创新了经营管理模式

立邦项目是长桥公司积极探索管理和服务输出的一个项目，是一种不同于传统运作的创新模式，企业通过服务管理的输出，拓展了创新发展的思路，提升了企业创新发展能力和社会竞争能力；在与立邦公司的合作中，通过业务、流程、人员的衔接和协调，实现了生产与物流业务的融合，为物流业与制造业的联动发展提供了一个成功的案例，对长桥物流公司今后的创新发展具有示范和借鉴作用。

（二）提升了企业经济效益

立邦项目运作至今，经营业务不断扩大，经济效益不断提升，为公司的营业收入的增长和经营业绩的提升提供了有力的支持，确保了长桥公司全年目标任务的完成。

该项目业务初期就只有白龙港一个仓库，最初的业务量每月基本维持在 17000 ~ 20000 吨。运作的项目也仅限于货物的进、出、存，月收入 30 万元左右。经过近一年的运作，立邦公司对长桥物流公司的运作能力有了基本了解，信任度不断提高，逐步将账务、原料、精细备料、辅料等都交与长桥物流公司操作，增加了长桥物流公司的延伸服务项目。2012 年 2 月，将原来江镇仓库的物流供应商辞退，把江镇仓库也交由长桥物流公司运作。随着立邦业务的不断扩大，长桥物流公司各项运作项目也不断增加，目前，长桥物流公司参与了立邦项目除了工厂内部生产和运输环节以外的所有工作，包括成品、VMI 原料、精细备料、辅料、账务、贴标等各个环节的运作。目前，长桥物流公司还派出人员参加立邦工厂内部成品、原料的收发工作，立邦公司也有意将他们工厂内部的部分工作交与长桥物流公司运作，为业务项目的拓展和规模的扩大提供了更广阔的空间。

通过努力，长桥物流公司所承接的立邦业务规模正在不断扩大，吞吐量从最初的每月 17000 吨左右发展到现在的每月 45000 吨左右，最多的时候达到了 53000 余吨。业务收入也在不断增长，从原来每月 30 万元左右发展到现在平均每月 100 万元左右，今年预计业务总体收入有可能突破千万，为历年来最好。

（三）建立了优秀管理团队

通过几年来的管理运作，公司培养了一支拉得出、打得赢、具有一定专业能力的管理团队，为企业的发展提供了宝贵的人才支持。

立邦仓库位于浦东新区东海之滨的合庆镇，离公司总部 40 多千米，地理位置偏僻，环境条件艰苦，仓库面积大且分散，有产品品种多、工作量超大、操作难度大、人员结构杂、操作时间长等问题，运作之初困难重重、异常艰苦。项目负责人带领三名骨干来到这里安营扎寨，把仓库当成自己的家，夜以继日地扑在运作现场，熟悉业务，研究情况，解决问题，放弃了多少个夜晚的休息时间，不知牺牲了多少个双休日，甚至为了完成任务，连续半个多月不回家。在大家的共同努力下，立邦项目度过了初期的艰难岁月，奠定了稳步发展的基础。

2011 年 3 月，运作四部遇上立邦公司业务冲量，运作量急剧增加，而此时恰遇春节后的全国"用工荒"，在人员锐减 30% 的情况下，该团队骨干克服了种种困难，坚持以库为家，夜以继日，坚持现场顶岗，一个顶俩，一个多月没回家，连续奋战在运作现场，带领员工圆满完成立邦公司这次超大量的运作任务。随着立邦项目业务量的增长，2012年 2 月，公司又开拓了江镇新基地，同样面临着初期的创业阶段，该团队的同志继续发扬艰苦奋斗精神，克服种种困难，守望相助，顺利完成了过渡和衔接任务。

六、创新成果推广价值

上海长桥物流公司立邦仓库管理输出项目是管理型第三方物流企业实现管理服务输出的有益尝试。该成果帮助上海长桥公司实现了轻资产运作，并贯彻实施了精进管理，将管理与服务输出相结合，具有深远的推广借鉴意义。首先，轻资产运作可以在企业资源不足的情况下减少对资产的依赖，降低了企业的运作成本和经营风险，对于其他制造业与物流业两业联动项目具有可复制效应。其次，结合业务实际，开展精进管理，将先进的管理理念和管理方式与企业实际运作管理相结合，形成了有效的管理模式，提升了第三方物流企业的管理能级，显著提高了第三方物流企业的竞争力，值得广大第三方物流企业借鉴。最后，通过管理和服务的输出，在艰苦条件下独立运作，可以达到锻炼队伍、培养人才的目的，为企业的进一步发展提供更多人才，这种人才与团队培养方式也可以为其他第三方物流企业提供借鉴。

图1　仓库内景

图2　作业现场

北京春溢通物流绿色城市物流
E – SPD 仓储配送模式①

北京春溢通物流有限公司总经理　孙桂英

【成果摘要】北京春溢通物流有限公司一直致力于以快消品为主的城市物流配送业务，是北京城市配送的代表企业。2010 年年初，公司为提升企业经营效益、改善企业形象，实施了"绿色效益"行动，并总结出了"E – SPD 仓储配送模式"。E – SPD 模式主要以快消配送为服务目标，基于绿色环保的要求，利用信息化技术，提出了三个系统和六个措施。三个系统是指仓储系统（E – storage）、派车系统（E – partition）和配送系统（E – dispatching）。六个措施是指通过库房的节能环保措施、库房的 8S 规范管理、"绿色车队"管理、划区派车、集约配送、预警机制六个方面制定详细的实施措施，并通过建立制度流程、软件设计、员工培训等保证项目的有效落实。春溢通物流经过三年的项目实施，企业的经营效率、利润率都有显著提高，也在节能环保方面做出了表率，为公司赢得了一系列荣誉。

【成果关键词】节能仓储；绿色配送；集约配送；预警控制

【成果适用领域】城市物流配送；第三方物流配送

一、企业基本情况

北京春溢通物流有限公司成立于 1993 年，注册资金 500 万元，资产 3000 多万

---

① 本成果由北京春溢通物流有限公司提供，成果主要创造人：孙桂英、田术刚，参与创造人：孙乃杰、王聪、韩峰、董春雨、兰芳香、曹西峰，获 2013 年度物流行业企业管理现代化创新成果奖三等奖。

元，是一家以仓储、城市配送、搬家服务为主的综合型现代化物流企业，公司业务覆盖北京市及华北地区。目前除提供专业的仓储业务、货物配送业务、同城短驳外，还提供全国门到门发货服务、长途直送业务。也可为客户提供包装服务，以保障货物在运送途中的安全。此外还代理保险服务，为春溢通的投保客户提供公平快捷的理赔服务。

公司现有员工300余人，自有各种类型的运输车辆150余辆，完善的仓储配送中心4个，仓储面积达100000多平方米（包括北京朝阳东坝3万平方米、北京房山长阳6万平方米、北京通州6千平方米、天津北辰区4千平方米）。近三年来春溢通公司发展迅速，2010—2012年主营业收入依次为1246万、2293万、3588万元，上缴税金依次为38万、72万、204万元。

春溢通物流一直致力于北京物流市场，视"为社会提供快速、安全、准确的物流服务"为企业的历史使命，经过不断地摸索与提高，积累了丰富的物流服务经验，并且赢得了诸如百事、维达、格力、脱普、农心、洛娃、科勒等众多著名厂家的信赖，长期为它们提供专业、优质、稳定的物流服务。随着管理经验的不断提高和信息化系统的不断完善，春溢通物流已经成为有着广泛知名度和美誉度的国内专业物流配送公司。

二、创新成果产生背景

（一）城市配送受到国家政府部门高度关注

2009年，国家发改委发布《物流业调整和振兴规划》，提到："加快建设城市物流配送项目，鼓励专业运输企业开展城市配送，提高城市配送的专业化水平，解决城市快递、配送车辆进城通行、停靠和装卸作业问题，完善城市物流配送网络。"2011年8月国务院办公厅发布《关于促进物流业健康发展政策措施的意见》，提到："围绕节能环保、流通设施、流通信息化等关键领域，大力推进流通标准应用。鼓励商业企业采购和销售绿色产品，促进节能环保产品消费……"城市物流的发展水平偏低、节能环保措施不完善等原因，已经影响到城市居民的生活，影响了城市生态的平衡和可持续发展。

（二）外部环境变化对春溢通物流公司城市配送问题提出新的挑战

北京春溢通物流有限公司长期致力于以快消品为主的城市仓储配送业务，在北京市仓储配送领域成立时间早、库房面积大、运营车辆多，公司的配送能力和配送水平，直接影响着首都千万居民的生活。公司每天80车次、采取多点停靠的配送模式，对减少城市交通阻塞、环保绿色出行承担着重要责任。

春溢通物流虽然在城市配送方面积累了丰富的运营经验，但在运营过程中也遇到了物流行业和企业所共同面临的一些问题，如城市配送属劳动密集型行业，进入门槛低、利润率低、规模要求高，成本控制决定企业的成败；"最后一公里"配送环境复杂、不确定性强，外部环境的变化对配送企业的管理要求越来越高；物流行业逐步向资源型、信息型方向转变，使得物流企业必须重视资源整合、进行信息化建设。

正是基于国家政策的积极鼓励和行业的发展态势，春溢通积极地寻找新的发展方向和建设重点。在 2010 年年初，把"绿色物流"、"基于绿色物流基础之上的仓储配送体系"，当作未来企业发展的一个重要战略，开始启动"绿色效益"行动，在业务的多方面逐步进行调整，优化配送效率、提升配送能力。

北京春溢通物流有限公司分公司经理　田术刚

三、创新成果的主要内容

"E－SPD 仓储配送模式"的主要内容可以概括为三个系统、六个措施，通过在仓储、派车、配送三个方面制定环保节能的措施，达到绿色高效配送的目的。

（一）仓储系统（E－storage）

主要包括库房管理的节能环保措施和库房 8S 管理规范，即对库房、设备设施的管理和对货品的管理，建立现代、规范的仓储管理系统。

1. 节能环保措施

库房的节能环保措施主要体现在采光、叉车使用、库房布局等方面，相对来说，库房是易挖掘的潜在"静态成本"。主要做好以下方面：

采光措施：对于一些条件较好的库房，采用采光板做顶，保证充足的光照。对于顶棚没有采光设施的库房，在库房安装了 LED 节能灯和应急灯，并严格要求在非出入货、盘点货、备货时间，库房不允许开灯，保证节约用电、合理用电。

叉车使用：目前公司 9 台叉车，其中燃油叉车 7 台、电动叉车 2 台。对叉车的管理要求如下：

（1）工作间歇超过 10 分钟要熄火，减少怠速时的油耗（油叉）；

（2）发动机转速最好控制在 1300 转/分左右的经济油耗（油叉）；

（3）操作者必须具有叉车证，严格按说明书操作，不超载、不超速；

（4）每台叉车固定责任人，每周对叉车进行检查和保养。

为保证叉车的正常使用，公司在月度审计检查中，把叉车检查作为车辆检查的一项重要内容。叉车检查记录如表 1 所示。

表 1 　　　　　　　　　　　叉车检查记录

月度系统检查叉车检查记录表 　　检查人：

序号	本月有无安全事故	现有轮胎数量	车体外观	整洁程度	液压油	轮胎螺丝	机油	水	电瓶水	发动机	灯光	第盘、刹车油、黄油、齿轮油	工具及车牌	保养记录	自查表	总分	司机签字
	2分本月有交安全事故此项为0	填钢丝胎数量	2（划痕、刷蹭为0）	2（脏、乱为0）	2（缺少、计为0）	2（少一颗为0）	3（缺少计为0）	2（缺少计为0）	2（缺少计为0）	2（发动机脏为0）	3（灯光缺失为0）	2（缺少即为0）	2分（无为0）	2分（无为0）	2分（无为0填写不完整）	30	
1																	
2																	
3																	
4																	
5																	
6																	
7																	
8																	
9																	

以上为内审叉车检查记录，望各分公司认真对待，一旦发现虚假记录，所有后果将由当事人承担

库房布局：通过库房的合理布局，可以降低货物的移动距离和频次，同样起到节能降耗的目的。公司要求每个分公司的库房负责人（项目经理或库房主管）做好库房优化工作，具体措施包括：

（1）确定主通道和次通道的要求和标准；

（2）划分功能区域：重新划分正常产品区、备货区、待处理区、残损品区、机动区，以及工具区域、办公区域；

（3）根据出入库频次对产品进行划区，使快速流动产品易于备货发货；

（4）划分排位，地面画线，使地面排位图标准化，颜色、宽度统一；

（5）库房设施统一编号和放置（工具区域的摆放标准）。

2. 库房 8S 管理

为保证库房有一个安全、清洁、高效的环境，2011 年 4 月，春溢通在各个分公司实施了库房 8S 管理，每个分公司均设立了"8S 管理检查员"（行政专员兼），主要要

求如下：

整理：库房现场只保留有用的东西，撤除不需要的东西；

整顿：把货物、设备工具按规定位置摆放整齐，并做好标识进行管理；

清扫：将不需要的东西清除掉，保持工作现场无垃圾、无污秽状态；

清洁：维持以上整理、整顿、清扫的局面，使工作人员觉得整洁、卫生；

素养：通过培训和现场讲解，提升库管员的品质，使员工对任何工作都讲究认真；

安全：保障人身、财产安全，保证生产连续安全正常的运行，减少因安全事故带来的经济损失；

节约：设法降低设备设施的损耗（如托盘），减少空间、地面占用；

学习：学习库房管理、物流运营的各项专业知识，不断地用于实践，持续提升自己的能力。

伴随8S管理的要求，春溢通还制定了如"五无"（无霉烂变质、无损坏和丢失、无隐患、无杂物积尘、无老鼠）、"六防"（防潮、防压、防腐、防火、防盗、防虫鼠害）等一系列简洁明确的量化标准。8S管理实施三个月后，整体库房的环境、库管员的精神面貌大为改观。

（二）派车系统（E-partition）

对车辆和车辆配送路线的管理，可以有效降低能源消耗。春溢通的绿色派车系统主要包括车队管理和区域派车方案。

1. 绿色车队管理

"绿色车队"是拥有道路运输经营资质，具备一定经营规模，符合安全、环保要求的专业运输货运企业，以及从事城市运行基本保障的公益性事业单位。春溢通在2008年获得"绿色车队"资质，并在北京奥运会期间承担起奥运物资配送的职责。

为保证"绿色车队"起到绿色环保的模范作用，春溢通建立了绿色车队保障机制，包括：

（1）淘汰所有的"黄标车"，采购绿色环保的货运车辆；

（2）每个分公司设有专职"车管员"（或维修工），对公司的150辆车在每天出车前进行车况检查、每周进行一次机件检查，保证车辆的健康安全运转；

（3）对每辆车的油耗情况进行月度检查统计，对油耗较高的车辆进行维修和淘汰；

（4）在公司设立年度的"节能减排奖"，对业绩/油耗比率最高的前三名进行奖励，分别奖励500元、300元和200元；

（5）了解市场信息和政府政策，积极引进电动货车（目前在申请洽谈中）。

2. 划区派车

调度派车是一项对技术和经验要求较高的工作，目前，春溢通物流公司主要依据划区派车的办法已经实现了"电脑自动派车"。

（1）分车方案设计

分车方案在设计时，主要考虑线路方案情况和车辆资源情况。系统中可以针对业务量情况不同时设置多个线路方案，例如业务旺季采用一套方案，该方案将配送区域分成 10 条线路，业务淡季采用一套方案，该方案将配送区域分成 20 条线路，每套方案中可以设置该方案每个线路的名称，每条线路包括哪些收货点，每条线路中收货点的送货顺序是什么，当该条线路单车不能装载后，可以优先分配的其他线路是哪些条。单车的多点配送示意图，即一条线路的配送，如图 1 所示。

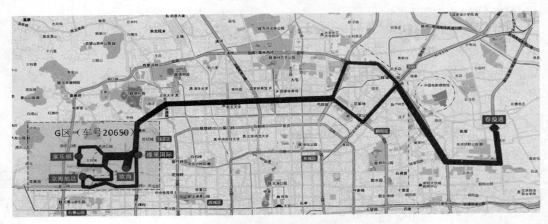

图 1　单车的多点配送示意

车辆资源情况包括每种类型的车辆所装载货物的容积（件数、重量、体积），一次任务中允许运输的最大收货点数和最大送货量，即通过最大收货点数和最大送货量控制运输任务实际可否完成，例如有些情况可能车辆并未装满，但收货点数已经到达上限，考虑收货交接时间，路途状况等情况，如果将车辆装满可能实际配送时根本无法完成，这时系统就会自动干预，将剩下货物装载到临近线路或再安排车辆。

（2）电脑派车流程

在设计好分车方案后，就可以采用电脑软件进行派车。派车的流程如下：

第一步：把收货点经过电脑筛检划分到对应车辆的对应配送区域（如图 1 的 G 区），并把与收货点相关的配送货物的容积进行汇总（如 G 区，配送点 4 个，配送容积 18 方）。

第二步：根据每辆车对配送点数、配送容积的上限情况，与配送区域的配送容积、点数进行比较，超过上限的，自动把配送区域扩展到周边区域（单区配货调整到 2~4 区配货）。周边大区配送仍无法完成的，根据配送紧急性情况调整配送时间。

第三步：结合当天的订单情况，系统自动算出第二步多种配送情况下的总送货量，调度根据总送货量的多少，并综合考虑时间紧急性、道路状况等，初步确定派车方案。选择好配送方案后，系统将按照此方案维护的线路显示各线路及各收货点的货量。

第四步：系统按照选定的方案开始预分车，预分车除了按照在方案中维护的一些基本原则（送货顺序、优先级、临近线路）外，系统还会遵循将一个收货人的货尽量放到一个车上等其他原则，预分车后调度可以看到每辆车上的货物。

第五步：考虑返程配送因素，对一些车辆的返程进行配送路线确认（目前返程配送主要以朝阳区、丰台区为主）。系统分车完成后，调度将针对一些特殊情况对预分车方案进行手工微调，并进行分车方案的最终确认。

按照上面的步骤，电脑系统自动完成分车的过程，基本不需要人工参与，调度可以随着经验的不断积累在方案中设置各种原则，并将这些原则继承下来，当有新调度参与到这个工作中，仍可采用上面的这些分车原则，避免由于调度断档导致新调度还需要重新摸索这些经验，缩短了调度的使用周期。

（三）配送系统（E – dispatching）

快消品的商超配送以少批量、多频次为主，对单一品类的单次需求量较小，单品单次配送成本较高，造成资源严重浪费，也不符合节能环保的要求。因此，快消物流企业的资源整合情况、集约配送情况，直接决定着企业的生存状态。春溢通一直致力于集约配送、共同配送的研究，把集约配送作为一个利润增长点，取得了较好成效。

1. 集约配送

集约配送又称共同配送，包括"集中配送"（多品多点同车）与"回程配送"（返程配送）两个方面。集约配送主要体现了配送的规模优势，配送的种类越多、配送的网点越多，集约配送的优势就越明显。

集中配送：集中配送主要基于单车装载量，单车装载量首先反映物流的集约化程度，城市配送一般采用4.2米的车。按照北京的交通状况和城市交通管制，如果集约化程度不够，一般一辆车一天最多能配送10个网点，一个网点的平均配送量不到1方，一天只能配送8方。如果实现配送集约化，增加每个网点的配送品类，一个网点的派送量在2方以上，即使一天配送6个网点，每车每天能够配送12方，提高了每辆车创造的收益。

春溢通实施集中配送的前后对比情况如表2所示。

表2　　　　　　　　春溢通实施集中配送前后情况对比

分　类	每网点派送容量	派送网点数	单车配送容量
单品专线配送	0.8方（均）	10个	8方
多品集中配送	2方	6个	12方

回程配送：为保证回程配送，在目前"物流公司联合配送"尚不现实时，春溢通通过自身库房的合理布局逐步解决了"返程空车"问题，使配送效率得到提升。回程配送主要在对配送时间要求不冲突的不同品类的货物配送之间进行。

目前春溢通在北京市库房的分布如图2所示。

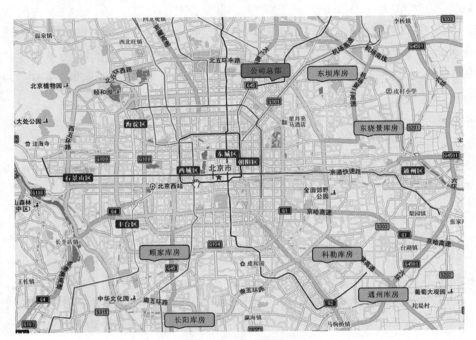

图2 春溢通北京市库房分布图

目前，春溢通的主要库房分布在北京市的东部、东南部和南部，配送车辆也按比例分布于各个库房。每天配送车辆在早上8：00出发，在11：00—14：00完成第一轮配送（主要为商超配送）。然后根据车辆最终配送位置，就近到第二库房装载家具、家电等货品进行配送（该品类商家对时间要求较低），在晚上19：00前完成第二轮配送。目前，返程配送约占配送总量的20%左右，节约配送成本10%以上，伴随库房的增加和配送种类的增多，返程配送的能力也会逐步得到加强。

2. 预警机制

较为完善的配送能力的提升带来配送管理能力要求的提高，为保证配送的安全有效，春溢通建立了预警机制，针对特殊情况按预案进行制度流程化操作。主要的预警措施包括：

（1）因交通影响不能按时送达

由于临时发生的交通管制、高速公路被封、大雾、大雪等情况，会造成货物不能准时送达。司机被要求在第一时间内，立刻与春溢通调度联系，并在确保安全的前提下，采用可行的补救措施，如改道行驶等。在发生此情况30分钟内，通知货物接收公司相关人员，协商处理办法。

（2）因车辆故障造成不能按时送达

春溢通的车辆均严格遵守公司规定，进行完善的车辆保养，保证车况良好。一旦个别车辆发生故障，春溢通利用遍布全市的网络优势，可以就近调用车辆前去营救，确保货物准点送达。在因车辆故障造成不能按时送达时，按图3所示流程处理。

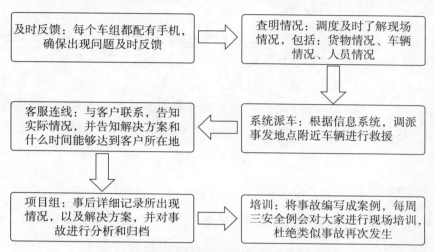

图3　车辆故障导致不能按时送达的处理流程

（3）节日期间送货困难

由于节假日货物集中配送的特点，不可避免会发生收货公司收货难现象，针对此种情况，春溢通通常采取减少单车配送点位的方法来解决（运营成本会暂时增加）。由于春溢通在日常配送中与收货方建立了良好的关系，使他们即使在旺季也给予春溢通最佳的收货保证。

（4）意外事故规避处置

春溢通为在库货物统一投保，属于保险范围内的货物灭失问题，春溢通公司的专职服务人员会负责与保险公司进行理赔接洽；属于非承保范围，由于春溢通公司自身原因（即非第三方原因）造成的损失，将由春溢通负责赔付。

四、主要创新点

"E－SPD模式"是以实现企业效益和社会效益为目标，以"绿色环保"和"信息化应用"为核心特征的快消配送模式，主要创新点包括以下3个。

（一）以快消配送为定制目标

快消品具有出入库频次高、配送多批次、小批量、个性化的特征，是"最后一公里"配送中的主要品类，也是对配送要求最高的品类。"E－SPD模式"正是根据快消品配送的特征，在仓储、派车、配送环节进行了精细化定制，通过系统化的细节管理，保证了配送效率。该模式把控制的重点放在了库、车、路三方面，从而缩短配送距离，减少配送费用。

（二）基于绿色环保的要求

绿色环保是企业经营的间接目标，但却能直接起到提升企业经营效益的作用，这也是物流行业区别于其他行业之处，物流企业产生的效益更多地来源于"绿色效益"。不同于其他的物流配送模式，"E－SPD模式"以绿色环保、节能降耗为管理的主要参数，在仓储、派车、配送环节把是否环保、是否节能、是否造成资源浪费当作考核标准，通过完善设施、优化流程、整合资源达到节约成本的目的，使企业的配送利润率得到提升。

（三）注重信息化技术应用

"E－SPD模式"的原动力是高科技和信息化，春溢通在花巨资研发和引入WMS仓储管理系统、TMS运输管理系统、GPS无线跟踪、RFID无线射频扫码技术的基础上，又充分把信息化技术应用到业务管理的各个环节，如基于TransCAD地理信息系统开发的派车方案、监控中心预警机制的管理等。"E－SPD模式"要求目标明确、规则清楚、反应快捷，利用网络资源提高资源运转效率，这也是物流业未来发展的一个重要方向。

五、创新成果应用效果

"E－SPD模式"从提出到运作成熟，历时三年多的时间，无论是经济效益还是社会效益，均取得了良好效果，在解决商品流通最后一公里问题上实现了突破创新。

（一）经济效益

1. 企业经济效益

自2010年年初到2012年12月，春溢通在实施"E－SPD模式"进行综合管理后，库房环境大为改善、出入库效率得到了提升，车辆配送效能提高了20%以上。如东坝配送中心，在2010年4月，每日出货量320方，需40车次，平均每车每天出货量8方，到2012年，每日出货量600方，仅需50车次，平均每车每天出货量12方，大幅提高了出车效率。

从近三年来的财务指标看，营业收入、营业利润平均保持在40%以上的增长率，而净利润的平均增长率达到了173.09%，如表3所示，净利润的增速远远大于营业利润的增速，企业赢利能力持续提高，这也说明了"绿色效益"行动、"E－SPD"工程的真正效果。

表3　　　　　　　　　　　春溢通公司近三年财务指标

财物指标	2010 年	2011 年	2012 年	平均增长率（%）
营业收入（万元）	1246.30	2292.56	3587.50	43.26
营业利润率（%）	0.70	1.30	1.76	43.03
净利润（万元）	8.00	26.74	56.67	173.09

2. 客户经济效益

为客户增加效益是企业提升效率的前提。从生产企业自营物流的成本来看，目前自营成本在 3%～5%，而采用第三方专业的物流配送公司，物流成本可以控制在 2.3%～2.5%，对利润率并不高的快消生产企业，可以使企业利润得到明显改善。且便捷性、稳定性得到了有效保证，也使得企业不再为自营物流的脏、乱、差难题发愁。同时，物流配送公司的规范专业化运作，也使得"客户的客户"得到了更有保障、更有尊重感的服务，使北京市的商超企业有了整洁、规范的进货形象。

（二）社会效益

1. 减少城市污染

"E－SPD 模式"的实施，在节能减排、减少城市污染方面有着显著效果。以目前春溢通每日总配送量 1000 方为例，通过整合共同配送点、集约车辆，日均可以减少车辆出行次数 80 车次以上，相应降低油耗 2412 升（80×150 千米×1.5 元/7.46 元），减少二氧化碳排放 6.5 吨。

2. 减少交通拥堵

春溢通车辆利用率的提高，为绿色出行提供了保证，每日出车次数、每日车辆行驶里程的降低，使"物流车队"不再是城市的"风景"，降低了城市街道的车辆负荷，为北京市治理交通拥堵和节能减排环境保护事业做出更大贡献。

3. 改善城市面貌

春溢通 10 多万平方米的仓库分布于北京市的各个区域，库房环境的改善、车辆形象的改善，也对北京市建设尚善之都、生态城市起到了"正能量"作用。同时，春溢通的快消配送作为首都居民的"绿色传送带"，为保障首都人民的便利生活做出了贡献。

4. 标榜行业规范

目前北京市的物流企业 99% 为小微企业，在企业管理、社会化规范方面存在不少问题，在节能减排方面甚至存在"死角"。春溢通"E－SPD 模式"的推广，可以让众多物流企业看到企业真正"成长的力量"，让物流企业热衷环保事业、积极投身向绿色要效益的行动。春溢通在环保方面的成功经验，也在城市配送领域树立了典范。

六、创新成果推广价值

物流配送行业目前属于"朝阳产业"，在赢利能力、运作模式等方面均缺少成熟的经验。快消物流配送是城市物流配送最重要的组成部分，针对快消配送建立稳定、高效、节能的配送模式，对现代城市的物流服务十分必要。春溢通以总部运营管理部为发起人，通过项目运作的模式开展"E-SPD模式"管理提升项目，取得了良好的效果。"E-SPD模式"首次提出了"绿色效益"的概念，是对我国快消配送运营模式的重要"补位"，将对全国的物流配送产生重要影响。同时，项目创新推进的"集约配送"等模式（未来将进一步打造成"城市货运班车"模式），也代表了城市配送领域未来发展的一个重要方向。

绿色城市物流"E-SPD模式"，分工明确、责任清楚、措施有序，项目的一系列举措通过仓储、派车、配送实现，通用性强。其改善和加强的内容也是所有物流配送企业在经营中遇到的重点、难点问题。它回答了物流配送企业怎样解决效率低、利润低、盲点多的问题，对物流配送企业的战略选择、管理提升有着积极的借鉴意义。该创新成果可以为物流企业优化配送管理模式，提升绿色效益提供有效的借鉴。

图4　北京春溢通物流有限公司物流中心

天津外代一体化培训体系的构建与实施①

天津外轮代理有限公司总经理　许景宏

【成果摘要】天津外轮代理有限公司依据公司战略发展要求，为实现"三力（凝聚力、执行力、创造力）提升，3K（三维加权绩效管理中的 KPI、KCI、KPA）提升"的管理目标，按照3PTS人力资源管理系统中的人才管理，建立一体化培训体系，提高员工的能力和绩效水平，对员工的职业生涯发展实施有效的管理。从多角度进行分析，完成课程体系搭建及岗位设置，建立能力素质模型，有效识别并提高员工能力。公司将课程体系与职业生涯相结合，形成学习地图；建立培训师测评中心，完成内部培训师体系建设；实施三维度评估体系；针对公司战略和绩效目标的总体要求，实施员工培训发展（TAD）项目；创新培训形式，提升培训质量，最终达到公司战略目标的实现。天津外代一体化培训体系是公司开展企业人力资源管理的一种创新，这种创新模式实施以来不但取得了显著的经济效益，而且员工能力和满意度也得到了较大的提升。

【成果关键词】船代企业；人才管理；一体化培训

【成果适用领域】船代企业人力资源管理；第三方物流企业人力资源管理

一、企业基本情况

中国天津外轮代理有限公司（以下简称天津外代）成立于1953年，由天津港务局

① 本成果由中国天津外轮代理有限公司提供，成果创造人：许景宏、王长勇，参与创造人：于洪利、刘晓婷、刘柳、邢秀芬、孙晓瑜，获2013年度物流行业企业管理现代化创新成果奖二等奖。

和中国外轮代理公司在天津合资经营，中国天津外轮代理有限公司是天津口岸历史最长、规模最大、代理市场占有率最高的代理公司，是以船舶代理、货运代理为主业，多种经营、横向联合的经营服务性企业。中国天津外轮代理有限公司的业务范围包括代理从事国际客、货运输、科学考察和水上工程等各类中外籍船舶在中国港口及有关水域的服务（含对船、货、集装箱、船员等服务）；承揽进出口货物，办理订舱、租船、储、代运、报关、旅游、海陆空国际多式联运和门到门运输；国际航货运销售代理；客运出租等多种经营业务。

中国天津外轮代理有限公司已经成为天津口岸船、货、港三方国内外之间业务联系的纽带和信息中心。为适应市场竞争，公司积极推行 ISO 9002 质量体系标准，并已于 1995 年获英国标准局（BSI）ISO 9002 认证，标志着公司已经建立了一套符合国际惯例并行之有效的业务流程，服务质量已经跨入了国际先进行列。

在股东天津港（集团）有限公司"发展港口、成就个人"的核心价值观和中国外轮代理有限公司"专家型代理、人性化服务"理念指引下，天津外代致力于打造行业标杆，努力成为具有鲜明文化个性及行业影响力的船运代理服务商与物流电商平台运营商。近年来，天津外代在整体航运行业持续低迷的情况下迎难而上，保持着良好的发展态势，收入水平持续增长。天津外代主营业务实现年收入连续增长，2010—2012年分别为 1.43 亿元、1.75 亿元和 2.1 亿元人民币。2012 年年底，公司总资产 14.64 亿元人民币，年度代理船舶 5260 艘次，市场占有率 28.84%，年度代理集装箱量 275 万TEU，营业收入 2.1 亿元，实现利润 1.24 亿元。

二、创新成果产生背景

近年来船舶代理行业的竞争不断加剧，为了在市场中取得主动优势，天津外代分析了公司所处外界环境和当前经营现状，并结合自身的战略发展目标实施了一体化培训体系。

（一）天津外代人力资源管理体系存在相关问题和缺陷

天津外代目前面临的是一个竞争激烈和变化起伏的市场。在 20 世纪 80 年代货运代理行业先行成为市场化行业后，船舶代理行业的竞争也随之愈演愈烈。据目前统计，天津口岸船代公司已达到 60 多家。而且还处于不断增长的态势。虽然天津外代目前在船代市场特别是班轮船代市场仍占据着天津区域的重要地位，但是主营业务和竞争手段单一，在应对严重的市场不确定性方面显得乏力，凸现了天津外代的经营风险和缺乏发展可持续性的隐患。

通过人力资本诊断，天津外代人力资源管理体系存在相关问题和缺陷：第一，职位管理缺乏科学评定依据，不能体现职位价值；第二，缺乏有效激励机制，绩效管理不健全；第三，薪酬管理处于"小锅饭"模式，薪酬结构亟待调整；第四，用人体制制约企业生产经营发展，人力资源管理模式不能适应战略调整和业务转型；第五，员工满意度管理需要持续改进提高。

（二）天津外代实现战略目标的配套需要

2010 年 12 月，天津外代完成五年滚动战略目标的制定和研讨工作，确定天津外代战略目标为"做强核心业务（船代为核心），拓展相关服务领域，搭建基于供应链管理的物流电商平台，形成新的业务格局，实现规模效益增长，保持行业领先"，为确保天津外代五年滚动战略落地实施，人力资源部以五年滚动战略目标为中心，搭建与之相适应的一体化培训体系。

（三）3PTS 人力资源管理的实施助推了企业人力资源管理的优化

2011 年，天津外代创新性地实施了 3PTS 人力资源管理项目，不断优化和整合组织机构，采用以人为本、以激励为导向的岗位竞聘机制。通过双向选择的公开竞聘方式，充分调动员工的积极性、主动性和创造性。岗位竞聘机制同时也促进了人岗匹配，优化了人力资源岗位配置。

同年，天津外代在公司内部成功推广以人为本、以激励为导向的三维加权绩效管理体系，即关键绩效指标（Key Performance Index，KPI）、关键行为指标（Key Competency Index，KCI）、重点工作指标（Key Process Area，KPA）。根据公司战略要求，制定年度经营目标和周期绩效计划，通过绩效指标的层层分解，导入员工绩效考核指标体系，员工绩效的完成也直接支持了部门及企业整体绩效目标的实现。这些管理方式的变化，要求天津外代公司急需建立一体化培训体系。

人力资源部经理　王长勇

三、创新成果主要内容

天津外代的一体化培训体系建立在对公司结构充分把握的基础上，再运用科学的方法，针对不同岗位员工制定培训课程，同时将课程体系与职业生涯相结合，形成学习地图，并采取多种培训形式，极大地提高了员工的学习热情与工作积极性，从而实现公司效率与人力资源管理效率的提升。

（一）多角度分析，完成课程体系搭建

1. 基于战略规划，确定职位序列，完成岗位设置

为满足战略发展和业务变化的需要，天津外代在对原有组织机构进行梳理后，以组织的价值链增值过程及职能分工理论为基础，采用流程分解法、职能分解法、职责匹配法等方法，确定职责定位，规范工作要求，完成岗位设置。

在岗位设置过程中，天津外代首先基于自身战略目标确定所需的职位序列。按照公司业务需要和相似性原则，将职位划分为 12 个序列，如图 1 所示。

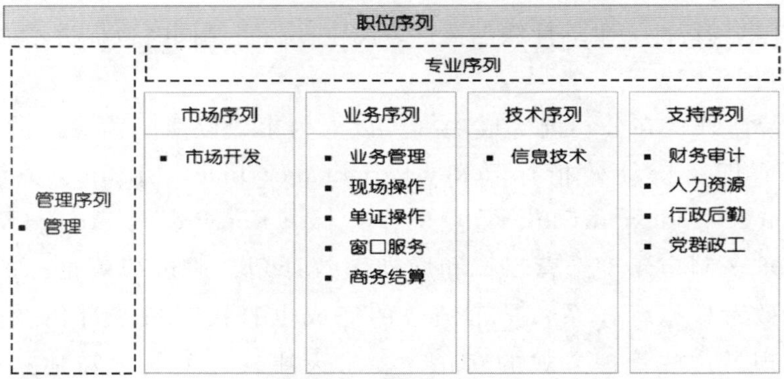

图1　天津外代员工职位序列

公司以发展战略为导向，通过组织结构调整和优化，梳理各职位职责。基于组织结构梳理、部门职责分解和岗位优化设置，制定各岗位《职位说明书》，如图 2 所示。

2. 建立能力素质模型，有效识别并提高员工能力

天津外代从公司战略出发，建立员工能力素质模型。通过构建胜任度模型，以资格审核和能力评估为依据，客观的衡量人岗匹配程度，明确员工的学习方向和发展目标。天津外代员工素质能力测试样本如图 3 所示。

3. 设计课程，建立天津外代课程体系

（1）根据公司战略、业务重点、能力素质模型及测评结果，分析公司各职位序列所需的知识、技能和能力的提升需求，如图 4 所示。

中国天津外轮代理有限公司
职位说明书

编　号：_____

第一部分：职位基本信息

公司名称	天津外轮代理有限公司	部门：	业务管理部
职位名称	业务管理部副经理 （信息发展）	职位等级：	M3
直接上级职位名称：	业务管理部经理	直接下级职位名称：	信息发展主管

第二部分：职责综述

为了使信息化建设有效支持公司战略的实施，编写、提交公司信息发展战略及部门工作重点，制定部门工作计划，规划公司信息化产品的开发，组织、实施信息平台的建设和信息系统的整合，建议信息系统的功能定位、审核项目的改造和升级，管理大信息系统项目的开发、测试和上线，分析、评估信息系统运行的效率，组织重大事故的分析。

第三部分：主要工作联系

对内	公司各部门及下属企业
对外	集团公司和总公司相关部门、软件/通讯、网络服务供应商、港埠公司、查验机构、船公司、货主

第四部分：任职资格要求

教育程度、资质证书	大学本科（含）以上，计算机相关专业，中级及以上职称
相关工作经验	8年及以上港口企业信息技术工作经验，其中3年以上团队管理经验

第五部分：主要职责

职责范围 （简练调纲对工作内容的概括）	主要工作内容 该职责所要达到的结果
1．制订计划	• 为保障信息发展的各项工作任务得到有效落实，根据公司和部门的年度重点工作信息，制订、提交公司信息发展的年度工作计划，并分解到季度、月度及相关岗位；实施并考核计划完成情况。
2．信息化战略	• 为了有效支持公司战略的实施，根据业务发展规划和行业最新技术动态，分析、建议信息系统功能定位，选择开发深度，建议信息化产品的开发和推广策略，网络、硬件、软件平台的建设、更新、整合规划和人员规划。
3．信息化产品研究	• 为了为公司的战略转型提供有力的信息化支持，研究、建议技术发展方向，组织相关产品试验和技术性能评价，拟定新技术、信息化服务产品的应用推广策略。
4．信息系统的分析和立项	• 根据公司的信息化战略和公司下属公司的业务需求，审核、修改公司的信息化建设方案，整合信息平台，确定开发项目，组织信息化大型项目的前期调研和论证，申报项目。
5．招标管理	• 为了使信息系统的建设在成本和技术上满足业务及功能设计的需要，审核、修改招标技术文档，会审招标结果，汇总、提交评标意见
6．项目管理	• 为了使信息系统的质量、时间、功能满足业务和管理需要，参与组织大型项目的需求调研和市场调研。沟通业务部门及软件开发商的意见，审核、修改概要设计，控制大型项目的开发的进度、质量……

第六部分：附件

特殊工作条件：	■无　□轮班　□高空　□粉尘　□户外
最后更新日期：	
批准（授权人）		审核（人力资源部）：	

我在此确认已经完全理解本职位说明书所述内容。

任职者签署 _____　日期 _____　　任职者上司签署 _____　日期 _____

图2　天津外代职位说明书

专业知识得分：75		
商务模拟题目：摩托罗拉物流项目		
能力条目	**得分**	**匹配率**
客户导向	2.3	76.67%
成就导向	3.3	110.00%
创新意识	2	66.67%
专业化	2	66.67%
关系构建	3	100.00%
压力承受	3.5	116.67%
文字表达	3.5	116.67%
问题解决	2	66.67%
影响他人	2.5	83.33%
总计	24.1	89.26%
平均	2.68	

能力条目	岗位要求			个人得分	
	重要性	要求水平	能力得分	个人成绩	能力得分
客户导向	4	3	12	3	12
成就导向	4	3	12	2.85	11.4
创新意识	1	2	2	2.9	2.9
责任感	2	3	6	2.95	5.9
团队合作	1	3	3	2.95	2.95
关系构建	4	3	12	2.7	10.8
人际沟通	4	2	8	2.9	11.6
压力承受	2	3	6	2.65	3
总计			61		
匹配率					103.3%
关键能力匹配率					104.0%

图3　天津外代员工素质能力测试

（2）从能力模型的素质要求出发，获取课程资源，设计课程的目标、级别和类别。

（3）按照天津外代的职位序列与管理类课程、专业类课程、基础类课程的划分，形成分类别分层次的纵横交错的课程库，如图5所示。

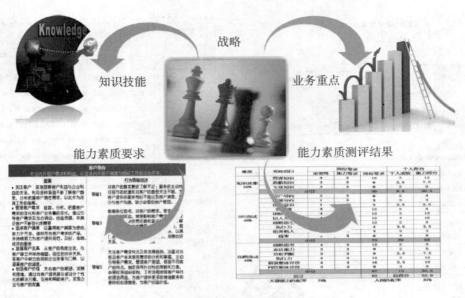

图4 天津外代课程需求分析示意

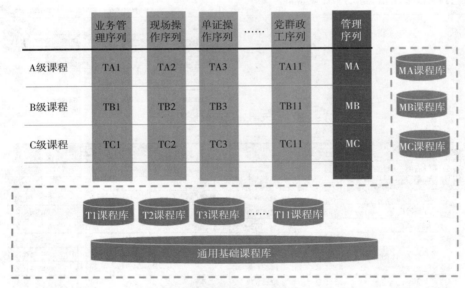

图5 天津外代课程库模型

（二）课程体系与职业生涯相结合，形成学习地图

天津外代按照岗位序列划分，梳理课程体系，形成分类的课程库；同时，按照层级划分课程级别。天津外代岗位学习示意图如图6所示。从纵向上来看，学习地图适用于员工的职业生涯的纵向升迁；从横向上来看，岗位的学习地图主要用于员工的轮岗和岗位调整。

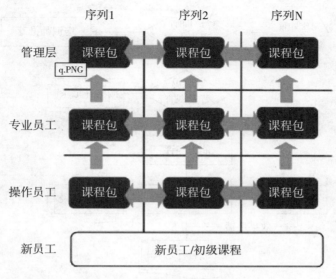

图6 天津外代岗位学习示意

（三）建立培训师测评中心，完成内部培训师体系建设

为了有效发挥内部培训师在员工培训工作中的重要作用，实现企业文化、公司战略、管理理念、业务技能等方面的落实与传承，不断提升公司员工的整体素质水平，公司制定了《中国天津外轮代理有限公司内部培训师管理细则》。

根据不同层级培训师的不同角色和要求，从行业经验、专业背景、教育程度、授课经验、呈现和授课能力、课程开发能力等方面，构建培训师能力素质模型，实施培训师的培养与认证。公司内部培训师选拔体系如图7所示。

（四）实施三维度评估体系

培训三维度评估体系包括课程评估、培训师评估和培训效果评估。课程评估主要从需求的把握、课程内容、形式、逻辑、表达等各方面，对课程的有效性进行评价。培训师评估主要从语言文字的表达、目标、逻辑、开放与分享、时间管理、课程准备等多维度进行评估。培训效果的评估依据不同类型课程的差异，针对课程培训前、中、后不同时点，采用不同的评估方式进行评价。

（五）针对公司战略和绩效目标总体要求，实施员工培训发展（TAD）项目

天津外代依据公司战略发展要求，通过 TAD 项目实施企业文化、企业管理模式、业务操作等方面的培训，提高团队凝聚力、执行力和创造力，并结合 3K 绩效管理和能

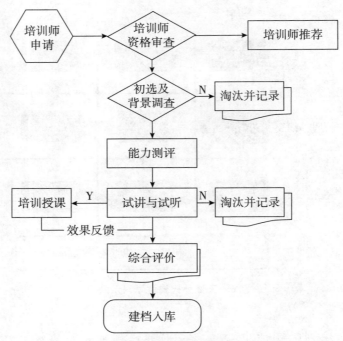

图7　天津外代内部培训师选拔流程

力素质模型，推进员工自我发展、自我实现，提升员工综合素质，增强追求卓越的意识，最终达到提升公司整体素质、实现绩效目标的培训目的。天津外代的培训计划样本如图 8 所示。

序号	培训项目		培训课程	培训对象	培训方式	批次	计划启动时间
			2013年度中国天津外轮代理有限公司员工培训发展计划				
1	TAD项目	建立内部培训师队伍	《TTT培训（培训师培训）》	公司内训师	外部培训/外聘讲师	1	6月
2			《课程设计与开发》	公司内训师	外部培训/外聘讲师	1	6月
3		提升员工KPI相关培训项目	《天津外代五日滚动业务模式》	相关人员	内部培训	待定	7月
4			《OTD项目管理》	相关人员	内部培训	待定	7月
5			《STAR服务标准》	公司全体员工	内部培训	待定	10月
6			外代相关业务培训	各序列相关人员	各序列内部培训	待定	9月
7			市场营销、企业发展战略等外部学习	专业相关人员	外部培训	待定	待定
8		提升员工KCI相关培训项目	《天津外代企业文化》	公司全体员工	内部培训	2	7月
9			《天津外代3PTS人力资源管理》、《3K绩效管理》	公司主管及以下员工	内部培训	2	7月、8月
10			《员工手册》	公司全体员工	在线培训	1	7月
11			《商务礼仪专题培训》	公司员工	外部聘请	1	10月
12		提升员工KPA相关培训项目	《滚动协同四位管理》	公司中层管理人员	内部培训	1	10月
13			《公司规章制度及年度重点工作》	公司中层管理人员	在线培训	1	10月
14		推行员工"一岗多能"	《人力资源"魔方管理"》	相关人员	外部专业、内部培养	1	10月
15	常规培训	职业发展	《员工职业发展规划》	公司员工	外部培训	1	7月
16		新员工入职培训	集团培训	见习生	集团集中培训	1	9月
17			轮岗见习和定向见习	见习生	内部培训	1	10月-次年6月
18		信息技术	《IBM云计算SCE培训》	相关技术人员	外部培训	1	待定
19			《数据库Oracle 11g OCP》	相关技术人员	外部培训	1	待定
20			《操作系统RHCSA/RHCE(6.0)》	信息技术人员	外部培训	1	待定
21		人力资源	《人力资源管理》、《劳动法规》	人力资源管理人员	外部培训	待定	待定
22		三体系培训	《特殊岗位职业环境和健康及安全培训》	定向见习生、外勤及相关人员	内部培训	1	11月
23			《质量体系文件》、《安全体系文件》学习	各部门组织	内部培训	1	待定
24		其他	集团公司、总公司或其他相关业务单位	相关人员	外部培训	待定	待定

图8　天津外代培训计划样本

（六）创新培训形式，提升培训质量

天津外代根据不同课程不同学员的需要，创新采用多种培训方式，如表 1 所示，保证一体化培训体系的实施效果。

表 1 多种形式的培训与教育

培训方式	培训内容
公司"培训日系列培训"	根据各方面需求，制定范围覆盖不同层次、不同内容的大型公司系列培训
短期培训	内部经验交流、内部课堂培训、聘请外部讲师集中授课、派去外地培训
员工分享课堂	员工经验分享
项目研讨会	项目沟通小组
E-learning 网络在线学习	公司规章制度与年度重点工作、业务知识、E-learning 网络在线培训
委托培养	学历教育、党校培养
岗位培训	轮岗、定向见习

四、主要创新点

一体化培训体系有效地将公司战略、3K 绩效管理、职位职责、员工能力素质模型测试等方面有机地结合，并采用员工分享课堂、E-learning 网络在线学习等多种培训形式，制定个性化培训，提高员工的能力和绩效水平，从而达到公司战略目标的实现。

（一）培训体系创新

天津外代设置并采用了创新性全方位的一体化培训体系，横向按照公司总体战略对岗位进行设置和说明，纵向对员工个人能力进行评估，并按照职业生涯规划及因材施教的原则进行个性化课程培训。最大限度地发挥了员工的个人特长，在提高员工能力、绩效和满意度的基础上完成了公司总体业务能力的提升，为公司总体战略目标的实现创造了基础。

（二）培训形式创新

为保证一体化培训体系的实施效果，天津外代针对不同课程和不同类型的员工创新设置了多种多样的培训方式。多方整合利用教育资源，包括公司内部资源、网络教育资源和专业委托培训机构等，全面提升人才质量，提升公司人力资源软实力。

（三）将员工培训与公司战略总目标相结合

天津外代创新性地在公司战略总目标的前提下设置人力资源培训。在完成公司发展战略的同时又遵从个人职业发展意愿，这种新的模式将极大提高员工个人满意度，同时提升公司的总体业务能力。以公司长短战略为导向，通过组织结构调整和优化来培养人才，使企业和员工能够获得"双赢"。

五、创新成果应用效果

天津外代一体化培训体系的建立和实施，分级、分类为员工提供个性化培训，不断提升其能力素质，取得了显著的成果。

（一）天津外代年度人均培训课时逐年提高

天津外代结合公司总体战略规划与年度培训需求，制订相应培训计划并有效实施，培训需求计划100%完成。一体化培训体系的建立，为公司带来课程、教材、培训师等多方面培训资源，显著地提高了培训效果，2012年天津外代人均课时数达到17.58小时/人。预计未来几年，通过一体化培训体系的不断推广和应用，年度人均培训课时将逐年增加，效果显著，如图9所示。

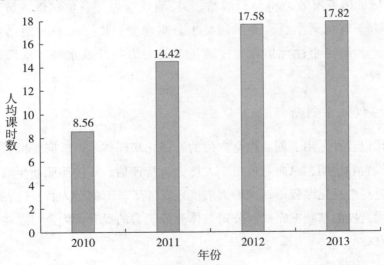

图9 天津外代年度人均培训课时

（二）员工学习热情高涨

天津外代鼓励员工根据自身的职业发展计划参加学历教育，并给予相应奖励。天津外代学历统计表如表2所示。截至2012年，公司本科以上学历的员工219人（其中研究生16人、博士生1人），占员工总数的75%；取得学士以上学位的员工174人（其中取得硕士学位52人）。

表2　　　　　　　　　　　　　天津外代学历统计

学历层次	2010 年	2011 年	2012 年	2013 年
博士	1	1	1	1
研究生	17	17	16	18
本科	166	171	202	206

天津外代建立了良好的学习氛围，打造一支知识化、高素质的员工队伍。职称统计如表3所示。2012年全体员工中具有中级以上技术职称的占43.49%。管理人员中有66%具有中级以上技术职称。

表3　　　　　　　　　　　　　天津外代职称统计

职称层次	2010 年	2011 年	2012 年	2013 年
高级	13	14	14	15
中级	96	97	113	118
初级	153	154	161	160

（三）战略目标如期实现，经济效益见长

一体化培训体系的构建与实施，提升了员工的综合素质水平，为年度绩效可贺指标和公司战略总体目标的实现，提供了有力的支撑。2009—2012年天津外代的市场占有率如图10所示，2012年天津外代总收入增幅达19.93%；实现利润增幅30%；船代市场占有率为28.84%。

2009—2012年公司的代理艘次如图11所示，2012年，天津外代代理艘次5260艘次，同比增长8.60%。

（四）天津外代员工年均收入逐年提高

员工平均工资同比增长比率如图12所示。2012年，天津外代员工平均收入较2010年提升0.64个百分点。预计2013年对比2010年增长0.85个百分点。

（五）以人为本，员工满意度逐年提升

天津外代推行以人为本、以激励为核心、以战略为导向的管理理念，实施一体化

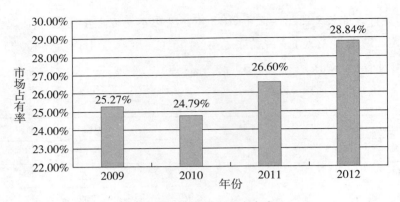

图 10 天津外代市场占有率

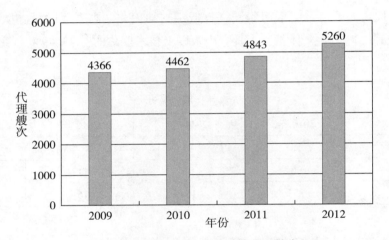

图 11 2009—2012 年天津外代代理艘次

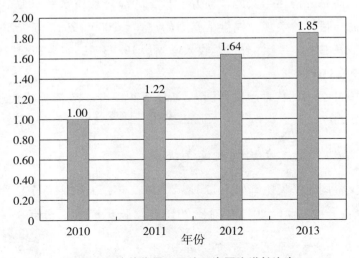

图 12 天津外代员工平均工资同比增长比率

培训体系以来，员工满意度大幅度提升。2012 年公司员工满意度达到了 90%，预计 2013 年仍呈现持续增长态势。员工满意度变化如图 13 所示。

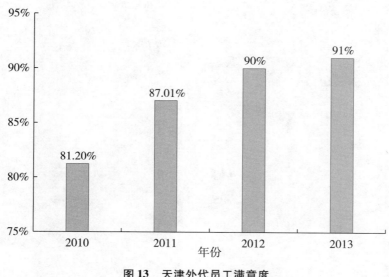

图13　天津外代员工满意度

六、创新成果推广价值

　　天津外代针对人力资源管理现状和国有企业的特点，结合先进的人力资源管理理论，提出建立以人为本、以战略为核心、以激励为导向的人力资源 3PTS 均衡管理系统，并通过一体化培训体系的有效实施，极大地激发了员工的学习热情、工作积极性、主动性和创造力，为公司战略实施提供了有力的支撑。总体来看，该创新成果有两个方面的推广价值。首先，天津外代一体化培训体系的这一设计思路可广泛应用于同类物流企业特别是船代和货代企业。该创新成果的推广将提高这类企业的人力资源管理水平，促进企业的和谐、健康和可持续发展。其次，该成果也适用于其他第三方物流企业。第三方物流企业可以借鉴天津外代的经验，改进培训模式，创新培训体系，进而改进整个企业的人力资源管理方式，真正从企业人才培养角度出发，实现人才价值和企业效益的最大化。

物流技术篇

国药物流赛飞（SAVE）供应链云服务平台开发和管理①

国药集团医药物流有限公司总经理　程俊佩

【成果摘要】随着国药控股股份有限公司物流业务的快速发展，企业内部/外部供应链整合及协同管理的需求日益增长，需对医药流通供应链各环节间各种资源进行有效整合，建立有助于供应链全程的业务信息共享和有效调度的信息平台。国药物流的赛飞（SAVE）供应链云服务平台主要建设内容包括基于云架构面向服务（SOA）的PaaS平台及其SaaS层基本功能和平台扩展功能，并根据公司发展及业务需要不断扩展各种应用系统，并且与国药物流集中部署的WMS、TMS系统共同构成了国药物流赛飞核心信息系统体系。该项目有助于实现国控供应链上下游计划与业务执行的紧密协同以及全网分拨配送运输的一体化运作，实现国药物流可复制的、整体高效的标准化运营目标。

【成果关键词】信息系统；供应链云服务平台；医药物流

【成果适用领域】医药物流企业信息化管理；第三方物流企业信息化管理

一、企业基本情况

2004年5月，国药集团医药物流有限公司（以下简称"国药物流"）注册成立，注册资本3亿元人民币，是国药控股股份有限公司（香港上市股票代码HK1099）的全

---

①　本成果由国药集团医药物流有限公司提供，成果主要创造人：程俊佩、宋军，参与创造人：赵立东、马建聪、赵有珍、王齐、李俊杰、郑辉兵、黄鑫，获2013年度物流行业企业管理现代化创新成果奖一等奖。

资子公司。在上海、北京、广州、天津、沈阳、武汉等地建有现代物流中心与配送中心体系。各大区域物流中心共拥有近 10 万平方米的库房，运输车辆 300 多辆，其中冷藏车 30 辆，2012 年仅上海物流中心货运价值量就超过 500 亿元人民币。"十二五"期间，公司将陆续在全国完成 40 亿元人民币的物流投资。

2012 年，公司物流网络覆盖除西藏以外的全部省市，自有物流服务已覆盖全国 30 多个一级城市，100 多个二、三级城市，2000 多家商业公司，1 万多家医院，10 万多家药店及诊所，是中国网络覆盖最全的医药物流企业。同时国药物流还是国家一级抢险、救灾、军需、外援等药械商品的特种储备企业。

国药物流的核心第三方物流业务包括进口保税物流、药品物流、器械物流、冷链物流、零售物流、院内物流、临床试验物流和各类个性化的医药物流解决方案。公司主要采取一体化的多仓运营管理模式，通过不断整合资源，构建中国最广阔的医药物流服务网络。

目前，国药物流上海物流中心现有员工 572 名，其中硕士及博士 17 人，占 3%，大学本科 129 人，占 22.6%。

近三年来上海物流中心经营财务指标如表 1 所示。

表1　　　　　国药物流上海物流中心 2010—2012 年财务指标　　　（单位：万元）

年份	资产总额	主营业务收入	利润总额	上缴税金	净利润
2012	43293	19646	2143	1827	1606
2011	40299	17336	1991	1498	1425
2010	41791	13063	1909	1544	1155

公司已经建立起由荷兰 KEMA 公司认证的 ISO 9001：2000 质量管理体系，组建专业的质量管理团队，以"专业、高效、创新、增值"的经营理念满足客户需求，以增强客户满意度和持续改进为目标，为客户提供符合医疗行业规范的服务。企业的质量控制完全符合 GSP 要求、供应商质量稽查认证。

公司的愿景是以国药控股的全国网络资源为依托，遵循现代供应链管理理念，以安全、可及、可视、高效的专业物流能力，为全球健康产业的优秀企业打造中立、开放的供应链管理增值服务平台。以"呵护健康、用心交付"为理念，构筑规模最大、网络覆盖最全、专业程度最高、服务能力最强、最具国际竞争力的医药及健康产品物流企业。

二、创新成果产生背景

国药赛飞（SAVE）供应链云服务平台项目的建设遵循国控"高起点、新模式、更融合、再跨越"的发展指导方针，满足实现国药物流战略目标的客观要求。

（一）国控快速发展的客观要求

国控正从快速成长期（粗放式经营）到稳健成长期（规范化经营）过渡，逐渐向成熟期（精细化经营）发展。国控的成长发展客观需要一体化的供应链管理服务平台为之夯实基础。

（二）国控业务及组织层级的迫切需要

国控业务与组织层级的交叉关联造成了不同业务和管理层级的管理协同化需求。顺畅的工作流、信息流、合理的组织结构、动态的流程优化意识是保障企业内部供应链协同的条件，企业间的供应链协同的基础则是供应链成员共享需求、库存和销售等信息。国控的核心业务需要建立供应链管理服务流程，实现供应链协同，包括企业内部的协同和企业间的协同。

（三）国控战略成功的技术保障

随着国控物流业务的快速发展，企业内部/外部供应链整合及协同管理的需求日益增长，需对医药流通供应链各环节间各种资源的有效整合，实现供应链全程的业务信息共享和有效调度，消除各种原因造成的信息孤岛及信息差异。协同作业、信息共享的一体化信息平台是成功的保障。

国药集团医药物流有限公司副总经理　宋　军

三、创新成果主要内容

国药物流赛飞供应链管理云服务平台采纳总部集中部署模式，搭建统一的物流私有云服务平台，并能满足经由混合云、公有云，逐步发展为行业云，满足建设中国药网、第四方物流平台及中国智慧医药物流骨干网等未来发展需要。该平台采用集团化管理模式，以满足多公司、多实体、多角色、分级别（总部、省级、地市级）的管理及操作需要，并满足不断发展的实时可视、在线业务优化的需求。该平台支持医疗器械、冷链物流、供应商管理库存（VMI）、电子商务等业务模式扩展。

（一）主数据管理

在国药集团主数据系统和国药控股主数据管理的基础上建立物流主数据管理系统。它能够根据业务需要进行主数据的模型建立，包括元数据建模、UI 建模、流程建模、数据接口建模等，能与国药集团的主数据系统实现无缝对接。国药物流 WMS、TMS、冷链等信息系统使用统一的主数据，主数据应能够及时自动更新到各系统。系统功能包括但不局限于：在线申请审批、自动校验匹配、实时监控、自动或手动分发、同步等功能。图 1 给出了赛飞云服务平台架构。

图 1　赛飞供应链管理云服务平台架构

（二）订单管理

订单管理提供订单（包括采购订单、销售订单、调拨单等）从 ERP、招标平台、电子商务平台、外部客户系统等地接入、提供订单的批量导入导出以及人工录入功能。订单管理还提供订单的分拆、合并、多级查询的功能；提供订单按规则辅助生成或手工创建运单、仓储单、调拨单等功能。另外，订单管理也包括提供订单查询、修改、撤销、申请、审核功能，对订单的任何操作能及时更新各连接系统（ERP、WMS、

TMS）的相关数据，以及集成订单分布引擎。图2给出了供应商订单管理界面，图3给出了全程订单流向查询与统计分析界面。

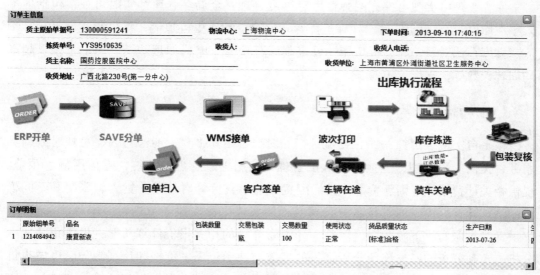

订单主信息

货主原始单据号：	130000591241	物流中心：	上海物流中心	下单时间：	2013-09-10 17:40:15
拣货单号：	YYS9510635	收货人：		收货人电话：	
货主名称：	国药控股医院中心			收货单位：	上海市黄浦区外滩街道社区卫生服务中心
收货地址：	广西北路230号(第一分中心)				

出库执行流程

ERP开单 → SAVE分单 → WMS接单 → 波次打印 → 库存拣选 → 包装复核 → 装车关单 → 车辆在途 → 客户签单 → 回单扫入

订单明细

	原始细单号	品名	包装数量	交易包装	交易数量	使用状态	货品质量状态	生产日期	
1	1214084942	康复新液	1	瓶	100	正常	[标准]合格	2013-07-26	

图2　供应商订单管理界面

国药物流　角色：系统演示　部门：国药集团医药物流有限公司　操作员：李俊杰

PM-导航(D)× ｜ 报表中心(40001)× ｜ 移库订单管理(8403)× ｜ ◇

显示比例 100 ÷ ％　共1页 跳转到页 1 ÷ 首页 上一页 下一页 末页 纸张设置 打印 导出 重置打印机

平台品种全局流向查询

| 商品名称： | 格列齐特片(达美康) | 国控统一码： | A08080350010010101 |
| 商品规格： | 80mg*60T | | |

开单日期	货主单号	客户名称	数量	批号	物流中心	货主ID	单位ID	平台货品ID	批号ID
2009-2-1	41195400009009183	北京国大药房连锁有限公司	23	8M791T	北京物流	4	13052	13566	188712
2009-2-1	110090000142	翁源县人民医院	50	8M785T	广州物流	88	68872	75177	186471
2009-2-1	40195400009059187	辽宁成大方圆医药有限公司	600	8M701T	沈阳物流	87	34851	27916	191098
2009-2-2	110090021762	国药控股浙江有限公司	4090	9A718T	天津物流	85	51719	76777	195824
2009-2-2	110090021762	国药控股浙江有限公司	26	8M793T	天津物流	85	51719	76777	188742
2009-2-2	110090021853	上海华氏大药房配送中心有限公司	400	8M704TSH	上海物流	85	51164	63551	192186
2009-2-2	40195400009013847	天津市天宏医药有限公司	50	8M785T	天津物流	86	2849	2641	186471
2009-2-2	40195400009013854	天津市中医药研究院附属医院	10	8M785T	天津物流	86	4257	2641	186471
2009-2-2	40195400009013899	天津市和平区中医医院	40	8M785T	天津物流	86	4006	2641	186471
2009-2-2	110090021983	上海九龄大药房有限公司	10	8M704TSH	上海物流	85	56718	63551	192186
2009-2-2	41195400009009553	北京羊坊店医院	30	8F731T	北京物流	4	11921	13566	76943

图3　全程订单流向查询与统计分析界面

（三）库存管理

库存管理可实现可扩充的弹性库存维度管理；全局多仓库存实时可视，包括但不限于在库库存、（入库/出库）在途库存；库存变动历史可追溯；提供货主、平台、物流三方库存比对及差异分析功能；可定制库存预警策略，如近效期、超上下限，超平均周转天数等；支持 VMI 模式。

（四）综合计费

该平台实现了国控一体化物流计费、对账、结算平台，能够对内、对外对账结算服务；提供信用管理，包括信用额度管理、信用等级管理的功能，超信用额度预警。提供相关计费结算规则、费率等灵活配置功能；支持针对订单、货主、账期等不同模式的结算计费；提供内部按各分公司等不同实体以及按照环节进行成本计算和分摊；提供针对供应商、下游客户（医院、分销商等）的相关报价计算功能；提供相关成本分析、毛利分析的各类统计分析报告的生成与展示；提供价格和让利管理，可做报价建议；提供从 WMS、TMS 各自的计费模块接入相关仓储计费结果与运输计费结果；实现与财务系统的集成。

（五）供应链可视化

可视化内容包括订单可视、库存可视、运输可视、冷链可视、资源可视、运维可视等。支持针对订单、货主、货品、仓储单、运单、药监局电子监管码等多维度多条件的可视化查询展示和统计分析。

提供订单集成的一体化可视和查看；提供多角色（物流总部、物流中心、客户）实时的订单出入库查询；提供各系统节点（业务系统、平台、物流系统）的订单处理过程信息，并能够主动报告异常信息。各节点处理过程信息能够以图形化形式展现。另外，还实现冷链订单全程温度状态跟踪和追溯。

该平台提供多仓库存情况的可视化查询和统计分析（按仓库、货主、订单、货品等提供多维度的查询展示与统计）；库存比对查询；提供物流资源的查询和统计分析（包括储位资源、车辆信息等），分储位类型、区域、车辆类型等，能够图形化展示；提供供应链事件提醒功能，主动监控供应链异常，实时跟踪和监控供应链事件，通过系统提醒、手机短信、E－mail 等帮助实现对突发事件快速反应。

具体的示意图如图 4 至图 7 所示。

（六）统计绩效管理

提供上游供应商、物流中心、承运商、下游客户物流服务综合数据分析看板，绩

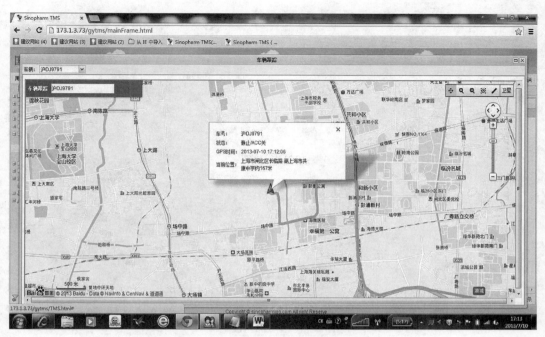

图4 可视化订单运输在途监控界面

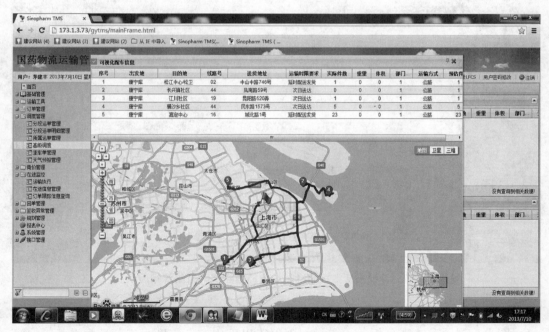

图5 可视化智能运输调度

效分析数据源为各应用系统，可以自动抓取相关数据，支持公司级层级、部门层级绩效分析。

提供针对整个供应链运作的相关绩效考核管理，提供供应链关键绩效评价指标，

图6　冷链总部监控平台

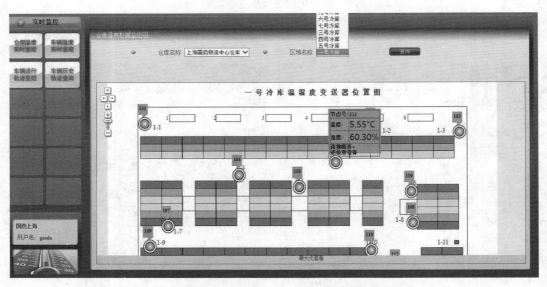

图7　冷链省级监控平台——仓储数据实时采集传输展示

对供应链优化、决策提供支持。包括各类考核指标的定义与配置，以及考核指标的计算、图表化展示、统计分析等。包括但不限于以下内容：年度主经营数据分析、月度主经营数据分析、月度多仓储位利用情况分析、日均及月均物流作业效率跟踪分析（计件考核统计）、订单人员作业效率跟踪分析、年度月度吞吐存储能力分析（波峰、波谷、平均情况分析）、采购订单入库结构分析、销售出库订单结构分析、月均库存情况分析、运输配送情况分析、销退情况统计分析、冷藏品质量和效率情况、第三方运

图8　冷链省级监控平台——运输数据实时采集传输展示

营状况、运营异常差错情况分析、仓储单位作业时间分析等。

（七）企业门户

该平台提供基于统一企业门户的展现方式，能实现统一登录、统一认证、统一消息、统一风格的展现层。另外，还提供内容管理、信息发布、信息搜索、协同办公等功能，能够自定义界面布局、按照不同角色分配不同布局的界面，个性化定制页面展示内容，实现各系统报表数据集成展示。支持移动终端的展现方式。

（八）供应链接口

该平台与供应链上下游系统以及国家药监局电子监管系统等进行集成，提供对码、数据匹对等功能；具备数据传递的校验功能，保证数据准确传递，差异主动报警；支持大并发，大吞吐量，具有较强的电子商务功能。图9给出了搭建中的电子商务平台。

（九）分布式订单引擎

系统提供分布式入库策略和分布式出库策略，支持需求预测及动态库存调配（补货、移库等）。系统具备对物流订单分布执行的承诺及物流资源计划调度能力，并能为货主提供需求预测、订单承诺及补货建议等增值服务支持能力。系统具有经实践验证的专业的订单分布引擎。

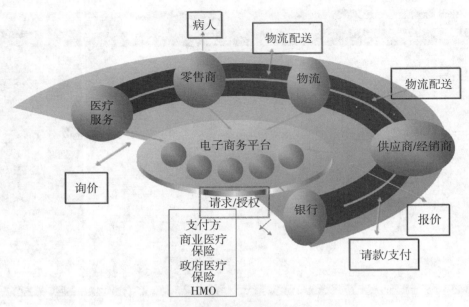

图9　搭建中的电子商务平台

四、主要创新点

通过赛飞（SAVE）供应链云服务平台的建立，国药物流实现了对其供应链的全局事件可视化管理，保证了供应链上下游协同计划与执行，并能够提供具有弹性的定制化供应链服务。

（一）供应链全局事件可视化管理

通过该平台的应用，实施供应链的可视化管理。一方面，可以实现全网库存、数量、时间、地点信息的精确查询；另一方面，可以实现冷链可视化质量安全管理。

（二）供应链上下游协同计划并执行

通过该平台的应用，实现了供应链上下游计划与执行协同。首先，可以进行多仓运营，有利于全网库存的合理分布和调配，并有助于实现供应商管理库存 VMI。其次，有利于实现全网干线运输和本地配送的协同调度一体化管理。最后，通过供应链需求预测与计划，可以实现全国物流仓储资源和运输资源统一调配。

（三）具有弹性的定制化供应链服务

通过该平台的应用，可以提供弹性可定制的供应链服务。一方面，可以提供定制化供应链服务项目；另一方面，通过合同物流，有利于进行市场化运作。

五、创新成果应用效果

对于企业内部运营而言，赛飞（SAVE）供应链管理平台建设使国药物流服务在安全、可及、可视、高效等方面得到提升。在企业管理上，打破"信息孤岛"，实现组织间协同，沟通更有效，管理更畅通，通过有效、全面的经营数据，对经营效益进行分析，准确下达经营决策；在客户服务方面，使得客户（供应商、第三方物流、医院客户等）使用统一平台，标准化供应链运作绩效，提供对于整个供应链全局的可视化和可跟踪性，以达到顺畅整个供应链，降低物流运作成本、缩短订单付款周期，提高效率，提升客户服务水平的目的。具体改善要点如表2所示。

表2   赛飞（SAVE）供应链管理平台应用情况

改善方向	改善要点	以前	现在
安全性方面	业务合规	有的货主只需用运输服务，但未被纳入平台管控，存在法规风险	通过平台管控，降低了法规风险
	药品安全	以前各环节孤立，冷链运输不能实时监控	实施温湿度全程监控，当出现异常情况时实时短信/声光预警报警
	访问安全	只有身份验证	增加了关键数据加密、授权
	数据安全	只能本地备份	可实现异地容灾
	可用性	当服务停止时需手动重启	通过云环境部署，在服务停止后备用服务实时自动接管，另外，异地镜像访问加速了CDN，还实现了数据垂直水平分割与读写分离
可及性方面	全网仓储运输协同覆盖	无系统支持	全网络节点仓储、干线运输与区域配送协同、覆盖最后一里的系统支持
	订单送达承诺	不能承诺	按承诺时间送达客户
可视性方面	全局库存可视	缺乏规范化管理、数据冗余多导致全局库存统计不准确，进而上下游客户不能根据可视化库存（如数量、零头等）进行订单准确高效协同确认	配合主数据建设及物流数据标准化和编码标准化工作推进，实现数据自动化清洗、在线实时应用检测、修订规则自动化应用配置，并且实现全网库存、数量、时间、地点信息的精确查询，进而保证上下游客户可以根据可视化库存（如数量、零头等）、在系统建议下快速形成准确的订单

改善方向	改善要点	以前	现在
可视性方面	全程订单跟踪	仓储跟踪与运输跟踪未集成，订单与冷链未集成，跟踪费时费力，如要到四个平台分别查看订单，到冷链系统查看温湿度，到 TMS 查看车辆轨迹	实现了订单仓储跟踪、运输跟踪、冷链跟踪集成，提供订单跨系统可视化跟踪，数据集中展示查询，图形化展示，分层展示：先全局视图，再局部视图，再明细视图。并直接开放给货主和客服
	供应链需求预测与计划支持	缺乏对货主供应链需求预测与计划增值服务能力	通过货品全局分布及变动趋势分析，提供对货主需求预测与计划的增值服务能力
	全局物流资源可视	无可视管理系统	全国物流仓储资源和运输资源全局可视，准确实时掌握全国仓储能力及运力等情况
	供应链事件管理	冷链超温超湿只能通过短信通知	增强了供应链事件预警手段（声、光、短信、E‐mail 等）、能力，并扩展了应用范围（冷链温湿度提醒，货物送达提醒等）
	报表模块	无专业报表模块	可提供强大的统计绩效分析模块
	系统问题追溯	无系统追溯	实现系统可视化运维
	移动可视	无相关应用	开发了 PDA/PAD/手机等移动终端可视化应用
高效性方面	分布式订单管理		增加分布式订单管理能力，实施智能化多仓出入库策略，实现全国网络任意地点出库、入库并支持跨区域调拨、补货，实现最优成本出库，缩短订单响应时间，节省物流成本，减少运输破损，保证业务连续性
	多仓多级运营	由货主指定存货仓库和出货仓库，并且不同物流中心独立作业	可以提供完整服务，包括库存策略、配送方案等，并且各物流中心协同作业、分拨配送横向调拨
	多仓网络优化		实现数据集成，通过供应链优化工具精确分析后，为货主量身定制多仓协作策略
	技术平台	经常出现随需而变能力弱、开发效率低、接口处理时间长（如轮询）、卡单、错误等	通过云化使功能、性能提升，并实现可计量、松耦合、可动态配置，具备随需而变的系统支持能力

国药物流赛飞供应链管理平台的建立，将供应物流、干线物流、配送物流等物流环节有机连接起来，促进了整个供应链标准化和规范化。对医药行业来说，标准化和规范化是加强内部管理、降低成本、提高服务质量的有效措施；对消费者而言，享受标准化和规范化的物流服务是消费者权益的体现。

对于整个产业而言，国药物流整合全产业、全业态、全品种的物流资源，通过国药物流赛飞平台打造全国医药物流云的优势资源，提供价值链物流服务，并带动医药物流全行业发展。横向推动信息、人才和资源等水平整合，纵向实现对上游技术和下游市场的垂直整合，打造医药物流经济优势产业链。另外，国药数据标准及国药物流标准的输出，将带动整个行业的数据、作业标准化及规范化。同时，以大型医药物流企业带动中小物流企业的成长，促成医药物流行业整体水平的提高，形成行业的良性发展。

六、创新成果推广价值

赛飞（SAVE）供应链云服务平台的成功实践值得许多企业借鉴。首先，该平台提供了供应链全局事件可视化管理的一种方式，它可以进行全网库存、数量、时间、地点信息的精确查询，并且可以实现冷链可视化质量安全管理。这为其他制造业或流通业的供应链成员打造供应链全局管理服务平台提供了参考借鉴。其次，在国药物流的供应链运行中，利用赛飞管理平台，实现了供应链上下游计划与执行协同、多仓运营、全网库存的合理分布和调配、全网干线运输和本地配送的协同调度一体化管理、供应链需求预测与计划、全国物流仓储资源和运输资源的统一调配等功能，从而使平台的价值得到体现和放大，平台的运营与企业的服务模式进行了紧密结合，值得第三方物流企业借鉴。最后，该平台的可视化运作模式是物流可视化的一种有益尝试，值得其他专业的物流企业特别是冷链物流企业在构建可视化信息系统平台中予以借鉴。

图 10　拆零拣货区

长久物流公司智慧物流一体化平台建设模式与方法①

北京长久物流股份有限公司副总裁　张振鹏

【成果摘要】长久物流作为国内规模最大的汽车物流民营企业之一，始终立足于乘用车物流与商用车物流的发展与创新。在企业信息化的发展过程中，长久物流为了整合零散的汽车物流运力资源，降低物流成本，实现汽车物流运力数据的信息采集与信息共享，建设了智慧物流一体化平台。该平台建设过程中，主要依托优化引擎 NCL、重驶调度优化模型和空驶调度优化模型，在汽车物流业内提出四大引擎（即运力调度引擎、结算引擎、BI 报表及商业智能引擎和工作流信息流引擎），并构建了平台的九大核心功能模块。通过智慧物流平台的建设，长久物流建立了商品车物流一体化信息交换管理系统，实现了物流信息资源网络化、信息交换专业化的目标，推动了汽车物流行业的持续快速发展。该成果的核心技术与方法不仅可以应用到同类智慧物流平台建设项目中，也为其他汽车物流企业开展信息化建设提供了有益的借鉴。

【成果关键词】智慧物流；信息化平台；资源整合；智能调度；信息共享

【成果适用领域】汽车物流管理；物流信息化平台建设

一、企业基本情况

北京长久物流股份有限公司（以下简称长久物流）注册资本 1.62 亿元，系吉

---

①　本成果由北京长久物流股份有限公司提供，成果主要创造人：张振鹏、侯兵兵，参与创造人：胡建辉、周正、宝玉明、王晓明、刘栋，获 2013 年度物流行业企业管理现代化创新成果奖一等奖。

林省长久实业集团有限公司核心子公司，总部设立在北京。公司涵盖汽车供应链中的整车物流、零部件物流、进出口物流及物流增值服务等业务，提供汽车行业专业的物流规划、运输、仓储、配送等相关服务。长久物流在全国设有多家全资、控股子公司，业务网络达 40 余处，形成以华北、东北、华东、华南、西北、西南为基地的全国大循环汽车物流资源网络布局，乘用车和商用车综合运输能力达 150 万辆，服务团队数千人，年产值超过 20 亿元。长久物流还先后与长安民生物流、奇瑞汽车、大连港等多家企业成立合资公司，建立了深层战略合作关系。经过二十年的专业积累，长久物流通过一整套严谨、科学的物流管理体系和运营流程，在业内赢得了广大客户的高度赞誉。

长久物流于 2003 年 9 月通过了 ISO 9001：2000 标准质量管理体系认证，于 2012 年被中国物流与采购联合会评为"5A 级综合物流企业"。2008 年 2 月，长久物流以绝对优势中标"奥运火炬传递"核心车辆承运项目，成为奥运火炬传递全程物流服务的唯一承运商，为奥运火炬在中国境内 113 个城市的传递提供汽车物流运输服务。2011 年 11 月，长久物流获得自营进出口资质，标志着它从此可依法自主地开展进出口业务。长久物流的专业化服务得到了业界及客户的高度认可，获得众多荣誉，如"中国物流业大奖——2012 汽车及机械物流最佳企业奖"、"2012 年度中国最具投资价值物流企业"等。2012 年长久物流乘用车发运量 122 万台，商用车发运量 7 万台；全年营业收入 215708 万元，利润总额 20055 万元，缴纳税金 8921 万元。

二、创新成果产生背景

长久智慧物流一体化平台是在一定的行业背景和政策背景下产生的。随着我国汽车产业的发展，物流成本居高不下成为汽车产业急需解决的问题，也是我国经济发展中面临的重要问题，在相关政策的支持下，长久物流开始了汽车物流一体化平台的创新模式研究。

（一）商品车物流资源整合亟须信息化平台支持

我国汽车产业发展迅速，既为物流行业带来了巨大的市场需求，也对物流行业提出了更高的服务要求。但由于我国的汽车物流发展起步较晚，存在基础条件薄弱、企业规模小、运营成本高、信息化水平低、网络建设滞后、资源利用率低、能源消耗大等突出问题。以我国的物流成本问题为例，中国物流行业社会物流平均成本约占社会总产值的 18%，其中汽车物流约占 16%，而欧美汽车物流行业成本约为 8%，日本甚至可以达到 5%。汽车物流成本每降低 1%，就可节约至少 110 亿元。

我国汽车物流业务中83%为公路运输，且公路运输中的轿车运输车为专用车辆，因而回程的重载运输是降低成本的关键。据分析目前我国汽车物流中回程空驶率为39%，而在国外一般是20%以内。为此，长久公司对全国主要汽车物流企业进行统计，按2008年共完成乘用车物流业务670万辆计算，公路运输承担556万辆的任务。全国主要商品车物流企业，除去其自身已经实现对流的资源外，这些物流公司之间的潜在可对流资源占到总量的17%，全国潜在对流资源约为114万辆。如果这部分资源完全整合，我国汽车物流的空驶率将降到19%，整个物流成本将大幅下降。之所以各家企业资源不能整合，关键是信息不对称。因而建立汽车物流一体化信息平台，成为我国商品车物流提高效率、降低流通成本的关键环节。

（二）基于信息技术的物流一体化服务平台日益受到政府的关注

2009年年初，国务院审议并通过了《汽车产业调整和振兴规划》和《物流业调整和振兴规划》，同时对大力发展汽车物流的重要性予以关注，明确提出要"积极推进企业物流管理信息化，促进信息技术的广泛应用。尽快制订物流信息技术标准和信息资源标准，建立物流信息采集、处理和服务的交换共享机制。加快行业物流公共信息平台建设"。这些政策的出台为长久智慧物流一体化平台建设提供了保障。

在运力资源方面，长久物流以"自有、联营、协作"三位一体营运模式为特征的运输能力位居同行业前茅。在合作资源方面，长久物流在铁路运输、沿海运输及多式联运等领域全面拓展业务。在客户资源方面，长久物流以诚信和专业赢得了众多客户的认可。经过20多年的专业化运作，长久物流业务资源遍布全国各地，合理的网络布局，充分实现了区域间的对流。通过该项目建设，公司可依据客户对整车物流的服务需求、服务内容、完成标准的不同设立差异化的阶梯服务标准，制订一整套包括价格、时间、内容等在内的不同服务标准的客户解决方案，提供菜单式服务，建立起完善的运营体系服务标准，从而拉动整个行业的服务标准体系化，促进整个行业的服务品质提升。

三、创新成果主要内容

智慧物流一体化平台旨在建立并完善汽车物流运力资源及运量的数据信息源网络。通过平台的建立，可以建立一个统一的汽车物流运力平台系统，建立统一的运力及资源数据源网络，为资源有效利用及运输对流创造条件，实现汽车物流相关方的信息平台对接及信息交换。通过项目建设，实现对汽车物流各相关方（即汽车经销商、汽车

北京长久物流股份有限公司部长　侯兵兵

物流服务商、公路运输商、铁路运输商、水路运输商）的商品车运力系统对接，实现相关方运力及资源的信息交换，包括运力对流过程中对于发运地、到达地、运输时间、数量、运输方式及要求等的供给及需求，实现不同企业运力对流的调度及结算功能，提高汽车物流对流能力，实现对流资源的有效利用及运输价格的宏观指导。

（一）项目总框架

项目总框架可以简单概括为一体化物流信息系统，如图1所示。该系统要求具备的模块如下：

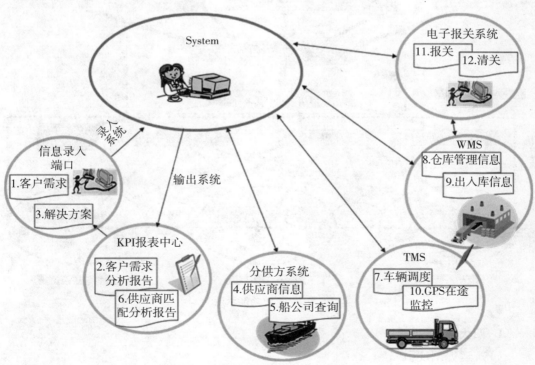

图1　信息系统示意

1. 资源交换平台（REP）

面向具有物流资源共享意愿及交换需求的托运方和承运方。

2. 中央调度系统

（1）呼叫中心（Call Center）——用于订单产生与客户查询的呼叫中心；

（2）客户系统接口——用于核心客户订单产生与查询信息的独立端口；

（3）信息录入端口——用于市场订单产生和单号查询的录入端口；

（4）KPI报表中心——用于数据报表的系统；

（5）仓储管理系统（WMS）；

（6）运输管理系统（TMS）；

（7）分供方系统（SAP）——用于运输公司成本核算和内部管理的系统；

（8）运输节点端口——用于管理各承运商的交接端口；

（9）定位系统（GPS）——用于即时查询运输状态的系统。

（二）系统功能简介

系统提供人工客服、信息交换、运力调度以及结算等功能，具体如图2所示。

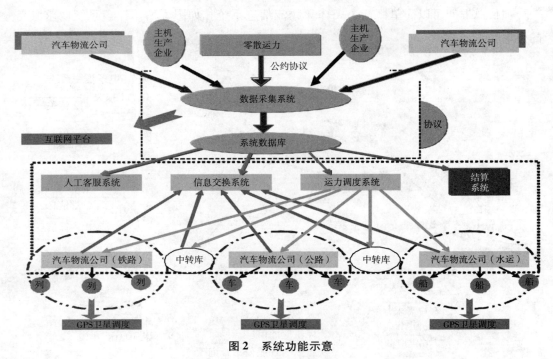

图2　系统功能示意

1. 四大引擎

（1）运力调度引擎

调度总部直接安排到具体的目的地，在调度优化引擎的引导下从经验型调度逐步转向精确、自动化型调度，提高管理的智能化、逻辑化程度，制定调度计划不再依靠调度人员"拍脑袋"，而是通过先进的优化方法结合适当的人工干预来生成调度计划。

（2）结算引擎

系统平台拥有功能强大的计费系统，可以灵活配置以适应复杂的计费模式，通过预设置规则来实现自动结费的目的，如图3所示。

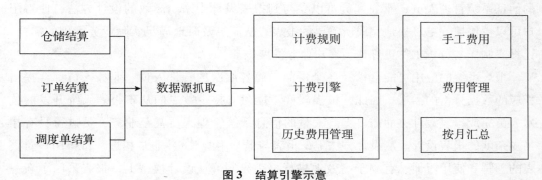

图3　结算引擎示意

①基于自然语言的计费规则引擎

借助基于自然语言的计费规则引擎，客户可以根据结算合同用自然语言（中文）进行规则配置，通俗易懂且不需要编程技术。这种规则配置方法可以让业务管理人员很容易在短时间内掌握，并根据实际情况进行规则修改。该计费规则引擎是业界唯一能够支持国内物流复杂计费要求的产品。

②支持任何信息系统的物流计费

计费引擎同时支持 TMS、WMS、ERP 等信息系统的物流计费，只需对获取计费需要的业务数据的数据源进行配置即可。唯智 BMS 系统支持 TMS 运输业务产生费用的计算，支持 WMS 仓储业务产生费用的计算，也支持 ERP 相关物流业务产生费用的计算，且不受业务系统数据库类型不同的限制。

③账单计费过程透明化

系统能够严格按照计费合同计算出正确的结果，同时支持将每个计费结果如何计算而来的计费过程描述进行输出，实现账单计费过程的透明化，使账单计费结果的正确性核实变得非常简单。

（3）BI 报表及商业智能引擎

报表引擎的核心特点在于开创性地提出了新一代报表数学模型，革命性地采用了多源分片、不规则分组、自由格间运算、行列对称等技术，使得复杂报表的设计简单化，使以往难以实现的报表可以轻松实现，避免了大量的复杂 SQL 编写与前期数据准备，使报表设计的效率提高了一个数量级。新一代报表模型，使得报表的设计工作由复杂到简单、变不能为可能。很多原来需要花一两天才能完成、要进行复杂的 SQL 语句编写、视图制作甚至编程预处理的工作，在新报表中只需要半个小时就可以轻松完成。而相当一部分在传统报表工具中很难或无法实现的报表，也可以在新报表系统中顺利实现。

新一代报表模型的应用，不仅可以帮助用户大幅度减少花费在报表设计过程中的时间，降低报表应用的开发成本，更大大降低了报表设计工作的进入门槛，使得更多的信息系统管理人员、业务人员可以参与到报表设计中来。高效的设计方法，使得用户可以更快捷、更轻松地完成所需要的报表，从而更及时地满足实际业务管理的需要，让报表制作与分析工作更好地为客户业务发展服务。

报表系统的应用可能会涉及各个层面，而各层次的管理人员、业务人员都会提出相应的数据分析的需求。因此，报表软件不能只支持少数专门从事报表系统开发的技术人员完成报表设计，而需要支持大量的信息系统管理人员甚至业务人员进行具有相当复杂度的报表设计。从设计方法上，报表与最常用的 Excel 非常相近，符合用户对报表的理解和使用习惯，有利于高效地进行报表绘制。从设计模型上，报表采用了新一代的报表模型，可以使用户不再需要掌握复杂的视图、SQL 语句，不再需要对编写程序进行数据的预处理，而是直接完成复杂报表的设计，从而使报表设计真正变成了一个普通用户可以完成的工作。

（4）工作流、信息流引擎

①集成层

集成层提供系统对外的接口，可以和移动设备集成实现移动办公，还可以为其他应用系统预留接口集成。

②模块层

a. 通信录

通信录有公司通信录和个人通信录两种类型。其中，公司通信录为用户提供公司内部员工的联系方式，信息直接从组织机构管理中读取；个人通信录是用户自定义的通信录，可以为联系人分组（例如好友、家人、同事、其他等）。系统用户均可以查看公司通信录，以及编辑专属于自己的个人通信录。

b. 日程管理

日程管理可以在一个日历上显示用户的日程安排状态。用户可以通过日程管理功能在固定的日期录入一项或多项事务，以记事备忘。

c. 消息提醒

消息提醒为用户提供提醒消息的功能。当有新邮件、新的待办事宜等，系统会在窗口右下角弹出消息提示框，当用户点击消息提示框时，会自动跳转到功能处理页面，便于用户快速处理消息。

d. 信息发布

信息发布包含新闻、通知、公告三大类。

2. 九大功能模块

（1）合作方管理

合作方管理模块包括签约流程管理、合同重要信息维护、合同生命周期管理、基于分析的合同管理、资料管理、业务类管理、考核管理、竞争对手信息管理、行业信息管理。

（2）订单管理

订单管理模块包括订单基础信息管理、订单管理、跟踪和监控、订单标准化处理、企业 ERP 接口流入、批量导入、手工录入、OTD 时效管理、订单业务监控等。图 4 为订单业务监控的界面。

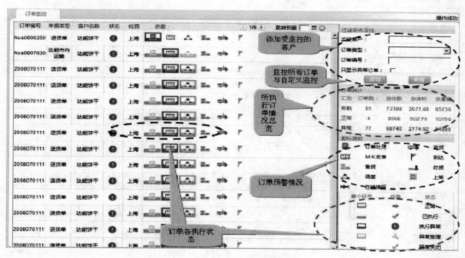

图 4　订单业务监控的界面

（3）运输管理

运输管理模块包括资源及运力预测分析管理、运输调度管理、配送关键节点管理、运输计划执行状态管理与查询。图 5 为运输调度管理的界面。

（4）安全管理

安全管理模块包括投保管理、事故报告等。

（5）运力管理

运力管理包括五维模型车辆动态管理、承运商费用预估、多级派单、承运商绩效考核、多方协同作业平台、运力管理等。图 6 为五维模型车辆动态管理的界面。

（6）仓储管理

仓储管理包括基础数据管理、出入库管理、库位管理、KPI 考核等。图 7 为发运出

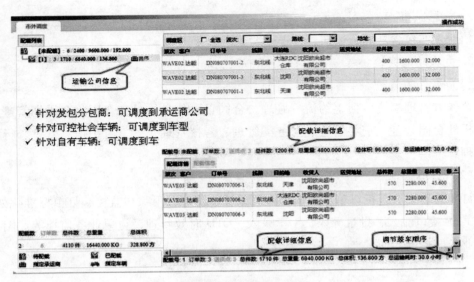

图5　运输调度管理的界面

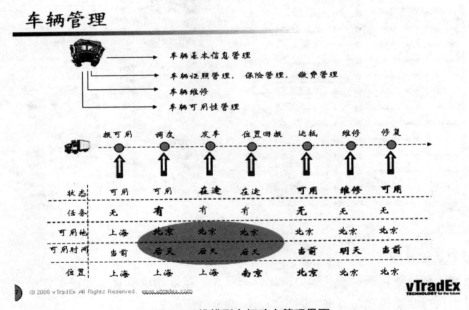

图6　五维模型车辆动态管理界面

库的界面。

（7）客服管理

客服管理包括客户回访管理、投诉管理和查询管理。图8为投诉管理的界面。

（8）结算管理

（9）数据分析管理

发运出库

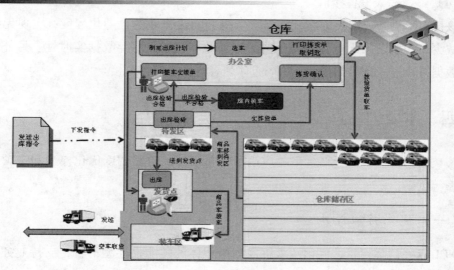

图 7 发运出库的界面

图 8 投诉管理的界面

3. 四大关键接口

（1）客户（主机厂）ERP 系统 EDI 接口

该接口的功能主要分为三类：主数据同步、订单同步、库存同步。

（2）GPS/LBS 在途跟踪管理接口

GPS 系统通过 GPS 卫星定位，以获得运输工具位置，然后通过 GSM、GPRS 等通信技术将定位信息传输回服务器端，最后再通过 GIS 技术将运输工具位置进行展示。

（3）财务系统接口

（4）终端输入设备接口

该接口提供条码解决方案，能够大大提升物流作业的自动化程度，实现无纸化作业，减少运作数据录入差错，提高物流管理效率，提高库存数据实时性。另外，它可以和数据采集器、条码扫描仪、条码打印装置等设备进行对接。

四、主要创新点

长久智慧物流一体化平台主要应用了优化引擎、重驶调度优化模型和空驶调度优化模型等创新。

（一）优化引擎 NCL

NCL 是一门集逻辑、优化及求解规则为一体的智能描述型语言，支持业务建模和问题求解，它由如下三部分组成。

语法分析器（Parser）：模式识别技术，支持自然建模、支持可视化模型调测及诊断。

解算器（Solver）：混合集合规划，可求解实数、整数、布尔值、时间、索引及集合类型上的混合约束，支持一阶逻辑、集合推理、数值分析等。

求解规则编程（Rules）：支持启发式求解策略，业务规则，可以快速构建解决方案。

NCL 可以进行路径优化。以带时间窗口的取货送货问题（PDPTW）为例。它涉及的约束有：累积能力约束、时间窗口约束、优先约束、耦合约束等，而 NCL 可以对问题的多组数据，找到数值更小的最优解并证明最优性。基于混合集合规划求解系统的优势包括以下五点：

（1）精确完备的逻辑与约束系统；

（2）切入业务的求解规则；

（3）滚动逻辑；

（4）交互逻辑；

（5）迭代优化。

（二）重驶调度优化模型

该优化模型可以按照每日各个主要业务平台的订单和运力，使用优化算法计算配载方式，以达到降低成本的目标。优化模型包括以下几个方面。

1. 装载优化

用户视角下的问题：由于板车的车型特征和商品车的车型特征对应非常复杂，因此进行装载优化组合需要调度人员根据经验针对每种板车车型维护一张装载对应表（OPT_PRODUCTTRUCK）。该表列出了能够装载的商品车组合。如商品车分为 A、B、C 三类，那么某种大板车所能装载的组合："A×3 + B×2"表明能够同时装载 3 辆 A、2 辆 B；"A×4 + B×1 + C"表明能够同时装载 4 辆 A、1 辆 B、1 辆 C。

当出现一辆大板车运载 6 辆 A 车，另一辆运载 6 辆 B 车的情况时，由于 B 车要比 A 车大很多，虽然两辆车都能够运输，但是两辆车的负载不均衡。如果用户希望装载均衡，最终结果将是两辆车各自运载 3 辆 A、3 辆 B。

对 POEM 优化引擎而言，这个问题被从更高的层级涵盖。系统会根据配置表、订单、订单方向、当地大板车及外地可调派大板车情况按照既定目标进行全局统筹组合优化。

2. 最适宜车型准则

（1）出发地优先级选择

用户视角下的问题：因为不同的主机厂下线的车型组合不同，在由多辆板车都可以派往需求地的情况下，优先选择更加适用于出发地使用的板车车型。

（2）目的地优先级选择

用户视角下的问题：在排车的时候除了需要考虑如何最优排车，才能用最少的大板车运输最多的订单，还需要考虑派出的大板车在到达目的地后是不是最适合目的地使用的板车车型。

POEM 是以数学模型为轴心进行全局统筹优化的，具体表现为：全部地点（无论出发地、目的地）、全周期、全部订单、全部运输车辆都被统筹考虑以既定目标进行组合优化。

（3）车辆调度的平衡性准则

用户视角下的问题：如果主机厂某一天订单和预测发生较大偏差，就可能出现当地板车无法满足订单发运要求的情况。此时需要就近调度板车资源，确保最快时间到达当地，并将订单运走。因此系统可能会同时产生空车调度指令。

3. 任务量平衡

为了保证司机利益、避免因任务分配不公平而造成司机不满，数据模型在司机 OPT_DRIVER 表引入"累计行驶里程"参数"mileage"，优先将任务分配给累计行驶里程较短的司机。

4. 长短平衡

一般来讲，司机单程任务跑得越长越划算，因此系统对于每个司机在今天前的所有任务进行汇总统计，计算出其累计平均任务距离长度。相应地，数据模型在司机

OPT_DRIVER 表引入"累计平均任务距离"参数"average"，优先将长线任务分配给平均任务距离长度较短的司机。

5. 回程权重

在司机出外执行任务后，任务分配如果仅考虑如何最高效的完成任务，可能会造成司机一直在外服务、无法返回其基地，进而造成其不满。为了解决这个问题，数据模型在车辆 OPT_TRUCK 表引入"累计离开基地时间"参数"timeOffDepot"，以离开基地的时间开始计算。在车辆调度的时候，系统根据 timeOffDepot，优先安排该车辆司机承接能够返回或者逐步靠近其基地的任务。这样，随着任务的执行，该车辆司机能够最终返回基地。

（三）空驶调度优化模型

该模型按照未来三天的运力需求计划，进行空驶运力计算，且在运力短缺时使用最经济的方式解决问题。空驶调度优化模型包含以下几个方面。

1. 车辆调度的最小（时间）松弛度准则

用户视角下的问题：①等候时间平衡原则，即有多个相同板车可以调派的情况下，优先调派在原地等待时间最长的板车执行任务。②最晚调度车辆原则：假设主机厂 A 未来第二天时需要 2 辆板车。在其临近的主机厂 B 有多余车辆可以调派过来，行驶时间为 1 天。考虑到未来计划可能发生改变，因此系统会选择在当天不做任何空车调度，而是等到第二天，根据滚动更新的计划重新计算，如果此时仍然 A 点有板车缺口，系统就会安排 B 点的板车前往 A 点。

对 POEM 优化引擎而言，可以推广为：按车辆 i、路段 j 的时间变量 $TimeRouteTruck_{i,j}$ 的最小松弛度准则来选。

2. 车辆调度的（最近距离）贪婪性准则

用户视角下的问题：就近调动车辆原则，即根据计划和当地运力模拟调度，当运力不足时进行空车调度指派，且考虑到空驶距离，在同等条件下系统会优先就近进行调度。如图 9 所示，系统优先调动 A 点板车。

对 POEM 优化引擎而言，可以按调度距离最近的贪婪性准则来选。

3. 综合平衡调动车辆原则

如图 10 所示，主机厂一、主机厂二都有板车缺口，需要调派板车。此时在 A，B 两点都有板车，系统需要综合考虑后决定如何调派。

此时有两种方案：一个是 A 车去厂二，B 车去厂一，此时总空驶里程 700km；另一方案是 A 去厂一，而 B 去厂二，此时空驶里程数是 600km。因此系统将优先选择方案二。另外也可能由于 B 车去厂一距离较远，会造成时间来不及，因此第一个方案可能从时间角度不成立。当全国多个点同时考虑的时候，就变成非常复

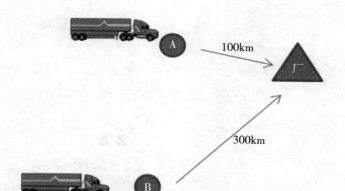

图 9　贪婪性准则

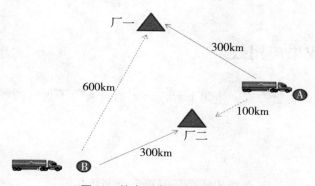

图 10　综合平衡调动车辆原则

杂的问题。系统需要找到一个能够满足所有时间要求，同时能够确保总空驶里程最短的方案。

注：POEM 会推理出"第一个方案从时间角度不成立"从而自动排除该方案。

4. 接力式调度策略

如图 11 所示，厂一、厂二次日都有板车需求。厂二当地就有一辆板车可以满足需求，而厂一有缺口。此时在 A 点有一辆板车。

方案一：A 点板车调往厂一，空驶 400km；

方案二：A 点板车调往厂二，厂二的板车调往厂一，总共空驶 500km。

如果反从里程数看应该选择方案一，但是 A 点板车需要行驶 2 天才能到达厂一（第三天才能到达）。而如果选择方案二，可以使得厂一厂二一天内都获得急需的运力。因此在此情况下选择方案二。

注：由于将"最小松弛度"原则置于"贪婪性"原则之前，POEM 会选择方案二。

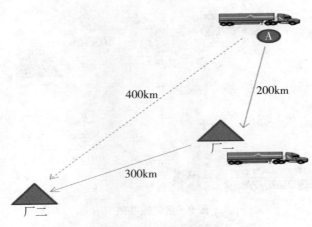

图11　接力式调度策略

五、创新成果应用效果

通过建设和运营智慧物流一体化平台，长久物流实现了很好的经济效益和社会效益。具体如下：

（一）经济效益

（1）该平台建成后，长久物流实现了回程空驶率每年降低5%，物流成本每辆车降低276元左右。

（2）2012年长久物流产值22亿元，利润总额2.1亿元。预计成本将逐年降低，利润将逐年提高，净利润将每年提高5%，税收贡献将提高3%。

（3）长久物流运营效率提高30%。

（二）社会效益

（1）该平台所采用的技术趋于国内领先地位，为提高物流专业化、社会化、规模化水平，推进现代物流结构升级和发展改造起到示范带头作用。

（2）该平台不仅可以为企业带来新的利润增长点，而且可以带动相关产业的发展进而扩大社会就业，实现物流供应链的上下游企业各方相互协作、信息共享、共同节省成本。

（3）该平台契合了现代物流的智能化、自动化、网络化、可视化和实时化的发展趋势，满足现代物流业对现代信息技术的需要。

六、创新成果推广价值

完善的物流基础设施和高效的物流信息平台是发展现代物流的核心要素。北京长久物流从自身做起，在利用基础设施和信息平台提高企业运营效率、降低成本、增进客户服务质量的同时，对行业信息系统建设起到了积极的推动作用。总体来看，该成果具有三个方面的推广价值。首先，该成果采取的技术处于国内领先地位，因此，成果的核心技术与方法可以应用到同类智慧物流平台建设项目中，也可以应用到其他行业智慧物流系统中。其次，该成果可以推广到汽车物流行业中，为其他汽车物流企业的信息化建设提供借鉴。最后，该成果为其他物流企业开展物流技术创新、提升企业技术水平提供了启发。

一力钢铁供应链融资服务及钢铁
现货电子交易平台①

湖南一力股份有限公司执行总裁　李红霞

【成果摘要】在我国钢铁行业市场集中度极低的情况下，湖南一力股份有限公司升级原有一力钢铁现货平台，将物流金融业务升级并与钢铁现货电子交易业务融合，构建供应链融资服务及钢铁现货电子交易平台。该平台提供卖方线上融资业务、买方线上融资业务、商品质押融资在线互动等服务，利用信息交互等信息化技术手段和物流金融信用评价、风险控制等流程体系，在钢厂、银行、贸易商和终端用户之间打造一个实时、公开、透明的资信体系。平台的诞生在一定程度上有效促进钢贸商整合经营资源；同时利用平台融资优势，突破中小企业融资瓶颈，令其迅速扩大销售规模。在当前钢铁产能严重过剩的状态下，钢铁贸易由"卖方市场"转向"买方市场"，强大的销售能力可以提高钢铁生产企业活力，对湖南省钢铁生产企业扩大市场占有率有积极促进作用。一力钢铁供应链融资服务及钢铁现货电子交易平台的设计和理念值得钢铁物流企业，特别是为钢铁行业提供信息服务的企业学习借鉴。

【成果关键词】钢铁供应链；融资服务；风险控制；电子交易平台

【成果适用领域】钢铁贸易企业；钢铁物流企业；第三方信息化服务企业

---

① 本成果由湖南一力股份有限公司提供，成果主要创造人：李红霞，参与创造人：邹治、颏燕萍、谢文、张细伟、孙凯，获 2013 年度物流行业企业管理现代化创新成果奖一等奖。

一、企业基本情况

湖南一力股份有限公司（以下简称"一力股份"）创建于 1995 年，注册资金 3.68 亿元人民币，总投资 30 亿元人民币，是一家集现货交易、物流信息、商品融资、电子交易、仓储分拣、加工制造、配载配送等功能于一体的现代钢铁物流平台型企业。

一力股份开发管理的一力物流园，拥有 18 万平方米的交易区、36 万平方米的加工配套区和 72 万平方米的仓库货场区，建有 4 股道总长 4.98 千米的铁路专用线，拥有 148 台（辆）龙门吊、行吊、汽车吊等大型吊装设备，16 条钢材开卷校平加工生产线。园区入驻各类涉钢企业 1655 家，从业人员 20000 余人，年钢材物流量 1200 万吨，年交易额近 500 亿元人民币，占本地区 80% 的市场份额。

一力物流园拥有规模优势、品牌优势，在全国同行业中居领先地位，先后获得"中国物流 5A 企业"、"中国通用仓储企业"排名第 8 位、"中国物流主营业务 50 强企业"、"中国物流企业先进集体"、"中国服务外包示范企业"、"中国物流诚信企业"、"中国生产资料流通改革开放 30 年杰出企业"、"湖南省非公有制优秀企业"、"湖南省商贸物流领军企业"、"2012 年中国物流杰出企业"、"中国仓储服务金牌企业"、"中国通用仓库五星级企业"、"2013 年度优秀物流园区"等殊荣，并被选定为湖南大学 MBA 教育实习基地。

一力物流园与中国工商银行、中国建设银行、浦发银行等 17 家银行建立了战略合作关系，年商品融资授信额超过 200 亿元人民币，极大地提升了对涉钢企业、金融业、物流业的供应链服务能力，为突破园区中小企业融资瓶颈，促进区域经济发展，尽到了一个企业的社会责任和义务。

二、创新成果产生背景

2011 年，在钢铁行业产能严重过剩和需求锐减的双重压力下，钢铁流通企业陷入前所未有的窘境，"卖钢材不如卖白菜"，销售越多亏损越多，传统的经营模式已不可为继。尤其是以"搬砖头"的方式而获取赢利的钢贸流通企业更是运营维艰。有的钢材市场在恶性竞争的压力下，为争夺客户、追求利润、做大企业规模，放弃了质押监管的商业底线。有的监管方甚至联合钢材贸易商铤而走险，用重复质押、空单质押等方式套取银行贷款。在贷后资金流向监控乏力的状态下，大量的资金被转移到房地产、期货、高利贷等行业。经济增速整体向上时，只要按时归还银行贷款，此类违规违法操作的行为或许能够被掩盖，但经济增速周期性放缓时，投资失利等诸多因素也会相应增加，最终导致部分企业资金链断裂而被迫"跑路"了事。此类行为，扰乱了钢铁流通的市场秩序，败坏了钢铁流通行业的声誉，甚至威胁到国家的金融体系安全。钢铁行业本身是资金密集型行业，失去了银行的支持，钢铁产业链整体陷入泥沼，寸步难行。在此背景下，对管理规范、抗风险能力强的钢铁供应链金融服务和效率高、成本低的现货交易平台的市场需求越来越迫切。

在这样的宏观背景下，一力股份公司预计未来几年里钢铁物流行业发展趋势会发生以下变化：①钢铁流通行业过度金融化（融资杠杆化）将得到理性回归，物流金融创新不断，催生更多物流金融新产品，物流信用体系将进一步得到完善，快速推进物流金融业务发展；②物流园区（市场）从关注自身发展向关注客户质量和以客户导向为主要服务方向转变；③信息化服务变成物流基础性服务，与仓储、加工、配送等传统业务一起向全方位一体化供应链服务方向发展，物流企业将实现物流、贸易、金融和产业高度联动融合，集成式物流园区整体解决方案或将成为新规范；④电子商务与物流无缝对接，电子商务单品市场或崛起，电子商务物流快速发展；⑤物流业增值服务和衍生服务更加发达，个性化、柔性化和专业化服务更受到客户欢迎。

根据行业发展状况和公司的预测，一力股份认为钢铁物流行业发展方向面临转折，转型升级成为钢铁物流园区生存与发展的必经之路。基于以上分析，一力股份决定升级原有的一力钢铁现货平台，将物流金融业务升级后与钢铁现货电子交易业务融合，从而达到两项业务互相促进、共同发展的目的。

三、创新成果主要内容

一力钢铁供应链融资服务及钢铁现货电子交易平台定位为钢铁供应链公共服务平台。该平台主要为涉钢企业提供信息发布、资源挂牌、价格行情、资讯服务、物流自助、现货在线交易、在线支付等常规功能，同时提供物流金融服务功能，包括仓单（存货）质押融资、代理采购融资、各类担保融资、承兑票据中间服务、资金短期过桥、融资方案设计和咨询服务等多个业务模块，并可根据客户具体需求进行业务组合。平台的推出在降低广大中小企业融资门槛、提高融资效率的同时，也为银行等金融机构改善贷后风险管理提供了可靠的手段，为重建钢贸商、银行、监管方之间的信任关系建奠定了基础，真正实现了钢铁供应链上、下游客户的互动共赢。更加重要的是，物流金融业务的线上实现也为钢铁现货电子交易的发展起到了极大的促进作用。

下面着重介绍平台的物流金融业务与电子交易互动的主要内容。

（一）卖方线上融资业务

在传统商品质押融资业务基础上，借助线上结算资金监管和实时透明的信息保障，允许质押物挂牌交易。质押物转销售流程如图1所示。业务体现为不断的还款解押和贷款质押操作，保证方式由传统方式转变为商品动态质押方式。此业务类似于银行目前的网上循环贷模式。此模式不但可以帮助融资客户快速销售、高效使用资金，更能在提高银行业务投放效益的同时提高客户的偿债能力、降低风险系数。

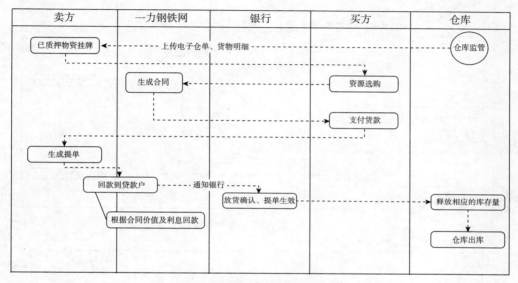

图1　质押物转销售流程

（二）买方线上融资业务

现货电子交易过程中，根据业务参与方真实的贸易背景，通过电商平台全程信息监管，该平台为买方提供订单融资服务。此业务利用了电商平台上信息透明与信息实时优势，在全程监管过程中实现真正意义上的供应链融资，既方便了银行挖掘市场需求潜力，又保障了信贷业务的安全。具体操作流程如图2所示。

（三）商品质押融资在线互动

银行完成客户授信后，通过线上放款和还款，不仅能提高银行质押业务操作效率，更加重要的是可通过电商平台提供的实时监管数据和动态信息进行线上质押和解押操作，有效把控人为的操作风险和道德风险，让贷后管理更为科学、有效，解决银行的后顾之忧。

除此以外，平台还能实现线上现货质押融资、在线厂商银质押融资和线上申请使用第三方（做市商）资金进行实时采购（类似于代理采购业务），其具体操作流程分别如图3至图5所示。

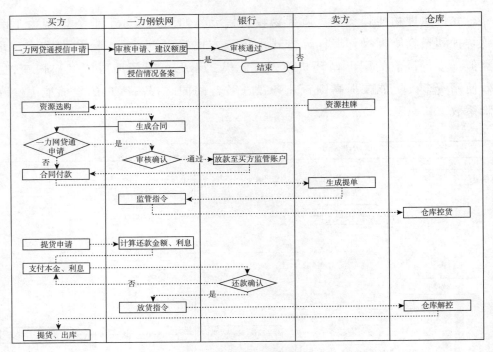

图 2　买方线上融资流程

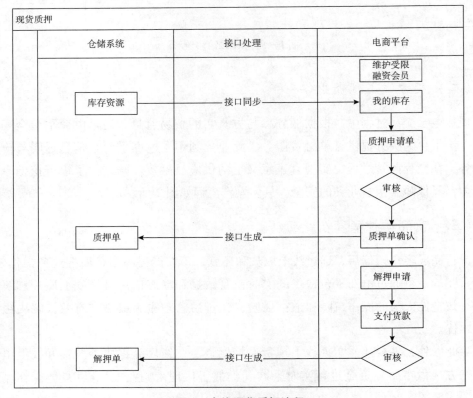

图 3　在线现货质押流程

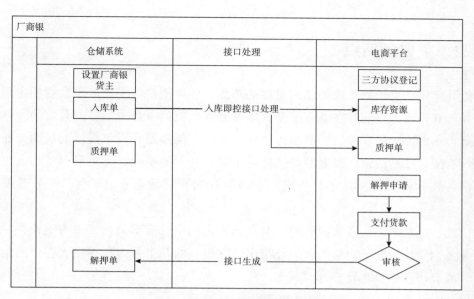

图 4　在线厂商银质押融资流程

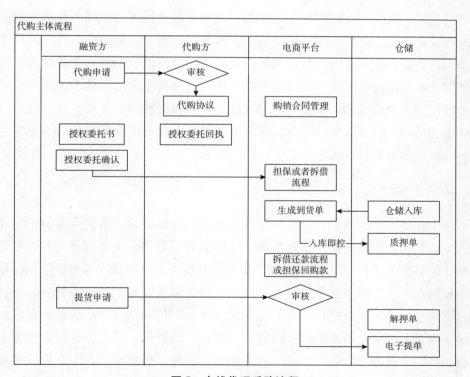

图 5　在线代理采购流程

四、主要创新点

近几年钢铁电子商务成为业内追逐的热点，各类钢铁电子商务平台竞相出现，按照其功能和性质，目前存在电商平台大体可分为两类：一是由第三方开发的公共性平台，此类平台由于所掌控的资源等各种局限主要功能停留在资讯提供的层面，业务开展深度有限；二是由钢厂或大型经销商等第二方开发的平台，此类平台参与方主要为其下游各级分销商等，其主要功能在于将原有线下贸易业务电子化，业务开展广度有限。

因此，客观地说，成功运营的公共性钢铁电商平台寥寥可数。一力钢铁供应链融资服务及钢铁现货电子交易平台一经推出，在短短的几个月内赢得广大客户的信任和认可，具有诸多创新之处。

（一）平台区域定位

目前我国钢铁生产、销售都十分分散，决定了钢铁流通有很强的地域性特点。由于各地在交易品类、交易规则、交易习惯上都有很大差异，创建全国性的钢铁电商平台是努力的方向，但目前时机并不成熟。区别于目前钢铁电商平台全国性的定位，一力钢铁网明确定位为区域性的钢铁现货交易平台，面向中南地区的涉钢用钢企业。由于一力物流园在中南地区运作已经十分成熟，业内知名度和美誉度很高，这为一力钢铁网的成功运行提供了坚实的后盾。一力钢铁网线上业务借助良好的线下业务客户基础，一经推出即获得客户认可。

（二）平台特色功能

事实上，如果操作规范，仓单质押业务可以成为钢贸商突破资金瓶颈的出路，且在此业务过程中，银行、钢厂、钢贸商、仓库监管方等供应链参与各方各取所需、共生共赢。但自2011年下半年起，频繁曝出的重复质押、空单质押等违法违规操作事件导致钢铁行业陷入深度信用危机，银行谈钢色变，步步紧缩钢铁行业贷款。钢铁行业为资金密集型行业，失去银行支持后如无源之水，钢厂和钢贸商都将陷入困境。解除困境的关键是创建一套信用机制，彻底打通银行、钢贸商、钢厂、第三方监管企业之间的信息壁垒，让银行、钢厂实时了解质押商品状况，规避因信息不对称或道德风险引起的商品重复质押、空单质押等风险。升级后的一力钢铁网将其重要功能定位于物流金融业务，通过流程再造和信息化工具使得银行、钢贸商、钢厂可随时了解质押标的物的真实状况。这是平台推出后运营成功的重要原因之一。

（三）深层次的线上线下业务联动

现货交易平台上，线上业务最终需要线下支持配套体系才得以完成。在推出一力钢铁供应链融资服务及钢铁现货电子交易平台的同时，一力股份将原有的一力仓储管理系统、电子门禁系统、现场PDA（掌上电脑）和园区监控系统进行了有机集成。该平台保证了线上线下数据实时对接，实现了理货员使用PDA全面、实时处理现场业务，提高了工作效率与效益，保证了数据的准确性；实现了客户终端与平台的对接，使客户可通过平台进行远程下单和远程查询、对账等操作。

强大的线下平台支持配套体系也是一力钢铁供应链融资服务及钢铁现货电子交易平台成功运营的重要因素之一。在平台功能同质化时，这一点甚至是电商平台能否取得成功的关键因素。

五、创新成果应用效果

一力股份通过升级原有一力钢铁现货平台，将物流金融业务升级后与钢铁现货电子交易业务融合，打造的全新平台——一力钢铁供应链融资服务及钢铁现货电子交易平台。该平台经过一年多紧锣密鼓的调研与开发，于2013年年初上线试运行。平台融合了行业智慧与先进技术，一举打通了银行、钢贸商、钢厂、第三方监管企业之间的信息壁垒，同时提高钢贸企业融资效率与销售能力，达到"实时、实效"的目的，一经推出立即获得银行、广大钢贸商和钢厂的认可，取得了良好的经济效益、社会效益和环境效益。

（一）经济效益

一力钢铁供应链融资服务及钢铁现货电子交易平台为平台参与企业提供增值服务，将产生可观的收益，是严峻经济环境下企业的新的利润来源。通过平台的集聚和辐射效应，形成新兴钢铁产业集聚区，在促进产业转型、调整产业结构的同时打造经济发展新的增长极。乐观估计，到2015年平台年钢铁交易量将达500万吨，交易额达200亿元，利税总额达到5000万元，并安排就业350人；此外，由于现货电子交易平台的集聚和辐射效应，到2015年，园区年钢铁物流量预计达到1450万吨，交易量超过1000万吨，交易额达500亿元。

经过3~5年的阵痛期后，整个钢铁流通市场将得到净化，资源向优质企业聚集，业内企业必将转向规模化、规范化发展。在这个大背景下，一力钢铁供应链融资服务及钢铁现货电子交易平台的诞生顺应了钢铁产业转型升级的潮流，不仅对实现"稳增长，促发展"的目标意义举足轻重，而且有利于供应链上参与企业在后危机时代形成新的竞争优势，更好地参与未来国内外的竞争。一力股份的创新举措是钢铁物流园区可持续发展之路的成功实践。

（二）社会效益

湖南省钢铁产业层次偏低，产业链不完备，市场竞争力偏弱，且尚未形成产业聚集发展的良性态势。一力钢铁现货电子交易平台把壮大规模与提升竞争力结合起来，以物流信息化为平台集成钢铁产业链生产、销售、物流、终端用户各环节，改变钢铁生产方式、交易方式和流通方式，在实现有形市场与无形市场的有机结合的同时，完善钢铁产业价值链，倒逼和带动钢铁相关传统产业转型升级，为提高经济长远竞争力夯实基础。

近年来钢铁价格波动极大，催生其成为一种金融产品。在过去的两年间，钢铁的金融属性被业内部分人滥用，导致行业发生系统性风险，几乎危及国家金融安全。一力钢铁供应链融资服务及钢铁现货电子交易平台作为第三方服务平台，利用信息交互等信息化技术手段和物流金融信用评价、风险控制等流程体系，在钢厂、银行、贸易商和终端用户之间打造一个实时、公开、透明的资信体系，将平台服务与站内经营业务分开，并在自己的第三方交易平台上予以公示，致力于打造一个对参与各方完全公开、公平、公正的交易环境。

一力股份作为湖南省物流行业龙头企业，多年来一直为省内物流企业输送优秀的物流人才。其规范的管理体系成为人才的孵化器，省内多家物流企业高管都曾服务于一力股份。一力钢铁供应链融资服务及钢铁现货电子交易平台是在积极引进吸收国内先进技术的基础上结合市场需求自主创新的成果。平台建设的过程培育了一批掌握关键核心技术及相关知识产权的实战型人才，而这批人将成为区域物流行业发展的中坚力量。

（三）环境效益

一力钢铁现货电子交易平台建设能进一步完善基础设施，健全城市布局，改善城市交通环境，提高城市品位，具有一定的区位优势和辐射功能。通过电商平台的管理控制能力和强大的信息处理能力，充分对社会闲散物流资源进行有效整合利用，缓解产业发展造成的城市交通混乱、能源消耗、废气排放和噪声污染等一系列社会问题，为资源节约型和环境友好型的"两型社会"建设做出贡献。

六、创新成果推广价值

我国钢铁行业市场集中度极低，而一力钢铁供应链融资服务及钢铁现货电子交易平台的诞生可在一定程度上有效促进钢贸商整合经营资源；同时利用平台融资优势，突破中小企业融资瓶颈，令其迅速扩大销售规模。在当前钢铁产能严重过剩的状态下，钢铁贸易由"卖方市场"转向"买方市场"，强大的销售能力可提振钢铁生产企业活力，对湖南省钢铁生产企业扩大市场占有率有积极促进作用。此外，该平台利用信息交互等信息化技术手段和物流金融信用评价、风险控制等流程体系，在钢厂、银行、贸易商和终端用户之间打造一个实时、公开、透明的资信体系，有利于解决信任危机、净化金融环境、维护地方经济和社会环境稳定。一力钢铁供应链融资服务及钢铁现货电子交易平台的设计方法和运营模式值得钢铁流通和物流企业学习和借鉴。

广州市华正道物流可视化创新^①

广州市华正道物流集团有限公司 IT 总监　蓝功志

【成果摘要】　广州市华正道物流有限公司是一家专业的第三方企业物流服务商。随着物流外包市场竞争日趋激烈，越来越多的物流企业努力寻求为客户提供一体化、差异化和个性化的物流服务，特别是通过物流可视化来提高服务的响应性和灵活性，努力成为客户供应链管理的战略伙伴。华正道物流公司自 2004 年开始利用流程控制与虚拟物流手段，采用 SOA 架构体系设计，基于金碟 BOS 开发平台，研发了可视化的供应链物流系统。该系统对内可以结合标准财务、HR、OA 等系统，特别是与财务系统一体化的对接，可规范并提升公司的管理；对外可以提供系统接口，与客户、合作伙伴等进行数据交换。目前系统涵盖可视化的订单管理（OMS）、可视化的仓储管理（WMS）、可视化的运输管理（TMS）、可视化的财务管理（FMS）四大业务子系统。利用可视化管理，华正道物流公司大大提高了客户的满意度，增加了效益，提高了企业的竞争力。该成果为其他第三方物流服务企业构建可视化管理提供了很好的借鉴。

【成果关键词】　物流可视化；ERP 核心技术平台；流程控制

【成果适用领域】　第三方物流企业信息化建设；运输服务质量建设

一、企业基本情况

广州市华正道物流有限公司是一家专业的第三方企业物流服务商，公司注册成立

---

①　本成果由广州市华正道物流有限公司提供，成果主要创造人：蓝功志、祝刘卫，参与创造人：周丹华、刘国林、张伟华、张学丽、张海鹏、黄胜安、黄凯、高海，获 2013 年度物流行业企业管理现代化创新成果奖一等奖。

于 2004 年，注册资金 3600 万元，总资产 1.2 亿元，现有职工人数 360 余人。华正道物流公司可以为企业提供可视化供应链一体化服务，包括生产物流、销售物流、供应物流、回收物流。华正道可以在物流过程中实时获取任意节点的相关数据与信息，并能够为物流活动的相关方所共享。华正道物流凭借雄厚的实力和丰富的市场资源，实现"三个一体化"，首先是采购、生产、运输、仓储等物流活动的功能一体化；其次是物流活动在地理上分散的供应商、设施和市场之间的空间一体化；最后是物流活动在战略层、战术层、运作层三个层次上的分组一体化。

华正道在广州市白云太和镇、广州市永和经济开发区、广州市花都区、广州市南岗镇、广东省南沙新区、佛山市、江西省樟树市、湖北省武汉市、湖北省襄阳市、河南省郑州市、上海市、无锡市、天津市、大连市等重要区域建立了分公司，具备 RDC功能仓库面积达 130300 平方米，服务网络覆盖到全国主要城市二、三级城市，在珠三角、长三角、中三角、华北区域形成长、短距离的 Milk - Run 运输模式及甩挂运输模式，为企业 JIT 生产模式提供有力保障，在汽车配件行业、危化品行业具有较高知名度。

华正道主要客户群体包括汽车配件业、家电业、危险品业、冷链业、电子产品业。华正道服务的客户主要有：东风日产、广州本田、华南日通、广汽丰田、中国重汽、东风汽车、美的、夏普液晶、夏普手机、爱普生、中国邮政、广州酒家、万威客食品、江西盐业、DOW 化学等。近三年主营业务收入、税金、利润情况如下表所示。

华正道物流公司近三年主营业务收入、税金、利润

年度	2010	2011	2012
收入	2.2 亿元	3.2 亿元	2.9 亿元
税金	70101.06 万元	48689.82 万元	29011.26 万元
利润	2311.85 万元	3348.62 万元	2845.23 万元

二、创新成果产生背景

（一）供应链物流可视化成为改进供应链管理的必然要求

随着经济全球化和电子商务的兴起，供应链协同运作的难度不断增加，越来越需要通过供应链的各个成员与环节之间及时、准确的信息共享来制定科学、合理的决策以提高供应链的效率。因此实现供应链物流的可视化已成为改进供应链管理的必然要求。当前，一些新兴物流信息技术包括互联网信息平台、电子数据交换、全球卫星定

位系统、无线射频识别技术和条码等现代科技手段，已经成为供应链可视化发展的重要技术。这些技术的出现，促使我国许多物流企业开始转变观念。应用信息技术将有助于业务的快速发展、企业经营决策能力的增强和竞争力的提升。

（二）供应链物流可视化成为物流企业区别于竞争对手的重要手段

依据目前国内的物流水平，自客户将货物交至物流公司至终端客户收到货物之前的过程是不可见的，即客户不清楚目前货物的进程、状态，从而造成国内很多企业先购入大量的产品后再生产或销售，使各项成本大大增加。研发可视化系统，可以使此段"黑暗"呈现在客户面前，使客户随时了解到自己的货物的进程、状态，减少库存量，掌握商机，使物流企业提升竞争力。

此外，由于物流外包市场竞争日趋激烈，越来越多的物流企业努力寻求为客户提供一体化、差异化和个性化的物流服务，特别是通过物流可视化来提高服务的响应性和灵活性，努力成为客户供应链管理的战略伙伴。然而，协同客户及其供应链伙伴以实现供应链全程的可视化，要求物流企业具有较高水平的信息技术、管理协调与资源投入能力。所以物流可视化服务已成为物流企业区别于竞争对手的重要手段。

因此，华正道不断探索寻求以最优的方式达到最佳的效果，自2004年开始研发车辆GPS定位系统、可视化GPS、现场看板管理、TMS和WMS系统、可视化货仓等，最终使供应链各环节均实现了可视化。

三、创新成果主要内容

（一）可视化的三个层面

可视物流是将物流的各个可控层面表面化、可视化，用最直接的显现方式呈现出物流的全过程，既是管理的需要也是取信客户的基础。

尽管物流的形态、业态不尽相同，可视化都可以划分为以下三个层面。

第一个层面为表现、展示层面，如管理需要的现场展示板、监控显示屏、调度显示屏等（如图1所示）。

第二个层面为技术执行层面，如TMS/WMS/GPS/GIS系统的设计、操作等（如图2所示）。

第三个层面为管理、决策层面等（如图3所示）。

从示意图可以直观地反映出各层面之间的功能与关系，同时也显现出可视物流不是一种表象而是一种管理及管理技术的运用。

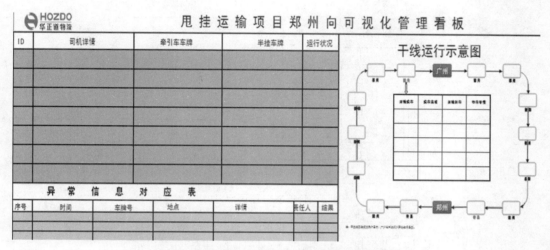

图1 甩挂运输项目郑州向可视化管理看板

图2 技术执行层面示意

（二）可视化的战略布局

可视化的关键是整体布局规划与发展战略的统一、落地。物流可视化的建设与塑造是通过技术节点把握物流作业流程的关键节点，进而再进行战略性布局。图4为整个可视化系统的战略规划图。

布局不能仅仅在战略的层面，必须立体地考虑各层面的衔接、承接及过渡，使流程、信息无缝连接，避免出现信息孤岛与管理断点。在进行可视化系统规划时，需清

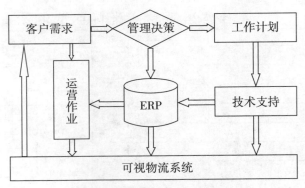

图 3　管理决策层面示意

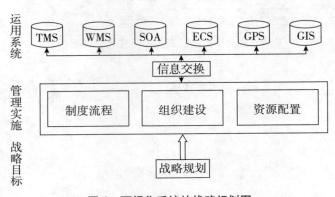

图 4　可视化系统的战略规划图

楚认识可视化系统的整体结构，便于展开可视化系统的建筑。图 5 为整个可视化系统的结构图。

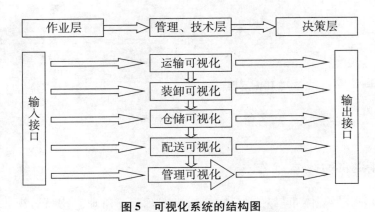

图 5　可视化系统的结构图

（三）可视化的物流系统模块介绍

可视物流按系统层面划分为三大模块，即展示模块、技术模块和管理模块。每一模块又下分若干子模块，且各子模块再依据需要增加或者减少功能项目。

1. 展示模块

展示模块是所有物流运营过程的表现窗口及管理思想的体现载体。它的通常形式如下：①服务于媒体宣导的展示板，如介绍公司情况展板、介绍公司运营功能展板、工作作业制度、作业规范等；②服务于运营管理的计划、信息跟踪、工作指引等的实务性管理展示板，如现场标识、指引、仓库进出看板、车辆运行信息看板、员工作业计划等；③服务于管理决策的数字文件体系；④服务于运营管理系统的终端数据，如运营计划表、配载图、装车资料、车辆运行记录等；⑤服务于管理技术的窗口，如车辆运营管理的 GPS 终端显示屏、远程视频监控显示屏、反映物流交易电子显示屏等；⑥服务于客户管理的信息跟踪、查询等网络窗口，如客户货物流转位置查询窗口、客服联络窗口、行业动态展示窗口等。

2. 技术模块

技术模块是构成和支持物流系统正常、高效、准确、精细运作的要素。技术模块凸显了软体硬件的管理水平，其功能的落地实现标志着物流基础管理能力、仓储控制能力、运输配送能力、JIT 的准确能力、逆向物流的处理能力及其他物流资源的整合能力。其典型的技术子模块介绍如下：

（1）ERP – WMS

WMS（Warehouse Management System）系统是从属于 ERP 系统的一个主要模块。该系统具备入库业务、出库业务、仓库调拨、库存调拨和虚仓管理等功能，综合运用批次管理、物料对应、库存盘点、质检管理、虚仓管理和即时库存管理等功能，有效控制并跟踪仓库业务的物流和成本管理全过程，实现完善的企业仓储信息管理。图 6 为该系统的货物入库。

图 6　ERP – WMS 货物入库

（2）ERP – TMS

TMS（Transportation Management System）系统是从属于 ERP 系统的一个主要模块。该系统通过配载自动化、运输路径优化、承运车辆管理和运输方式途径的选择及进行承运合同管理，帮助客户节约运输成本。同时可以开放系统平台，让货主、承运商及司机通过 Internet、GPS 或手机等移动设备参与实时追踪和例外管理，从而持续改进服务质量。图 7 为该系统的运输计划。

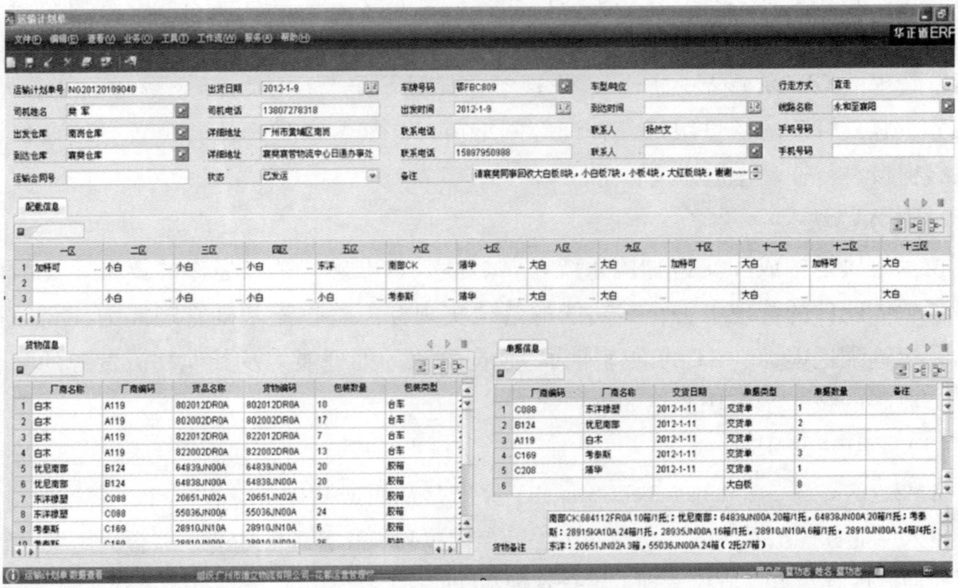

图 7   ERP – TMS 系统的运输计划

（3）SOA

SOA 既可以作为无纸化办公软件系统，用于办文、办事、走流程，也可以作为多系统集成平台，用于实现各系统之间及系统内部的流程衔接。可以直接在系统内指导、提示操作顺序，减少电话传递信息和系统流程环节控制，SOA 平台也具备连接引擎的功能，可以直接从各系统数据库中提取报表数据，也可以通过自定义流程安排工作流程，使各系统成为一个有机的整体。

（4）GPS

GPS 为全球定位系统（Global Positioning System）。GPS 定位技术具有高精度、高效率和低成本的优点。GPS 使运输过程可视化，以图形化方式展示整个运输过程，包括承运商名称、货运状态、运输日期、运输方式及运输顺序，甚至是质量事故、意外情况，如因天气而导致的延期起程、货物损害、延期交货、货损等。

（5）MILK – RUN 循环取货模式

循环取货（Milk rum）是指物流商按预告设定的路线依次取货并卸下对应的空容

器,最终将所有货物运送至主机厂指定收货场所形成闭环运输的一种运输方式。图8
为循环取货示意图。

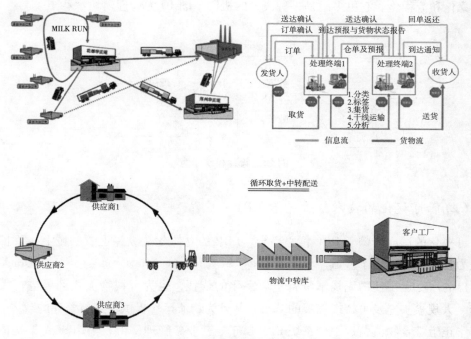

图8 循环取货示意

(6) DPT (Drop and Pull Transport) 甩挂运输模式

甩挂运输 (Drop and Pull Transport) 是指牵引车将随车拖带的承载装置 (包括半挂
车、全挂车甚至货车底盘上的货箱) 甩留在目的地后,再拖带其他装满货物的装置返
回原地或者驶向新的地点。图9为甩挂运输示意图。

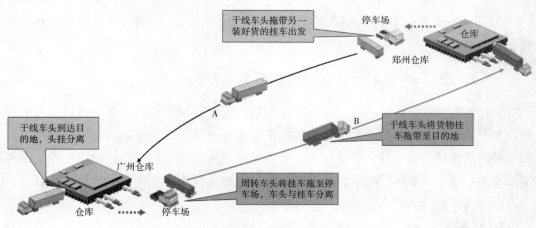

图9 甩挂运输示意

3. 管理模块

管理模块实现了物流核心价值的定位，及其思维方式、企业文化的综合要素体系的表象化和流程化。它更多的是一种决策的机制。图10为管理模块示意图。

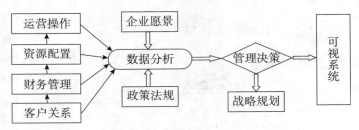

图10　管理模块示意

（四）可视化的技术核心平台 ERP

可视化的达成依赖于 ERP 核心平台。ERP 的立体化从纵深上、领域上、可扩充上已经为物流发展奠定了基础。大型数据库 ORACLE（Oracle Database，又名 Oracle RDBMS）的广泛运用使物流技术具备了数字化的依托，也为可视物流找到可进行大规模运算、大规模扩充及可持续发展的基石，并且为物流运作提供了细节管理的载体。

华正道综合物流营运平台系统 ERP 属于主营业务管理平台，采用 SOA 架构体系设计，基于金蝶 BOS 开发平台，使用 JAVA 语言、ORACLE 数据库系统及 APUSIC 中间件。它能够快速、准确处理复杂、海量的业务，并具有强大的业务、系统扩展性。对公司内部而言，它与标准财务、HR、OA 等系统相结合，特别是与财务系统一体化的对接，规范并提升了公司的管理；对公司外部而言，它可以提供系统接口，与客户、合作伙伴等进行数据交换，使双方合作过程更快速、准确、全面、透明。该系统已涵盖项目物流、标准第三方仓储两大业务类别。其中的订单管理（OMS）、仓储管理（WMS）、运输管理（TMS）、财务管理（FMS）子系统已广泛运用于华正道旗下各地分公司。

（五）可视化的管理方法：流程控制与虚拟物流

一体性实现供应链物流的可视化，不能仅仅局限在某一模块、某一区域、某一领域乃至于某一行业，要形成大格局的供应链物流可视化必须站在包容各不同种类、不同特性的物流高度来考量。可视化物流要实现的是全范围、全过程的物流运营，这样就要求着手建立将流程控制手段与资源合理配置的虚拟物流相结合的一体化平台，以全方位的实现物流制程作业。

1. 流程控制

运营工作有秩序、合适、合理的正常流向，异常情况的迅速反馈及解决都依赖流程的有效控制。运行流程的有效控制是在不同层面的管理可视化。要达到流程的可视化就需要将流程实施的关键节点进行可视化管理。图 11 为流程控制。

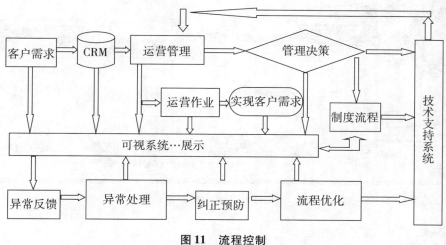

图 11　流程控制

由图 11 可以看出，从客户的需求到实现客户的需求，每个环节、节点都可通过可视系统呈现，反映出运营流程的控制关键点，能够准确、正确地判断和处理产生异常的根源，能够最大限度地还原与把握现场经过，从而为优化流程提供了第一手资料。

同样，可视系统既是展示的工具，也是一种管理的手段。可视系统的本身就是一种管理技术，而与之相结合而产生的物流管理、信息管理等均是物流发展的必然，也是市场发展、成熟的必然，更是供应链完善表现的必然。

2. 虚拟物流

随着市场发展、各行业利润趋于边缘化，要求每一个企业管理者加强精益管理、提高企业效率和效益。图 12 为运输路径的图例。对图 12 实现资源有效整合、效益最大化的理念即虚拟物流（Virtual logistics），其工具是网络 ERP。虚拟物流表现形式如下：①虚拟物流组织——使物流活动更具市场竞争的适应力和赢利能力；②虚拟物流储备——集中储备、调度储备以降低成本；③虚拟物流配送——使供应商通过最接近需求点的产品，并运用遥控运输资源实现交货；④虚拟物流服务——提供多项虚拟服务降低固定成本。

构建虚拟物流，可以将物流企业、承运人、仓库运营商、产品供应商以及配送商等通过网络 ERP 技术集成到一起，提供"一站式"的物流服务，从而有效改善单个企业在物流市场竞争中的弱势地位。虚拟物流的关键是供应链信息集成平台，它是以获取物流领域的规模化效益为目的，以先进的信息技术为基础，以共享供应链信息为纽带而构建的物流动态联盟。图 13 为物流的动态联盟。

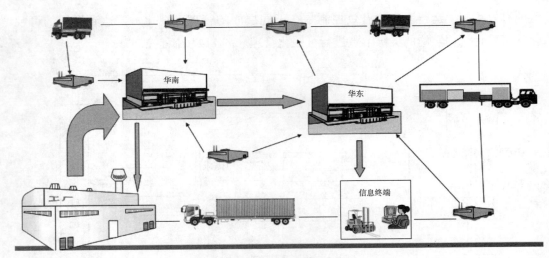

图 12　运输路径图例

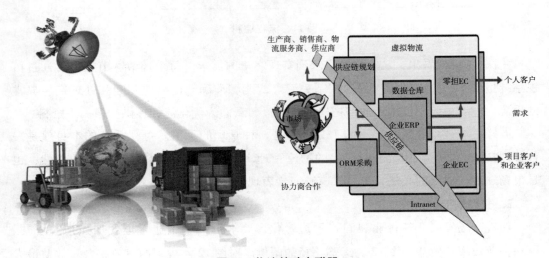

图 13　物流的动态联盟

四、主要创新点

华正道通过可视物流管理系统、可视货仓管理系统、可视货车管理系统的创新，对运作各环节进行了实时管理，有效控制并节约了成本。其主要创新点如下。

（一）实现物流管理系统的可视化

华正道自主研发的主营业务管理平台采用 SOA 架构体系设计，基于金碟 BOS 开发平台，使用 JAVA 语言、ORACLE 数据库系统及 APUSIC 中间件，能够快速、准确地处理复杂而海量的业务，并具有强大的业务、系统扩展性。对公司内部而言，它与标准财务、HR、OA 等系统结合，特别是与财务系统一体化的对接，可规范并提升公司的管理；对公司外部而言，可以提供系统接口，与客户、合作伙伴等进行数据交换，使双方合作过程更快速、准确、全面、透明。目前系统涵盖订单管理（OMS）、仓储管理（WMS）、运输管理（TMS）、财务管理（FMS）四大业务子系统。

（二）实现货仓管理系统的可视化

华正道的仓储中心都装有 24 小时高清监控安防，可随时通过网络远程监控仓库实况，保障客户的货物万无一失。仓储可视化管理系统将传统的仓储管理流程信息化，在严格规范操作流程的基础上，充分整合资源，从根本上降低仓储过程中人为导致的管理漏洞，极大地提高管理效率，全面提升企业核心竞争力，使企业管理不断迈上新台阶。

（三）实现货车管理系统的可视化

华正道自主研发的融合 GPS、SMS、RFID 及数据库系统技术的"可视化系统"，方便客户通过互联网即时了解货物运输状况，使公司更好地监控工作人员的作业状态和运输状况，提高工作效率，从而实现客户"快人一步、掌握商机"的愿望。

五、创新成果应用效果

华正道在实现可视化的过程中，使公司在社会、经济、信息化水平等方面都产生了明显的效益，其具体效果如下所述。

（一）经济效益

通过物流可视化管理，华正道的物流成本节约水平有了显著提高。以甩挂运输为例。在广州到襄阳和广州到郑州两条线路中，头与挂的运作比例达到 1：2.2 的水平，成本节约了 30%。另外，短距离的 Milk – Run 运作提高了车辆的使用率，减少了车辆空置率，成本节约了 45%。

通过物流可视化管理，华正道的订单完成率达到了 100%，准时率达到了 99.7%；仓库利用率达到了 60%，仓库空置率低于 5%；对于汽车配件类的库存周转水平不高于 2 天；客户满意度有了很大的提高，一般情况下大于等于 85%；此外，还节约了人力资源，尤其是基础操作层员工（如仓库作业人员、订单处理、客服等人员）节约了 20% 左右。

（二）信息化水平

华正道综合物流营运平台系统 ERP 属于主营业务管理平台，采用 SOA 架构体系设计，与财务系统一体化对接，规范、提升公司的管理。对公司外部而言，它可以提供系统接口，与客户、合作伙伴等进行数据交换，使双方合作过程更快速、准确、全面、透明。该系统已涵盖项目物流、标准第三方仓储两大业务类别。其中，订单管理（OMS）、仓储管理（WMS）、运输管理（TMS）、财务管理（FMS）子系统已广泛运用于华正道旗下各地分公司。

（三）社会效益

华正道物流有限公司通过甩挂运输、Milk – Run 运输，增加了附件提高装载率，减少了二氧化碳排放；循环使用捆绑打包材料提高了材料使用率。这为环境保护做出了巨大贡献，也为其他企业树立了榜样。

六、创新成果推广价值

华正道在物流可视化过程中不断探索，研发适于国内的物流可视化技术体系，并在运用中取得了良好效果。同时，华正道通过可视化系统的内部管理，增加资源的使用频率，大大提高了运作效率，节约了成本，最终为客户带来直接效益。总体来看，该创新成果有以下两个方面的推广价值：一方面，该创新成果——可视化物流管理平台在经过必要的个性化改造后，可以直接供第三方物流企业和物流配送中心推广使用；另一方面，华正道在供应链物流系统可视化平台的设计经验与方法，可以供广大第三方物流企业在研制符合本企业供应链特色的可视化平台中借鉴。

腾邦物流基于云计算的第三方物流运输信息公共服务平台设计方法[①]

深圳市腾邦物流股份有限公司董事长　钟百胜

【成果摘要】 深圳市腾邦物流股份有限公司"基于云计算的第三方物流运输信息公共服务平台"项目是基于云计算架构，对海量物流信息进行高效的存储、处理和管理而构建的公共服务平台。该平台可以对物流信息进行动态可视化管理、发布，实现对运输车辆和货物信息的安全管理维护、动态定位、供需匹配、优化调度、可视化管理和决策管理。该平台不仅为物流运输企业、发货方及收货方提供信息发布、查询、交易对接等服务，帮助其提高物流管理服务水平，同时，还可为物流大中小型企业提供云服务，提高物流运输中小企业经济效益和服务质量，降低物流运输成本。该项目在业内率先将云计算模式引入到物流信息化中，利用云平台将物流供应链打造为一个高效运作的虚拟企业，有效地帮助中小物流企业节约成本、降低风险、提高资源利用率。

【成果关键词】 云计算；物流公共服务平台；物流信息化

【成果适用领域】 物流企业信息化建设；物流公共服务平台建设

一、企业基本情况

深圳市腾邦物流股份有限公司（以下简称"腾邦物流"）是中国领先的创新金融

---

① 本成果由深圳市腾邦物流股份有限公司提供，成果主要创造人：钟百胜、段乃琦，参与创造人：孙志平、刘明如、顾勇、黄镜恺、刘鹏、郑嘉宝、段奕君、李惠芳，获 2013 年度物流行业企业管理现代化创新成果奖二等奖。

整合运营商，也是中国最早从事第三方物流及专业化供应链管理的企业之一。作为中国知名的高端物流服务供应商、专业物流供应链整合运营商，腾邦物流在全球主要大中城市建立了营运网络，以实体供应链、智能供应链、金融供应链为核心商业模式载体，在葡萄酒、能源、物联网、供应链等领域致力为中国乃至世界合作伙伴提供"专业、专注、超越期望"的供应链整合运营服务。

腾邦物流坚持不懈的创新精神及持续的赢利能力受到合作伙伴、同行和政府机构的高度认可，连年获得"中国先进物流企业"、"中国物流百强企业"、"中国民营500强"、"中国优秀诚信企业"、"中国十大民营物流企业"、"中国最佳雇主企业"、"深圳市民营领军骨干企业"、"深圳市重点物流企业"等荣誉。2012年度腾邦物流营业收入424877万元，净利润7068万元。

二、创新成果产生背景

当今世界经济一体化进程不断推进，只有不断提高信息化程度才能赶上世界的步伐。而我国物流企业层次和信息化程度普遍较低，不少企业仍然停留在手工操作阶段，尤其针对中小企业来说，信息化管理更加滞后。因此，腾邦物流研发"基于云计算的第三方物流运输信息公共服务平台"，致力于解决我国物流企业的现实问题。

（一）物流行业的信息化孤岛现象影响企业发展

随着贸易发展日益全球化，世界经济一体化进程推动着中国成为世界的制造基地和采购基地。珠江三角洲成为我国经济增长最快的地区之一以及世界制造中心，其物流运输发挥着举足轻重的作用。物流是粤港澳的支柱产业之一，而现代物流是粤港澳两地大力推动的新兴产业。目前物流服务已从传统的交通运输服务，扩展到有关管理和信息技术的综合性物流服务，广泛涉及社会经济活动的生产、交换、分配、消费的全过程，对全国经济社会的发展起到极大的推动作用。

然而，现阶段中国的物流企业层次和信息化程度普遍较低，不少企业仍然停留在手工操作阶段，尤其针对中小企业来说，信息化管理更加滞后。再加上缺乏统一的信息编码和数据交换标准，导致行业内信息交互不够，形成了"信息孤岛"。信息孤岛导致信息的重复输入和多口采集，影响数据的实时性、一致性和正确性；同时，信息孤岛不能实现信息的及时共享和反馈，会严重影响到操作和决策等业务的顺利开展。随着经济社会的快速发展，物流行业用户、运营车辆数量增长迅速，物流信息交互数据量庞大。海量物流运输信息服务需要数据安全管理维护、供需匹配、优化调度、可视化管理和决策管理等服务的支持，而基于传统架构体系的物流信息管理难以满足快速、实时、高效的服务需求。

（二）腾邦物流信息平台缺少实时调度策略以及可视化服务

腾邦物流当前的物流信息平台缺少有效的实时调度策略以及可视化服务，导致企业无法准确知道运行车辆的具体位置、无法与司机随时随地地保持联系，造成运输车辆运营的空载率过高，影响其组织货源和灵活配货，增加了物流公司运营的成本。为解决这些问题，腾邦物流提出基于云计算平台，实现物流数据的实时可视化、实时决策支持，同时设计高效的调度策略和供需匹配策略。

基于云计算的数据管理、存储和分析，有效解决腾邦物流的信息孤岛问题，从而极大地满足零散的、规模较小的零售业供需双方以及第三方物流企业对物流信息服务的需要，增强企业的工作效率、加强供需平衡、加速物流信息的沟通和共享。

三、创新成果主要内容

（一）项目的预期目标

"基于云计算的第三方物流运输信息公共服务平台"将力图达到以下目标：①基于云计算架构对海量物流信息进行高效的存储、处理和管理，构建公共服务平台；②对物流信息进行动态可视化管理、发布，实现运输车辆和货物信息的安全管理维护、动态定位、供需匹配、优化调度、可视化管理和决策管理，并基于互联网和移动互联网为各种不同类型和身份的用户提供信息服务。

（二）项目的建设阶段

腾邦物流"基于云计算的第三方物流运输信息公共服务平台"项目总建设期为2011年1月1日—2013年12月31日。其主要建设内容是完成平台的开发，实现平台的各种功能。

1. 2011年1月1日—2012年12月31日

项目已完成以下内容：①项目的需求研究，制定出本项目的功能性能要求、总体方案和技术路线，并设计出项目可行性研究报告；②基于云计算的第三方物流运输信息公共服务平台的开发和设计；③软硬件平台设计，主要完成项目各种硬件设备和软件设备的购置及搭建。

2. 2013年1月1日—2013年12月31日

项目进入试运营阶段，对开发完成的平台各板块进行测试，并依据测试结果将其产品化并完善产品，最终完成项目的产品化建设。平台建成以后，由腾邦物流为上万个企业、几十万个体司机、几千个物流公司提供运营服务。

（三）平台的主要模块构成和技术思路

1. 平台的主要模块构成

作为一种新兴技术和商业模式，云计算将加速信息产业和信息基础设施的服务化进程，催生大量新型互联网信息服务，带动信息产业格局的整体变革。图1描述了基于云计算的物流运输信息公共服务平台的主要工作流程和功能。

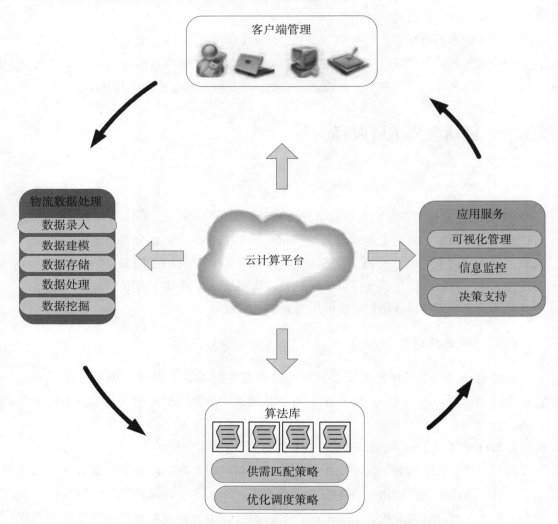

图1　基于云计算的物流运输信息公共服务平台工作流程

从图1可以看出，基于云计算的物流运输信息公共服务平台主要包括四个重要环节：物流数据处理、算法库、应用服务和客户端管理。

2. 平台的设计思路

该平台按照系统工程的方法开展研究工作，既强调前沿性技术研究，又重视当前物流行业实际；既强调理论创新，又注重系统实现与应用验证；既强调重点突破，又注重技术成套、服务系统和整体解决方案，使得项目的创新性成果达到国内先进水平，而各项成果又能够有机集成，并对企业实践和物流管理应用实施产生具体理论指导和技术支持的重要意义。

基于上述研究方法，平台设计拟采取的技术路线是：物流行业研究与企业实际调查—面向物流服务的云计算架构的设计与研究（基于云计算技术理论）—海量物流运输数据管理的方法和关键技术研究—平台算法的分析和设计—物流应用服务应用实现—物流行业应用验证—参考模型的提取—不断完善的物流行业的整体解决方案。具体如图 2 所示。

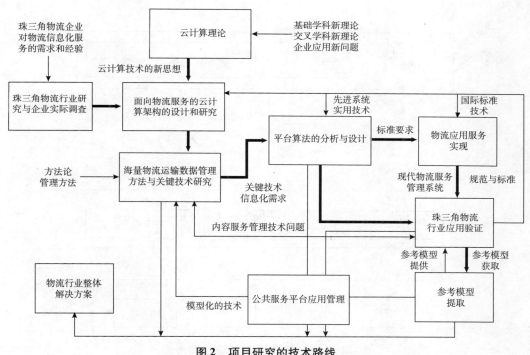

图2　项目研究的技术路线

3. 平台的云计算基础架构实现方法

腾邦物流在底层采用云计算架构。云计算基础架构的实现包括以下五步：

（1）集中化 IT 管理，以便获得规模经济性，更好地理解成本并控制 IT 服务。

（2）根据主要的网络智能化营销业务要求，标准化云服务。如果针对每个应用程序而支持专门的解决方案，会给资源带来负担。一致性是提高质量、减少支持成本和风险的关键，而标准化是合并和自动化成功的前提条件。

（3）虚拟化和合并物理架构。虚拟化和合并可以提高利用率和存储效率。虚拟化可以在每个架构堆栈层级上实施。在应用程序和数据获得移动性后，用户可以获得统一的存储、统一的光纤架构、虚拟服务器，提高资产利用率，简化资产生命周期管理。整合的资源可以带来更快的市场反应速度和更低的整体成本。

（4）自动化环境。一旦云服务和流程得到标准化，架构得到虚拟化，就可以实施自动化。自动化工具可以提高抽象程度，为整体的工作流管理提供简化和高效的控制。

（5）授权给自服务和 API（应用程序编程接口）。将控制权转移给组织/用户是云服务模式部署成功的明证。通过应用程序整合和自服务功能，应用程序管理员和所有者可以灵活地随需扩展，根据组织的要求选择不同的性能水平和数据保护水平，并从应用程序错误中自动恢复。这在很大程度上减少了管理员的负担。云服务的扩展需要组织内部各部门间相互配合才能顺利度过各个阶段。云计算服务平台的基础架构如图 3 所示。

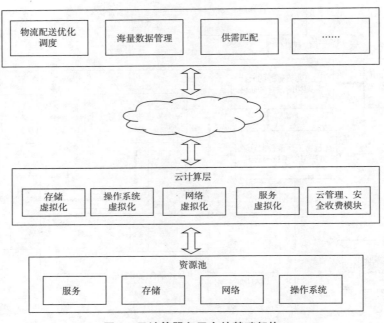

图 3 云计算服务平台的基础架构

要在云计算基础架构下实现服务平台建设，建设高效能云计算系统如图 4 所示，还需做好以下三个研究：

（1）适应海量数据的计算系统的云计算基础架构模型研究。传统的云计算服务模型包括三种形式：IaaS，PaaS，SaaS。IaaS 提供了基础资源层面的服务和共享，PaaS 提供了应用开发环境层面的服务和共享，而 SaaS 提供了软件层面的服务和共享。这三种形式都是面向某种服务对象和需求的模型，它们之间的兼容性不强。因此，研究大规模分布式环境下基于服务 SLA 的能力流动调度机制与方法，探讨 Iaas、Paas 和 Saas 在理论上的统一化，进而实现三种服务模型的统一，将有助于解决云计算平台管理复杂性问题。

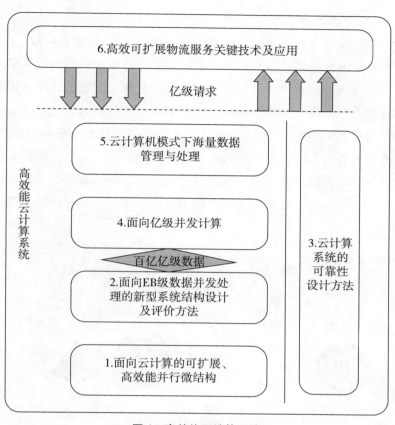

图4 高效能云计算系统

（2）云计算环境中资源管理、虚拟化及其可用能力提供机制研究。通过引入资源虚拟化，保证平台按序、动态的高可扩展性、配置和部署的灵活性、应用的透明性和广泛性。同时，建立以虚拟机为基础构件的虚拟化可信计算平台，满足分布式重并发Internet服务和应用对计算的可靠性和可信性的要求。虚拟化技术的引入也有助于提供更好的灾备方案。

（3）云计算资源能力部署、监控、提供和优化调度技术研究。采用合适的调度和资源管理算法，将系统软硬件资源进行快速的虚拟化封装，解决由于用户需求的不可预测性、软硬件故障、服务异构性以及SLA冲突等造成的资源使用率和用户满意率之间的矛盾。对于用户需求保证足够的CPU、内存、带宽等资源，这使其可以在预定的时间内达到预期的使用效果。

4. 实时决策支持的技术思路

决策支持子系统利用数据仓库技术将底层基础业务数据库的数据进行组织和汇总，通过数据挖掘和多维数据分析技术对数据仓库中的数据进行建模和分析，生成对用户管理决策有帮助的信息，并以多种直观的图形化显示方式呈现给用户，辅助用户进行管理决策。

决策支持子系统包括四个层次，自底向上分别为基础业务数据层、数据仓库层、综合数据分析层和图形化展示层。其中：①基础业务数据层包括多个不同的基础信息系统（如车辆、交通）的数据，作为本子系统的数据源；②数据仓库层按照分析主题对业务数据库层的数据进行组织和整理，便于更高层的数据分析与查询；③综合数据分析层针对特定的决策分析任务建立相应的数据挖掘或多维数据分析模型，通过聚类、分类、关联分析等数据分析手段对数据仓库层的数据进一步分析，得到有助于高层决策的信息；④图形化展示层提供多种不同类型的图形，将综合数据分析层产生的信息进行图形化展示，便于用户查看和发现有助于管理决策的信息。决策支持子系统体系结构如图5所示。

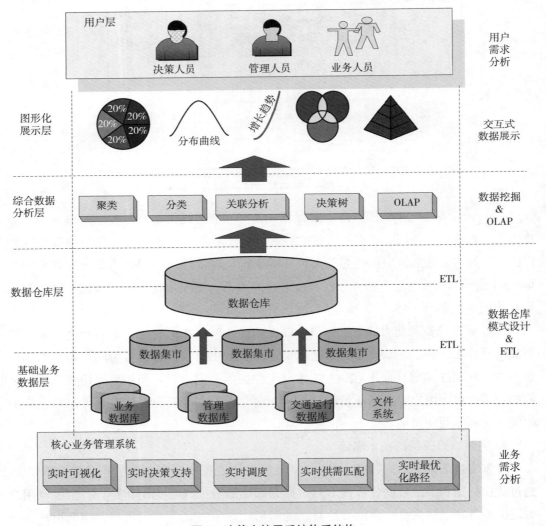

图5　决策支持子系统体系结构

5. 运输车辆优化调度算法的技术思路

运输车辆优化调度问题的求解方法一般有两类：精确算法和启发式算法。其中，精确算法包括动态规划、线性规划、整数规划、分支定界法等，求解质量相对较高，但求解速度慢，并且随着运输车辆优化调度问题约束条件逐渐增加，求解难度和求解时间都相当大。因此，对于运输车辆优化调度问题的求解方法一般都采用启发式算法。启发式算法主要有遗传算法、蚁群算法、粒子算法、贪婪法、局部搜索方法、扫描法等。采用启发式方法解决问题时只需强调让决策者"满意"，而不用去求解其最优解。启发式方法的求解流程如图6所示。

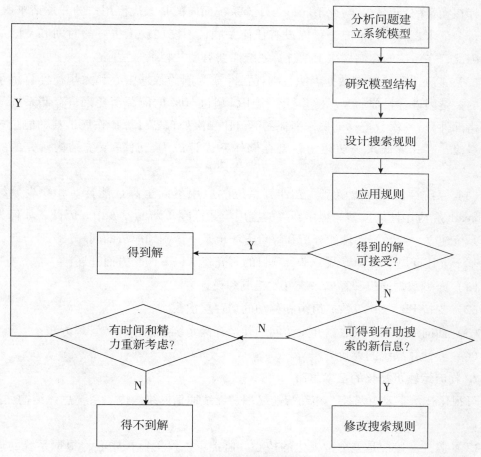

图6　启发式方法求解流程

在启发式算法中，目前针对遗传算法（Genetic Algorithm）的研究相对较多。遗传算法对搜索空间无特殊要求，直接以适应度作为搜索信息，无须求导且运算简单。该算法应用到运输车辆优化调度的求解中，较易得到优化结果。

6. 面向海量数据并发处理的新型系统结构设计及评价方法的技术思路

与传统的高性能计算比较，面向未来云计算系统应用的计算机系统面临如下挑战性问题。

（1）处理数据量大。未来云计算系统需要处理的数据将会达到 PB、EB 级，而且通常是动态生成的，而且无结构化，因此对数据的处理不是单纯的数据库查询，而是需要计算机系统提供新的处理能力以产生有意义的结果。鉴于用户的行为及有些数据的不可恢复性，对海量数据的挖掘和分析效率提出更高的要求。云计算系统需提供足够的吞吐能力处理规模庞大的瞬时数据，甚至有些数据需要实时处理，这些都给云计算系统提出了新的挑战。

（2）数据局部性低。传统高性能计算系统所处理的是一个紧耦合的应用，程序运行时存在大量的局部性。与此不同，云计算系统面向的是大规模用户的并发请求服务，并且每个请求之间多数情况下可能没有任何关联，不能展现出很好的时间和空间局部性。因此，在系统的存储层次上云计算系统需要有新的特征来适应。

（3）能耗受限。现有数据表明，功耗已经成为制约数据中心和大规模计算机系统发展的关键因素。目前的大规模并行系统中，超过 50% 的能源消耗来自存储系统（包括网络部件）。一次数据移动操作消耗的能量比一次处理器计算操作所消耗的能量多若干数量级，因此降低系统功耗的新型存储体系设计成为云计算系统结构研究的关键问题。

（4）系统评价和性能模型。云计算系统的应用不同于高性能计算，缺少系统的 benchmark 和应用性能模型。很多新兴的应用模式还在不断的发展中。因此，如何为云计算系统建立一套系统的性能分析和评价方法也是一个亟须解决的问题。

基于上述问题，云计算服务平台项目的研究将从以下四个方面开展：

（1）海量数据通道和存储系统并发机制和设计方法；

（2）支持 PB，EB 级数据组织和移动的访存层次模型；

（3）面向 PB，EB 级数据并发访问的外部存储系统数据组织和管理方法；

（4）云计算系统的评价方法。

7. 物流运输可视化的技术思路

可视化技术主要由监控、移动智能终端、无线通信网络组成。系统总体结构如图7所示。

（1）监控。监控是整个可视化的核心。监控可以设置监控中心，根据系统的规模可以设置下一级分中心。监控中心同时也是通信枢纽，负责与移动智能终端的信息交互，完成各种信息的分类、记录和转发动，同时对整个网络状况进行监控管理。监控中心采用语音卡技术和 GPRS、SMS，结合 GIS 和移动智能终端大屏液晶显示，实现车辆的监控与智能调度，达到优化移动资源的配置、调度和管理，提高调度效率的目的。监控中心响应并处理紧急事件，提供跟踪定位、监听录音和远程控制等处理措施。用户可以使用电话、互联网络系统进行信息传递、查询以及请求服务。监控模块网络拓

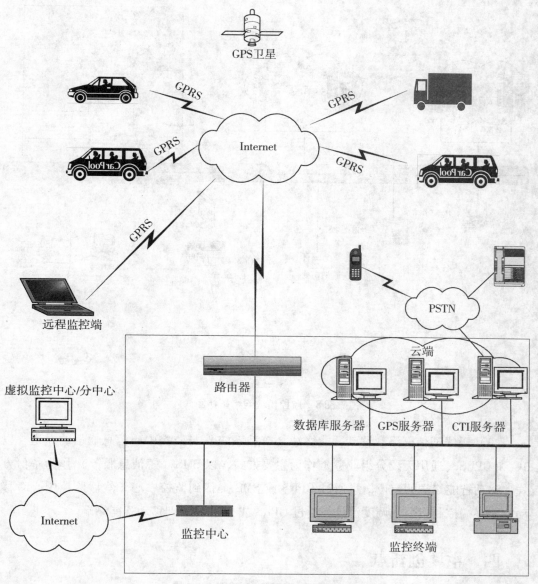

图7　物流运输可视化系统总体结构

扑图如图 8 所示。

（2）移动智能终端。移动智能终端能够接收全球定位系统（GPS）定位信号，利用 GPS 作为定位信号源，计算出移动单元的伪距信息。控制单元能完成数据接口、协议、数据格式等转换和控制。通信模块进行专门的命令设置及功能控制，结合 GIS 信息和对车辆的状态检测、能效控制等数据以及调度广播等信息。

移动智能终端回传数据内容包括车辆 ID 号、经纬度、速度、航向、时间、车辆状态（如报警、求救、空车与否等）、请求服务等信号。

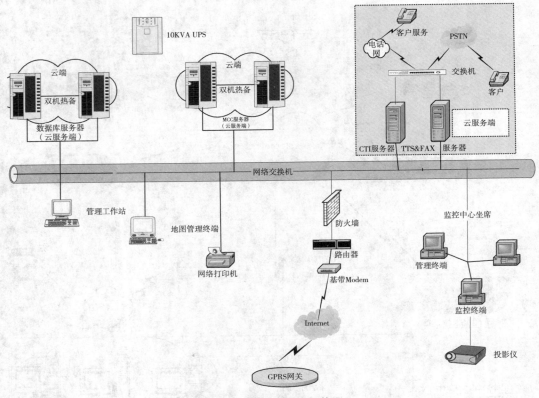

图8　监控模块网络拓扑图

（3）无线通信网络。移动智能终端（车载系统）与监控中心信息通信的通道，以3G和GPRS（通用无线分组业务）作为主要方式，以SMS（短消息服务）作为备份方式。移动智能终端的定位信息通过GPRS或SMS上传到监控中心，然后监控中心对移动智能终端控制指令或调度消息，通过GPRS或SMS发送到移动智能终端。

四、主要创新点

腾邦物流的"基于云计算的第三方物流运输信息公共服务平台"，可以为物流企业提供实施决策支持，帮助企业优化运输车辆调度问题，能够处理海量数据。在整个设计过程中，其主要创新有以下三个方面。

（一）使用云计算技术，创新物流行业信息化模式

云计算具有超大规模、虚拟化、高可靠性、通用性、高可扩展性、按需服务、廉价等特点。利用云计算技术能够很好地解决大数据量、大访问量、大计算量的问题。云计算作为物流信息服务平台的数据处理和计算支撑技术，可以满足用户的物流信息

服务需求，能够推动物流运输信息化的快速发展。基于云计算的"云物流"可以满足物流过程中相关政府、工商企业、物流企业和普通用户等对物流信息服务的要求，围绕从生产要素到消费者之间在时间和空间上的需求，能够处理制造、运输、装卸、包装、仓储、加工、拆并、配送等各个环节中产生的各种信息，使信息能够通过物流信息服务平台快速准确地传递到供应链上的所有节点。

（二）根据客户需求进行优化

通过"基于云计算的第三方物流运输信息公共服务平台"的项目建设，可以根据客户的需求不断优化"物流通"系统功能和性能，不断提升为客户提供服务的能力和响应速度。优化工作包括两个方面：第一，实现车辆导航、短信查询车辆位置以及手机 wap 查询车辆位置等功能，使客户可以通过手机实时了解其车辆、货物位置等信息；第二，制定标准的二次开发接口，以满足已有内部办公管理系统（ERP）的企业接入物流通的需求，企业可以更方便地通过自身 ERP 系统来享受物流通提供的服务。该项目通过和中国移动合作，在全国建立若干个"物流云服务"分中心，具有非常好的产业化前景。

（三）遵循科学的设计规律，突出项目特色

腾邦物流在开展该项目时，立足于面向云计算平台的现代物流服务创新模式和基于 RFID 物联网技术的实现技术的前沿，密切结合现代物流行业的特点和物流管理需求，突出基于云计算的服务和面向物流行业公共服务平台的特色，集中力量，突破核心理论问题求解、关键技术和系统研发，强化基于物联网技术的物流服务平台系统在典型物流行业及协作企业群的应用验证和推广。

五、创新成果应用效果

基于云计算的第三方物流运输信息公共服务平台在腾邦物流公司中得到了应用，并取得了良好的经济效益、社会效益和生态效益。

（一）经济效益

一方面，从腾邦公司来看，该平台可缩短企业的客户开发周期，降低成本，提高市场响应能力，提高科技含量，现已实现经济效益 500 万元/年；该平台提高了公司运作效率，降低业务成本 30% 以上，增强了企业的核心竞争力。

另一方面，从物流行业发展来看，基于云计算的物流运输信息公共服务平台的实施，将提升物流企业的交互协同、资源整合与价值优化能力，从而为物流服务业带来较好的经济效益。实践数据得出：船只/车辆空载率降低 10% ～20%，国际物流提前期缩短 20% 左右，货损率降低 30% ～50%，服务成本降低 10% ～15%，企业群协作成本降低 20% 左右。每年累计可为行业和企业带来近千万元级别的效益。

（二）社会效益

首先，该平台的实施能极大降低企业的信息系统建设成本。对于物流企业来讲，投资建立计算中心成本较大，并且难与其信息系统的快速成长和服务多元化要求相匹配。云计算模式为物流企业提供了合适的借鉴方案。通过云计算提供的 IT 基础架构，可以节约成本，无须投资购买昂贵的硬件设备，负担频繁的维护与升级。同时，云计算也将有效地消除行业信息系统中的"孤岛"现象。

其次，将云计算技术使用在物流信息行业上，有助于鼓励及推动业界（尤其是中小企业）采用电子商务。该系统的成效宣传以及相关推广措施，可鼓励本地贸易企业及物流企业（尤其是中小企业）引进信息科技和电子商贸，提升物流业的整体竞争力。此外，通过教育培训、通用科技认知课程、资助及奖励计划等，可使中小物流企业受惠。

最后，该平台的实施极大地优化了物流产业及相关产业的社会资源配置，减少浪费和缓解道路拥堵，促进了"资源节约型和环境友好型"社会的建设，具有很好的社会效益。

（三）生态效益

该平台的实施，可以为大量的物流行业相关企业提供廉价的计算资源。使用该平台的企业不必购买新的服务器和部署软件，只需要定制或租用就可以得到应用环境或者应用本身，达到节能、低碳的功效，为我国环保事业做出贡献。对于用户来说，软硬件不必是部署在自己身边的、专属于自己的产品，而是可以变身为可利用的一种虚拟资源。传统 IT 产品的开发方向及技术发展方向发生改变，均围绕云计算进行，包括数据中心改造、软件服务、硬件服务的提供、替代传统的软件开发和硬件开发及销售，并衍生出相应的产业链。

六、创新成果推广价值

腾邦物流基于云计算的第三方物流运输信息公共服务平台设计方法具有良好的推广价值。一方面，该方法遵循科学的设计流程，对每个步骤和每个环节进行了专题研究，找出问题点和解决方案，确保设计目标的如约实现。这种基于系统科学方法的设计思路值得同类云计算物流服务平台在设计中予以参考；另一方面，腾邦公司搭建基于云计算的第三方物流运输信息公共服务平台，为物流运输企业及个体运输户、发货方及收货方提供信息发布、查询、交易对接等服务，同时为提供物流信息服务的企业提供服务创新平台，无须企业自己安装软件、系统、升级等烦琐的操作管理类程序，所有的管理类程序的安装和升级都由云服务商解决，让企业主能专注到业务层面。因此，平台的服务模式和服务内容值得广大平台型物流公司借鉴。

惠尔物流快速城市配送集约化供应链 管理公共信息平台①

上海惠尔物流有限公司总经理　周亚玲

【成果摘要】 为了满足两业联动、两化深度融合的需要，满足实现共同配送、完善"最后一公里"城市配送的需要，上海惠尔物流快速城市配送集约化供应链管理公共信息平台应运而生。该信息平台设网上在线交易平台、实体交易中心及配套的服务中心，为上游的快速消费品制造企业及经销商，下游的城市配送企业、车队、司机提供一站式服务。该平台主要设有服务平台、管理协同平台、业务执行平台和结算管理平台四大板块。通过公共信息平台，各快消品制造企业、快消品经销商及各中小城市配送企业将需配送的货物统一运到惠尔公共配送中心，进行订单集中处理，货物集中仓储，同时将配送线路及车辆资源进行统一的规划与配置，由中心自有车辆、平台注册车辆、个体信用车辆，分区域分专线定期定时，共同配送至家乐福、沃尔玛等商超网点，甚至企业团购及社区家庭。该公共信息平台与上下游企业有良好的系统对接能力，可为上游的快消品制造与经销企业以及下游的城市配送企业提供标准化、透明化的服务，具有较强的安全性、稳定性、可扩展性及先进性，值得在城市共同配送中进行推广。

【成果关键词】 城市配送；公共信息平台；资源整合；两业联动

【成果适用领域】 城市配送体系创新；公共信息平台建设；运输集约化管理

---

① 本成果由上海惠尔物流有限公司提供，成果主要创造人：周亚玲，参与创造人：陈秀慧、潘定江，获2013年度物流行业企业管理现代化创新成果奖二等奖。

一、企业基本情况

上海惠尔物流有限公司成立于1992年，公司注册资金为3000万元，是国内领先的物流个性化整体解决方案提供商。惠尔物流以信息一体化带动，与制造企业开展联动，开创了中国物流行业中整体外包模式的先河，获多方好评。公司的业务范围主要包括快速消费品、危险品、医药行业、仓储地产、机械制造等。主营范围有仓储、配送、干线运输、物流增值服务、整体物流方案设计等。公司拥有20年的干线运输管理经验，8年的专业城市配送运作管理经验。

公司总部设在上海，现有职工620人，目前已在上海青浦工业园区建造起12万平方米的"惠尔生态物流园"，专业从事干线运输业务车辆有1000余辆，市内配送自有车辆100余辆。公司在国内20余个大中城市建立起区域分拨中心，干线运输遍及全国30个省，直达600余个一、二、三级城市，分送终端客户逾万家，全国城市配送网点超过10000余家。

2000年，惠尔物流通过了挪威船级社ISO 9001国际质量管理体系认证。2004年，惠尔物流进入"中国物流企业50强"行列，位居民营物流企业第10强。2006年，惠尔物流被评为上海市名牌企业。2008年，惠尔物流在国家物流企业评估中，率先通过了国家AAAA级物流企业评审，并通过了之后的复评。2009年，惠尔物流被中国物流与采购联合会评为中国物流实验基地。2011年，惠尔物流被全国现代物流工作部际联席会议办公室评为"全国制造业与物流业联动示范企业"。2012年，惠尔物流被国家工业和信息化部评为"国家级信息化和工业化深度融合示范企业"。

近三年公司的业务取得了快速发展。营业收入从2010年的65538万元增长到2012年的78389万元，2012年的主营业务增长率为5.1%。

二、创新成果产生背景

建立快速城市配送集约化供应链管理公共信息平台，不仅是惠尔物流公司推动两业联动与两化融合发展的客观需要，也是解决城市配送最后一公里"小、散、乱"问题的需要。

（一）两业联动与两化融合的快速发展

开展两业联动和两化融合是帮助制造产业升级，提升其物流业服务能力的重要一环。近年来，中央政府及其有关部门大力推动两业联动和两化融合工作。"十一五"期间，国家有关部门提出了"制造业与物流业联动发展"的理念，2009年国务院颁布的

《物流业调整和振兴规划》，将两业联动作为推动物流业发展的重点，全国现代物流工作部际联席会议办公室开展了"全国制造业与物流业联动示范企业"的评选。2012年，国家工业和信息化部开展了"国家级信息化和工业化深度融合示范企业"的评选。这些政府工作，有力地提升了企业的积极性。

从目前现状来看，我国制造企业的产成品物流，由企业自行搞"大而全"企业物流的还相当多。企业自行搞物流，投入成本高、运作效率低，且不利于调整优化产业结构，降低产品成本。总的来看，两业联动和两化融合发展还相对滞后。因此，以信息一体化带动，通过搭建公共信息平台，让第三方物流全面介入制造企业的生产、供应、销售等供应链各个环节，对制造企业物流实行整体外包，是我国制造业物流发展的趋势，也是推进制造业与物流业联动、工业化与信息化融合的需要。

（二）城市配送最后一公里问题急需解决

搭建信息平台，整合社会资源，实施共同配送，是完善城市配送"最后一公里"的需要。快速消费品的配送品种多、频次快、时效性强，直接关系到市民生活。但从目前配送情况来看，有经销商自行配送的，有物流商自行运作的，存在着"小、散、乱"现象，大多数配送企业规模小，配送时不同货品、不同车辆同送同一终端现象时有发生。加上有些城市在配送中，仍用手工作业，信息化程度低，不能及时跟踪车辆、货物信息，致使配送中出现的"最后一公里"车辆拥堵、尾气排放增多。因而，通过搭建快速消费品配送的公共信息平台，将各种物流资源进行有机整合，共同配送，广大的经销商、中小物流企业可以共享资源、降低成本，避免设施重复建设。对城市来讲可以缓解交通压力、节能减排，创造良好的物流运输环境。

三、创新成果主要内容

惠尔物流公司打造快速城市配送集约化供应链管理公共信息平台，不仅将社会资源高度整合，为城市配送提供更加合理化的配置，而且为上游的快消品制造与经销企业以及下游的城市配送企业提供标准化、透明化的服务。该公共信息平台与上下游企业有良好的系统对接能力，具有较强的安全性、稳定性、可扩展性及先进性，为今后的平台大规模推广奠定了基础。

（一）将社会资源进行高度整合，为城市配送服务提供更合理化的配置

通过公共信息平台，各快消品制造企业、快消品经销商及各中小城市配送企业将需配送的货物统一运到惠尔公共配送中心，进行订单集中处理，货物集中仓储，同时将配送线路及车辆资源进行统一的规划与配置，由中心自有车辆、平台

注册车辆、个体信用车辆，分区域分专线定期定时，共同配送至家乐福、沃尔玛等商超网点，甚至企业团购及社区家庭，服务民众。该公共信息平台的原理如图1所示。

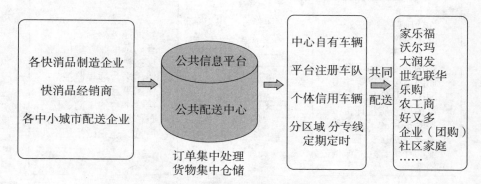

图1　惠尔物流公共信息平台原理示意

惠尔物流利用公共信息平台整合社会上的车辆资源及中小型物流配送企业，推动物流产业发展的同时，降低了城市的交通压力，减少尾气排放，并在仓储、运输、配送等各个环节实现效率提升、节约资源。在人力、仓库、运输成本上升的现行阶段，城市配送企业只有合作、共享资源，才能控制成本，持续发展。

（二）为上游的快消品制造与经销企业以及下游的城市配送企业提供标准化、透明化的服务

通过公共信息平台实现各快消品制造及经销企业网上下单、在线跟踪、网上查询、网上结算、查询仓库、运力等城市配送公共信息等；各中小城市配送企业、车队、司机可以实现网上查询任务指令，订单业务量信息，使用平台远程监控及业务运作系统等。城市配送车辆通过GPS、视频监控等技术，达到实时监控、配送安全的目的。公共信息平台从整体上实现了运作标准化、管理透明化、配送共同化、资源集约化。该公共信息平台的功能如图2所示。

公共信息平台可以面向广大公众用户查询提供政策法规、物流咨询、招投标服务、物流设施租赁、个人配送需求等相关信息的服务。

（三）公共信息平台与上下游企业有良好的系统对接能力，具有较强的安全性、稳定性、可扩展性及先进性

惠尔物流斥资研发了一套管理操作软件，建立自有服务器，全面实行信息化管理、操作、核算及结算。公共信息平台主要设有四个板块：服务平台，管理协同平台，业务执行平台，结算管理平台，上游企业ERP系统通过EDI接口进入公

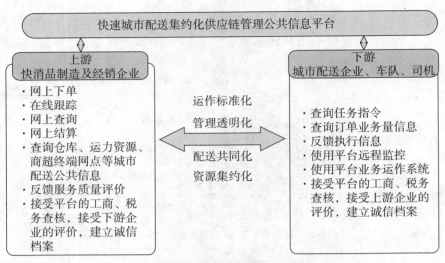

图2　惠尔物流公共信息平台功能示意

共信息平台进行订单管理、业务协同、绩效考核、统计分析等，并在基于 RFID 应用的 WMS 及基于远程监控技术的 TMS 系统上进行业务执行，并最终通过 BMS 结算系统实现费用结算。公共信息平台无缝对接客户的 ERP、财务、营销系统，实现物流企业与客户和相关单位信息系统之间的数据共享和交换，能使制造企业获取特定的管理信息，从而提高效率，降低物流成本。该平台的组成结构如图 3 所示。公共信息平台所用设备及软件均具备拓展扩容能力和软硬件升级能力，保障未来业务的持续增长。

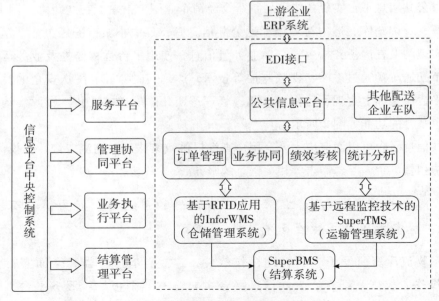

图3　惠尔物流公共信息平台组成结构示意

（四）配套建立网上在线交易平台及实体信息交易中心

公共信息平台建立的同时，惠尔物流同时配套网上在线交易平台，使得平台注册用户不仅可以网上下单、跟踪货物信息等，还可以在网上轻松寻找货源、仓库、运力等一些城市配送的公共服务信息。

另外，惠尔物流还将配套建立实体信息交易中心，在信息交易大厅里将会设置一面 LED 显示大屏，在屏幕上滚动播出一些城市配送的公共信息供上下游企业找到合适的客户或者承运商。同时，惠尔物流也会成立一支经验丰富的客服坐席团队，随时接听电话咨询和解答现场咨询。

四、主要创新点

通过该成果创新，惠尔物流建立起联系供应链上下游的公共信息平台，采用现代信息技术促进快消品物流供应链服务转型升级，具有两业联动、两化融合示范和先行的特征。

（一）采用现代信息技术，促进快消品物流供应链服务转型升级

惠尔物流打造的快速城市配送集约化供应链管理公共信息平台，采用最新的现代信息技术，集服务平台、管理协同平台、业务执行平台、结算管理平台于一体，为上游的快消品制造企业、经销商，下游的城市配送企业、车队、司机提供一套完整的快消品供应链解决方案。通过公共信息平台和公共配送中心，进行订单集中处理、货物集中仓储，有效地整合了上下游企业的物流资源和业务流程，体现出资源集约化、配送共同化、运作标准化、管理透明化的城市快消品物流崭新的集约化配送特征。

通过搭建公共信息平台，依托有形网络，推进城市快消品配送，不仅是物流信息化技术的创新，更是对改造城市传统配送流程的一次创新。可以形成上下游企业联动，制造企业、中小物流商，乃至运输司机的资源、分工、协作的现代物流服务标准体系，这对城市节能减排、破解城市配送"最后一公里"难题等都具有示范效应。

（二）合理优化资源配置，有效促进两业联动和两化融合

近两年来，惠尔物流公司先后被国家有关部门评为"全国制造业与物流业联动示范企业"和"国家信息化和工业化深度融合示范企业"，能同时荣获此两项殊荣的物流企业在全国为数极少。惠尔物流作为第三方物流企业，通过信息一体化带动，为制造

企业实行整体外包，这在中国物流行业中是开了先河。

惠尔物流作为国家级工业化和信息化深度融合示范企业，早在几年前就通过网络平台与上海家化联合股份有限公司的信息系统实行无缝对接，解决了上海家化在上海以及全国20余个大中城市，数百个网点的产品分拨、仓储、运输、配送等全方位供应链服务，同时也吸纳了上海家化剥离给他们的全部物流人员和物流设施。这种深度的联动和融合，使制造企业甩掉了诸多的国企包袱，物流成本大幅度下降，库存减少，资源周转加快，市场竞争力加强。惠尔物流通过信息平台与上海家化实行整体外包已有10余年历史，具有两业联动、两化融合示范和先行的特征。快速城市配送集约化供应链管理公共信息平台，也是惠尔践行两业联动和两化融合，合理优化资源配置的又一典范。

五、创新成果应用效果

（一）以信息化带动传统物流企业结构升级

惠尔物流原来是一家传统的以干线运输、仓储为主的物流企业，公司高层十分重视企业信息化建设，通过信息化来带动企业结构升级。惠尔物流与上海家化开展两业联动以来，加大信息系统开发的力度，搭建信息平台与上海家化的信息系统实行无缝对接。针对目前城市配送中出现的车辆、人员、资源浪费等情况，惠尔物流在原来与上海家化的信息平台基础上，投资1500万元，打造"快速城市配送集约化供应链管理公共信息平台"，使传统的物流企业向网络化、信息化进一步升级，使企业成为国家级信息化和工业化深度融合的示范企业。

（二）以信息一体化带动，两业联动显示出可观的经济效益

为了应对制造企业物流整体外包，惠尔物流的信息平台上开发了订单管理、仓库管理、客户服务、计费管理、运输管理五大系统，将上海家化的四五千个品种，每年达数万吨，价值20亿元的产品分拨至20余个大中城市的区域中心，并承担了干线运输、仓储、拆零、分拆、再包装、配送至终端等供应链服务。通过信息平台，两业联动成效显著：10余年来上海家化的产品销售从10亿元增加到了40亿元，存货周转天数平均减少10天，单位产品物流成本下降20%，订单完成率达到99%以上，订单完成周期缩短30%，产品发货准时率达到99.8%以上，没有产品破损率，同时100%实现电子单证管理，资金周转速度加快，每年节省的物流费用可达1000万元以上。惠尔物流的企业年营业额超过了7亿元。

（三）通过平台实行共同配送，年处理订单可达 2000 万单

惠尔物流投入 1500 万元投资建设"快速城市配送集约化供应链管理公共信息平台"。目前加盟该平台的制造企业、经销商、中小物流企业日益增多，运作情况良好，平台正式投入运行一年多来，年处理订单可达 2000 万单。

六、创新成果推广价值

惠尔物流公司推出的快速城市配送集约化供应链管理公共信息平台，是解决城市配送问题、推动两业联动发展和深化两化融合的重要载体。该创新成果具有三点推广示范意义。第一，该平台是典型的城市配送管理平台，这一平台的建设和管理思路值得国内许多从事城市配送的物流企业在构建信息化管理平台中予以借鉴。第二，该平台也是典型的公共信息平台，值得城市配送管理部门在优化城市配送管理方案，提升城市配送集约化水平上进行借鉴。第三，惠尔配送集约化供应链管理公共信息平台是开展两业联动、推进两化融合的重要工具，这一工具可以为其他物流企业深入与制造业合作，提升供应链合作水平提供借鉴。

八达仓前物流面向铁路货运的带托运输模式①

八达仓前物流公司总经理　严稼余

【成果摘要】带托运输具有缩减物流环节、提高物流效率、降低物流成本等优点，但是带托运输在国内的应用，特别是铁路系统内的应用并不多。八达仓前物流基地是第一个在铁路系统内推行PVC（聚氯乙烯）货物带托运输的物流企业。在具体实施中，托盘的起点为八达仓前物流基地，空托在经过客户生产线后，载货重托返回仓前专用线，再通过仓前物流基地的配送汽车将带托货物运往终端用户，最终空托返回仓前物流基地，从而实现了托盘的循环使用，将托盘应用于客户的整个供应链中。带托运输过程中，通过条码、WMS、RFID及网上营业厅等信息技术，自动完成借托、出入库、还托等数据的收集，在提高数据录入效率的同时减少了数据出错频率，并且与客户实现数据共享，极大地提高了物流效率。公司依托良好的铁路货运资源、现代化的物流设施设备以及专业的物流技术人才，进行带托运输作业，取得了良好的经济效益，大大节约了物流成本，减少了带托运输中的货损货差，提高了带托运输作业效率，在提高社会资源的利用效率、环境保护等方面都有积极的意义。

【成果关键词】带托运输；托盘；铁路货运

【成果适用领域】第三方物流企业；铁路货运企业；托盘共用管理型企业

---

① 本成果由浙江八达仓前物流有限公司提供，成果创造人：严稼余、汤岳骏，参与创造人：苏强、陈国献、王明祥、金晓英、庞俊辉、吴晓儿、邵元彪，获2013年度物流行业企业管理现代化创新成果奖二等奖。

一、企业基本情况

浙江八达仓前物流有限公司（以下简称"八达物流"）于 2009 年 9 月开业运营，注册资本 8000 万元人民币。"八达物流"位于杭州市余杭区仓前街道，占地 260 亩，仓储面积 31360 平方米，仓前物流基地具备优越的地理位置，按现代物流标准规划建设，集到发、仓储、配送于一体，具备一次 3300 吨铁路整列接卸能力，是设施完善、管理一流的现代化物流基地。公司现有员工 102 人，中层以上干部大专以上学历占 80%，充分体现了"科学合理、精简高效、节约成本"的设置原则。八达物流 2012 年主营业务收入 5305.19 万元，同比增长 23.66%，实现利润 115.19 万元，同比增长 62.10%，上缴税收 100.05 万元；2011 年主营业务收入 4290.17 万元，同比增长 18.69%，实现利润 71.06 万元，同比增长 210.98%，上缴税收 82.75 万元；2010 年主营业务收入 3614.46 万元，实现利润 22.85 万元，上缴税收 76.79 万元（注：以上上缴的税收不含土地税、房屋使用税）。

2011 年，八达物流通过 ISO 9001：2008 质量管理体系认证，荣获"中国物流实验基地"称号，同年 10 月，经过中国物流采购联合会的评审，八达物流已成功升级为"中国物流示范基地"。2012 年，八达仓前物流基地荣获 AAA 物流企业荣誉称号，其管理模式获得 2012 年度物流行业企业管理现代化创新成果奖，其线路还荣获上海铁路局"货运安全管理优秀专用线"等称号。

二、创新成果产生背景

带托运输在铁路货运中得到一定的应用，是多个因素共同推进的结果。在国外带托运输已经较为完善的情况下，铁路带托运输的低成本和高效性，将是企业未来发展的必然趋势。

（一）托盘集装化在国外应用较广，国内尚处于理论阶段

托盘集装化在货物流通中的应用，最早出现在澳大利亚。1946 年，澳大利亚政府利用美军在第二次世界大战期间留下的军用托盘和设备，建立了联邦搬运设备共用系统，标志着一种全新物流模式的开始。经过数十年的发展，这种模式在国外一些发达国家的应用已经非常成熟，且托盘集装单元一贯化运输水平相当高。从货物托盘集装单元化运输率看，欧盟商品贸易以托盘集装单元运载的比例超过 80%，美国为 80%，日本已达到 77%。这些国家已经有了比较完善的托盘集装单元一贯化运输的配套设施和比较成熟的托盘运营机制。标准托盘是推行托盘集装单元成功的主要因素之一，从

其占有率看，澳大利亚占其托盘总量的 95%，欧洲为 70%，美国为 55%，日本为 35%，韩国为 26.7%。

我国目前带托运输的实际应用并不多，没有形成规模。托盘更多的只是作为一种装载工具，在企业内部进行使用。但是对于托盘在现代物流中的应用的相关理论研究，却已相对成熟。中物联托委会主任吴清一教授在《中国托盘共用系统的建立》《再论我国托盘共用系统的建立》《发展集装单元化运输建设国际物流合作大通道》等文章中，阐述了托盘共用系统在现代物流中的重要意义，指出我国建立托盘共用系统所需面对的难题，并结合实际，提出了系统性的建议；在唐英的《中国托盘共用系统标准化发展战略探讨》中，详细阐述了我国托盘共用系统标准化发展的战略目标、方针和任务。这些专家人员的理论探索，对托盘共用系统在现实中的应用，都有很好的指导意义。《托盘共用系统管理规范》《托盘共用系统信息化管理规范》等技术标准的出台，也为我国托盘集装化发展提供了依据。

（二）铁路带托运输是降低供应链运输成本的必要条件

借助于托盘共用系统公司统一标准的托盘设备、完善的网络、系统化的服务以及成熟的管理体系，上下游企业带托运输才能够得以实现。通过机械化操作减少劳动力成本，使一贯化操作成为可能。

当供应链各方都加入到托盘共用系统中来，上游客户将货物带托盘整托转交给下游企业，可以减少人工搬运费用，提高装卸货效率，提高卡车周转效率，降低货损率，而且更加环保安全；下游企业整托接收货物，可以提高收货道口的操作效率，并可享有一定的托盘免费使用天数，减少托盘使用费用。开展上下游企业带托运输还可以促进供应链整个周期的缩短及库存的降低，并降低缺货率，增加销售收入。另外，由于场地效率的提高，可以降低固定资产的投入，为各方带来更多潜在收益。

（三）开展铁路带托运输是公司跨越式发展的必然趋势

近年来，随着我国人口红利的逐渐消失，用工荒已成为这个时代的热门词汇。八达仓前物流基地作为一个劳动密集型的大型仓储基地，不可避免地受到这种宏观因素的影响。劳力成本不断攀升，装卸劳力匮乏已成为公司跨越式发展的瓶颈。而对于公司上游客户（主要从事 PVC 货物的生产企业）来说，除了劳力问题外，铁路货车车源问题成为他们占据有利市场地位的另一大桎梏。公司的这些客户主要分布在新疆、内蒙古等地区，受到铁路货运市场格局的制约，经常会面临无车可用的局面，也往往因此错失市场商机。针对这些不利因素，八达仓前物流基地在经过大量调研后，认为开展铁路带托运输不仅可以突破劳力瓶颈，并且可以将南方充裕的车源即时发往上游客户，打破客户桎梏。最终在得到客户肯定和上海铁路局的大力支持后，这种运输模式应运而生。

三、创新成果主要内容

在国内首次使用带托物流模式，对企业的各项基本条件要求都比较高。本部分内容主要介绍企业开展带托物流需要具备的先决条件，以及具体带托物流业务的基本流程。

（一）八达仓前物流基地开展带托运输所具备的技术条件

1. 拥有良好的铁路货运资源

八达仓前物流基地共有铁路专用线 4 条，分别为 1 道、3 道、4 道和 6 道。其中货物装卸线 3 条，到发线 1 条。货物装卸线具备整列到发、装卸能力，完善的线路系统可以完全满足客户的装卸车要求。另外，公司在上海铁路局的大力支持下，可随时根据客户要求申请空车，并将开展带托运输所需的车辆即时发往客户专用线。

2. 拥有现代化的物流设施设备

八达仓前物流基地一直以技术领先于市场的要求，高起点、高标准地筹划建设自己的物流系统。公司全部采用符合国标的 1200mm × 1000mm × 150mm 尺寸塑料托盘，共计 45000 块，完全可以在数量及技术要求上满足公司开展带托运输的需求。每块托盘四面都贴有唯一号码的条码，在日常的现场理货过程中，通过终端扫描仪及 RFID 技术，可以方便地将每块托盘的具体信息自动输入公司的 WMS，从而实现货物与信息系统的无缝衔接（即物联网），极大地降低了劳力成本，提高了工作效率及准确度。另外，公司还开通了网上营业厅，可以与客户进行实时数据及信息传递，在公司开展带托运输业务中发挥了良好的作用。

3. 拥有专业的物流技术人才

八达仓前物流基地为上海铁路局挂牌的物流人才培训基地，在运输、货运、装卸等方面具有一批技术精湛的物流专家，为公司开展带托运输业务提供了技术指导。在开展这项业务之前，公司通过这些专家人员的讨论研究，遵循均衡稳定、合理且最优化的配载要求，拟定了装载方案，并选用 60t、120m³ 铁路篷车（这种车型是开展带托运输最具难度的车型）进行多次试装，完全符合装载加固的要求。之后，公司根据试装情况，制定了跨局带托运输实施流程，为正式开展跨局带托运输做好了准备。

（二）八达仓前物流基地带托运输作业流程

1. 带托运输作业流程图

图 1 为八达仓前物流基地带托运输的整个作业流程图。在带托运输过程中，托盘

（带条码）作为载体，起到上下游之间的无缝衔接作用。托盘的起点为八达仓前物流基地，空托在经过客户生产线后，载货重托返回仓前专用线，再通过仓前物流基地的配送汽车将带托货物运往终端用户，最终空托返回仓前物流基地，从而实现了托盘的循环使用，将托盘应用于客户的整个供应链中。

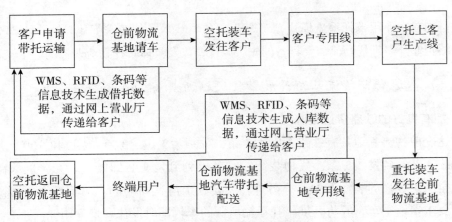

图1　带托运输作业流程

2. 带托运输货物装载示意图

图2、图3、图4分别为带托运输中货物装载的俯视图和侧视图。装载过程中，公司选用载重58t、60t通用铁路篷车，车体容积120m³～135m³，运输货物为PVC（聚氯乙烯），装载方案依照上述俯视图、侧视图进行。货物通过托盘单元集成后，可利用叉车装卸，在均衡稳定、合理且最优化的配载要求下，实现篷车载货最大化，满足客户的载货要求。

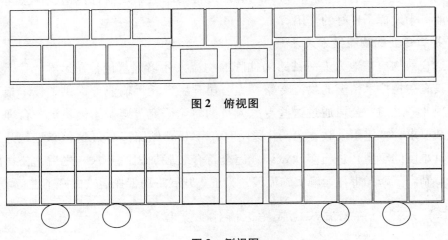

图2　俯视图

图3　侧视图

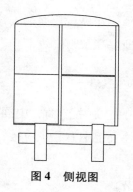

图4　侧视图

（三）八达仓前物流基地带托运输业务开展情况

2012 年 2 月，八达仓前物流基地在经过大量的理论与实践探索后，证明了公司开展带托运输的可行性，并制订了详细的装车方案及带托运输作业流程，同时将具体方案上报上海铁路局。在通过铁道部（现中国铁路总公司）的审核及备案后，八达仓前物流基地的带托运输业务正式开始运营。2012 年 6 月 6 日，由乌海西站（内蒙古呼铁君正有限责任公司）发往仓前站的第一列带托运输专列顺利开行，标志着这种全新的运营模式的开始。随后，公司又与新疆天业集团有限公司开通了此项业务。2012 年，公司与内蒙古呼铁君正有限责任公司、新疆天业集团有限公司共开行带托运输车辆 321 辆/18618t，取得了良好的经济及社会效益。

四、主要创新点

带托运输的开展将八达物流的供应链资源重新进行整合，通过托盘使各个环节形成无缝对接，充分将现代物流信息技术结合入信息平台，从信息端满足了高效物流。另外，该成果在行业内首创带托物流，针对货物特性也编制了新的运输方案操作方面的细则。

（一）创新运输模式，发扬首创精神

八达仓前物流基地是第一个在铁路系统内推行 PVC（聚氯乙烯）货物带托运输的物流企业。在开展这项业务之前，国内没有可供借鉴的经验。因此从运输模式的实施方案、铁路货车装载方案、信息技术的配套升级等到最终应用，都是公司自行研究探索、实现应用的。

（二）充分利用现代化物流信息技术

在带托运输过程中，借助条码、WMS、RFID 及网上营业厅等信息技术，自动完成

借托、出入库、还托等数据的收集，在提高数据录入效率的同时减少了数据出错频率，并且与客户实现数据共享，极大地提高了物流效率。

（三）从供应链上优化物流环节

通过托盘，将原来相互分割的上游生产商、中间仓储基地、下游用户衔接起来，实现点到线的转变，将单一的物流环节上升到供应链，提高了供应链整体效益。

五、创新成果应用效果

带托运输的应用给企业带来了巨大的经济效益。本节将从利润提升和成本节约两个角度说明。另外，通过实行带托运输之后的运输数据统计，公司从货损率变化和作业效率两个方面对带托运输前后做出对比。此外，该项目在其他方面，比如低碳环保和品牌宣传方面都起到了间接作用。

（一）经营效益分析

带托运输给公司带来的经营收入主要由四部分组成，分别是货物到达卸车入库时产生的装卸收入、货物送达终端用户的配送收入、带托运输业务中托盘的使用费等综合收入和货物存放在仓库的仓储收入。2012 年，公司到达的带托运输铁路货车 321 辆，为公司创造收入共计 121.85 万元，而公司 2012 年物流收入为 2167.35 万元，也就是说带托运输给公司贡献了 5.6% 的物流收入。

（二）物流成本节约水平分析

开展带托运输对物流成本的节约，主要体现在两个方面：一是装卸人力成本，用 $C1$ 表示；二是铁路货车延期占用费，用 $C2$ 表示。

首先，分析带托运输过程中节省的装卸人力成本。在带托运输过程中，货物通过托盘单元集成进行转移，中间节省了大量的人工装卸环节，装卸劳力得到极大释放。表 1 显示，在不带托运输情况下，卸车时单车需配备 4 名装卸人员，通过叉车配合进行装卸作业，而在带托运输过程中，货物通过托盘进行集装化转移，全程的装卸作业都通过叉车进行，无须配备装卸劳力，相比不带托运输，节省大量劳动力。这在我国人口红利逐渐消失，装卸人力成本不断上涨的大环境下，所发挥的作用不言而喻。通过带托运输，可以为上下游客户及公司各减少一次装卸作业，由此，来计算 $C1$。

$C1$ = 带托运输车数（辆）×载重（吨/辆）×装卸费（元/吨）×3

2012 年，公司带托运输到达车辆 321 辆，按每辆车载货 58 吨、人工装卸费平均 2 元/吨计算，可计算出 $C1$ 为 111708 元，也就是说带托运输为客户及公司节省了 111708

元的装卸人力成本，即每辆车节省成本 348 元。当然，如果不局限于这 321 辆车，而是按照公司既有客户年产量 150 万吨来计算，通过带托运输，能为客户及公司节省的装卸人力成本将达千万之巨。

表1 不同运输方式下铁路卸车所需劳力

运输方式	所需劳力（人）
不带托运输	5
带托运输	1

其次，分析铁路货车延期占用费的节约。铁路货车延期占用费是铁路对超过规定标准额外占用铁路货车所增加成本的补偿。对公司来说，因受到劳力的限制，根据日常经验通过人工装卸每天能完成的卸车量大约 20 辆，而客户车辆整列（40 辆以上）到达，超过公司正常装卸能力范围，必然会产生货车延期占用费。依照公司与车站的《运输协议》约定，40 辆车（篷车）参照表2 的其他货车占用时间 2.0 小时算，所能占用的最长时间为 16 小时，超过 16 小时为延期占用时间，需收取货车延期占用费。若铁路货车早上 8 点到达（对公司最有利）开始卸车，当天卸 20 辆，剩下 20 辆需到第二天下午 6 点卸完，则货车延期占用时间为 18 小时。参照表3，一列车需收取的货车占用费为 2288 元，321 辆车按一半收取货车延期占用费，则需支付 18304 元。而在带托运输的情况下，因装卸作业效率的提高，整列车辆完全可在规定的时间范围内卸车完毕，也就是说通过带托运输最少可为公司节省 18304 元的货车占用费。

表2 专用线、专用铁路货车占用时间的最长标准 （单位：小时）

序号	车种	装车时	卸车时
1	机冷车	按《鲜规》规定时间计算	
2	罐车	3.0	2.5
3	其他货车	2.5	2.0

表3 铁路货车延期占用费费率表 （单位：元/车小时）

计费时间	1～10 小时	11～20 小时	21～30 小时	30 小时以上
机冷车	8	16	24	32
罐车	5	10	15	20
其他货车	4.4	8.8	13.2	17.6

（三）带托运输中的货损对比分析

带托运输业务中，由于货物全程是通过托盘来进行集装化运输，省去了二次装卸搬运环节，有效地降低了货物运输过程中的损耗。表4的统计数据是公司客户2012年在带托和不带托运输方式下的货物（PVC）破损率：在不带托的情况下，在铁路运输环节，货物破损率为0.064%，而在装载方案优化后的带托运输过程中，货物破损率为0.008%，破损率下降值达0.056%。按照带托运输321辆车每车载重58吨计算，减少的货损量达10.43吨。而2012年国内PVC期货市场均价为6695元/吨。依此计算，仅在铁路运输环节，通过带托运输，就为客户减少69803元的货物损失。当然，如果将此方案应用推广到公司的整个业务范围，在以带托运输方式运输一吨货物货损减少0.00056吨货损的标准，按照公司既有客户年产量150万吨来核算，能减少总计840吨的货损。依此看来，通过带托运输为客户减少的运输损耗是巨大的，可以创造惊人的潜在经济效益。

表4 不同运输方式下的货损率

运输方式	货损率
不带托运输	0.064%
带托运输	0.008%

（四）带托运输作业效率对比分析

带托运输在装卸作业效率的提升方面表现非常明显。表5为两种运输方式下一辆铁路篷车平均所需要的卸车时间。从中可以看到，带托运输带来作业效率将近成倍的提升：不带托运输情况下，通过人工装卸需85分钟才能完成的作业，带托运输只需45分钟，装卸作业效率得到极大提升。

表5 不同运输方式下铁路卸车所需卸车时间

运输方式	卸车时间（分钟/车）
不带托运输	85
带托运输	45

（五）社会效益分析

带托运输，在提高社会资源的利用效率、环境保护等方面，具有很积极的意义。带托运输可以实现各企业之间的托盘共用，从而有效提高托盘的利用率，节省托盘的使用量。国内研究显示，借助托盘共用系统，可以节约1/3左右的托盘，而国内绝大多数托盘是木制的，一棵成材大树只能制6个标准托盘，因此，节省托盘对于保护环境、保护森林自然资源很有意义。另外，在带托运输中，由于装

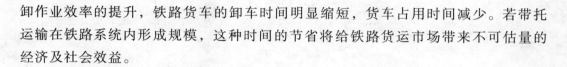

卸作业效率的提升，铁路货车的卸车时间明显缩短，货车占用时间减少。若带托运输在铁路系统内形成规模，这种时间的节省将给铁路货运市场带来不可估量的经济及社会效益。

（六）其他效益分析

因带托运输对公司主营业务的贡献，公司仓库的利用率得到比较明显的提升。统计数据显示，2012 年公司仓库面积利用率较 2011 年提高 6.3%。另外，由于装卸成本的减少、运输效率的提升、货物损耗的降低，特别是上游车源问题的解决，带托运输的开展得到了上下游客户的认可，在客户间形成合作双赢的局面。同时，这种创新的物流模式，得到铁道部（现中国铁路总公司）及上海铁路局的大力支持，对公司业务的开展及品牌的宣传将产生非常积极的带动作用。

六、创新成果推广价值

托盘集装化运输作为物流现代化的重要手段，在现代物流中占据重要的地位。八达仓前物流基地作为实践方面的先行者，发扬不断探索创新的精神，第一个在铁路货运中组织开展 PVC 货物带托运输业务，在理论和实践中证明了这种运输模式的可行性及优越性。更重要的是，这种运输模式是可以复制的。首先，对国内所有从事铁路货运的仓储型物流企业、铁路货场来说，只要货物规格（袋装件重 25 千克）符合带托运输的要求，都可以参照八达仓前物流基地的这种操作模式组织开展铁路带托运输业务。一旦这种运输模式在铁路系统内形成规模，将产生巨大经济和社会效益。其次，这种带托运作模式可供国内的许多托盘共用系统公司借鉴。这些公司可以利用铁路系统，更好地开展供应链的托盘、周转箱及物流器具与设备等资产循环利用。最后，该创新成果还可以为其他第三方物流企业开展运输模式创新提供借鉴。

普天物流面向技术进步的一体化企业管理新模式^①

普天物流技术有限公司总经理　单朝兰

【成果摘要】普天物流技术有限公司，以技术为依托，整合影响三家公司（总部及二级子公司，即贵阳普天物流及珠海慧科）业务发展的各方面因素，解决了异地管理、三级法人的问题，理顺三地市场、研发、技术、制造、工程实施、售后服务等职能设置，从而实现有限资源的优化配置，提高公司管理水平，形成三地协同作战的局面，创造了面向技术进步的普天物流一体化企业管理新模式。这种一体化管理模式通过整合资源、改进业务流程，从而改善并提升企业的管理能力，全面促进整个业务的发展，不仅为普天带来了经济效益的增长，也增加了客户满意度。对多法人企业协同、通过多家合作完成整体业务的企业具有积极的借鉴意义。

【成果关键词】异地管理；协同作战；资源优化配置

【成果适用领域】制造业研发体系管理；企业一体化管理模式

一、企业基本情况

普天物流技术有限公司（以下简称"普天物流"）是中国普天的全资子公司。普天物流前身企业创建于1970年，是国内最早从事物流自动化和信息化服务的企业。近年来，中国普天着力推进企业由制造、服务向整体解决方案提供商的转型。2008年中

---

① 本成果由普天物流技术有限公司提供，成果创造人：单朝兰，参与创造人：彭榜盈、李军、尹卫东，获2013年度物流行业企业管理现代化创新成果奖三等奖。

国普天整合内部物流产业资源，以贵阳普天几十年的产业经验为基础，集中资源打造了物流产业发展平台，公司由北京总部、贵阳物流产业基地（贵阳普天物流技术有限公司）、珠海软件基地、各地办事处及服务机构组成，涵盖员工 600 多人。

普天物流始终坚持科技创新，持续拓展产业空间。经过近半个世纪的积累和发展，已经形成了以物流咨询及规划设计为突破，以物流自动化装备制造为核心，以物流信息管控平台为支撑，以物流项目系统集成为主导的完整的物流技术产业链条，成为国内一流的物流自动化、信息化系统集成商和服务商。

目前，普天物流已成功为 600 多家大中型企业提供了物流系统产品、服务和完整的物流系统解决方案，业务涉及烟草、电力、新能源、医药、医院、军队现代后勤保障与应急物流保障、邮政、图书、海关、民航、快速消费品、制造业、第三方物流园区等多个行业。主要产品和服务包括：分拣系统、自动化立体库、输送系统、物流运输车、智能搬运 AGV、无线 POS、RFID 智能卡、烟草销售终端、大屏幕显示系统、车辆在途监控系统、品牌宣传网络系统和综合信息管理平台等。经过多年的努力，普天物流正逐步成长为智能物流全面解决方案及关键设备提供商。

二、创新成果产生背景

一体化管理不仅受到政府政策的支持，还是公司解决整体效率低下、管理成本居高不下等问题的直接有效途径，为了增强协同效应，实现公司发展战略，公司迫切需要加强一体化管理。

（一）企业一体化管理受到政府政策的支持

据有关部门统计，截至 2001 年 10 月 31 日，中国已颁发带有国家认可标志的质量体系认证证书 48187 张；在中国环境管理体系认证机构认可委员会秘书处备案的认证证书为 836 张；带有国家认可标志的职业安全卫生管理体系认证证书 106 张。其中，获 ISO 14001、OHSAS 18001 认证证书的组织大都已经或同时获得了 ISO 9000 认证证书。因此，越来越多的组织面临着两个或更多管理体系整合的问题。同时，这也给认证机构提出了对综合管理体系实施一体化审核的要求。

（二）公司战略实现的必经之路

2008 年，普天物流产业平台搭建后，在多个行业拓展业务，取得了可喜的成绩。在烟草行业，普天物流作为中国烟草卷烟分拣设备行业标准牵头制定单位，市场占有率位居烟草物流行业前三位。公司先后承接了北京、天津、河北、江西、云南、湖北、广西、贵州、青海、山东、河南等全国十几个省六十几个地市的烟草物流配送中心项目，提供了百余套半自动和全自动分拣系统及整体解决方案；在邮政领域，公司承建了全国70%以上的邮件处理中心，通过研发新型速递物流分拣设备、交叉带分拣机、推挂系统和配套设备，为客户提供先进的软硬件系统及一体化集成方案，保证了邮件处理中心的高效运行；电力行业作为新拓展的领域，普天物流深入研究电力物流的业务特点，设计了先进的包括计量器具智能化仓储和物流配送的物流处理系统，为国网"智能化仓储物流配送"建立了新的模式，已在河北、冀北、甘肃、山西等项目中推广应用；在其他如图书、医药、军用领域也都完成了多个省市的项目，使公司的业务领域更宽泛、技术更成熟。但是，由于公司的业务是由三个独立的法人单位共同完成的，而普天物流、贵阳普天以及珠海慧科又分处三地，因此存在着整体协调不力、衔接环节脱节的现象。公司成立之初是以职能分段专业化管理的模式进行物流系统项目的分工和协调，即前期市场开发、项目签约由北京完成，后期的项目实施分别由贵阳和珠海负责。由于分处三地，又分属三个不同的法人公司，在业务衔接和配合上出现很多问题，沟通协调方面存在一定难度，资源配置及响应速度等方面都有不同程度的影响。这些问题导致公司市场反应速度慢，规划设计和工程实施脱节，重复开发现象时有发生，出了问题互相推诿，造成公司整体效率低下，管理成本居高不下，责任界定不清，员工积极性不高，直接影响了公司的发展。公司迫切需要加强一体化管理，增强协同效应。

三、创新成果主要内容

为了从根本上解决制约公司快速发展的问题，公司领导班子一直在探索实际可操作的实施方案。目标是进一步解决异地管理、三级法人的问题，理顺三地市场、研发、技术、制造、工程实施、售后服务等职能设置，从而实现有限资源的优化配置，提高公司管理水平，形成三地协同作战的局面，为客户提供更加优质的服务。

2011年开始，公司下决心推进三地（北京、贵阳、珠海）一体化工作。经过两年多的探索和努力，首先理顺投资管理关系，将贵阳、珠海变更为公司全资子公司，并通过组织结构调整、规章制度建设等手段，逐步理顺三地关系，取得了初步效果。使得公司技术进步的步伐加快、业务规模逐年增长，促进了企业健康发展。主要措施如下：

（一）建立三地一体的技术中心（虚拟）平台，推动公司技术进步

由三个法人公司共同承担相关业务、实施一体化管理，存在着指挥体系、沟通交流、利益分配等多方面的障碍。为了解决这个问题，公司首先从业务核心的技术体系

上进行突破，创立了技术中心模式，从组织结构上保证了指挥的有效性。新建的技术中心打破地域和法人边界，将三地的技术部门均纳入技术中心管理，中心领导统一协调调度，各职能分工明确。在技术层面形成一个沟通交流互动的平台，使得公司业务得以正常开展。技术中心首先建立了方案评审机制，对每一个市场项目，三地的技术人员都会一起进行会审。在初步设计、投标前设计、合同技术协议、工程实施方案设计四个环节，三地技术人员主要通过视频会议的方式对方案认真评审、把关，本着分工不分家的原则，充分发表自己的意见，以确保方案的合理、可行。通过对不同阶段方案的评审，负责各个阶段任务的技术人员对项目的整体环节和客户的需求有了更深刻的理解，相互之间也能以换位的角度体会前后端工作的难易。对客户要求与设计、实施有冲突的地方，大家一起想办法、出主意，不管是谁的责任，都以公司利益和满足客户需求为出发点，达到内外部的和谐。通过这种方式的沟通，三地技术员工的心贴得更近了，业务之间的配合更加流畅了。近几年，公司技术中心全体人员通力协作，在巩固邮政、烟草行业地位的基础上，不断拓展新的领域，在电力、医药图书领域均有新的建树，2012年公司核心主营业务中标达到2.3亿元，其核心主业中标规模、合同规模和验收规模均较前两年有大幅增长。

为了解决研发方向分散、三地存在重复开发的现象，技术中心成立后，一方面致力于整合三地技术资源，完善技术管理体系；另一方面紧密贴合市场需求，坚持自主创新，在原有行业技术的基础上，明确分工开展对新行业、新技术、新产品、新模式研究。北京侧重于发展方向、战略以及新行业、新业务模式的研究；贵阳侧重新产品的开发试制，珠海专注于软件信息系统的设计开发。2012年，公司制定、发布了统一的"研发项目管理办法"、"研发项目奖励办法"，规范了公司新产品研发管理，避免了无计划开发和重复开发的现象，调动、激发了研发人员创新的积极性。通过强化研发环节的分工和制定相应的奖励政策，不同的部门按公司战略部署围绕烟草、军队、电力物流技术装备和系统做好核心产品和新模式的研究开发，有力的支撑了公司拓展新行业、新业务的发展需求。新产品开发的速度明显加快，2012年新产品正式立项5项，其中2个设备研发类项目已应用于工程，取得了较好的效益，3个软课题项目为公司未来进入新的行业、或启用新的业务模式奠定了基础。此外，直接用于工程的预研发项目开展了21项，其中5项已正式对外发布，可用于规划和工程推广。其中"电力开箱机"和"电力洗箱机"项目均是国内首次开发。这些新产品、新技术极大地丰富了公司的产品线，不同程度地提高了作业效率、工程质量，使得分拣、输送、智能仓储的自动化程度更高，作业流程更加稳定可靠，提高了用户满意度。如：由于新产品的启用，石家庄烟草工程实现了公司卷烟分拣系统分拣效率30000条/小时的突破。多年来，在不断提升和自我完善的研发活动中逐步形成了公司的技术积累，截至目前技术中心共申请专利并已获授权专利140多项，形成软件著作权17项，软件产品若干项，近年来主持起草行业标准 2 项，参与若干项；主持起草国家标准 1 项，参与起草 2 项。2012 年获批"中关村国家自主示范区标准创新试点第二批试点单位"称号。这些成绩的取得都与技术中心技术人员的协同作战、努力创新、奋勇拼搏分不开。

（二）建立一体化的营销管理平台，推进公司业务发展

调整建立了公司统一的营销管理平台，形成"一中心二事业部"的按区域划分的公共营销平台和按行业划分的专业营销平台相结合的营销体系。

把图书医药事业部、军队事业部等业务相对独立的部门从营销中心分离出来，作为公司一级部门模拟法人独立运作，以提高对专业市场需求及客户需求的分析、把握、满足和引导能力；强化经营责任机制，提高团队责任意识和目标管理能力。

设立营销管理部，设置行业大客户经理，承担行业顶层公关和市场管理的职能，强化对市场的分析、策划功能，强化对区域营销中心和营销项目的管理和策划职能。

在烟草行业，公司协助国家烟草局策划了全国烟草大型会议"烟草行业物流现场会"。会议于 2012 年 7 月在秦皇岛成功召开，秦皇岛烟草改造项目借助会议的成功举办建立了一种新的模式并创建了示范项目，获得了国家烟草局及整个行业的高度认可，普天物流在烟草行业品牌知名度和美誉度得到极大提升；随着新模式的推广，也在内蒙古取得了区域性突破，成功中标呼伦贝尔项目。同时，2012 年跟踪的重庆烟草、四平烟草、亳州烟草在 2013 年年初已中标，中标累计金额为 1.19 亿元。图 1 为商业烟草全自动分拣输送系统现场实景。

图1 商业烟草全自动分拣输送系统现场实景

在电力行业市场取得了战略性重大突破，中标了河北电力、山西电力、冀北电力三个省级库项目，公司在电力行业的市场份额获得大幅提升，为下一步市场开拓打下

了良好基础。图2为电力检定全自动智能仓储系统现场实景。

图2　电力检定全自动智能仓储系统现场实景

在军事物流领域，与总后的战略合作取得突破性进展。郑州基地应急物流项目土建设计和物流工艺系统设计合同已经签署并完成阶段性工作；签署了第一个现代后勤军事物流丰台基地的物流工艺集成设计合同，基本完成了设计工作；取得了"军事与应急物流委员会常务理事单位"称号，入围了"总后供应商采购名录"，较好地完成了总部下达的重点考核指标。

2012年公司成功介入医院行业，创新的"全自动厢式输送系统"提高了医院各部门的工作效率，降低了差错率，优化了物品递送流程，降低了使用成本，提升了医院整体运营管理水平与医院整体运营效益，有效回馈了社会；自主开发的"预摆药柜系统"，利用物流技术、条码技术、信息技术，把药篮与预摆药柜一一对应，有效地把药师从简单的劳动中解放出来，为患者提供了快捷、满意的服务。

（三）健全项目管理机制，全面推行项目管理制度

公司着重加强项目管理，针对公司同时承担多个项目，且项目起始时间不同，规模及复杂程度也有所不同的特点，通过建立三地一体的《营销项目管理办法》《实施项目管理办法》《研发项目管理办法》及配套制度，形成对项目全过程的项目经理制加职

能部门的矩阵式管理模式，建立贯穿项目全过程的项目经理管理体系和多项目管理体系，确保了项目从跟踪、规划设计、投标、销售合同签订、工程实施设计、生产、安装调试、验收回款、售后等整个项目过程的有效管控，以解决大项目、多项目协调管理带来的困难。

2012 年完成了阳泉烟草、赣州烟草、吉安烟草、桂林烟草、南宁新华书店、保定烟草、石家庄烟草、石家庄 RFID 项目、绍兴烟草、丽水烟草、西宁烟草、华北电网、延安烟草、平顶山烟草、武汉烟草、北京国药、华东医药、鼓楼医院、江宁医院、青海邮政速递、贵阳烟草、襄樊烟草、天士力 23 个项目验收工作，验收合格率 100%；完成了 2.85 亿元的项目验收规模，比 2011 年的 1.75 亿元的规模取得了大幅提升。

（四）加强资金管理

为提高资金使用效益，降低资金成本，加强资金筹集、资金使用的计划性，规范资金计划管理工作，实现资金的统一管理。2012 年公司建立了覆盖三地的过程监控管理以及财务管理协助经营管理过程的精细化，保证了资金的高效合理使用，确保了生产经营的正常进行，降低了资金成本。

（五）全面预算管理

2012 年，公司积极深化和推进预算管理工作，在 2013 年预算编制工作上，对预算的源头——市场进行了深入、细致、科学的分析，对在建项目的执行、新签合同的项目进度逐一梳理，对 2013 年新投标项目按行业、按客户进行分析判断，确定对 2013 年收入的贡献，同时依据公司产业发展战略、优化资源配置、推进精细化管理、降低成本、严控费用的基本原则，确定了 2013 年预算指标，并将指标分解到各部门和下属企业，并纳入绩效考核体系严格执行。另外，通过将财务目标细化激发全体员工主动参与意识，发挥部门主观能动性，充分发挥全面预算统帅作用，促使企业从粗放型向集约型的转变，向科学化、精细化、标准化管理过渡。

四、主要创新点

普天物流以技术为依托，整合影响业务发展的各方面因素，打破了地域限制与法人限制，整合三地市场、研发、技术、制造、工程实施、售后服务等职能设置，实现了技术与营销一体化，从而实现有限资源的优化配置，提高公司管理水平，形成三地协同作战的局面，创造了面向技术进步的普天物流一体化企业管理新模式。

（一）打破地域限制及法人限制

三个独立法人各自为政，独立管理，存在着指挥体系、沟通交流、利益分配等多方面的障碍。为了解决这个问题，在管理上，首先从业务核心的技术体系进行突破，创立了技术中心模式，打破地域和法人边界，将三地的技术部门均纳入技术中心管理，由三个法人公司共同承担相关业务、实施一体化管理，从组织结构上保证了指挥的有效性。

（二）技术一体化

作为以技术为依托的企业，普天物流将三地的技术部门均纳入技术中心管理，中心领导统一协调调度，各职能分工明确，在技术层面形成一个沟通交流互动的平台，使得公司业务得以正常开展。

首先建立了三地一体的方案评审机制，三地的技术人员一起进行会审，以公司利益和满足客户需求为出发点，达到内外部的和谐。

从研发角度，技术中心一方面致力于整合三地技术资源，完善技术管理体系，明确分工，开展对新行业、新技术、新产品、新模式研究，确定三地的研发侧重点：北京侧重于发展方向、战略以及新行业、新业务模式的研究；贵阳侧重新产品的开发试制；珠海专注于软件信息系统的设计开发。

（三）营销一体化

从营销运作角度，把图书医药事业部、军队事业部等业务相对独立的部门从营销中心分离出来，作为公司一级部门模拟法人独立运作，以提高对专业市场需求及客户需求的分析、把握、满足和引导能力；强化经营责任机制，提高团队责任意识和目标管理能力。

从营销管理角度，设立营销管理部，设置行业大客户经理，承担行业顶层公关和市场管理的职能，强化对市场的分析、策划功能，强化对区域营销中心和营销项目的管理和策划职能。

通过整合，公司建立了统一的营销管理平台，形成"一中心二事业部"的按区域划分的公共营销平台和按行业划分的专业营销平台相结合的营销体系。

（四）理顺沟通渠道，协调一致

通过一体化的管理，公司确定了三地技术沟通的有效途径和渠道，解决了沟通不通畅的问题，也保证了在业务实施的过程中，确保三地步调协调一致，公司的业务发展呈现良好的态势。

（五）细化、明确分工，各负其责

在一体化实施的过程中，公司针对三地的分工及各自的职责，进行了明确的划分，三地按照各自职责独立完成分内的工作；通过对资金的管理，提高资金使用效益，降低资金成本，确保了生产经营的高效进行。依据精细化管理、降低成本、严控费用的基本原则，深化和推进预算管理工作，促使企业从粗放型向集约型的转变，向科学化、精细化、标准化管理过渡。通过细化、明确分工，各负其责，确保了整合后主体业务的完整性和及时性，促进了整体业务的全面发展。

五、创新成果应用效果

公司领导班子一直将组织能力提升和管理理念创新作为经营管理重点，公司坚持以项目管理为主线，深化完善管理体系，梳理业务流程，提升组织能力，强化全面预算和资金管理，着力提升管理执行力和专业化水平，为公司战略规划的实现提供了核心保障。

2012 年公司核心主业中标规模达到 2.3 亿元，2010 年、2011 年为 1.62 亿元；2012 年公司核心主业合同规模达到 3.12 亿元，2011 年为 1.16 亿元。如图 3 所示。中标规模和合同规模的大幅增长为 2013 年营业收入和利润指标的实现奠定了很好的基础。

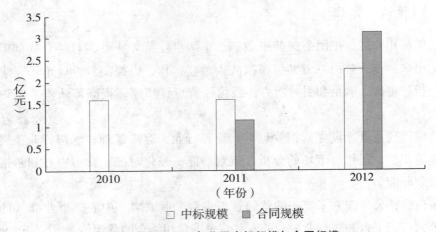

图 3 2010—2012 年公司中标规模与合同规模

2012 年公司实现营业收入 3.23 亿元，超额完成 3.17 亿元预算目标；公司实现利润总额 707 万元，超额完成 526 万元预算目标。公司核心主业中标规模、合同规模和验收规模较前两年都有大幅增长。

2012 年 4 月 30 日净资产是 10271 万元，2012 年 12 月 31 日经审计的净资产是 12327 万元，国有资产增值率为 20%；2012 年流动资产周转率为 1.18，高于 1.06 的预算指标。如图 4 所示。在三地员工的共同努力下总体完成普天总部下达的任务目标。

目前普天物流北京分部是国家级高新技术企业；贵阳分部是国家级高新技术企业、

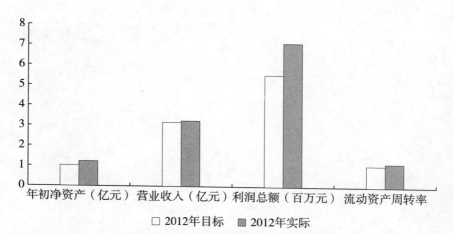

图4　2012年普天各项目标与实际指标对比

省级工程技术中心；珠海分部是国家级高新技术企业、双软企业。在多年不懈的努力和持续投入下，普天物流在行业里有了一定的知名度，取得了很多成果，共有11项新产品获得过国家重点新产品证书，近两年获得科技进步二等奖2项，科技进步三等奖1项，同时2012年普天物流荣获物流与采购联合会评选的"2012中国电商物流年度优秀物流技术装备服务商"和交通运输协会评选的"2012最受全国先进物流企业欢迎的自动化系统"大奖，这些成果的获得充分说明普天物流的产品和服务得到了各行业客户的肯定和认可。

普天物流已从国内最早提供物流设备的企业发展成为从事物流产品及系统设计规划、研发制造和集成与服务的高新技术企业，形成了北京总部、贵阳产业基地、珠海软件基地、各省市大区营销中心和服务中心等辐射全国的产业布局。作为央企，普天物流将继续秉承"让科技物流普及天下的理念"，为中国物流行业的发展贡献绵薄之力。

六、创新成果推广价值

一体化管理体系主要是由于企业管理自身的发展需要以及由于经济发展全球化而带来的竞争日益加剧，企业为增强市场竞争力的需要而产生的。一体化管理是在企业特定的环境和条件下采用的管理方式，目的在于提高企业的管理水平和增强市场竞争力，从而赢得企业更大的发展。普天物流技术有限公司"打破地域限制及法人限制、实现一体化管理"的实践，探索了多法人企业协同的创新管理模式，极大地提高了企业的生存、发展活力，推动了企业的技术进步和健康发展。其理念和方法，可以为物流公司及其他多法人企业的内部管理、整合资源、沟通协调、科学发展提供必要的借鉴。

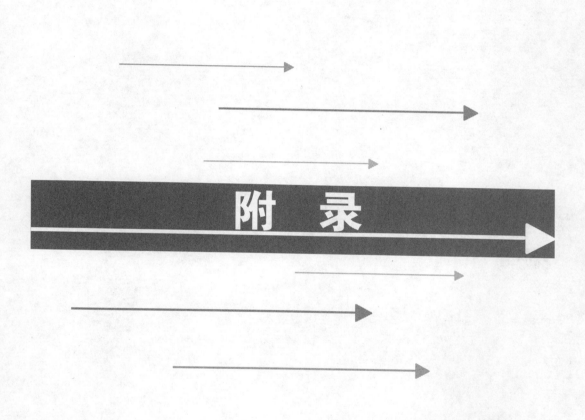

附　录

关于发布和推广 2013 年度物流行业
企业管理现代化创新成果的通知

物联研字〔2013〕81 号

联合会各会员单位、学会会员、各地物流工作牵头部门、地方物流行业协会、各有关单位：

为贯彻落实党的十八大精神，推动行业发展更多依靠科技进步、劳动者素质提高、管理创新驱动、发现典型企业成果、促进行业转型升级，中国物流与采购联合会、中国物流学会组织开展了 2013 年度物流行业企业管理现代化创新成果的申报、推荐和审定工作。到 8 月底，共收到并受理企业申报成果 134 项。

根据《物流行业企业管理现代化创新成果申报和审定办法》的要求，经过评委个人、评委小组和评委会三个层次筛选把关，在媒体进行公示，最终有 47 项成果被审定为"物流行业企业管理现代化创新成果"（获奖率 35%）。其中，一等奖 10 项（获奖率 7.5%），二等奖 16 项（获奖率 11.9%），三等奖 21 项（获奖率 15.7%）。现对获奖成果进行表彰（详见附件），并在第十二次中国物流学术年会召开时颁发获奖证书。

会后，我会将做好成果的宣传推广工作。本届成果将汇编出版，以供广大企业和社会各界学习借鉴。并将推荐部分一等奖获奖成果申报国家级企业管理现代化创新成果，向国家物流工作主管部门推荐具有推广价值的成果，加大成果的宣传力度，发挥成果的示范作用，促进物流行业企业管理现代化水平的提高。希望广大物流企业认真学习他们的创新经验，在推进物流行业发展中做出新贡献。

附件：2013 年度物流行业企业管理现代化创新成果名单

中国物流与采购联合会
中 国 物 流 学 会
二〇一三年十月二十九日

附件：

2013 年度物流行业企业管理现代化创新成果名单

（共 47 项）

一等奖：（10 项）

1. 申报单位：淮矿现代物流有限责任公司

   成果名称：基于电子商务平台的大宗生产资料交易管理变革

   主创人：刘益彪

   参与者：窦永虎、王杰、何海生、许宗意、沈勇、李保安、唐文博、殷航

2. 申报单位：长春一汽国际物流有限公司

   成果名称：一厂一中心一体化管理的供应链配送模式

   主创人：于洪、张萌

   参与者：高跃峰、龚淑玲、武红、郑洪涛、刘慧玲、曹慧、郭城

3. 申报单位：国药集团医药物流有限公司

   成果名称：赛飞（SAVE）供应链云服务平台

   主创人：程俊佩、宋军

   参与者：赵立东、马建聪、赵有珍、王齐、李俊杰、郑辉兵、黄鑫

4. 申报单位：中国外运山东有限公司

   成果名称：企业重组与一体化整合项目

   主创人：宋嵘、王理俊

   参与者：王玉忠、赵意、迟文胜、薛俊英、范常顺

5. 申报单位：北京长久物流股份有限公司

   成果名称：长久智慧物流一体化平台

   主创人：张振鹏、侯兵兵

   参与者：胡建辉、周正、宝玉明、王晓明、刘栋

6. 申报单位：湖南一力股份有限公司

   成果名称：物流金融与物流信息化联动模式

   主创人：李红霞

   参与者：邹治、颊燕萍、谢文、张细伟、孙凯

7. 申报单位：中铁现代物流科技股份有限公司

   成果名称：中铁现代物流全国物流网络布局模式创新

   主创人：李建平、闫慧

   参与者：郭春雨、李孔磊、张云飞、潘华

8. 申报单位：青岛日日顺供应链有限公司

成果名称：虚实融合最后一公里物流平台

主创人：王正刚、冯贞远

参与者：于贞超、张丽、张元忠、王岩峰、王新杰、张永祥、张振台、解宁、
杨瑾、姚丙路

9. 申报单位：自贡三辰实业有限公司

成果名称：全程风险控制模式下的大件运输一体化解决方案

主创人：林庆

参与者：黄元、杨喆、叶小兰、张志伟、罗仕林

10. 申报单位：广东华正道物流集团有限公司

成果名称：物流可视化项目

主创人：蓝功志、祝刘卫

参与者：周丹华、刘国林、张伟华、张学丽、张海鹏、黄胜安、黄凯、高海

二等奖：（16 项）

1. 申报单位：招商局物流集团有限公司

成果名称：招商物流运作标准化管理创新与实践

主创人：汪剑、孙云

参与者：罗志扬、卢亚洁、何志、袁劲、蒲祖伟、刘燕红、袁志祥、林宇、张
雪玲、王承祥

2. 申报单位：中外运电子商务（北京）有限公司

成果名称：中外运电子商务平台

主创人：郝文宁、史鸣飞

参与者：沈晔、赵菁、耿战

3. 申报单位：江苏德邦物流有限公司

成果名称：现代物流企业管理标准化项目

主创人：李建雄、张庆海

参与者：段建设、张焕然、马神波、寇振海、贺凤、徐小龙、李长明、陈孝彬、
金孝楠、岳莹

4. 申报单位：浙江八达仓前物流有限公司

成果名称：带托运输在铁路货运中的应用

主创人：严稼余、汤岳骏

参与者：苏强、陈国献、王明祥、金晓英、庞俊辉、吴晓儿、邵元彪

5. 申报单位：上海惠尔物流有限公司

　　成果名称：惠尔物流快速城市配送集约化供应链管理公共信息平台

　　主创人：周亚玲

　　参与者：陈秀慧、潘定江

6. 申报单位：苏州物流中心有限公司

　　成果名称：国际商贸区（创新）管理模式

　　主创人：胡克

　　参与者：梁奇宇、金玮、李侃、凌黎、陈东川、庄严、陈宙彦

7. 申报单位：安得物流股份有限公司

　　成果名称：安得物流高端快消品业务运营模式创新方案

　　主创人：潘志成

　　参与者：卢少义、王鲲、王世俊、郭学成、陈俊金、陈居文、周翔

8. 申报单位：深圳市腾邦物流股份有限公司

　　成果名称：基于云计算的第三方物流运输信息公共服务平台

　　主创人：钟百胜、段乃琦

　　参与者：孙志平、刘明如、顾勇、黄镜恺、刘鹏、郑嘉宝、段奕君、李惠芳

9. 申报单位：中储发展股份有限公司天津物流中心

　　成果名称：打造多式联运优势品牌

　　主创人：谢平

　　参与者：刘秋月、于海轩

10. 申报单位：中国天津外轮代理有限公司

　　成果名称：船代企业一体化培训体系的构建与实施

　　主创人：许景宏、王长勇

　　参与者：于洪利、刘晓婷、刘柳、邢秀芬、孙晓瑜

11. 申报单位：上海长桥物流有限公司

　　成果名称：立邦仓库管理输出项目

　　主创人：冯保成、李才兵

　　参与者：李天华、朱平安、华建新、姚任飞、储又明

12. 申报单位：中铁物资集团东北有限公司

　　成果名称：构筑钢铁行业制造业与物流业联动服务平台

　　主创人：王建中

　　参与者：刘爱华、葛岩、耿继武、郭玉林、崔巍、于宁、黄丹、吴洋

13. 申报单位：无限极（中国）有限公司

　　成果名称：物流配送中心规划与实施项目

主创人：柳军、黄海燕

参与者：何云杉、程忠英、成守锋、林超扬、龙迎新、谭健儿、戴玉珍、许琳娜、李立丹、黄志伟

14. 申报单位：福州烟草物流有限公司

成果名称：降低卷烟单箱送货里程项目

主创人：朱富发、侯恒斌

参与者：林星、林世雄、黄秋明、林万春

15. 申报单位：云南泛亚物流集团有限公司

成果名称：新能源（LNG）在现代物流企业中的运用与推广

主创人：熊柱平、张兴旺

参与者：王海旭、王礼全、范亚杰、梁永京、谭忠民、惠春梅

16. 申报单位：湖南省物流公共信息平台有限公司

成果名称：虚拟社区：物流电商化的选择——湖南省物流公共信息平台有限公司物流模式创新

主创人：文振华、邓子云

参与者：肖和山、杨晓峰、王晨、蒯象慧、刘宁、舒晖

三等奖：(21 项)

1. 申报单位：宝供物流企业集团有限公司

成果名称：宝供客户货物跟踪系统建设项目

主创人：顾小昱、肖雄山

参与者：朱广熙、林明浩、徐杰雄、吴海平、陈贞桢、吴哲宇、唐子斌、王元鹏、范晓泽、时丽丽

2. 申报单位：中信信通国际物流有限公司

成果名称：物流金融业务风险分析及模式创新

主创人：李泽、马雷

参与者：张昆、高哲、戴艳、潘朝喜、郑卫、刘志锋、许磊、王冈、黄山

3. 申报单位：山东邮政速递有限公司

成果名称：中邮速递重汽物流项目

主创人：杨冠立

参与者：盖明、高波、于明强

4. 申报单位：一汽物流有限公司

成果名称：运载零备件和商品车多用途集装箱项目

主创人：刘国斌、徐涵博

参与者：冯涛、任丛林、孙士生、秦记雄、孙敏捷、柏秋莉、孙晶、彭涌、董治泓

5. 申报单位：北京春溢通物流有限公司

成果名称：绿色城市物流 E – SPD 模式构建

主创人：孙桂英、田术刚

参与者：孙乃杰、王聪、韩峰、董春雨、兰芳香、曹西峰

6. 申报单位：上海华谊天原化工物流有限公司

成果名称：打造一体化嵌入式物流服务——实现生产与物流的无缝链接

主创人：王珏、钱广集

参与者：何树焕、施卫平、金松子、强伟民、谢涵臻

7. 申报单位：国药集团医药物流有限公司

成果名称：医药物流作业耗材精益管理项目

主创人：滕晟、余高浪

参与者：杨乃胜、张广龙、王鹤、邓霖、石殿恺、谈琳、孔梦露、覃拥

8. 申报单位：上海全方物流有限公司

成果名称：提升供应链服务项目

主创人：朱冰、周振华

参与者：周俊、叶晓明、钱军

9. 申报单位：安徽省徽商物流有限公司

成果名称：供应链物流管理创新

主创人：黄成松、毕景占

参与者：吴杨、徐玮东、姜勇

10. 申报单位：普天物流技术有限公司

成果名称：面向技术进步的普天物流一体化企业管理新模式

主创人：单朝兰

参与者：彭榜盈、李军、尹卫东

11. 申报单位：长春一汽国际物流有限公司

成果名称：大众二厂国产化零部件物流中心项目

主创人：刘春宇、张萌

参与者：高跃峰、郑可心、范宇、王欢、孙凌宇、佟永庆、孙佩双、陈博、李玉龙、张迪、龚淑玲、郭城

12. 申报单位：中国航天科工飞航技术研究院物资供应站

成果名称：安全库存法在航天原材料供应中的实施与应用

主创人：刘宝兴、朱培

参与者：李海龙、曹胜利、韩继方、聂景涛、肖国兴、于振兴、郝之光、蒋慧

13. 申报单位：山东振华物流有限公司

    成果名称：集疏港数据信息平台

    主创人：苏俭

    参与者：周志远、韩立虎、明军、孙超

14. 申报单位：北京燕岭宾馆

    成果名称：采购成本管控的模式创新

    主创人：刘京梅、郭向宇

    参与者：程小青、郭治军、韩晓丽、陈敏、刘洋、卢鹤、冯江蕊、冯月岭

15. 申报单位：白银有色铁路运输物流有限责任公司

    成果名称：有色金属企业发展现代物流的创新模式与实践

    主创人：李沛兴、廖明

    参与者：张家国、朱双潮、付庆义、吴聪、王坚民、贾世乐、牛占文、刘光武、王巍、沙宝红

16. 申报单位：江苏连云港港口股份有限公司

    成果名称：件杂货公司生产调度指挥系统

    主创人：赵永洪、王兴好

    参与者：李平、刘健、常建兵、黄健、刘建明、程积磊

17. 申报单位：兖矿东华物流有限公司

    成果名称：创新商业模式加快"三个转变"

    主创人：胡永明

    参与者：钱强、范正顺、聂玮

18. 申报单位：宁德市烟草物流有限公司

    成果名称：提高终端送货车辆（五十铃）轮胎平均行驶里程项目

    主创人：陈昌海

    参与者：黄训培、陈盛、陈霞、梁涛、姚东海、钟凌鸿

19. 申报单位：上海物贸生产资料物流有限公司

    成果名称：钢铁物流中线材供应链优化服务方案

    主创人：瞿伟谷

    参与者：沈自耕、洪引明、庄德良、施爱民

20. 申报单位：惠龙港国际钢铁物流股份有限公司

    成果名称："三二一"服务承诺项目

    主创人：施文进

    参与者：邓林忠、Michael A. Saunders、李应富、许朝晖、昌和平、阎九吉

21. 申报单位：云南泛亚物流集团有限公司
    成果名称：信息化带动供应链一体化项目
    主创人：熊柱平、张兴旺
    参与者：王海旭、杨伟、张涛、潘存虎、梁永京、殷婷